RvR

Heinz Felfe

Im Dienst des Gegners

10 Jahre Moskaus Mann im BND

Rasch und Röhring Verlag
Hamburg–Zürich

CIP-Kurztitelaufnahme der Deutschen Bibliothek

Felfe, Heinz:
Im Dienst des Gegners : 10 Jahre Moskaus
Mann im BND / Heinz Felfe. – Hamburg ; Zürich :
Rasch und Röhring, 1986.
ISBN 3-89136-059-2

Lektorat: Christian v. Ditfurth
Einbandgestaltung: Studio Reisenberger
Gesetzt aus der Garamond Antiqua
Satzherstellung: Fotosatz Otto Gutfreund, Darmstadt
Druck- und Bindearbeiten: Mainpresse Richterdruck, Würzburg
Printed in Germany

Inhalt

Vorwort 7

Spionage für den Krieg
Schul- und Ausbildungszeit 11
Auf Erkundung im Nachrichtendienstdschungel 32
Leiter des Referates Schweiz/Liechtenstein 61
Quo vadis, Deutsches Reich? 89

Aufklärung für den Frieden
Der Weg ist gefunden 119
Mein Eintritt in die Organisation Gehlen 144
Das »Juno«-Programm 163
Im »Camp Nikolaus« 169
Gehlen kontra John 175
Die Vetternwirtschaft 188
Militärische Spionage und der Fall des Obersten a. D. von Bonin 214
Adenauers Moskaureise – Gehlens große Chance 227
Das Firmenschild wird ausgewechselt – die Firma bleibt 234
Die Inlandsspionage des BND 256
Der geheime Krieg gegen den Sozialismus 270
Meine Operationen 275
»Befreundete« Dienste 295
Geheimdienstlicher Neokolonialismus 314
Verhaftung, Vernehmung, Haftzeit 322
Endlich und endgültig zu Hause 346

Anmerkungen 350
Anhang 352

Vorwort

Dieses Buch habe ich 1985 verfaßt. Ihm liegen Aufzeichnungen zugrunde, die ich im Frühjahr 1969, kurz nach meiner Entlassung aus bundesdeutscher Haft, geschrieben hatte, um meine Erinnerungen an die Jahre des Zweiten Weltkriegs und des bald danach einsetzenden Ost-West-Konflikts – in erster Linie für mich – festzuhalten. An eine Veröffentlichung dachte ich damals noch nicht. Als jedoch 1985 mein Name häufiger in bundesdeutschen und internationalen Medien im Zusammenhang mit aktuellen Bonner Spionage-Affären genannt wurde, entschloß ich mich, meinen Beitrag zur Zeitgeschichte zu leisten.
Ich versuche, meinen bisherigen Lebensweg, der mich vom Reichssicherheitshauptamt der Nazis zum sowjetischen KGB führte, sachlich zu schildern. Deshalb habe ich meine vor vielen Jahren gefertigten Notizen aktualisiert und ergänzt. Mir standen dafür Dokumente aus den Jahren 1951 bis 1961 und die in verschiedenen Archiven zwischen Berlin und Moskau gesammelten Materialien aus der westlichen Welt zur Verfügung.

Berlin, im Januar 1986 — Heinz Felfe

Spionage für den Krieg

Schul- und Ausbildungszeit

Berufswünsche, die ein Kind äußert, gehen höchst selten in Erfüllung. Statt Lokomotivführer oder Düsenjägerpilot zu werden, wird der hoffnungsvolle Sprößling eher kaufmännischer Angestellter oder Schaufensterdekorateur. Daß aber ein Schulkind den Wunsch geäußert hätte, Geheimdienstoffizier zu werden, habe ich noch nie gehört.

Ich hatte als Kind keinen bestimmten Berufswunsch. Ich wußte nur, was ich keinesfalls werden wollte: Beamter wie mein Vater. Eher war ich schon dafür, einen technischen Beruf zu ergreifen, Ingenieur etwa. Mit meinem Vater hatte das nichts zu tun. Er war mir, abgesehen von seinem Beruf, menschlich in jeder Beziehung ein Vorbild.

In der Lausitz geboren, trat er nach seinem Militärdienst in die Polizei ein und diente sich bis zum Kriminalinspektor und Leiter des Sittendezernats in Dresden mit eigenem Dienstzimmer hoch, was damals schon etwas galt. 1928 wurde er pensioniert. Er war ein sehr belesener, bildungshungriger Mensch. Jeden Monat ging er einmal in die Oper. Diesen Bildungshunger, diese Lesebegierde habe ich von ihm übernommen, wenn auch in der Schule zunächst davon nicht viel zu merken war. Aber mein Vater leistete das Seinige dazu. Jeden Samstag bekam ich ein Buch geschenkt. Zum Geburtstag, zu Weihnachten und anderen »Geschenktagen« erhielt ich im Durchschnitt zwanzig Bücher, weil auch meine Verwandten Bücher schenkten. Meine Jugendbibliothek war enorm. Leider ist sie durch den anglo-amerikanischen Bombenangriff am 13. Februar 1945 auf die Stadt August des Starken und der Sixtinischen Madonna völlig verbrannt.

Mein Vater war darüber hinaus für mich die personifizierte Güte. Ich habe nie Schläge von ihm erhalten, denn er verabscheute Gewalt in jeder Form zutiefst. Und er war bereits 55 Jahre alt, als ich im März 1918 geboren wurde.

Als er 1928 in Pension ging, begannen in Deutschland Wirtschaftskrise, Arbeitslosigkeit und Verwilderung der politischen Sitten ihre unheilvollen Schatten zu werfen. Dieser Entwicklung und den sich daraus ergebenden Problemen stand mein Vater resignierend gegenüber, denn er hatte sich für seinen Lebensabend Ruhe und Geborgenheit ersehnt. Der persönliche Lebenszuschnitt mußte nun den Zeitverhältnissen angepaßt werden, und mancher Wunsch blieb mir fortan versagt. Dennoch gab es daheim Geborgenheit und keine Not – es blieb immer noch so viel, um anderen Hilfe angedeihen lassen zu können.

Als Beamter war mein Vater außerordentlich korrekt gewesen. Allein seine Handschrift war reinste Kalligraphie. Und auch als Pensionär duldete er keine Nachlässigkeit, Disziplin war ihm alles. Er teilte seinen Tag und die Woche genau ein, hatte stets ein Programm. Vormittags fand ein Spaziergang mit ehemaligen Kollegen statt, und nachmittags und abends gab es ebenfalls keine Langeweile. Der monatliche Opernbesuch fiel nie aus.

Mein Vater war parteilos. Dennoch vertrat er die Meinung, daß ein Beamter sich zwar nicht aktiv politisch betätigen, jedoch aktiv politisch denken solle, um erstens immer im höheren Interesse der deutschen Nation zu handeln und zweitens seine eigene kritische politische Urteilskraft bewahren zu können. In diesem Sinne hat er mich mit Güte und Konsequenz erzogen.

Er liebte Deutschland und war stolz auf den Beitrag seines Vaterlands zur Weltkultur. Das politische und moralische Ethos des deutschen Beamten sah er darin, seinem Vaterland allzeit treu zu dienen und diesem seine persönlichen Interessen unterzuordnen. Disziplin, Ordnung und Fleiß waren für ihn unangreifbare Tugenden und die entscheidenden Faktoren, die den inneren Zusammenhalt des ganzen deutschen Volkes zu garantieren hatten. In diesem Sinne zu wirken sah er als seine höchste patriotische Pflicht an.

Ich erinnere mich, daß mir der für unsere Wohngegend in Dresden zuständige Schutzmann einmal eine Mark als Strafe aufbrummte, weil ich mit dem Fahrrad auf dem Bürgersteig gefahren war. Diese Verhaltensweise war für meinen Vater nahezu unfaßbar, und er schämte sich sehr für mich. Die Gebote der staatlichen Obrigkeit waren nun einmal heilig. Seine sowie die seiner Freunde zutiefst deutschnationale Gesinnung zeigte sich auch darin, daß sie ihren kleinen privaten Pensionärs-Kartenspielklub mit dem markigen Namen »National« versahen. Sie waren kein Klub schlechthin, nein, sondern der Spielklub »National«.

Aus dieser Denkhaltung meines Vaters folgte logisch: Disziplin und Ordnung zu stören war Verrat an den Interessen Deutschlands, war eine Untergrabung seiner nationalen Qualitäten, seiner Tugend und Stärke, ganz gleich, von welcher Seite diese Störungen kamen. In diesem Sinne trat er sogar für außerordentliche Maßnahmen ein, zum Beispiel für das Regieren mit Polizeiverordnun-

gen, wenn bestehende Gesetze nicht ausreichten, um Ruhe und Ordnung zu garantieren. Unter diesem Gesichtspunkt erkannte er auch das Primat militärischer Notwendigkeiten vor politischen, juristischen, ökonomischen usw. Erwägungen an.
Er war der Auffassung, daß Deutschland historisch und geographisch besonders verpflichtet war, den Völkern Europas ein Vorbild für Ordnung und Disziplin zu sein. Historisch, um dieses wertvolle Erbe zu wahren und zu entwickeln. Geographisch, weil Deutschland inmitten Europas liege und als Ordnungsfaktor nach allen Seiten hin ausstrahlen müsse. Andererseits könne Deutschland dem Druck von allen Seiten nur durch hohe Organisiertheit, sprich Ordnung und Disziplin, widerstehen. Letzteres meinte er besonders im Hinblick auf den Versailler Friedensvertrag von 1919. Der von diesem Vertrag ausgehende Druck, so seine Auffassung, kann und wird einen Gegendruck hervorrufen, den zu entwickeln und zu stärken eine Aufgabe jedes Deutschen, besonders jedoch der Beamtenschaft, sein muß. So war mein Vater – lauter im Charakter und geradlinig in seinen politischen Anschauungen.
Als ich während meiner Gefangenschaft in Holland von seinem Tod erfuhr – als Folge des Bombenangriffs auf Dresden überstand er eine Lungenentzündung nicht –, habe ich viele Tränen vergossen. Mein Vater hat mir viel gegeben und entscheidend meinen Charakter geformt.
Von meiner Mutter ist weniger zu berichten. Sie war seine zweite Frau und zwanzig Jahre jünger. Sehr energisch und mitunter impulsiv, ergänzte sie auf ihre Art den Charakter meines Vaters. Ihre Eltern hatten ein Geschäft in Bautzen. Meine Großmutter stammte aus Schlesien. Dort ging sie übrigens in Bad Obersalzbrunn gemeinsam mit Gerhart Hauptmann zur Schule. Wenn Markttag in Bautzen war, stellten die sorbischen Bauern ihre Vorräte im Haus meiner Großeltern ab, wo ich oft zu Besuch weilte. Die Gespräche mit den Bauern waren immer interessant. Einen ihrer Söhne kannte ich etwas näher, er hieß Juri und ist später Kaplan geworden. Das hieß etwas für einen sorbischen Bauernsohn. Während der Nazizeit hörte ich entsetzt, er sei verhaftet worden. Schon allein aus dem Erleben des engen Kontakts mit den Sorben – auch mein Vater sprach sorbisch – habe ich nie die Rassentheorie der Nazis verstanden oder gar gutgeheißen.
Die Schule, in die mich meine Eltern in Dresden auf Empfehlung eines befreundeten Pädagogikprofessors schickten, war eine nach

dem Ersten Weltkrieg gegründete, moderne staatliche Lehranstalt. In ihr wurden die neuesten Erkenntnisse der Pädagogik und Jugendpsychologie erprobt und verwirklicht. Für Neuerer muß sie eine Art Wunderland gewesen sein. Koedukation, Schüleraustausch, regelmäßiger klassenweiser Aufenthalt im Schullandheim waren der äußere Rahmen der modernen Schulerziehung. Die Förderung musischer und handwerklicher Anlagen in Sonderkursen war ebenso selbstverständlich wie der Unterricht in kleinen Klassen von 15 bis höchstens 30 Schülern. Tische und Stühle von der Eingangsklasse an, praktische Arbeit mit Mikroskop und Sezierbesteck, mit dem Theodoliten und der Meßlatte, regelmäßige Filmvorführungen und die jährliche Neuwahl des Schulleiters durch das Lehrerkollegium waren für die zwanziger Jahre ein Novum.
Als unumstößlicher Grundsatz galt, jede Meinung verdiene Aufmerksamkeit, sofern sie ernsthaft vorgetragen und begründet werde – auch wenn man nicht damit einverstanden sei. Gleichzeitig war man aufgefordert, eventuelle Gegenargumente frei heraus vorzutragen. So entwickelte sich, von den Lehrern gefördert, bereits frühzeitig die Achtung vor der geistigen Leistung des anderen. Die Lehrer selbst handelten in ihrem Unterricht in diesem Sinne.
An der Schule wurde auch der sportlichen Ausbildung die gebührende Aufmerksamkeit geschenkt. Es war mein Ehrgeiz, hier immer mit unter den Besten zu sein, was mir auch meistens gelang. Regelmäßig im Monat hatten wir unsere Wandertage, auf die wir uns sehr freuten. Wenig freuten wir uns hingegen, wenn nach zwei Wandertagen dann Aufsätze zu schreiben waren. Aber die waren eigentlich das einzige »Problem«, das unser Leben als Zehn- oder Zwölfjährige beeinträchtigte. Besonders während des Aufenthalts im Schullandheim in der Sächsischen Schweiz wurde der Unterricht lebensbezogener gestaltet. Winkelfunktionen und der Umgang mit »Sinus« und »Cosinus«, »Tangens« und »Cotangens« etc. wurden uns leichtgemacht durch die unmittelbare Nutzanwendung in der Natur. Zwei Jungen beispielsweise schwammen mit einer Meßlatte an das andere Ufer der Elbe, und wir vermaßen dann von der abgesteckten Basis die Winkel, um die Breite des Flusses zu errechnen. Oder wir fertigten einfache Wegekarten allein mit Hilfe des Kompasses und des Schrittzählers an.
An einige Lehrer erinnere ich mich noch heute sehr gut. Da gab es

beispielsweise den Studienrat Georg Bahner, ein Sproß aus jener Oberlungwitzer Familie, die die damals berühmten ELBEO-Strümpfe produzierte. Er lehrte Deutsch, Geschichte und Englisch. Vielleicht erinnere ich mich deshalb so gut an ihn, weil wir miteinander permanent auf großem Kriegsfuß standen. Das hatte nichts mit seiner Gesinnung, sondern mit meiner Schulfaulheit zu tun. Ich war zufrieden, wenn ich durchkam. Nicht selten erhielten meine Eltern sogenannte blaue Briefe, die höchste Gefahr signalisierten. Dort stand beispielsweise, Heinz Felfe ist versetzungsgefährdet, Heinz Felfe hat seinen Aufsatz nicht geschrieben usw.
Dennoch hat mich Bahner beeinflußt. Später traf ich ihn, als ich in Berlin Rechtswissenschaft studierte. Er schüttelte nur den Kopf: »Das begreife ich nicht bei Ihnen. Sie sind der typische Fall einer Spätbegabung. Wenn ich da an Ihre Schulzeit denke. Jedenfalls haben Sie alle meine Sie betreffenden Prognosen über den Haufen geworfen.«
Auch an Dr. Pallas und Dr. Karl Kneschke, zwei Mathematiklehrer, denke ich gern zurück. Nach dem Krieg waren sie als Lehrer an der Bergakademie Freiberg in der DDR tätig. Sie legten in mir eine mathematische Ader bloß. Während meiner stupiden Haftzeit haben mir mathematische Spielereien außerordentlich geholfen. Beispielsweise errechnete ich nur zum Zeitvertreib die Gewinnchancen für das Zahlenlotto und berauschte mich geradezu an der Gesetzmäßigkeit von Perioden. Dr. Pallas und Dr. Kneschke weckten in mir die Liebe zur Mathematik, zur Logik, zu den Gesetzmäßigkeiten in der Natur, zur Geometrie. Mit Dr. Pallas, der übrigens auch musisch sehr gebildet war, machten wir regelmäßig Radwanderungen. Das waren aber eher geologische Expeditionen. Ausgerüstet mit dem Geologenhammer, Reagenzglas und Schachteln, krochen wir im Tharandter Wald bei Dresden herum und raubten ihm manche »Schätze«. Die Gesteinsproben untersuchten wir dann gemeinsam im Chemieunterricht. Ich war hier sein Assistent und bereitete in der Pause die Versuche vor. Einmal durfte ich zur Belohnung mit ihm in seinem Paddelboot mitfahren. Es gab übrigens auch keine Zensuren im herkömmlichen Sinne, sondern Beurteilungen. Da Lehrkörper und Lehrplan fortschrittlich waren und den üblichen Vorstellungen in keiner Weise entsprachen, kam diese Schule bald in den Ruf, eine »rote« Schule zu sein. Dies war höchstens insofern richtig, als ein Teil der Lehrer dem sozialistischen Denken verhaftet war und viele Angehörige

fortschrittlicher Kreise ihre Kinder in diese Schule schickten. Das hatte zur Folge, daß unter uns Kindern die unterschiedliche Herkunft und politische Heimat des Elternhauses keine trennende Rolle spielten – wie an anderen Schulen – und Toleranz und Freundschaft als selbstverständliche Tugenden geübt wurden.
Als Gewinn meiner Schulzeit verbuche ich heute, neben der Vermittlung dessen, was man Schulwissen nennt, besonders die Entwicklung handwerklicher und musischer Anlagen. Ich lernte, Landkarten auf Leinentuch aufzuziehen und ähnliche einfache Buchbinderarbeiten wie auch den Umgang mit Säge und Hobel. Die Pflege der musischen Anlagen erstreckte sich auf darstellende Künste wie Zeichnen, Modellieren usw. Da ich in dieser Hinsicht wenig begabt war, wurden meine musikalischen Anlagen gefördert. So erhielt ich Klavier- und Cellounterricht und spielte im Schulorchester Cello oder Kontrabaß.
Aber auch meine Interessen für soziale Fragen, Politik und ganz besonders für Geschichte rühren aus jener Zeit. Der Kontakt mit Schulfreunden aus marxistisch orientierten Familien und die geschilderte Atmosphäre sorgten wenigstens dafür, daß ich nie die im Bürgertum vorhandene Angst vor der Berührung mit dem Kommunismus oder mit Kommunisten hatte und deshalb später leichter zu einer persönlichen Entscheidung kommen konnte.
Diese Schule, sie trug den Namen Albrecht Dürers, eilte ihrer Zeit weit voraus – um Jahrzehnte. Darum war es auch nur zu natürlich, daß sie nach 1933 nicht mehr in die Landschaft paßte und 1936 nach einigen unbefriedigend verlaufenen Gleichschaltungsversuchen aufgelöst wurde. Einige Lehrer waren schon zuvor aus dem Schuldienst entlassen oder versetzt worden.
Ich hatte damals der Schule schon den Rücken gekehrt und bemühte mich, mir die praktischen Voraussetzungen für den Ingenieurberuf anzueignen. Ich bedauerte zwar die Auflösung der Schule, machte mir jedoch keine weiteren Gedanken über die Gründe. Aber es gab einige Dinge, über die ich mir Gedanken machte. In meiner Klasse war auch ein sehr kluges, begabtes und zierliches Mädchen – Natalie Dobrowen. Wir mochten sie alle sehr gern. Ihr Vater war damals ein bekannter Musiker, ich glaube, er war Dirigent der Dresdener Staatskapelle. Während unserer Schulferien lernte ich auch bei einem Aufenthalt an der Ostsee die Familie von Tata – wie wir sie liebevoll nannten – kennen.
1935 hörte ich, daß Natalies Vater entlassen worden sei, weil er

Jude war. Ich begriff das nicht. Das Schicksal gerade dieser Familie habe ich immer sehr aufmerksam verfolgt. Mein Interesse und Verständnis für die klassische Musik ist nicht zufällig durch unsere Bekanntschaft geweckt und vertieft worden. Nach dem Kriege hörte ich, daß die Dobrowens in Norwegen überlebt haben.

In weiten Kreisen der Jugend gehörte es damals zum guten Ton, Pfadfinder zu sein. So schloß auch ich mich mit zehn Jahren der Ringgemeinschaft freier Pfadfinder an, die sich von der Ringgemeinschaft deutscher Pfadfinder abgespalten hatte. Der Leiter der freien Pfadfinder war ein praktischer Arzt, mit dessen Neffen ich befreundet war. Diese mehr linksstehende Gruppe löste sich aber bald wieder auf. Mein Freund blieb links.

Danach trat ich in den NS-Schülerbund ein. Das war eine Trotzreaktion, weil es das sächsische Kultusministerium 1931 untersagt hatte, dieser Organisation anzugehören. Außerdem waren »zünftige Kumpels« in diesem Klub. Verbote reizen nun mal die Jugend – damals wie heute, gleich, ob es sich um die Benutzung von fremden Apfelbäumen handelt oder um die Anordnung, Ruhe und Sitte zu wahren. Eine politische Entscheidung war das nicht, die kann man mit 13 Jahren nicht treffen.

Noch vor der Machtübernahme Hitlers löste sich der NS-Schülerbund auf und gliederte sich in die Hitlerjugend ein. Hier hatte ich Krach mit der örtlichen HJ-Führung, weil mir das ganze Gehabe nicht paßte. Vorher hatte es die Abspaltung des Strasser-Flügels von der NSDAP und die Gründung der Schwarzen Front gegeben – und ich wurde damit ideologisch in Zusammenhang gebracht. Da man mich zwar abschieben, aber auch nicht ganz gehen lassen wollte, wurde ich per Brief einfach in die SA überwiesen. Dagegen protestierte ich, weil ich noch nicht 18 Jahre alt war. So bekam ich bis zum 18. März 1936, meinem 18. Geburtstag, gewissermaßen politischen Urlaub. Danach wollte mich die HJ-Führung erneut in die SA abschieben. Auch dieses Mal war ich nicht einverstanden. »Wenn schon irgendwohin«, so argumentierte ich, »dann gehe ich lieber in die SS, mit diesen SA-Rabauken will ich nichts zu tun haben.« Die SS schien mir damals honoriger und gediegener zu sein. Ihren wahren Charakter freilich konnte ich nicht erkennen, zumal er demagogisch getarnt war. Ich schloß mich dem sogenannten Motor-Sturm an. Dort erwarb ich Führerscheine für Kraftfahrzeuge und Krafträder wie den sogenannten Geländeführerschein für Fahrten mit dem Auto oder Motorrad, zu vergleichen mit den

heute stattfindenden Rallyes, und im übrigen war ich als junger Mensch froh, daß ich mich im Motor-Sturm richtig austoben konnte.
Ich war davon überzeugt, daß Hitler dem deutschen Volk endlich das gegeben hatte, was es angesichts der innen- und außenpolitischen Wirren während der Weimarer Zeit brauchte: ein klares Ziel sowie straffe Ordnung und Disziplin. Jedenfalls dachte so mein Vater, und ich gab ihm völlig recht. Mir schien das vernünftig und daher auch notwendig. Es galt, die Fesseln von Versailles zu sprengen und dafür alle Kräfte zu mobilisieren. Das war ohne Ordnung und Disziplin nicht möglich. Und darum bemühte sich nach meinem Verständnis die NSDAP.
So sah auch ich als junger Mensch – zusätzlich beeinflußt durch meine Tätigkeit im Motor-Sturm – in der nationalsozialistischen Bewegung eine Kraft, die Deutschland zu einer neuen wirtschaftlichen und politischen Blüte führen würde. Sickerten Informationen über den grausamen Terror, die Verbrechen der Nazis durch, so hielten wir das für böswillige Feindpropaganda oder Gerüchtemacherei.
Vom Kommunismus und seinen Zielen hatte ich damals nur falsche Vorstellungen. Ich dachte auch nicht viel darüber nach, denn – so, wie ich das damals verstand – er wollte die Enteignung des Privatbesitzes. Was mußte das für ein Chaos hervorrufen, und gerade das konnte Deutschland jetzt am allerwenigsten gebrauchen. Für mich war der Kommunismus einfach unakzeptabel, und es lohnte sich gar nicht, tiefergehende Betrachtungen über ihn anzustellen. Zudem glaubte auch ich der nationalsozialistischen Demagogie. Ein Beispiel mag das deutlich werden lassen. Als ich Ende Mai 1938 erfuhr, daß der auch mir bekannte Publizist Carl von Ossietzky am 4. dieses Monats gestorben war, ahnte ich noch nicht, daß sein Tod eine Folge der Mißhandlungen und Demütigungen war, die er im faschistischen Konzentrationslager erdulden mußte. Und hätte man mir dies gesagt, ich hätte es nicht geglaubt. Ich war verblendet.
Ein anderes Beispiel: Ich war, wie meine Freunde auch, fest davon überzeugt, daß Hitler mit dem Münchener Abkommen Ende September 1938 einen Krieg verhindert hatte. Dieser Mann, so dachten wir in unserer jugendlichen Begeisterung, dieser Hitler, der erreicht alles, was er will, er ist ein echter Führer. Was das Münchener Abkommen wirklich bedeutete, nämlich einen Brand-

satz zum Zweiten Weltkrieg, wie hätten wir das damals erkennen sollen? Aber ich habe zeitlich schon etwas vorgegriffen.
Wer sich an jene Zeit aus eigenem Erleben noch erinnern kann, wird meine Gedanken verstehen. Nach der Berliner Olympiade 1936, die ich besucht hatte, war unter der Jugend eine euphorische nationalistische Stimmung entstanden. Deutschland war vom Ausland voll akzeptiert, die Diskriminierungen nach dem Ersten Weltkrieg, Rheinlandbesetzung, Reparationen, innere Zerrissenheit waren vergessen, alles schien sich in friedlichen Bahnen weiterzubewegen – es sah so aus, als ob eine lange friedliche Zeit vor uns läge. Aber nicht nur wir Jungen, auch die Älteren dachten und empfanden so. Und wie hätten wir Lebensunerfahrenen tiefer blicken können? Mahnende Stimmen hörte oder beachtete man nicht, weil sie einem absurd erschienen.
Meine Schulmüdigkeit war mittlerweile übergroß geworden, und ich bestürmte meinen Vater, die Schule schon mit der Obersekundareife verlassen zu dürfen. Mein Vater war der Auffassung, daß ich alt und reif genug sei, um eigene Entscheidungen verantworten zu können, und stimmte zu. Nicht zuletzt auch aus finanziellen Gründen, denn seine Beamtenpension wuchs nicht mit der beginnenden Teuerung mit, und der Besuch einer höheren Schule kostete nunmehr monatlich statt zehn Reichsmark das Doppelte. Auch Lehrmittel und sonstige Aufwendungen wurden teurer, so daß es ihm sicher nicht unlieb war, seine Zustimmung zu meinem Wunsch zu geben. Rückschauend muß ich sagen, daß mir dieser Berufsweg über eine praktische Ausbildung nicht geschadet hat. Aber es war ein Umweg, ein steiniger dazu.
Nachdem ich Ostern 1934 die Schule beendet hatte, begann ich eine Lehre als Feinmechaniker in der Fabrik für optische Geräte Müller und Wetzig. Das war genau das, was meinen damaligen Empfindungen entsprach. Mein Berufswunsch war es, Ingenieur zu werden, weshalb ich eine Ingenieurschule im Abendstudium besuchte. Parallel dazu lernte ich auch in einer Abendschule Stenographie. Aber bald erkannte ich, daß meine technische Begabung wohl für den Hausgebrauch genügen mochte, als Grundlage für einen Lebensberuf schien sie mir nicht ausreichend.
In jener Zeit entwickelte sich bei mir ein vorrangiges Interesse an geistiger Arbeit und Leistung. Lange überlegte ich, ob ich mich der Medizin, der Geschichte oder der Rechtswissenschaft zuwenden sollte. Zu meinem Bekanntenkreis gehörten viele Medizinstuden-

ten, Rechtsstudenten dagegen waren keine darunter. Von meinen Freunden hörte ich allerhand über ihr Medizinstudium und die zu nehmenden Hürden, insbesondere erzählten sie vom Physikum, vor dem sie zitterten. Ich glaubte, daß ich bei der Juristerei die jedem Studenten entgegenstehenden Schwierigkeiten besser überwinden und mich in dieser Materie wohler fühlen würde. Die Fähigkeit zur Abstraktion, die der juristische Beruf vor allem fordert, schien mir mehr zu liegen. Außerdem galt und gilt eine juristische Ausbildung als Schlüssel zu vielen beruflichen Möglichkeiten: Richter, Staatsanwalt, Bürgermeister, Diplomat, Syndikus, Rechtsanwalt. Alle mußten Jura studiert haben und konnten auch noch in der Industrie oder in der Versicherungs- oder Finanzwirtschaft eingesetzt werden. Diese größere Verwendungsbreite reizte mich, denn falls eine anfänglich gewählte Laufbahn enttäuschte, konnte man leichter in eine andere Tätigkeit überwechseln. Aus diesen Gründen entschloß ich mich, das Studium der Rechts- und Staatswissenschaften aufzunehmen.

Doch dazu mußte ich erst das Abitur nachholen, da ich mich voreilig mit der mittleren Reife begnügt hatte. Vorerst schien ich wenig Glück zu haben, denn ich mußte zum Reichsarbeitsdienst. Da man dort von meinem Vorhaben wußte, wurde ich für 14 Tage in ein Ausleselager der Reichsstudentenführung nach Bielatal bei Königstein im Elbsandsteingebirge geschickt. Hier wurde ich mit noch vier anderen unter 33 Bewerbern ausgelesen, um in Form des sogenannten Langemarck-Studiums – einer Einrichtung der Reichsstudentenführung – in 18 Monaten intensiver Ausbildung das Begabtenabitur, wie man es nannte, abzulegen.

Fast hätte mich der im September 1939 vom Hitler-Faschismus begonnene Weltkrieg daran gehindert. Nach zehntägiger Kriegsteilnahme landete ich mit einer schweren Lungenentzündung im Lazarett und kam nicht wieder auf die Beine. Hier hatte ich viel Zeit, um über den Sinn des Kriegs nachzudenken. Ich hielt ihn für gerecht und notwendig, einfach deshalb, weil ich nach wie vor alles glaubte, was die gewaltige Goebbelssche Propagandamaschine ausspuckte. Wenn die Erneuerung Deutschlands, so war meine Meinung, im Moment nicht anders als durch einen Krieg vollzogen werden kann, dann müssen wir dieses großen Ziels wegen auch einen solchen schweren Weg gehen. Ich hoffte, daß es ein kurzer Weg sein und Deutschland keine großen Opfer kosten würde. Die Anfangserfolge der Wehrmacht bestärkten mich in meiner Illusion.

Daß es aber für unser Volk ein langer, immer opferreicherer und sogar tödlicher Weg sein würde, erkannte ich erst später nach und nach.
Meine Genesung zog sich in die Länge. So ließ ich mich nach Dresden in das Standortlazarett verlegen. Die Abiturausbildung des Langemarck-Studiums hatte schon begonnen. Ich wollte unbedingt in diesen Lehrgang einsteigen und bat den Chef des Lazaretts um einen Dauerurlaubsschein, den ich nebst Verpflegungsgeld auch erhielt. Am 28. Februar 1940 wurde ich wegen meiner Kriegsdienstbeschädigung aus der Wehrmacht entlassen und konnte mich nun mit voller Energie dem gesteckten Ziel widmen.
Unsere Lehrer waren in der Regel hochqualifiziert. Wie sie später zugaben, glaubten sie nicht recht an den Erfolg des Experiments, jungen Burschen in 18 Monaten genügend Wissen zu vermitteln – inklusive des kleinen Latinums –, um das Abitur ablegen zu können. Aber wir lernten alle mit Eifer, Disziplin und Überzeugung und halfen einander. Internatsmäßig untergebracht, waren mit mir im Zimmer noch drei junge Burschen in meinem Alter, die Arzt, Ingenieur und Journalist werden wollten. Alle drei sind gefallen.
Als im März 1941 die Abschlußprüfungen anstanden, zitterten die Lehrer nicht minder als wir, denn ein unabhängiger staatlicher Prüfungskommissar gab während der Prüfungen keinen Pardon. Aber bald mußte auch er sich davon überzeugen, daß wir voll im Stoff standen.
Dieses Jahr war für mich ein schönes Jahr. Wir hatten engen Kontakt zum Dresdener Konservatorium, genauer, zu den Studentinnen, die gerngesehene Gäste nicht nur auf unseren Hausbällen waren. Mindestens einmal im Monat besuchten wir das Schauspielhaus oder die Oper, nahmen überhaupt am kulturellen Leben Dresdens teil. So fühlten wir uns frei von parteipolitischen Bindungen und Belästigungen.
Meine Freunde und ich opponierten gegen vieles – wie das die Jugend im überschäumenden Lebensgefühl gern tut –, und wir machten uns über viele Ungereimtheiten und Widersprüche lustig. Das war damals unsere Form des Aufbegehrens gegen das Establishment der Älteren. Eine dieser Ungereimtheiten war es, daß ein wildgewordener Geschichtslehrer uns bei der Abiturvorbereitung anhand von Rosenbergs »Mythos des XX. Jahrhunderts« und Hitlers »Mein Kampf« die notwendigen Geschichtskenntnisse ver-

mitteln und auf andere Lehrbücher verzichten wollte. Das war bald abgestellt. Aber sein von uns gebremster Übereifer war nur geeignet, das Ansehen der von ihm repräsentierten Funktionärsgruppe weiter herabzusetzen und uns darin zu bestärken, daß man durchaus nicht alles akzeptieren müsse, was einem zugemutet werde.

Diese in jener Zeit erfolgte Reifung und Persönlichkeitsprägung hat zweifellos dazu beigetragen, mich zu einem wenig autoritätsgläubigen Individualisten zu machen. Ich hatte schon damals keine Angst vor »großen Tieren« oder Titeln, die manche zeitlebens mit sich herumschleppen. Mit anderen Worten: Hemmungen vor hohen Dienstgraden oder davor, meine persönliche Meinung entschieden zu vertreten, hatte ich schon damals nicht – oder nicht mehr.

Ich hatte auch einmal erwogen, vielleicht Geschichte zu studieren. Jedoch fehlte mir der entscheidende innere Anstoß für das Studium. Solche Erlebnisse wie die Absicht, den »Mythos des XX. Jahrhunderts« als Geschichtsbuch zu verwenden, förderten meine Entschlußkraft nicht, im Gegenteil. Übrigens nannten wir dieses »Werk« respektlos »Mikosch des XX. Jahrhunderts«, wobei dem heutigen Leser gesagt werden muß, daß Mikosch eine Witzblattfigur der zwanziger Jahre war, ähnlich dem Grafen Bobby dreißig Jahre später.

Ich interessierte mich besonders für die römische Geschichte, die ja zugleich wesentlich die Geschichte der Rechtswissenschaft ist. Hier verbanden sich Berufsziel – Jurist – und Freizeitinteressen ideal miteinander.

Ein Widerspruch jener Zeit war auch, daß nach der uns gelehrten Rassentheorie die arischen Völker besser sein sollten als die anderen und daß eine Verbindung mit andersrassigen wie Juden, Asiaten usw. gesetzlich verboten war. Nicht verboten war aber die Heirat mit einer Ungarin oder mit einer Finnin, die als Angehörige der finnisch-ugrischen Sprachfamilie nicht zu den arischen Völkern zu rechnen gewesen wären. Hier mußte etwas falsch an der Lehre sein, und wir fingen an, kritisch nach Widersprüchen zu suchen. Mit der der Jugend eigenen Konsequenz bezogen wir bald eine Entweder-Oder-Einstellung und hielten Ausschau nach ungarischen oder finnischen Freundinnen.

Im März 1941 hatte ich das Abitur in der Tasche und damit die Möglichkeit, an einer deutschen Universität das Studium der Rechts- und Staatswissenschaften aufzunehmen.

Auf zwei wichtige Ereignisse während dieser Zeit möchte ich noch eingehen. Als der sowjetische Außenminister Molotow im November 1940 Hitler einen Besuch abstattete, war das besonders für uns, die wir bereits »Pulverdampf« gerochen hatten, Anlaß, Gründe und Folgen dieses Besuchs leidenschaftlich zu diskutieren. Natürlich waren die Auffassungen unterschiedlich, aber die meisten sahen in diesem Besuch ein ermutigendes Zeichen für den Sieg Deutschlands im Krieg, weil wir uns eine militärische Auseinandersetzung mit der Sowjetunion nicht vorstellen konnten.

Einige Monate vor dem Abitur waren bei uns Vertreter verschiedenster staatlicher Institutionen aufgetaucht, die durch Vorträge für den Dienst in ihrer Behörde warben, etwa in der Finanzverwaltung, für die Intendanturlaufbahn der Wehrmacht, den höheren Dienst bei Post oder Reichsbahn. Vorausgesetzt wurde natürlich der erfolgreiche Abschluß eines Hochschulstudiums.

Ich interessierte mich für eine Laufbahn im leitenden Dienst der Sicherheitspolizei, vor allem deshalb, weil in dem Vortrag besonders auf eine mögliche Verwendung als Polizeiattaché im diplomatischen Dienst hingewiesen wurde, die es bereits in Tokio, Rom, Vichy und Madrid gab.

Nach einer Ausleseprüfung, bei der ausschließlich das vorhandene Wissen und die sportliche Qualifikation geprüft wurden, erhielt ich meine Einberufung und konnte mich wieder als Soldat fühlen, als zum Studium nach Berlin abkommandierter Anwärter des leitenden Dienstes der Sicherheitspolizei. Das waren für mich weitaus angenehmere Umstände als bei Kriegsbeginn in Polen. Aber viel hätte das Militär mit mir ohnehin nicht anstellen können, wenigstens nicht im Truppendienst. Ich erhielt ein monatliches Stipendium von 180 Reichsmark (was damals gut ausreichte), vollen Gebührenersatz, Büchergeld und konnte als freier Student an der Friedrich-Wilhelms-Universität zu Berlin, der heutigen Humboldt-Universität, mein Studium beginnen. Es bestand lediglich die Verpflichtung, mittwochs um 15 Uhr an bestimmten Sondervorlesungen und einem Kolloquium teilzunehmen, das, von SS-Juristen geleitet, der Einführung in das Polizeirecht und ähnlichem diente. Später kam noch der Pflichtsport, besonders Reiten und Fechten, hinzu. Als papiermäßiger Angehöriger des Reichssicherheitshauptamtes (RSHA) hatte ich auch einen Freifahrtschein für die Berliner Verkehrsmittel und war der SS-Gerichtsbarkeit unterstellt.

Oft kamen wir »Bewerber aus den freien Berufen« mit den Angehörigen des »geschlossenen Kursus des leitenden Dienstes« zusammen, die aus der Polizei und der SS hervorgegangen waren und bereits Offiziersdienstgrade bekleideten, während wir in unseren niederen militärischen Rängen und noch dazu aus allen Wehrmachtsteilen ein buntes Bild abgaben und bemüht waren, bald examensreif zu sein.

Ich muß gestehen, daß ich damals von großen Emotionen erfüllt war. Wir, als zum Studium abkommandierte Angehörige der SS, fühlten uns als Elite der Nation, berufen, einmal all jene erhabenen Vorstellungen von der Führungsrolle der deutschen Nation, an die wir fest glaubten, zu verwirklichen. Und wir sollten uns ja auch so fühlen. Geschickt und schamlos wurde das kritische und ungestüme Aufbegehren der Jugend genutzt, um uns ganz für die verbrecherischen Ziele Hitlers zu gewinnen. So waren wir – wie es schien – frei von jedem äußeren und inneren Zwang und hatten als Studenten in Berlin viele Möglichkeiten, unseren Interessen nachzugehen.

Nur einen Nachteil konnte man beklagen: Die Vorlesungen waren überfüllt, was ein intensives Studium und den Kontakt mit den Professoren erschwerte. Ich war wißbegierig und belegte außer den für den Studiengang erforderlichen Fächern noch Vorlesungen über Randgebiete, die keine Prüfungsfächer waren, wie Kriminologie, Gerichtsmedizin, Psychologie, Graphologie und Schriftenvergleich, Jugendkriminalität und vieles andere mehr. Auch besuchte ich heimlich Vorlesungen von Professor Sauerbruch. Man riskierte, als »Fremder« von ihm entdeckt und mit den Worten »Was suchst du denn hier? Raus!« des Saales verwiesen zu werden. Jedoch in Berlin zu studieren und diesen weltberühmten Mediziner nicht gehört zu haben schien mir schlechterdings unmöglich zu sein.

Das kulturelle Leben war noch intakt und lud zur Teilnahme ein. Unvergeßlich ist mir Gustaf Gründgens als Mephisto im Schauspielhaus. Die ganze Nacht standen wir nach Karten an. Auch an Emil Jannings, die Hoppe, die Flickenschildt, an Stefan George und andere Schauspieler erinnere ich mich gut.

Hatte ich bisher in Dresden meinen Umgang und meine Freunde in eng umgrenzten Kreisen gefunden, so standen mir jetzt weitaus reichere Kontaktmöglichkeiten offen, die ich auch weidlich nutzte. Die Atmosphäre, in der ich damals lebte, erinnerte mich an meine

Schulzeit. Ich hielt es für meine Pflicht, mich so allseitig wie möglich – teils offen, teils weniger offen – mit den verschiedensten geistigen Strömungen jener Zeit bekanntzumachen. Bücher von Bruno Brehm und Hans Grimm gehörten ebenso zu meiner Lektüre wie beispielsweise Erich Maria Remarques »Im Westen nichts Neues« oder auch Werke Thomas Manns. Das Buch des Engländers Warwick Deeping »Hauptmann Sorrell und sein Sohn« beeindruckte mich damals sehr. Auch Axel Munthe wäre zu nennen.
Ernst Thälmann war uns unter seinem Namen »Teddy« durchaus ein Begriff. Aber auch solche damals bekannten Persönlichkeiten wie der Anarchist Max Hoelz und Hitler-Gegner wie Pastor Martin Niemöller, Graf Galen, der als Bischof von Münster in seinen Hirtenbriefen zum Widerstand gegen die Nazis aufrief, beeindruckten uns als junge Leute in gewisser Weise. Das weniger vorrangig aus politischen Gründen, sondern deshalb, weil sie gegen etwas waren und mutig für ihre Meinung eintraten. Ich war zwar gewöhnt, selbständig und sachlich zu denken, und sah durchaus manche gravierenden Unterschiede zwischen Worten und Taten der Reichsführung. Ich hielt sie aber für unabänderliche Geburtswehen der Bewegung, für Begleiterscheinungen. Allerdings begann ich kritischer zu werden und meine Meinung zu profilieren. Nicht unerheblich ging das auch – so paradox es heute für den Leser klingen mag – auf das schon erwähnte Mittwochs-Kolloquium zurück. Dort wurde – entre nous – mit vorher nicht erlebter Offenheit über alle Mängel in Partei und Staatsapparat debattiert und in Aussicht gestellt, daß alle notwendigen Reformen nach dem Krieg nachgeholt werden müßten und daß uns als den heranwachsenden Führungskadern entscheidende Aufgaben zufallen würden. Dann sollte in der Partei aufgeräumt und ein vernünftiger Staatsapparat aufgebaut werden. All dies war natürlich keine Opposition, sondern offensive Demagogie.
Kaum zu begreifen – aber uns erschien das damals glaubhaft. Nicht nur das, speziell diese Aufgabe betrachteten wir geradezu als Mission. Sie war der entscheidende Antrieb unseres Engagements. Aber eines waren wir in jedem Fall: kritisch, und wir erlaubten uns vieles, was jeden anderen wegen Defätismus vor den Volksgerichtshof gebracht hätte. Wir hatten dort beispielsweise einen Staatsrechtsprofessor, der aus einer hohen SS-Funktion abgelöst worden war, weil er offen aussprach, daß er mit der Art und Weise der Kriegführung nicht einverstanden war. Uns gegenüber erläu-

terte und bekräftigte er seine Auffassung. Aber das waren absolute Ausnahmen, die wir leider als normal einstuften, was wiederum beabsichtigt war.

Nebenbei bemerkt, ich las zwar den »Berliner Lokalanzeiger«, den »Völkischen Beobachter« aber hatte ich nie abonniert. So etwas las man nebenbei. Vielleicht hätte ich dieses Blatt gründlicher lesen sollen, eben mit jener bei mir in den Anfängen vorhandenen kritischen Distanz, dann hätte mich manches später nicht so überraschen können.

Eine entscheidende Zäsur erfuhr mein Leben an einem Sonntagmorgen. Es war der 22. Juni 1941, als ich in meiner Studentenbude, noch im Bett liegend, das Radio eingeschaltet hatte. Ein bis dahin unbekannter Fanfarenton schien Bedeutendes anzukündigen. Mit großer Spannung und ebenso großer Verwirrung hörte ich, daß der Sprecher den Beginn eines neuen Kriegs, im Osten, gegen die Sowjetunion, meldete.

Ich starrte auf meine an die Wand geheftete Weltkarte und verglich die Ausdehnung des kleinen Großdeutschen Reichs mit dem riesigen sowjetischen Raum. Hans von Seeckt und die deutschen Generalstabsoffiziere hatten immer vor einem Krieg gegen Rußland gewarnt. Was war geschehen?

Zu dieser Frage kam für mich als angehenden Juristen – Rechtswahrer nannte man das damals – noch etwas anderes hinzu. Wie konnte, so fragte ich mich, die Führung des Dritten Reichs den erst am 23. August 1939 geschlossenen Vertrag mit der Sowjetunion so einfach brechen? Während des schon erwähnten Molotow-Besuchs hatte dieser Vertrag in unseren Diskussionen eine große Rolle gespielt, wir begrüßten ihn. Nun sollte das alles aus und die Hoffnung auf eine baldige Beendigung des nun seit fast zwei Jahren währenden Kriegs zerstört sein? Ich verstand das nicht. Hoffentlich geht es doch noch gut aus. An diesem Gedanken klammerte ich mich fest.

Ich bemühte mich um die Zulassung zum Kriegsnotexamen. Der Präsident des Reichsjustizprüfungsamtes, Professor Otto Palandt, bekannt als Verfasser eines Kommentars zum Bürgerlichen Gesetzbuch, erteilte mir nach Prüfung der eingereichten Unterlagen die Genehmigung, schon nach fünf Semestern das vereinfachte Notexamen abzulegen. Statt der fünf großen Klausurarbeiten zu je fünf Stunden hätte ich nur eine verfassen müssen. Diesen Vorteil wollte ich mir nicht entgehen lassen. Also galt es, intensiv zu arbeiten,

denn was der Krieg noch an Überraschungen bringen würde, das ließ sich nicht voraussehen, und es war zweifellos richtig, so schnell wie möglich bestimmte Ziele und Etappen auf dem Weg zum Lebensberuf durch ein Zeugnis oder eine Bescheinigung als erreicht attestiert zu bekommen.
Aber schon kamen die befürchteten Überraschungen. Das Studium wurde eingeschränkt. So, wie alle Behörden und Betriebe ausgekämmt wurden, um weniger wichtige Posten einzusparen, um dann freigewordene Kräfte an anderer Stelle einzusetzen, so wurde auch an der Universität Unruhe verbreitet durch den General von Unruh, der seinem Namen alle Ehre machte. Er hatte Erfolge zu verzeichnen. So gelang es ihm, in Berlin eine Dienststelle ausfindig zu machen, die sich noch im Jahr 1943 mit der »Abwicklung der Olympiade von 1936« befaßte und bis dahin ein unbeachtetes und nicht sehr aufregendes Leben geführt hatte. An den Universitäten wurden Assistenten, die unentbehrlichen, willigen Helfer der Ordinarien, ausgesiebt, was natürlich zur Folge hatte, daß die wenigen verbleibenden das Übermaß an Arbeit nicht bewältigen konnten. Viele Vorlesungen wurden eingeschränkt oder fielen aus, die Dozenten vertauschten ihre Zivilkleidung mit dem feldgrauen Rock, und viele Studenten mußten ihnen folgen. Die verbliebenen Studenten konnten deshalb ihr Studium kaum noch effektiv durchführen.
Aber es war ohnehin so etwas wie eine Weltuntergangsstimmung entstanden. Wer an der Front davongekommen war, wollte nun das Leben genießen und betrachtete das Studium nur als die formale Voraussetzung dafür. Und wir spürten – auch als Studenten –, welche Verachtung der ganzen Juristerei von seiten der Staatsführung entgegengebracht wurde. Hatte doch Hitler oft genug die Richter und ihren Stand heftig attackiert und herabgesetzt. Die Absicht, einen neuen Typ Rechtswahrer zu schaffen, war uns schon bekannt. Die neue Methode der politischen Führung, zu milde erscheinende Gerichtsurteile einfach zu kassieren und unerwünschte Verfahren niederzuschlagen, wies deutlich in die neue Richtung. Unübersehbar wurde dieser Bruch mit der Rechtstradition, da man uns gerade erst ausführlich über Montesquieu und sein System der Gewaltenteilung belehrt hatte.
Ich mußte damit rechnen, wieder vom Militär beansprucht zu werden, denn das Notexamen sollte ja die frischgebackenen »Referendare (K)«, wobei das »K« auf das Kriegsexamen hinwies,

möglichst schnell der Wehrmacht zuführen. Aber ein Schattendasein bei einer Reserveeinheit oder in einem Militärbüro schien mir unnütz und wenig erstrebenswert.
Da ich schon seit langem überzeugt war, daß mir eine praktische Erfahrung im Polizeidienst nicht schaden könne – die informatorische Beschäftigung bei verschiedenen Polizeidienststellen während der Semesterferien war zwangsläufig nur kurz und oberflächlich gewesen –, schlug ich vor, ich wolle noch die Ausbildung zum Kriminalkommissar durch Teilnahme an einem planmäßigen Lehrgang nachholen. Danach hätte ich den Vorsprung meiner älteren Kameraden aus dem geschlossenen Lehrgang für den leitenden Dienst eingeholt und so ohne Zeitverlust einen großen Sprung nach vorn machen können. Ganz abgesehen davon, daß ich dann als Kriminalkommissar und nicht als Referendar besoldet worden wäre. Das wiederum war für mich die materielle Voraussetzung, um heiraten zu können.
Meinem Vorschlag wurde stattgegeben, und ich konnte neben dem Studium am nächsten Lehrgang für Kriminalkommissaranwärter vom Juli 1942 bis März 1943 teilnehmen. Ich war der einzige Anwärter aus den freien Berufen und befand mich in Konkurrenz zu rund dreißig altgedienten Polizisten, die sich mühsam nach oben gearbeitet hatten und nun ihre Laufbahn mit diesem Lehrgang krönen wollten. Ich konnte allerdings die für die Kriminalkommissaranwärter aus freien Berufen vorgeschriebene Vorbereitungsdienstzeit von 23 Monaten bei den verschiedensten Polizeidienststellen nicht nachweisen. Man erteilte mir jedoch eine Ausnahmegenehmigung und rechnete die Zeit des Studiums und der informatorischen Beschäftigung während der Semesterferien als ausreichenden Ersatz an.
Wie ich den Vorsprung der mir in der Praxis weit überlegenen Kameraden einholen würde, das war dann meine Sache. Erschrekkend war die geistige Einseitigkeit einiger Lehrgangsteilnehmer. Ihr Horizont reichte vom Tschako bis zu den Stiefelspitzen. Schon allein deshalb hatte ich nicht die Absicht, mich zu blamieren. Meine Befürchtungen erwiesen sich dann auch als völlig abwegig. Ich war jung und an geistige Arbeit gewöhnt, so daß mir neun Monate des Lehrgangs keine großen Schwierigkeiten bereiteten. Meinen Kollegen die praktischen Handgriffe abzugucken und ihren Fachjargon zu erwerben erforderte nur ein bißchen Aufmerksamkeit und ein gutes Gedächtnis. In allen juristischen Lehr-

fächern wußte ich ohnehin schon alles, was es da zu lernen gab.
Das Nacharbeiten der vormittäglichen Vorlesungen war eine Routineangelegenheit, die wir in der Regel gemeinsam erledigten. An Vorlesungsnotizen gewöhnt, mit einem beweglichen Geist und einem natürlichen Sinn für Systematik ausgestattet, übernahm ich es, meine Notizen mittags einem Kameraden ins Stenogramm zu diktieren, der dann die Niederschrift mit mehreren Durchschlägen anfertigte und allen Beteiligten unserer kleinen Gruppe aushändigte. Dafür erarbeitete ein Dritter alle nötigen Skizzen, Graphiken usw. Durch diese rationelle Arbeitsmethode sparten wir viel Zeit ein, auch weil jeder Beteiligte durch die gegenseitige Kontrolle und Diskussion die Niederschrift, wo nötig, korrigieren konnte. Dieses System der Arbeitsteilung hat mir auch später im Leben viel geholfen, wenn es darum ging, rationell zu arbeiten und sich mit anderen zu einer besseren Effektivität zu verbinden. Ich habe nie zu denen gehört, die alles nur ganz allein machen wollen und anderen nichts zutrauen. Anders hätte ich später nie eine so umfassende Arbeit leisten, die Funktionen mehrerer Kollegen zusätzlich zu meiner Arbeit übernehmen und dennoch alles zufriedenstellend und erfolgreich bewältigen können.
Diese Arbeitsteilung während meines Lehrgangs ermöglichte es mir, zusätzlich nachmittags oder abends Vorlesungen an der Universität zu besuchen und mich für das Kriegsnotexamen vorzubereiten. Fielen mir die polizeibezogenen Fächer meines Lehrgangs leicht, so gab es Schwierigkeiten im Lehrfach »Weltanschauliche Schulung«. Hier war es klüger, sich nicht auf Dispute einzulassen und zu verraten, daß ich mich weitaus ausführlicher als zulässig mit anderen philosophischen Systemen – natürlich »dekadenten« – befaßt hatte. Aber Diskussionen konnten dennoch nicht ausbleiben. Als der Lehrgang sich dem Ende zuneigte, sah ich daher doch mit einigem Bangen der Abschlußprüfung entgegen. Ich mußte befürchten, daß ich im Hauptfach Weltanschauung entweder mit der Note Eins, wegen meiner Diskutierfreudigkeit und des Geschicks, meine Ansichten zu vertreten, oder aber wegen ideologischer Abweichung mit einer Fünf bewertet werden würde, was ich eigentlich erwartete. Aber als mir der Dozent, Sportlehrer im Hauptberuf, bei einer inoffiziellen Vorprüfung nicht wie meinen Kollegen für einen mündlichen Vortrag ein sogenanntes Kurzthema gab, sondern mir die Themenwahl für einen Ad-hoc-Vortrag

von 10 bis 15 Minuten freistellte, da konnte ich die Sache derart komplizieren und ihn durch Zitate und Literaturangaben so stark beeindrucken, daß er glauben mußte, ich hätte mich außergewöhnlich intensiv mit seinem Lehrfach und weit über das Unterrichtsprogramm hinaus befaßt. Das, meinte er, würde nur einer wagen, der sich seiner Pflichtaufgaben schon entledigt hatte. Prüfungen hängen ja ohnehin mehr vom Zufall ab, als daß sie ein echtes Bild vom Wissensstand des Kandidaten vermitteln.

Bei der schriftlichen und mündlichen Schlußprüfung ging es mir ähnlich wie bei der mündlichen Vorprüfung. Die Nervosität meiner Kollegen ergriff mich nicht, und mein sicheres Auftreten im mündlichen Teil verschaffte mir Pluspunkte und Verschonung vor intensiver Ausfragung. Ich erreichte in allen Fächern die bestmögliche Note und absolvierte die Prüfungen als Lehrgangsbester vor allen anderen, die ja schon bis zu zehn Jahren Polizeidienst hinter sich hatten. Für den Lehrgangsjüngsten, noch dazu für einen Außenseiter, der zur Kriminalpolizei gehörte und nicht zur Geheimen Staatspolizei wie die meisten des Lehrgangs, war das eine vielversprechende Leistung, die erfahrungsgemäß später Vorteile bei der Versetzung in eine der gewünschten Dienststellen – man durfte drei Wünsche äußern – und bald eine Beförderung zur Folge haben würde.

Nun war ich im März 1943 Kommissar der Kriminalpolizei und Anwärter des leitenden Dienstes der Sicherheitspolizei und hatte die Absicht, über Probleme der Jugendkriminalität zu promovieren. Doch bald verzichtete ich wegen kriegsbedingter Schwierigkeiten auf dieses Vorhaben – vorerst, wie ich glaubte.

Es war keineswegs nach meinem Geschmack, daß mich nach einem kurzen Gastspiel bei der Dresdner Kriminalpolizei eine Versetzung nach Oberschlesien erreichte, wo ich das übliche »Probehalbjahr« abdienen sollte. Oberschlesien galt damals in Preußen, wenn man unfreiwillig dorthin versetzt wurde, als Strafkolonie, als das preußische Sibirien. Als Lehrgangsbester hätte ich auf einen besseren Dienstort hoffen können. Meine – keineswegs übliche – mündliche Demarche beim Personalchef der gesamten Kriminalpolizei wurde entwaffnend beantwortet, und ich lernte, daß es keineswegs immer ein Vorteil ist, ausgezeichnete Leistungen vorweisen zu können. Mir wurde erklärt, daß die Personalnot beim leitenden Personal der Kriminalpolizei dazu zwinge, auch den letzten altgedienten Kriminalkommissar aus Gleiwitz abzuziehen. Und da der dortige

Leiter der Kriminalabteilung ein etwas schwieriger Herr sei, sei nun die Wahl auf mich gefallen, weil man wisse, daß ich mir nicht die Butter vom Brot nehmen ließe. Das war wenig tröstlich angesichts dessen, was mir noch bevorzustehen schien. Aber auch die sechs Probemonate würden vorübergehen, und dann würde ich schon eine andere Verwendung finden und auch einen anderen Dienstort.

Die Verhältnisse in Gleiwitz erwiesen sich wirklich nicht als sehr erfreulich. Der Chef war ein emporgedienter Schutzmann. Er galt als Prototyp des »Pflastertreters«, womit diejenigen Schutzleute aus dem Kaiserreich gemeint waren, die glaubten, durch ihre bloße Anwesenheit und einen martialischen Gesichtsausdruck für Zucht und Ordnung in ihrem Revier sorgen zu können. Eine wissenschaftliche Ausbildung oder auch nur Interessen hatte er nicht. Er war ein Formalist und subalterner Beamter, mit dem auszukommen sehr schwer war, weil er die Allüren eines Souveräns hatte. Er konnte es nicht vertragen, wenn ihm andere überlegen waren. Ich fand sein Mißfallen, weil ich beim Sport bessere Leistungen erzielte als er, Kunststück, denn ich war fast vierzig Jahre jünger. In seiner Eitelkeit faßte er es aber als einen Angriff auf seine Autorität auf. Aber bald ergab sich ein Grund, meine Versetzung zu beantragen. Es hatte ein dienstlicher Streit stattgefunden, bei dem ich von den vorgesetzten Stellen Recht bekam und ein Lob dazu.

Meine Personalakte als Kriminalkommissar zierte die Marginalie »leitender Dienst«. Das bedeutete, daß ich für leitende Funktionen im höheren Dienst qualifiziert war. Als mein Versetzungsgesuch in Berlin bearbeitet wurde, lag gerade die Anforderung des Amtes VI des Reichssicherheitshauptamts vor, für den weiteren Um- und Ausbau dieser Institution besonders qualifizierte leitende Beamte zur Verfügung zu stellen. In erster Linie kamen hierfür die Anwärter des leitenden Dienstes in Betracht. Sie hatten sämtlich eine Hochschulausbildung, waren fremdsprachenkundig und schon seit langem aus ihren Heimatdienststellen herausgezogen.

So wurden also eine ganze Reihe meiner Kameraden aus dem geschlossenen Lehrgang in das Amt VI versetzt und, da mein Versetzungsgesuch zur selben Zeit bearbeitet wurde, ich auch. Hatten wir uns bislang nur in den Hörsälen der Universität gesehen, so trafen wir uns nun als gleichgestellte Kollegen in den Gängen und Büros des Amtes VI des RSHA.

Auf Erkundung im Nachrichtendienstdschungel

Als ich mich Ende August 1943 im Amt VI des Reichssicherheitshauptamts beim Gruppenleiter »Westeuropa«, Eugen Steimle, zum Dienst meldete, wußte ich nichts von der Aufgabenstellung und Gliederung dieses Amtes, das die Bezeichnung »Ausland« führte. Das Hauptgebäude des Amtes VI befand sich in Berlin-Schmargendorf in der Berkaer Straße 32, wo allerdings nur ein Teil dieser Behörde untergebracht war. Es gab noch zahlreiche Dienstgebäude in Berlin und anderen Orten.

Während unseres Lehrgangs für Kriminalkommissaranwärter hatte man uns zwar die genaue Gliederung des Reichssicherheitshauptamts erläutert, jedoch über das Amt VI keine Einzelheiten bekanntgegeben. Es hieß lediglich: »Wenn Sie mit diesem Amt nichts zu tun haben, brauchen Sie es nicht zu wissen, anderenfalls erfahren Sie es noch früh genug!« Es schien also eine höchst bedeutende Behörde zu sein, über die man von niemandem Näheres erfuhr. Deshalb begann ich meinen Dienst mit großen Erwartungen.

Bei meinem Dienstantritt im Amt VI besaß ich keinerlei nachrichtendienstliche Ausbildung oder Erfahrung. Mein juristisches Studium und mein mit Auszeichnung abgelegtes Examen als Kriminalkommissar waren zunächst meine einzigen vorzeigbaren Qualifikationen.

Mein Chef wies mich in einem mehrstündigen Gespräch in meine neue Arbeit ein und machte mich mit den Problemen des politischen Auslandsnachrichtendienstes bekannt. Er hatte mich als Mitarbeiter im Referat Schweiz/Liechtenstein vorgesehen, dessen Leiter sowie stellvertretender Leiter in Kürze das Amt verlassen würden, um in den »Einsatz«, das heißt in die besetzten Gebiete, zu gehen. Mir wurde die Aufgabe gestellt, mich möglichst schnell und umfassend einzuarbeiten, um dann die Leitung dieses Referates zu übernehmen.

Daher mußte ich gleichzeitig die Aufgaben und Methoden des Nachrichtendienstes im allgemeinen wie auch die des Schweiz/Liechtenstein-Referates im besonderen begreifen. Ich mußte also lernen, was Nachrichtendienst heißt, wie der politische Nachrichtendienst vom militärischen Erkundungsdienst abzugrenzen ist, wie beide arbeiten, welche Mittel und Möglichkeiten zur Verfügung stehen, mit welchen Stellen man zusammenarbeiten kann, wie man Mitarbeiter gewinnt, einsetzt und ihnen einen Meldeweg schafft, das heißt eine Gelegenheit, ihre Informationen dem Geheimdienst zuzuleiten. Vor allem mußte ich lernen, welche Art von Informationen gewünscht und benötigt wurden. Hier die angemessene Intuition zu entwickeln ist zu allen Zeiten für jeden Mitarbeiter eines Nachrichtendienstes entscheidend, denn er muß die richtige Nase haben, sich um Dinge kümmern, die vielleicht erst nach Wochen oder Monaten relevant sein werden, um dann bereits die Kenntnisse zu besitzen, die ihm von seinem Vorgesetzten abgefordert werden.

Die speziellen Probleme meines Referates waren vielleicht am leichtesten zu bewältigen, denn anhand der täglichen Posteingänge und Aktenbearbeitung war die »Schweiz-Lage« unschwer zu begreifen. Außer einigen Einführungsvorträgen erhielt ich keine besonderen Aufschlüsse. Im Einzelfall mußte ich mich mit meinen Kollegen so arrangieren, daß sie mir behilflich waren, Grund unter die Füße zu bekommen, denn zunächst hatte ich das Gefühl zu »schwimmen«. Das schien aber allen Neulingen so zu gehen, denn mein Gruppenleiter sagte mir zum Abschied: »Über diese Durststrecke muß jeder Anfänger hinweg, aber wie ich Sie einschätze, werden Sie dann nichts anderes mehr treiben wollen. Bei uns stehen Ihnen alle Chancen offen, mehr als in jeder anderen Behörde. Nun viel Erfolg und gutes Stehvermögen.«

Zunächst hielt ich es für notwendig, die Ämter und Stellen kennenzulernen, die sich mit nachrichtendienstlichen Aufgaben zu befassen hatten. Selbstverständlich mußte es da irgendwelche Kompetenzabgrenzungen und Aufgabenteilungen, Koordinierung und Zusammenarbeit geben.

Daher befaßte ich mich näher mit der Gliederung des RSHA und den Aufgaben seiner Ämter. Weiter wollte ich etwas erfahren über die »Abwehr«, das Amt Ausland/Abwehr des Oberkommandos der Wehrmacht, das militärische Spionage betrieb. Einige andere Stellen, die auch etwas mit der Spionage zu tun hatten, würde ich wohl im Lauf der Zeit von selbst kennenlernen. Und last not least mußte ich auch meine laufende Arbeit bewältigen, um durch die Praxis all das zu erlernen, was ich bislang von der Nachrichtenarbeit, also der Beschaffung geheimer Informationen, noch nicht kannte.

Jung und unverfroren, wie ich war, besorgte ich mir alle Kenntnisse, die ich glaubte, haben zu müssen, indem ich an alle Kollegen oder Stellen herantrat, die mir Aufschluß geben konnten und die bereit waren, einem Neuling etwas von ihrer Arbeit zu erzählen. Damit verstieß ich schon am Beginn meiner Geheimdienstlaufbahn gegen die Regeln der Konspiration und Geheimhaltung. Der sogenannte Grundsatzbefehl Nr. 1 wollte eigentlich das genaue Gegenteil von dem, was ich tat, erreichen; niemand sollte mehr wissen, als für die Erfüllung seiner Arbeit unumgänglich notwendig war. Der Grundsatzbefehl Nr. 1 lautete:

»Der Führer und Oberste Befehlshaber der Wehrmacht

Berlin, den 11.1.1940

Grundsätzlicher Befehl

1. Niemand: keine Dienststelle, kein Offizier dürfen von einer geheimzuhaltenden Sache erfahren, wenn sie nicht aus dienstlichen Gründen unbedingt davon Kenntnis erhalten müssen.
2. Keine Dienststelle und kein Offizier dürfen von einer geheimzuhaltenden Sache *mehr* erfahren, als für die Durchführung ihrer Sache unbedingt erforderlich ist.
3. Keine Dienststelle und kein Offizier dürfen von einer geheimzuhaltenden Sache bzw. dem für sie notwendigen Teil früher erfahren, als dies für die Durchführung ihrer Aufgabe unbedingt erforderlich ist.
4. Das gedankenlose Weitergeben von Befehlen, deren Geheimhaltung von entscheidender Bedeutung ist laut irgendwelcher allgemeiner Verteilerschlüssel, ist verboten.

gez. Adolf Hitler«[1]

Über die SS und Polizei wußte ich einigermaßen Bescheid. In vielen Dingen war ich aber ein Außenseiter und sah nun plötzlich, daß, aus der Nähe betrachtet, manches anders war, als es aus der Ferne den Anschein hatte. Die Struktur der Polizei und des RSHA war für einen Außenstehenden nicht überschaubar, vor allem entging ihm die Tatsache, daß der scheinbare Monolith SS und Polizei nur an der Oberfläche einen imposanten Eindruck machte. In Wirklichkeit gab es Machtkämpfe um Einfluß und Führungspositionen. Uneinigkeit und Rivalität unter den leitenden Persönlichkeiten waren ein hervorstechendes Merkmal der RSHA und der

Polizei. Aber das wußten kaum die Angehörigen dieser Organisationen, um so weniger konnte ein Fremder Einblick in diese Verhältnisse gewinnen.

Je intensiver nach dem Machtantritt der Nazis die Vorbereitungen auf den Krieg anliefen, desto mehr wurde – nicht zuletzt auch zur Unterdrückung im Innern des Landes – der polizeiliche und geheimdienstliche Apparat ausgebaut und zentralisiert. Den institutionellen Gipfelpunkt erreichte der geheimdienstliche und polizeiliche Bereich der SS mit der Errichtung des Reichssicherheitshauptamts zu Beginn des Zweiten Weltkriegs. Durch Erlaß des Reichsführers SS und Chefs der Deutschen Polizei im Reichsministerium des Innern vom 27. September 1939 waren das Hauptamt Sicherheitspolizei des Reichsinnenministeriums, das Sicherheitshauptamt des Reichsführers SS, das Geheime Staatspolizeiamt und das Reichskriminalpolizeiamt (RKPA) unter der Leitung von Heydrich zusammengefaßt beziehungsweise miteinander verschmolzen worden.[2]

Über die seit Beginn des Zweiten Weltkriegs im RSHA zusammengefaßten Instanzen sollte Heydrich 1941 befriedigt äußern, von ihnen werde mit »einer Mischung von Furcht und Grauen« gesprochen, gehe der Ruf der »Brutalität« und einer »ans Sadistische« grenzenden »Unmenschlichkeit und Herzlosigkeit« aus.

Ursprünglich mit sechs Ämtern konstituiert, erweiterte sich das RSHA bis Mitte 1940 auf sieben. Diese Struktur blieb dann bis Kriegsende erhalten, obwohl es hinsichtlich der einzelnen Ämter noch manche Aufgabenverschiebungen, Um- und Angliederungen gab. Für Personal, Ausbildung und Schulung, Organisation, Verwaltung und Recht waren die Ämter I und II zuständig. Die Zentralen der innen- und außenpolitischen SD-Ressorts befanden sich in den Ämtern III (Deutsche Lebensgebiete/SD-Inland) und VI (SD-Ausland). In den Ämtern IV (Gegnererforschung und -bekämpfung/Gestapo) und V (Verbrechensbekämpfung/Kripo) existierten die beiden Sipo-Ämter weiter. Im Amt VII (Weltanschauliche Forschung und Auswertung) war man mit Analysen der ideologischen Literatur oder vergleichbarer Informationsmaterialien beschäftigt.

Über den Zweck der Gründung des RSHA, der Ausrichtung seiner Ämter auf miteinander verflochtene Aufgabenzweige der Sicherheitspolizei und des SD, insbesondere das zahnradmäßige Ineinandergreifen von Gestapo und SD, waren vorab geheime

Denkschriften, Studien und Gutachten verfaßt worden, die vorwiegend aus der Stabskanzlei des SD-Hauptamtes kamen. Jene Konzepte, die in den Jahren 1938/39 ausgearbeitet worden waren, ließen keinen Zweifel daran, wie später der Internationale Nürnberger Militärgerichtshof urteilte, daß die Gründung des RSHA zu »den Schritten« zählte, »die zum Angriffskrieg führten«. Ausdrücklich hatte man in einer der Studien betont, die beabsichtigte »Neugliederung« trage dem Bedürfnis der »militärischen Stellen« Rechnung, »unter Zugrundelegung der Theorie des Totalen Krieges auch die Beobachtung der politischen Entwicklung im In- und Ausland wenigstens in der Spitze total zu beherrschen«. Dafür sollte auf dem künftigen »Kriegsschauplatz Innerdeutschland« (Himmler) ein »weiterer Meilenstein« in der »konsequenten Durchführung der politischen Entwicklungslinie der SS«, das heißt »im Prozeß der Verschmelzung von Polizei und SS«, gesetzt werden, indem man zur »Verschmelzung SD – Sipo« überging.

Interessanterweise unterstand damals die SD-Stabskanzlei einem noch nicht einmal dreißigjährigen Juristen: Walter Schellenberg übernahm nach der Formierung des RSHA die Gruppe IV E – Abwehr – im Geheimen Staatspolizeiamt, um schließlich im Juni 1941 zum Chef des Amtes VI aufzusteigen. Der Fabrikantensohn aus Saarbrücken, der bis zum SS-Brigadeführer und zum engsten Kumpan Heydrichs und Himmlers avancierte, hatte sich frühzeitig der »auf Hochtouren arbeitenden Organisation« des Naziregimes verschrieben, »die in Gang zu halten und ständig zu steigern den Männern an den Schalthebeln das wohlige Gefühl eines Machtrausches gab«, wie Schellenberg das in seinen Memoiren kommentierte. Nachdem er 1933 der SS und NSDAP beigetreten war, wechselte er bald vom nebenberuflichen Gestapospitzel und SD-Auslandsagenten zu den Geheimdienst- und Polizeiprofis im Führungsapparat der SS. Durch seine Mitarbeit an den erwähnten Konzepten beeinflußte er nicht nur die Gründung, Struktur und Funktion des RSHA, sondern er beteiligte sich damit auch zielbewußt an der Vorbereitung des Zweiten Weltkriegs und an weiteren Verbrechen. Schellenberg machte eine steile Karriere, und er wurde zunehmend zu einer Schlüsselfigur. Bei der Beschäftigung mit seiner Tätigkeit lassen sich wesentliche Einsichten in das Funktionieren der faschistischen Konspiration gewinnen, nicht zuletzt hinsichtlich der nachrichtendienstlichen und geheimpolizeilichen Bestrebungen im westlichen Nachkriegsdeutschland.

In der Literatur sind mittlerweile ausführlich das Ende des Admirals Canaris und die Eingliederung des OKW-Amtes Ausland/Abwehr, anfänglich als selbständiges Amt Mil (genau: Militärisches Amt des Reichsführers SS), in das RSHA beschrieben worden, es dürfte auch bekannt sein, daß der Chef dieses Amtes, Oberst Georg Alexander Hansen, in das Attentat gegen Hitler verwickelt war, was aber erst mit Verspätung aufgedeckt wurde. Als er verhaftet und hingerichtet worden war, begann die zügige Verschmelzung des ehemaligen Amtes Ausland/Abwehr des OKW mit dem Amt VI.

Das Amt VI – Ausland – war, ebenso wie die anderen Ämter des RSHA, in Gruppen und Referate gegliedert. Eine Gruppe diente organisatorischen und administrativen Aufgaben, die übrigen waren nach politisch-geographischen Gesichtspunkten gebildet worden: Die Gruppe VI C beispielsweise befaßte sich mit dem russisch-japanischen Einflußgebiet, VI D mit dem anglo-amerikanischen und VI E mit Mitteleuropa. Ich landete in der Gruppe VI B, die die Bezeichnung »Westeuropa« trug. Das Referat VI B 3 war für die Schweiz und Liechtenstein zuständig. In jedem Referat gab es drei Sachgebiete: Beschaffung, Auswertung und karteimäßige Verwertung (Archiv/Kartei). Sie wurden mit Kleinbuchstaben a, b und c gekennzeichnet. Die Leiter der Gruppen und eigenständigen Referate, damals fast ausschließlich im Dienstrang von SS-Obersturmbannführern und SS-Sturmbannführern beziehungsweise Oberregierungs- und Regierungsräten, stellten den Schellenbergschen Führungsstab dar.

Mit Steimle war ich einem Vorgesetzten unterstellt, der, bevor ich ihn kennenlernte, einer jener Einsatzgruppen angehört hatte, die in der Sowjetunion schwerste Verbrechen verübten. Nach dem Krieg wurde er im sogenannten Einsatzgruppenprozeß von einem amerikanischen Gericht zum Tode verurteilt, aber – wie in zahlreichen anderen Fällen – nach einigen Jahren Haft aus dem Kriegsverbrechergefängnis Landsberg freigelassen.

Steimles Ländergruppe umfaßte die Referate Belgien/Holland/Luxemburg (VI B 1), Frankreich (VI B 2), Schweiz/Liechtenstein (VI B 3) und Spanien/Portugal (VI B 4). Als ich meinen Dienst in dieser Spionage- und Subversionsgruppe aufnahm, war ich keineswegs der einzige Neue. Zur damaligen Zeit vollzog man im RSHA, besonders aber im Amt Ausland, einen umfangreichen Personalaustausch, verursacht durch eine beträchtliche Erhöhung der Mitarbeiterzahl. Die altgedienten Agentenführer wurden in die

Operationsgebiete geschickt und in der Berliner Zentrale einschließlich ihrer Außenstellen durch jüngere ersetzt, SD- oder SS-Angehörige, die sich vorwiegend durch Hochschulstudien und Besuche von Sonderlehrgängen qualifiziert hatten; aber auch aus dem zivilen Bereich kamen einige Kader hinzu. Schellenberg erhoffte sich davon eine »sensiblere Führungsqualität«, um der veränderten Kriegslage »besser« gerecht zu werden.
Unsere Vorgesetzten meinten, uns mit dem Hinweis begeistern zu müssen, daß im gesamten Reichssicherheitshauptamt ein »neuer Aufwind« zu verzeichnen sei, weil die Führung wieder einen ordnungsgemäßen RSHA-Chef eingesetzt habe. Nach dem Tod Heydrichs, der als stellvertretender Reichsprotektor für Böhmen und Mähren zum SS-Obergruppenführer befördert worden war, hatte Himmler zunächst selbst die Amtsgeschäfte geleitet, bis er im Frühjahr 1943 den österreichischen SS-Obergruppenführer Dr. Ernst Kaltenbrunner zum neuen SD- und Sipo-Chef ernannte.
Neben der Sicherheitspolizei (Geheime Staatspolizei und Kriminalpolizei), die gegen Wehrmachtsangehörige nicht tätig werden durfte, gab es im Bereich der Wehrmacht noch die Geheime Feldpolizei (GFP), die für den Kriegsfall aufgestellt worden war und deren Personal überwiegend aus zur Wehrmacht eingezogenen Polizeibeamten bestand. Laut einer Dienstvorschrift, die der OKW-Chef Generalfeldmarschall Wilhelm Keitel sechs Wochen vor dem Überfall auf Polen erließ, hatte die GFP sowohl im Garnisons- als auch im Kampf- und Besatzungsgebiet der Wehrmacht »alle volks- und staatsfeindlichen Bestrebungen« niederzuschlagen und »polizeiliche Ermittlungen in Hoch- und Landesverratssachen, in Sachen Spionage, Sabotage, Wehrmittelbeschädigung, der Zersetzung sowie bei sonstigen strafbaren Angriffen gegen den Staat und die Wehrmacht« durchzuführen. Ausdrücklich hielt diese Dienstvorschrift die GFP an, im deutschen Reichsgebiet unmittelbar mit der Gestapo zusammenzuarbeiten. Im Verlauf dieser Zusammenarbeit wurde die GFP 1942 der Sicherheitspolizei unterstellt, wobei sie weiterhin ihrem makabren Geschäft in der faschistischen Wehrmacht nachging. Den Chef der GFP, SS-Oberführer Willi Krichbaum, sollte ich im Herbst 1944 flüchtig kennenlernen. Anfang der fünfziger Jahre traf ich ihn dann in der BRD wieder – als Werber ehemaliger Gestapo- und SD-Angehöriger für die Organisation Gehlen.
Politische Zuverlässigkeit und gesunder Menschenverstand allein

reichen im Nachrichtendienst nicht aus, denn dieses Handwerk muß genauso wie jede andere Tätigkeit erlernt werden. Ohne besondere Begabung, ohne »um die Ecke denken« zu können, ohne Intuition und »guten Riecher« wird man nicht besser als mittelmäßig arbeiten, was kaum Erfolge erwarten läßt. Glück und so etwas wie ein sechster Sinn gehören neben allen Bildungsvoraussetzungen und einer wachen Intelligenz dazu.

Ein Nachrichtendienst ist – wenigstens, was seinen administrativen Teil anbelangt – eine Behörde wie andere Stellen auch. Es gibt Organisations- und Geschäftsverteilungspläne, die bestimmen, wer welche Aufgabe zu bearbeiten hat – wie in jeder anderen staatlichen Dienststelle. Allerdings ist ein Nachrichtendienst nicht mit einer Behörde im üblichen Sinne zu vergleichen. In einem Katasteramt zum Beispiel sind die Bearbeiter zuständig für bestimmte Bezirke und müssen die anfallenden Veränderungsmeldungen registrieren, Gebühren erheben, neue Vermessungen veranlassen, also die immer wiederkehrende Routinearbeit tun. Daran ändert sich in der Regel nichts. Bei einem Geheimdienst jedoch kann über Nacht eine völlige Umorganisierung der Arbeit notwendig werden, weil eine neue Situation eine Anpassung erfordert.

Als beispielsweise Österreich im Jahr 1955 seine immerwährende Neutralität verkündete und die Besatzungsmächte das Land verließen, konnten die dafür bestimmten Dienststellen und Residenturen der Organisation Gehlen nicht mehr unter dem Schutz der US-Streitkräfte gegen die sowjetischen Truppen aufklären und mußten das Land verlassen. Es fielen also die Arbeitsbasis und der Aufgabengegenstand weg, der Dienstauftrag mußte widerrufen werden. Das hatte zur Folge, daß Dienststellen aufgelöst und das weiterverwendbare Personal an andere Stellen versetzt wurden.

Ähnliches passierte am 13. August 1961, als die Mauer in Berlin gebaut wurde. Der BND sah sich vor eine neue Lage gestellt, weil er von dieser Maßnahme – er hatte andere Schritte erwartet – überrascht worden war. Es können aber auch über Nacht neue Aufgaben entstehen, so, wenn ein Staat gegründet wird, die Regierungsform eines Landes sich ändert oder die internationale Lage sich verschärft.

Aus den genannten Gründen kann für einen Geheimdienst nicht das gleiche starre Organisationsschema gelten wie für andere Behörden. Ein Geheimdienst muß sich organisatorisch und personell schnell neuen Situationen anpassen. Ein gewisses Maß an Organisation braucht man aber überall, besonders in einem Geheimdienst, denn sonst gingen jede Linie und Zielstrebigkeit verloren, weil die einzelnen Referenten weitaus selbständiger in ihren Entscheidungen sind und größere Vollmachten besitzen als Angehörige derselben Rangstufe und Besoldungsgruppe in anderen Behörden.

Die Quellen des Auslandsnachrichtendienstes mußten, nachdem sie überprüft und als Quellen angemeldet worden waren, eine sogenannte »V-Nummer« erhalten. Das »V« stand (und steht auch heute in der Bundesrepublik Deutschland beim BND) für das Wort »Vertrauensperson«. Ein VM ist ein Vertrauensmann – auch wenn es sich um eine Frau handelt –, also eine Person, die das Vertrauen des Geheimdienstes genießt, für ihn im geheimen arbeitet und deshalb durch eine Zahlenchiffre im Schriftverkehr geschützt wird. Um seine Anonymität zu gewährleisten, wird er im Aktenvorgang zur Nummer. Der ihn betreffende interne Schriftverkehr, wie Geldanweisungen und anderes, wird nur diese Zahl, nicht mehr seinen Namen nennen.

Wer sich hinter einer Zahl verbarg, konnte nur der Länderreferent sagen, aber höchst selten wurde er von Befugten danach gefragt. Im Regelfall war es so, daß Personen, die eine V-Nummer erhalten hatten, bewußt für den deutschen Geheimdienst arbeiteten. Im Einzelfall mögen sie nicht immer gewußt haben, für welche Stelle – aber daß sie dem Deutschen Reich nutzten, war ihnen bekannt.

Bei der Verwendung dieser Zahlenchiffren wurde doppelt genäht, das heißt, jedes Land der Erde erhielt eine Schlüsselnummer, was insbesondere die Auswertung der Informationen in einer Zentralkartei – damals gab es ja noch keine Computer – erleichtern sollte. Ebenso wurden den in jedem Land tätigen Residenturen oder den Residenten, die gegen ein bestimmtes Land von einem Drittland aus arbeiteten, bestimmte Zahlengruppen zur Abdeckung ihrer Vertrauensleute zugewiesen. Für die Schweiz, mein Arbeitsgebiet, galt als Ländercode die Zahl 144, der Resident – im Sprachgebrauch des Amtes VI als Hauptbeauftragter, kurz HB, bezeichnet – hatte die V-Nummer 7900 erhalten. Alle von ihm angeworbenen Vertrauensmänner erhielten sodann eine fortlaufende Zahl, die mit 79 zu beginnen hatte.

Personen, deren Kenntnisse nur abgeschöpft wurden, ohne daß sie merkten oder wollten, daß der deutsche Geheimdienst davon profitierte, erhielten eine Tarnbezeichnung, die hinter die V-Num-

mer des berichtenden Agenten gesetzt wurde, zum Beispiel V 144/7923/Salomon.
Daneben gab es aber in den Akten des Amtes VI auch Quellenangaben oder Tarnbezeichnungen, bei denen die V-Nummer fehlte. Hier handelte es sich um Personen, die weder V-Männer noch Agenten waren, vielmehr sollte ihre wahre Identität verschleiert werden. Meist waren sie direkt oder indirekt Informanten, die, vielleicht sogar befugt, Gespräche führten und Informationen gaben.
So war oft die Rede von Sommer 1, Sommer 2 und Sommer 3. Hier handelte es sich um Schweizer Kontaktpersonen des Amtschefs Schellenberg, die diese Verbindung mit Wissen ihrer Vorgesetzten im Interesse der Schweiz hielten, um Tuchfühlung mit dem deutschen Geheimdienst zu haben. Unter Sommer 1 verbarg sich niemand anderer als der Chef des schweizerischen militärischen Geheimdienstes, Oberstbrigadier Roger Masson, Sommer 2 und 3 waren Offiziere seines Stabes.
Diese Kontakte zwischen ausländischen Geheimdiensten sind nicht ungewöhnlich, solange Partnerschaft und nicht Abhängigkeit besteht. Wir wußten natürlich auch, daß andere Offiziere desselben Schweizer Büros ähnliche Kontakte zu den Briten und Amerikanern unterhielten. Aus der Entwicklung dieser Kontakte und der Bereitschaft zu Gesprächen und Unterstützung konnte man im Lauf der Zeit recht gut ablesen, wie die Schweizer die Kriegslage und -chancen beurteilten.
Der erwähnte Gebrauch von Tarn- und Deckbezeichnungen, um Personen oder ganze Operationen zu benennen, hat unzweifelhaft Vorteile. Dadurch werden dem nicht direkt damit Befaßten Kenntnisse über Personen, Zusammenhänge und Ansichten verborgen, oftmals werden Tarnbezeichnungen gewählt, die zugleich eine Gedankenstütze darstellen. Dabei soll aber nicht zu bequem verfahren werden, weil die Phantasie nicht rege genug ist, um einen unverfänglichen Begriff zu finden.
Wer etwa eine Quelle namens Zimmermann (Klarname) mit dem Tarnnamen »Schreiner« oder »Tischler« bezeichnet, entfernt sich nicht weit genug von der Wirklichkeit, und wer seinen V-Mann Schwarz in den Akten als Herrn Weiß führt, ist nicht nur phantasiearm, sondern ein Dilettant. Eher verwendbar sind Bezeichnungen wie »Operation Sunrise« (»Sonnenaufgang«), die der amerikanische Resident in der Schweiz, Allen W. Dulles, später CIA-

Chef, wählte, als er mit dem SS-General Karl Wolff wegen der Teilkapitulation der deutschen Truppen in Italien verhandelte und hoffte, daß am Ende dieser Verhandlungen, die eine Operation des amerikanischen Nachrichtendienstes waren, die Friedenssonne in seinem Sinne aufgehen würde.

(Übrigens sprach ich Jahre später mit Wolff persönlich über diese Vorgänge. Ich begegnete ihm in der Haftanstalt Straubing, wo ich nach meiner Verurteilung einsaß.)

Die Informationen und Berichte einer jeden Quelle müssen, bevor man sie auswertet und weiterverwendet, bewertet werden. Es gilt der Grundsatz, daß nur von anderer Seite bestätigte Informationen verwendet und weitergeleitet werden. Liegen im Einzelfall keine bestätigten Erkenntnisse vor, und die Meldung soll dennoch weitergegeben werden, dann wird darauf hingewiesen, daß die vorliegende Information nicht bestätigt, aber glaubhaft ist, weil etwa eine derartige Entwicklung schon vermutet wurde oder weil die Quelle langjährig erprobt und zuverlässig ist.

Jede Meldung, die das Amt VI erreichte, erhielt eine Zensur, wie in der Schule, wobei der Wert der Information mit Noten von 1 bis 6 eingeschätzt wurde.

Dieses System schließt Mängel ein, weil die Meldung aus der Sicht des Augenblicks benotet wird. Nach einem anderen System, das der BND von den Amerikanern übernommen hat, wird man der Sache etwas besser gerecht, wenn auch hier, wie bei jeder Benotung, subjektive Einflüsse nicht zu vermeiden sind. Diese Bewertung umfaßt die Herkunft der Meldung beziehungsweise die Zuverlässigkeit und Position der Quelle und des Berichtsinhalts. Verwendet werden hier die Buchstaben A bis F und die Noten 1 bis 6. Der Buchstabe kennzeichnet den Wert oder die Position der Quelle, die Ziffer den Wert der vorliegenden Meldung. Bei dem Buchstaben A müßte es sich theoretisch um eine hochgestellte, absolut zuverlässige und langjährige Quelle im Aufklärungsgebiet handeln, mit Einblicksmöglichkeiten von innen. Wenn also zum Beispiel ein Staatsvertrag, ein Wirtschaftsabkommen usw. ausgehandelt werden, müßte die mit dem Wert A bezeichnete Quelle einer der beiden Verhandlungspartner sein. Der vermittelnde Dolmetscher würde den Wert B bekommen, weil er ja die Überlegungen und Taktiken der Partner nicht kennt. Die Einstufung C käme vielleicht einer Sekretärin zu, die zur Verhandlungsdelegation gehört und mehr allgemein über Stimmung und ähnliches berichtet.

Unter D fielen dann etwa noch weiter entfernt stehende Personen, die keine Übersicht haben. Bei E und F handelt es sich um absolut negative Einstufungen, wobei F »unzuverlässig« bedeutet.
Wohlgemerkt, diese Buchstabenzuteilung setzt voraus, daß man die betreffende Quelle aufgrund ihrer Position und ihrer Mitarbeit über eine gewisse Zeit beurteilen konnte. Ist das erst einmal erfolgt, dann tut es der Qualität der Quelle keinen Abbruch, wenn sie gelegentlich eine Information vorlegt, die objektiv falsch oder zweifelhaft ist. Wenn beispielsweise der Chef eines Rüstungsunternehmens als Mitarbeiter eines Geheimdienstes, weil er gute Informationen über die Rüstungstechnik aus seinem Bereich liefert, die Bewertung B oder C hat, so kann er von seinem Chauffeur gehört haben, daß der Fahrer eines ausländischen Ministers gesprächsweise von der ablehnenden Einstellung seines Chefs zu einer politischen Frage erzählt hat. Wenn diese Information sich dann als objektiv falsch herausstellt, dann kommt ihr die Klassifizierung 6 zu, das heißt »völlig unbrauchbar«, »falsch«.
Natürlich ist dieses Bewertungsschema, wie gesagt, von subjektiven Momenten abhängig, aber es versucht doch, die Bewertung auf zwei Ebenen zu vollziehen, indem die Quelle selbst und die von ihr stammende Information getrennt beurteilt werden. Allerdings ist hier zu beachten, daß die Quellenbewertung nur bei von dem Agenten selbst gegebenen oder beschafften Informationen genannt wird. Gibt ein Agent Informationen weiter, die er nur aus zweiter oder dritter Hand hat, so muß das in der Meldung deutlich zum Ausdruck kommen. Es könnte ja sein, daß die vorgelegte Information neu oder nicht bestätigt ist. Dann könnte der Auswerter geneigt sein, dieser Meldung mehr Glauben zu schenken, weil sie direkt von einer langjährig erprobten Quelle zu kommen scheint, was indes nicht der Fall ist.
Zur Erläuterung dieser Bewertungsskala wurde beim BND scherzhafterweise und übertreibend folgendes Beispiel gegeben: »Bewertung A 1 gibt es, wenn der Präsident der USA die Akten aus dem Weißen Haus liefert und mindestens drei seiner Staatssekretäre oder der Chef der CIA die Echtheit bestätigen. F 6 ist anzugeben, wenn ein unheilbarer Geisteskranker über seinen Flug zur Venus berichtet. Das gute Mittelmaß ist C 3 mit der Abweichung nach C 2 oder C 4. Bessere Bewertungen ergeben, weil ungewöhnlich, nur Rückfragen vorgesetzter Stellen, und die sind unbequem und stören nur die Arbeit.«

Die beschriebenen Meldungsbewertungen wurden damals wie heute zur Führungsakte der Quelle genommen. In der sogenannten Führungsakte wird alles gesammelt, was den Einsatz, die Leistung und Ausrüstung einer Quelle betrifft. Aus ihr ist der Fleiß, der Erfolg und die Entlohnung eines Agenten zu entnehmen – sein Name taucht niemals darin auf. Die Daten zur Person, die Unterlagen über Anwerbung und Verpflichtung sind in der Personalakte abgelegt und stehen unter Verschluß.
Anhand einer Führungsakte ist der Führungsoffizier in der Lage, sehr schnell, sozusagen auf einen Blick, die Partner und den tatsächlichen Wert einer Quelle und die dafür gemachten Aufwendungen zu übersehen. Aus der Gesamtleistung und generellen Bewertung kann sehr wohl die Glaubwürdigkeit einer Quelle gemessen werden, wenn im Einzelfall Bedenken auftreten sollten. Im Amt VI wurden die Personal- und Führungsakten beim zuständigen Referat geführt. In der Zentralkartei waren lediglich die Quelle und ihre Führungsstelle, das heißt das zuständige Länderreferat, notiert, an das im Fall einer Interessenkollision – etwa bei Anmeldung einer bereits arbeitenden Quelle durch ein anderes Referat – verwiesen wurde. In dieselbe Kartei konnten auch die Warnvermerke aufgenommen werden, wenn etwa ein Nachrichtenschwindler – der Schrecken aller Nachrichtendienste – entlarvt worden war.
Die Entlohnung der VM war meist nicht sehr großzügig, konnte aber im Einzelfall auch reichlich bemessen sein. Es konnten Geld, Sachwerte oder andere Gegenleistungen gewährt werden. Das war unterschiedlich und an keine feste Norm gebunden, wie alles beim Nachrichtendienst.
Ein besonderes Problem war die Ausbildung der Agenten. Es lagen nicht genügend Erfahrungen auf diesem Gebiet vor. Die alte Vorkriegspraxis des SD hatte eine spezielle Agentenausbildung nur in wenigen Fällen vorgesehen. Man hatte eine allgemeine Einweisung sowie die Handhabung von Geheimschriftverfahren und die Verschlüsselung von Meldungstexten für ausreichend angesehen. Aber mit der Beherrschung dieser Dinge ist es nicht getan, ein im fremden Land eingesetzter Agent muß sehr viel mehr wissen und können – auch wenn es nur ein sogenannter Reiseagent ist, der eine offizielle Reise zur Erfüllung eines nachrichtendienstlichen Auftrages benutzt.
Aus diesem Grund richtete Schellenberg in seinem Amt VI Ende

1942/Anfang 1943 eine Gruppe S (Schulung) ein. Chef wurde ein Österreicher namens Otto Skorzeny, von dem kaum jemand etwas gehört hatte.* Eine im Aufbau befindliche Schule in Scheveningen/Niederlande sollte später allen Länderreferaten gut ausgebildete Agenten zur Verfügung stellen können. Für diese Art der Ausbildung standen eigentlich die Briten Pate, denn man hatte durch die Vernehmung zahlreicher festgenommener Fallschirmagenten erfahren, wie sorgfältig und umfassend die Briten ihre Agenten für einen Einsatz vorbereiteten. Diese künftigen Agenten sollten zunächst einmal eine allgemeine Schulung in Praktiken erhalten, die überall von Nutzen sein würden. Dazu gehörten Motorrad- und Auto fahren sowie die Beherrschung der verschiedensten ausländischen Fahrzeugtypen, die Beachtung der Verkehrsvorschriften der Einsatzländer, sogar die Bedienung von Lokomotiven. Der Fallschirmabsprung sollte ebenso geübt werden wie die Herstellung von Sabotagemitteln mit Hilfe leicht beschaffbarer Materialien. Die Handhabung von Sprengstoffen, das Fotografieren sowie die Ablösung der lichtempfindlichen Schicht vom Film und ihr Verbergen waren außerdem für das Ausbildungsprogramm vorgesehen. Neben diesen allgemeinen und allen Agenten gleichermaßen nützlichen Dingen mußte dann eine spezielle Schulung erfolgen, die den Agenten für den auf seine Person zugeschnittenen Einsatz vorbereitete.

Zunächst wurde die persönliche Legende aufgebaut. Häufig tritt ein Agent unter falschen Personalien auf. Dann muß er im Schlaf nicht nur seine individuellen Daten, sondern auch seinen familiären Hintergrund, einschließlich nachprüfbarer Angaben wie Adresse, Ortsbeschreibungen usw., aufsagen können. Er muß wissen, wie Betriebe aussehen, in denen er gearbeitet haben will, wer seine Nachbarn in der von ihm vorgegebenen Wohnung gewesen sind und mit wem er zur Schule gegangen ist. Weiter muß der Agent, wenn er in einem fremden Land unauffällig reisen und leben soll, nicht nur die Landessprache und eventuell auch ihre Idiome beherrschen, sondern auch die Eigenarten dieses Landes

* Später wurde aus dieser Gruppe S des Amtes VI eine Gruppe für Sondereinsätze (z. B. Mussolini-Befreiung), der dann auch noch die neugeschaffenen SS-Jagdverbände angegliedert wurden, die als Nachahmung der Verbände der Division Brandenburg des Amtes Ausland/Abwehr (der sogenannte II-Dienst) anzusehen sind.

kennen, um nicht aufzufallen. So waren in England mit dem U-Boot abgesetzte Agenten nur deshalb aufgefallen, weil sie an einem Bahnhofsschalter nach Schlafwagenplätzen gefragt hatten. Sie hatten nicht gewußt, daß es keine Schlafwagenverbindung mehr gab, und sich beim Gespräch am Bahnhofsschalter durch Unwissenheit über die Lebensumstände des Durchschnittsengländers verdächtig gemacht.
Der Agent muß fremde Sitten und Gebräuche, einschließlich der Eßgewohnheiten, kennen und darf nicht erschrecken, wenn er in einem englischen Hotel früh durch einen dienstbaren Geist geweckt wird, der ihm den Tee ans Bett bringt. Vor allem darf er nichts Verdächtiges auf dem Nachttisch liegen haben, was dem Teeservierer auffallen könnte, zum Beispiel fremde Währung.
Als Fernziel wollte Schellenberg dann auch die Geheimdienste der Deutschland nicht feindlich gegenüberstehenden Länder fördern und zu einer ND-Gemeinschaft zusammenschließen, die für einen gemeinsamen Pool arbeiten beziehungsweise von dort mit Nachrichten versorgt werden sollte. Damit hatte Schellenberg etwas ins Auge gefaßt, was im wesentlichen erst nach dem Krieg in der NATO und mit der inoffiziellen Zusammenarbeit der verschiedenen westlichen Nachrichtendienste unter Führung der amerikanischen CIA erreicht worden ist.
Auch zur Errichtung einer ND-eigenen Hochschule für das leitende Personal des Geheimdienstes kam es bis Kriegsende nicht mehr. Schellenberg wollte die alte Wiener Diplomatenschule, die Konsular-Akademie, wieder ins Leben rufen, um ihr in der k.u.k. Monarchie erworbenes internationales Ansehen gebrauchen und der künftigen Ausbildungsstätte der Geheimdienstoffiziere einen unverdächtigen Anschein geben zu können.
Aus allen diesen Fehlern und Unterlassungen lernte man: Bei der Planung und dem Aufbau des westdeutschen Bundesnachrichtendienstes unter General Gehlen wußte man, was man besser und wirkungsvoller gestalten mußte. Eines wurde allerdings unverändert übernommen, und zwar, was von Schellenberg in seinen Memoiren über die Zielstellung seines Amtes gesagt worden war: »Als vordringlichste Arbeitsmaxime galt der entschlossene Einsatz aller Geheimdienste gegen Rußland, wobei die eigenen geheimdienstlichen Belange in erster Linie berücksichtigt werden sollten.«[3]
In jedem Fall war es bei der Schulung der Agenten Aufgabe des

Länderreferenten, dafür Sorge zu tragen, daß der mit dem notwendigen Grundwissen ausgestattete Agent noch Spezialinformationen erhielt, um seinen Auftrag ausführen zu können. Dazu konnte neben der Topographie des Einsatzlandes die Kenntnis der innenpolitischen und wirtschaftlichen Situation gehören wie auch das Wissen um konkurrierende oder gar rivalisierende Gruppen usw., um sich nicht zwischen diesen aufreiben zu lassen, falls der Agent sich in deren Wirkungsraum bewegen sollte. Für mich war dieses Problem verhältnismäßig leicht lösbar. Die Schweiz als Anrainer Deutschlands war keine Terra incognita, überdies sprach man dort deutsch, und Alemannen fielen in der Schweiz kaum auf, wenigstens, was die Sprache anbelangte. Außerdem war es auch im Krieg möglich, daß ich als Schweizreferent dorthin reisen konnte, um selbst das notwendige Wissen über Land und Leute in der Kriegszeit zu erwerben und dann zu Hause bei der Abfertigung unserer Agenten mitwirken zu können. Außerdem brauchten in der Schweiz angeworbene Agenten nur noch ND-mäßig geschult zu werden, und das war dann Aufgabe des Residenten oder Netzführers, wenn der Betreffende nicht für eine gewisse Zeit nach Deutschland kommen konnte. Das war aber selten möglich, so daß ich mich meistens nur um die Abfertigung der Reiseagenten zu kümmern hatte.
Ein Reiseagent nützt seine vorgegebene oder echt begründete Reise, um nachrichtendienstlich interessante Informationen zu erlangen. Es kann sich dabei darum handeln, im Vorüberfahren festzustellen, ob ein Flugplatz belegt ist und was für Maschinen dort abgestellt sind, oder ein Gespräch mit einem Politiker oder Industriellen zu führen. Für uns waren derartige Gesprächskontakte zu nutzen, um etwa die Einstellung und Haltung der Schweizer Politiker und Regierung zu erkunden oder um die Industriepotenz und Verbindungen zu den Alliierten festzustellen.
Einer meiner Reiseagenten, den ich mehrfach abfertigte, war der technische Direktor einer thüringischen Waffenfabrik. Seine Reisen zu entsprechenden Werken in der Schweiz interessierten uns besonders, weil er bei diesen Aufenthalten mit dem Chef der Schweizer Fremdenpolizei, Heinrich Rothmund, zusammentraf. Er war mit ihm gut bekannt oder gar befreundet aus der Zeit gemeinsamer Schul- oder Universitätsjahre. Ich präparierte ihn jedesmal anhand eines langen Fragenkatalogs, das waren meist dreißig Einzel- und Problemfragen, damit er in Gesprächen mit

Rothmund aufmerken oder der Unterredung die entsprechende Wendung geben konnte.
Im allgemeinen war es im Amt VI so, daß jeder mit sich und seiner Aufgabe voll beschäftigt war und nur seine Angelegenheiten übersah. Von den Problemen der Kollegen in den anderen Referaten hörte man selten etwas, man durfte ja auch nach dem Grundsatzbefehl Nr. 1 nur wissen, was einen unmittelbar betraf. Aber es blieb nicht aus, daß man mitunter doch Dinge erfuhr, mit denen man selbst nicht befaßt war, sei es, daß man mit einem Kameraden ins Gespräch kam und er dabei seine Sorgen diskutieren wollte, weil er seinen Kollegen schon lange genug kannte, um seinen Rat schätzen zu können, oder weil er einfach dessen Unterstützung brauchte. So ging es auch mir. Eines Tages wurde ich gebeten, aus der Schweiz diverse Bekleidungsstücke – Regenmäntel, Mützen, Hemden, Socken – amerikanischen oder britischen Ursprungs zu beschaffen und später noch einmal amerikanische Zeitungen. Ich erfuhr, daß diese Dinge für das Unternehmen »Rosel« benötigt wurden. Hinter dieser Tarnbezeichnung verbarg sich der Plan, nach dem Fehlschlag des von der Abwehr des Admirals Canaris geleiteten Unternehmens »Pastorius« erneut Agenten per U-Boot in die USA zu bringen.
Im Jahr 1942 waren mit einem U-Boot zwei Gruppen von je vier Agenten in den USA gelandet worden. Einer von ihnen wollte sich des mitgebrachten Operationsgeldes in Höhe von 80000 Dollar bemächtigen und stellte sich den amerikanischen Behörden, die ihm zunächst keinen Glauben schenkten und ihn für einen Verrückten hielten. Als er sie aber, mit erheblichen Schwierigkeiten, von der Richtigkeit seiner Angaben überzeugt hatte, handelten sie erstaunlich schnell und präzise und konnten beide angelandeten Gruppen festnehmen.[4]
Hier hatte es sich schlagend gezeigt, wie eine ungenügende Überprüfung und Auslese der Agenten den schlimmsten Charaktermangel im Spionagegeschäft – Habgier – nicht ans Tageslicht gebracht hatten. Wegen der nicht erkannten Haltlosigkeit eines Agenten hatten sieben andere ihre Freiheit oder das Leben verloren. Unsägliche Mühe war umsonst gewesen, denn was zur Vorbereitung und Durchführung einer solchen Operation an Arbeit und Mühe aufgewendet werden muß, läßt sich überhaupt nicht in Zahlen oder Geld ausdrücken – ganz abgesehen von den moralischen Folgen. Denn ein solcher Fehlschlag wird ruchbar und lähmt

die Initiative vieler Beteiligter sowie ihre Bereitschaft, erneut Hilfestellung zu geben oder Mittel bereitzustellen. Hier waren – ohne die bis zur Verschiffung aufgewendeten Gelder – bare 80000 US-Dollar verlorengegangen, das entsprach etwa dem Betrag, den ich für alle Agenten und Devisen erfordernde Unternehmen in der Schweiz in acht Monaten ausgeben durfte. Man kann schon sagen, daß dies eine große Schlappe war.
Da die Aufgabe von der Abwehr nicht erfüllt worden war, jedoch nach wie vor auf der Tagesordnung stand, übernahm sie dieses Mal der Rivale des Canaris-Dienstes, der politische Auslandsnachrichtendienst, der dem Unternehmen den Namen »Rosel« gab. Auch wegen der ungesunden Rivalität beider Nachrichtendienste – jeder suchte den anderen zu übertrumpfen – wurde »Rosel« im Amt VI ganz besonders sorgfältig vorbereitet. Dennoch entstand auch hier eine Lücke, die ich jedoch vorher erkennen konnte. Dieser Fehler meiner Kollegen vom USA-Referat hätte die Agenten in große Gefahr bringen können. Diesmal sollten keine Gruppen, sondern nur einzelne, auf sich allein gestellte und allein operierende Agenten in die USA eingeschleust werden. Zu ihrer Legende gehörte es, daß sie schon lange in den USA lebten. Deshalb mußten sie nicht nur die amerikanische Sprache vollendet, das heißt mit den entsprechenden Slangausdrücken, beherrschen und wie geborene Amerikaner in allen Lebensumständen auftreten können, sondern alles, was sie besaßen, mußte auch made in USA sein. Dazu gehörten einige amerikanische Zeitungen, die man zum Einwickeln von Schuhen usw. benutzen wollte. Ich sollte sie in der Schweiz besorgen. Woran aber mein Kollege, der mich um diesen Dienst bat, nicht gedacht hatte, war, daß die in der Schweiz verkauften Zeitungen Überseeausgaben waren und in den Staaten nicht an den Kiosken gehandelt wurden. Ebenso hätten die Agenten meines Kameraden ihre Schuhe in die »Neue Zürcher Zeitung« einwickeln können und damit anhand des Datums bewiesen, daß sie erst vor kurzem aus Europa gekommen waren oder zumindest deutsch sprachen.
Jedenfalls hätte dies Verdacht erwecken und eine oberflächliche Überprüfung in eine unangenehme Tiefe führen können. Denn für das kritische Auge eines Abwehrbeamten wäre im Fall der »Neuen Zürcher Zeitung« ebenso wie bei der Überseeausgabe einer US-Zeitung der Verdacht erwiesen gewesen, daß der Verdächtige erst kürzlich eingereist war. Ich mußte mir und meinem Kollegen

anders helfen. Ich schickte meine Agenten auf den Züricher Flugplatz Kloten und ließ dort die Abfallkörbe sichten, ob nicht einreisende Ausländer mitgebrachte Zeitungen, also Inlandsausgaben, weggeworfen hatten; gegebenenfalls sollten sie sich an die Flugzeugbesatzung heranmachen und Zeitungen erbetteln. Wir bekamen auf diese Weise genug Makulatur, um ganze Agentenbrigaden ausrüsten zu können. Ich weiß leider nicht, was aus diesen Agenten geworden ist.
Die Abfall- und Müllaufbereitung kann übrigens sehr nützlich sein. Das stellte ich Jahre später fest, als ich, soeben in der Pullacher Zentrale der Organisation Gehlen gelandet, erfuhr, daß auf diesem, im echten Wortsinn anrüchigen Gebiet der Kloakenkontrolle, alle aus den Kasernen der sowjetischen Zone Österreichs kommenden Abwässer auf beschriebenes Papier – Briefe, Landkarten, Akten usw. – nicht ohne Erfolg kontrolliert wurden. Damit verstand es Gehlen längere Zeit, bei der CIA Eindruck zu schinden. Doch später stellte sich heraus, daß man so kaum zu den erhofften Geheiminformationen gelangte. Die Aktion wurde schließlich abgebrochen und dürfte nur beim verantwortlichen Agentenführer, dem ukrainischen Nationalisten Jaroslaw Lukas, eine bleibende Erinnerung hinterlassen haben wegen eines von den Händen bis zu den Schultern ausgewucherten Ekzems, das er sich dabei holte.
Wie sah nun das Gegenstück zum politischen Auslandsnachrichtendienst, dem Amt VI des RSHA, der militärische Erkundungsapparat, aus, wie waren die Kompetenzen abgegrenzt, und wie funktionierte die Zusammenarbeit?
Auch diese Fragen mußten am Anfang meiner neuen Arbeit stehen. Schließlich wollte ich ja nicht erst eigene Erfahrungen auf Kosten möglicher Arbeitserfolge sammeln, sondern meinen Wirkungsbereich von vornherein recht deutlich abgesteckt haben. Überschneidungen konnte und würde es sicherlich noch genügend geben. Vor allem wirkte ja gerade in der Schweiz ein erheblicher militärischer Apparat der Wehrmacht beziehungsweise der Abwehr, so daß es angezeigt war, darüber Bescheid zu wissen.
In den Vorlesungen an der Führerschule der Sicherheitspolizei hatte ich schon einiges gehört über die Abwehr, die keine »Abwehr«, sondern die militärische Spionageorganisation der Wehrmacht, der »Geheime Meldedienst«, war. Ihre Geschichte war nicht aufregend. Während des Ersten Weltkriegs hatte sie nicht

mehr und nichts Besseres geleistet als die entsprechenden Einrichtungen unserer Feinde. Zur Historie gehörten Oberst Walter Nicolai als Chef der Weltkriegs-I-Spionage ebenso wie der Vorgänger von Admiral Canaris, Kapitän z. S. Conrad Patzig. Auch die Affäre des österreichischen Generalstabsobersten Alfred Redl fehlte nicht, sowenig wie die tragische Geschichte der Mata Hari, die gar keine deutsche Spionin gewesen, sondern nur ein Opfer der damals auf beiden Seiten grassierenden Spionitis geworden war.
Die Organisation des militärischen Erkundungswesens hatte im Amt Ausland/Abwehr des Oberkommandos der Wehrmacht ihre Führungsspitze. Chef war Admiral Canaris, über den, insbesondere von seinen früheren Untergebenen, in den Nachkriegsjahren viel geschrieben worden ist. Als Canaris am 1. Januar 1935 die Leitung der kleinen Abwehrabteilung im Reichskriegsministerium übernommen hatte, konnte niemand ahnen, welchen Umfang dieser Apparat im Dritten Reich erhalten würde. Im Zuge der Remilitarisierung gab es für die Spionage der Wehrmacht keine finanziellen und personellen Schranken. Bereits vor dem Krieg, dessen Vorbereitung Canaris durch sein Amt und zahlreiche Agenten im Ausland abschirmen ließ, scheute die Abwehr nicht vor Völkerrechtsbrüchen zurück. Die militärische Luftaufklärung aus großen Höhen – bis zu 12000 Metern – kannte keine Staatsgrenzen.
In Europa wurden alle für die Kriegführung wichtigen Einrichtungen, Hafenanlagen, Brücken, Flugplätze, militärische Objekte, Industrieanlagen usw., durch eine Staffel Aufklärungsflugzeuge fotografiert. Damit wurde der militärkartographische Dienst mit den Unterlagen beliefert, die für die Erstellung guten Kartenmaterials notwendig waren.
Mit dieser völkerrechtswidrigen Erkundung fremder Territorien aus der Luft war die militärische Abwehr des OKW quasi ein Schrittmacher für die amerikanische CIA, die ihre U2-Flugzeuge über die Sowjetunion und China hinwegfliegen ließ, auch nachdem eine dieser Maschinen am 1. Mai 1960 mit dem Piloten Gerry Powers über dem Ural in der Nähe von Swerdlowsk abgeschossen worden war.
Über die aktuelle militärische Spionage hatte man uns während unserer Ausbildung nichts erzählt. Es wurde vielmehr durch Andeutungen und Halbheiten der Eindruck erweckt, als sei die Abwehr das reinste Zauberkabinett, dem nichts verborgen bleibe,

das alles wisse und alles könne. Dieser selbstgeschaffene und kräftig genährte Nimbus scheint zum Abwehrgeschäft zu gehören, denn in genau der gleichen Form hat rund zwanzig Jahre später die Organisation Gehlen ihr Image aufgebaut, so daß selbst der »Spiegel« in einem großen Artikel den Anschein erweckte, als wisse die Organisation Gehlen alles, was im Ostblock passiere.
Als einzige Grundlage der Kompetenzabgrenzung wurden uns die schriftlich fixierten *Grundsätze für die Zusammenarbeit zwischen der Geheimen Staatspolizei und den Abwehrdienststellen der Wehrmacht* vom 21.12.1936, kurz »10 Gebote« genannt, bekanntgegeben (siehe Anhang). Ein entsprechendes Abkommen mit dem politischen Auslandsnachrichtendienst gab es nicht. Da dieser sich auch erst während des Kriegs in der bekannten Form herausbildete, bestand hierfür kein Bedarf, später hielt man es nicht für notwendig.
Ich erfuhr recht bald, daß dieses Abkommen neu gefaßt werden sollte, weil zwischen den Spitzen der Sicherheitspolizei und der Abwehr Meinungsverschiedenheiten bestanden. Davon merkte man auf der Ebene der Abwehrstellen und Gestapostellen kaum etwas, hier war die Zusammenarbeit im allgemeinen gut. Das schließt nicht aus, daß es Ressentiments bei einzelnen auf beiden Seiten gegeben hat.
Die Herkunft, Erziehung und Denkweise vieler Abwehroffiziere – sie hatten zumeist noch in der kaiserlichen Armee gedient – waren unpolitisch und nach NS-Auffassung »reaktionär«. Oftmals wurde auch geglaubt, daß Militärspionage eine Tätigkeit für Gentlemen sei, die polizeiliche Arbeit und politischer Nachrichtendienst hingegen eines Offiziers unwürdig. Die »unpolitische« Erziehung der Reichswehr trug hier noch späte Früchte. (Angehörige der Reichswehr und dann auch der Wehrmacht durften keiner politischen Partei angehören und auch nicht wählen.)
Das Amt Ausland/Abwehr bestand aus der Amtsgruppe »Ausland«, der Zentralabteilung und den Abwehrabteilungen I, II und III. In der »Amtsgruppe Ausland« wurden formale Dinge bearbeitet wie Wehrmachtsprotokoll, Ausrüstung der Hilfskreuzer, Zeitschriften und Beuteaktenauswertung. Die »Abteilung Z« war die Verwaltungsabteilung, die keine Spionage zu betreiben hatte – aber einzelne konnten es nicht lassen. Die Abwehr-Abteilungen I, II und III allein hatten sich mit aktiver Spionage zu befassen. Die Abteilung I (sogenannter Geheimer Meldedienst) betrieb die akti-

ve Spionage, die Abteilung II war zuständig für Sabotage und Diversion – hierbei stand ihr die Division Brandenburg als Truppenteil zur Verfügung. Die Abteilung III hatte die Aufgabe, die Spione fremder Auftraggeber abzuwehren und die fremden Nachrichtendienste, das heißt deren Apparate, Personal, Dislozierung, Arbeitsweise und Aufklärungsziele, auszukundschaften und zu täuschen.
Diese Aufgabenstellung brachte die leitenden Mitarbeiter der Abteilung III der Zentrale und der Abwehrstellen (Ast), die in jedem Wehrkreis bestanden, in engen Kontakt mit der Gestapo, weil nur diese die Exekutivvollmacht hatte, erkannte Feindagenten festzunehmen. Die Abteilung III war ebenfalls in Gruppen aufgegliedert. Die bedeutendste, wenn auch nicht größte, war die Gruppe III F – Gegenspionage. Während alle anderen Teile der Abwehr und sonstigen Sicherheitsbehörden den Kontakt mit gegnerischen Nachrichtendiensten zu meiden hatten und eigene Pläne fallenließen, wenn sie allzusehr in die Nähe gegnerischer Dienste oder Agenten führten, suchte – und sucht auch heute noch – die Gegenspionage die Berührung mit dem gegnerischen Dienst und dessen Mitarbeitern.
Hier ist die Aufgabe gestellt, den feindlichen Nachrichtendienst zu erkennen, aufzuklären und auch irrezuführen oder gar lahmzulegen. Es sollen möglichst umfassend die Dislozierung, das Personal, technische Einrichtungen (wie Funkstellen, Versorgungslager, Laboratorien und Werkstätten), Kraftfahrzeuge und deren Kennzeichen, Fernsprechanschlüsse und sonstige Nachrichteneinrichtungen festgestellt werden. Beim Personal – vom Chef bis zum letzten Kraftfahrer – interessieren die Lebensgewohnheiten, Eigentümlichkeiten und Schwächen wie auch die Zusammenarbeit mit anderen Behörden und Diensten. Besonders aufzuklären sind die Arbeitsmethode des gegnerischen Dienstes, also seine Ziele und Angriffsrichtungen, und sein Wissen um die schutzwürdigen Dinge des eigenen Bereichs. Ein wesentliches Ziel der Gegenspionage ist es, gegnerische Agenten zu erkennen, sie zu täuschen und zur gegebenen Zeit festzunehmen.
Es ist verständlich, daß im Bereich der Gegenspionage nur besonders erfahrenes und qualifiziertes Personal verwendet wird, das, wie man in diesen Kreisen sagt, um die Ecke denken kann. Schließlich ist dieses Spiel mit dem Feuer nicht ungefährlich. Die gesuchte Berührung mit dem gegnerischen Dienst bringt ungleich

mehr Risiken mit sich, als sie die Agenten der übrigen Aufklärungssparten zu tragen haben.
Dieser Bereich wird auch als die »Hohe Schule« des Nachrichtendienstes angesehen. Wer im III-Bereich, besonders bei der Gegenspionage, ein guter Mitarbeiter ist, ist par excellence zum Nachrichtendienst in allen Bereichen prädestiniert, was umgekehrt nicht gilt; wer zum Beispiel gute Arbeit im I-Bereich leistet, muß noch lange nicht im III-Bereich einsetzbar sein. Die Arbeit des politischen Auslandsnachrichtendienstes hatte mit der Tätigkeit der militärischen Spionage zwar vieles gemeinsam, sie unterschied sich aber dennoch erheblich von den Praktiken der Abwehr.
Die Abwehr hatte die Aufgabe, Informationen für ein zusammenhängendes Lagebild, über die militärischen und wirtschaftlichen Potenzen der fremden, einschließlich befreundeter Staaten, zu verschaffen, deren Abwehr- und Sicherheitsapparate zu erkennen und im Bedarfsfall Sabotage- und Diversionsakte durchzuführen. Der politische Auslandsnachrichtendienst hingegen sollte ein weltweites politisches Lagebild erstellen und auf dem laufenden halten und auch im politischen Interesse liegende Aktionen, wie etwa die Befreiung Mussolinis, durchführen.
Die Masse der militärischen Informationen ist, besonders im Frieden, nicht allzuschwer durch die sogenannten Standortüberwacher zu beschaffen, also Agenten, die in der Nähe eines militärischen Objektes leben und jede Veränderung, wie Kasernen- und Flugplatzbelegung, Manöverzeiten und -umfang, Zusammensetzung des Offizierskorps und Versetzung und vieles andere mehr, ohne große Schwierigkeiten in Erfahrung bringen können. Die größere Schwierigkeit besteht darin, diese Informationen, damit sie nicht an Wert verlieren, auf schnellstem Wege dem militärischen Aufklärungsapparat zuzuleiten. Die Nachrichtenübermittlung – schnell und sicher in beiden Richtungen – ist das Kardinalproblem aller Nachrichtendienste zu allen Zeiten.
Natürlich kann ein Standortüberwacher nur Außenbeobachtungen durchführen, während ein Geheimdienst auch noch wissen möchte, was für Pläne und Absichten in einer fremden oder gar feindlichen Armee bestehen oder wie etwa ihre Befestigungsanlagen beschaffen und versorgt sind usw. Hierfür muß er Quellen finden, die zu diesen besonders geschützten Anlagen und Unterlagen Zugang haben. Hier geeignete Informationen zu beschaffen ist wohl schwierig, aber doch nicht unmöglich. Daß die Abwehr noch

vor dem Krieg in den Besitz sämtlicher Unterlagen und Fotos über die Maginotlinie gelangen konnte – aus der Hand französischer Militärs –, beweist dies nur allzu deutlich. Wie wichtig dieses Wissen war, zeigt die rasche Einnahme dieser gigantischen Befestigungsanlage. Das verhütete ein langes, zähes Ringen um die Ostflanke Frankreichs, ein zweites Verdun konnte so verhindert werden.
Eine Quelle, die Zugang zu derartigen Unterlagen hat, also meist im Objekt selbst sitzt, wird als P-Quelle, Penetrierungsquelle, bezeichnet. Oft führt eine solche Quelle ein kaum beachtetes Dasein – ein Schreiber in einem Armeestab kann wichtiger sein als ein Batterieführer in einem Fort.
Bei der Suche nach politischen Informationen kann man nicht auf Außenbeobachter zurückgreifen, da muß man Kontakte zu Personen suchen, die etwas wissen, die informiert sind. Das ist ein ziemlich kleiner Personenkreis, und meist stößt man bei der Suche auf eine geschlossene Gesellschaft, zu der man erst Zugang finden muß. Auch hier gab und gibt es Möglichkeiten, um ins Gespräch zu kommen – Journalisten, Verbandsvertreter, Abgeordnete sind, wenn schon nicht unmittelbare Mitarbeiter, so doch in jedem Fall gesuchte Gesprächspartner, die oft genug unwissend Dinge ausplaudern, die oft nicht einmal geheim sind, aber einem Geheimdienst doch die Möglichkeit geben, ein Mosaikbild zu ordnen. Die Vielzahl bunter Steinchen ergibt ein schönes Bildwerk. Ebenso ist es mit einer großen Menge politischer Informationen. Nur müssen einer Auswertungszentrale zahlreiche Einzelinformationen zufließen, um daraus einen brauchbaren Extrakt aufzubereiten und Falsches aussondern zu können.
In einer Zeit hektischer Betriebsamkeit und permanenter Veränderungen ist es unerläßlich, daß die ergatterten Informationen schnellstens in die Hand des Geheimdienstes gelangen – der Meldeweg muß also gut und sicher funktionieren. Was nützt es denn, wenn etwa die Meldung über unmittelbar bevorstehende Vorhaben, etwa den Bau der Berliner Mauer oder den Ausbruch des israelisch-arabischen Krieges, erst dann in der Auswertungszentrale eintrifft, wenn über dieses Ereignis schon längst in den Zeitungen zu lesen war. Dann kann ein Geheimdienst mit der an sich wertvollen Nachricht seine Regierung nicht mehr beeindrucken.
Generell gesehen hat es in der Praxis der politische Nachrichtendienst schwerer als die Militärs. Viele seiner Meldungen werden

sauer, wie es im ND-Jargon heißt. Sie beweisen letztlich nur die Qualität der Quelle an sich und die Schwierigkeit, einen schnell funktionierenden Meldeweg aufzubauen.
Aber Geheimdienste schöpfen ihr Wissen nicht nur aus den Meldungen ihrer Agenten. Die sorgfältige Auswertung von Zeitungen und Zeitschriften bringt – auch den Militärs – viele kleine und nützliche Informationen, die das Lagebild ergänzen. Rückschauend kann ich heute sagen, daß während des Kriegs im Amt VI die Masse der eingegangenen Informationen aus den offenen oder halboffenen Quellen – auch als weißes oder graues Material bezeichnet – stammte. Heute dürfte bei den Aufklärungsdiensten dieser Anteil etwa bei achtzig Prozent und darüber liegen.
Unter weißem und grauem Material sind die jedermann zugänglichen Informationen zu verstehen, wie Zeitungen, Zeitschriften, Bücher, journalistische und ähnliche Informationsdienste, Patentschriften, wissenschaftliche Veröffentlichungen, und das nur einem beschränkten Personenkreis verfügbare Spezialwissen, wie Insiderkenntnisse aus Presse und Wirtschaft, wissenschaftliche Forschungsergebnisse und Forschungsaufträge, aufgefangene und entschlüsselte Funkverkehre, Schiffspositionsmeldungen, Export- und Importstatistiken, Jahrbücher usw.
Das Abhören – und gegebenenfalls auch das Entschlüsseln – des fremden Funkverkehrs ist nicht einmal illegal, wenn es im eigenen Hoheitsbereich geschieht. Wenn beispielsweise die Funkzentrale des Bundesgrenzschutzes in Hangelar bei Bonn oder die Funküberwachungskette des BND die Funksprüche fremder Regierungen oder Militäreinheiten auffängt, so kann es ihnen niemand verbieten, denn was im Äther herumschwirrt, ist ebenso jedermann zugänglich wie eine Flaschenpost dem gehört, der sie aus dem Meer zieht. Anders sieht es allerdings aus, wenn Flugzeuge ohne Genehmigung fremde Staaten in großen Höhen überfliegen, um unerkannt zu fotografieren. Aber solange ein derartiges Flugzeug nicht erkannt und gestellt wird, kann der Völkerrechtsbruch auch nicht angeprangert und verfolgt werden. Geschieht die Aufklärung durch einen die Erde umrundenden Satelliten, so ist es kaum zu verhindern und nachzuweisen.
Auf den beschriebenen Wegen konnte und kann ein allgemeines Lagebild, insbesondere über die wirtschaftliche Stärke eines Staates, erstellt werden. Neben der Funk- und Telefonüberwachung (die Auslandsbriefprüfstellen waren Einrichtungen der Abwehr

und standen dem politischen Auslands-ND kaum zur Verfügung) gab es eine Reihe von Einzelverbindungen, die recht gute Informationen erbrachten. Einige waren hochwertig, sogenannte Spitzenverbindungen, Verbindungen also, die Spitzeninformationen erbrachten, die sich auch zur Verwendung auf höchster Ebene eigneten. Nur fünf Prozent oder weniger aller Informationen eines Geheimdienstes dürften aus Verbindungen stammen, die die Bezeichnung Spionage im engeren Sinne verdienen. Aber diese Einzelverbindungen sind es, die den zahllosen Informationen die Bestätigung oder Vertiefung geben und deshalb besonders wertvoll sind und immer wieder neu gesucht werden müssen.

Die Motive solcher Agenten können – bei gleichem Effekt und treuer Dienstleistung – durchaus verschieden sein. Während des Kriegs beobachtete ich, daß viele Quellen ihren Einsatz im Bereich des Geheimdienstes, auch oder besonders im Ausland, als eine andere Form des notwendigen Kriegs- oder Wehrdienstes ansahen. Einige waren überzeugte Nazis und taten es aus Überzeugung für ihre Partei, den Nationalsozialismus oder was sonst noch auf dieser Ebene in Betracht kam. Weitaus mehr Agenten waren keine Nazis im engeren Sinne. Sie glaubten, als Deutsche ihrem Vaterland einen Dienst in einer Notzeit nicht versagen zu können, ohne persönliche Vorteile dabei im Auge zu haben. Andere erhofften indirekte Vorteile wie Freistellung vom Militärdienst oder nützliche Unterstützung beziehungsweise Auswirkung für ihr Geschäft im Ausland.

Andere wiederum waren einfach abenteuerlustig, suchten Spannung und Gefahr auf einem Kriegsschauplatz, auf dem nicht geschossen, sondern mit den Waffen der Intelligenz, der List und Verstellung gekämpft wurde. Aber auch diejenigen, die zu ihrer Mitarbeit nur gegen oder wegen klingender Münze bereit waren, dürfen in der Aufzählung nicht fehlen. Auf diese konnte man nicht verzichten, aber sie waren nur mit Vorsicht zu gebrauchen, denn es mußte immer bedacht werden, daß ein besserer Zahler diesen Agenten überwerben, das heißt umdrehen, konnte, und dann hatte man eine höchst unerwünschte Gegenspionagesituation, die gefährlich werden konnte. In solchen Fällen kam es darauf an, möglichst bald kompromittierendes Material in der Hand zu haben, das diesem Agenten den Weg zur Konkurrenz versperrte. Dann allerdings konnte man ganz gut miteinander arbeiten, aber Wachsamkeit war hier ganz besonders vonnöten.

Die Abenteurer, die Spaß an der Sache hatten, und die Überzeugten, wenn sie keine Fanatiker waren, eigneten sich am besten. Sie richtig zu führen, zu schulen und anzuleiten war die Kunst des Führungsoffiziers, dessen Persönlichkeit entscheidend für den Erfolg seines Agenten ist. Diese Problematik bestand während des Kriegs für die beiden deutschen Geheimdienste ebenso, wie sie auch heute im Prinzip für die nachrichtendienstliche Arbeit Gültigkeit hat. Zwar haben sich mit der Zeit auch die politischen Verhältnisse, Konstellationen und Zielsetzungen gewandelt, die Prinzipien nachrichtendienstlicher Arbeit sind aber im wesentlichen die gleichen geblieben.
Die beiden Nachrichtendienste – Abwehr und politischer Auslands-ND – arbeiteten eng und nicht schlecht mit dem Auswärtigen Amt zusammen. Die Diplomaten erhielten politische Informationen und, besonders vom Amt VI, umfassende Lageberichte, oder es wurden auf Wunsch des Auswärtigen Amtes spezielle Aufgabenstellungen an die Auslandsresidenten der Geheimdienste weitergegeben. Dafür baute das Auswärtige Amt das Personal der beiden Dienste in seine diplomatischen oder konsularischen Auslandsvertretungen ein, stellte den diplomatischen Kurierweg für die Beförderung der Geheimdienstpost zur Verfügung und gab auch im Bedarfsfall über den diplomatischen Funkdienst eilige Telegramme der Geheimdienste weiter.
Während meiner Tätigkeit arbeiteten wir auch mit Journalisten in der Schweiz als Informationsquellen zusammen. Das war ebenso problematisch, wie es heute schwierig ist, mit Presseleuten zusammenzuarbeiten. Trotzdem nahmen wir in der Schweiz lieber den Kontakt zu Journalisten auf, denn diese wußten etwas und konnten Wesentliches vom Unwesentlichen trennen, als etwa mit den Angehörigen der Auslandsorganisation (AO) der NSDAP. Diese Institution war der organisatorische Zusammenhalt der der Nazipartei angehörenden Mitglieder der deutschen Kolonie. Die betreffenden Landesgruppen unterstützten daneben nur zu gern, jedoch zu ungeschickt, die mit den Nazis sympathisierenden Gruppen oder Parteien des Gastlandes und verdarben damit sehr schnell das Ansehen der dortigen deutschen Kolonie, denn jede Unterstützung dieser politisch extremen Vereinigungen mußte zumindest als unfreundlicher Akt, als Einmischung in die inneren Angelegenheiten des Gastlandes oder gar als gegen dessen Souveränität gerichtete Aktivität, empfunden werden. Natürlich standen diese Nazior-

ganisationen auch in der Schweiz unter polizeilicher Überwachung, so daß wir uns hüteten, mit der Landesgruppe der Auslandsorganisation der NSDAP Kontakte zu haben. Außerdem waren die meist eifernden Funktionäre wegen ihrer Borniertheit für nachrichtendienstliche Belange völlig unbrauchbar. Von dieser Seite gab es also keine nützliche Hilfe für unsere Arbeit.
Die Arbeit der deutschen Geheimdienste wurde dagegen bis 1945 wesentlich unterstützt durch folgende drei Einrichtungen: den Seehaus-Dienst, das Forschungsamt der Luftwaffe und das kryptographische Büro des Oberkommandos der Wehrmacht (OKW/Chi). Im Juli 1940 war vom Auswärtigen Amt eine zentrale Stelle geschaffen worden, die fremde Rundfunksender abhören sollte. Im Laufe der Entwicklung wurden konkurrierende Einrichtungen eingeschränkt oder aufgelöst. Das Propagandaministerium beteiligte sich bald an dieser Institution, die dann den Namen *Sonderdienst Seehaus des Auswärtigen Amtes und des Reichsministeriums für Volksaufklärung und Propaganda* führte. Nach eigener Einschätzung war diese Stelle der größte Rundfunkabhördienst des Kontinents. Hier wurden die Wortsendungen ausländischer Rundfunkstationen aufgenommen, übersetzt und zu Papier gebracht. Dieser »Sonderdienst Seehaus« war ein Teil der reichseigenen »Deutschen Auslands-Rundfunk-Gesellschaft INTERRADIO-AG«, die in der ganzen Welt eigene Sende- und Abhörstationen unterhielt.
INTERRADIO hatte zunächst propagandistisch nützliche Sprachregelungen zu verbreiten und fremde Sender zu beeinflussen. Die spezielle Aufgabe für den Sonderdienst Seehaus war die Aufzeichnung ausländischer Rundfunksendungen. Nach der Geschäftsordnung für diesen Dienst war »Rohmaterial« zu erfassen, politische und nachrichtendienstliche Forschung zu betreiben und selbständige Erkundungsarbeit zu leisten. Allein in der Berliner Zentrale des Seehaus-Dienstes waren 500 bis 600 Mitarbeiter im Abhör- und Auswertungsdienst beschäftigt.
Das sogenannte »Forschungsamt der Luftwaffe« gehörte zum Luftfahrtministerium und hatte nur dort seine organisatorische Anbindung erfahren, um Charakter und Aufgabe dieser Stelle zu verschleiern. Hier wurde die Telefonüberwachung im Großdeutschen Reich durchgeführt, das heißt, es wurden auf Antrag berechtigter Stellen Telefonanschlüsse überwacht. Geführte Gespräche wurden wortwörtlich auf braunem Papier wiedergegeben, daher

der Name »Braunmeldungen«, und nach Möglichkeit auch der Anrufer identifiziert. Außerdem wurden die Überseekabel und die durch Deutschland führenden Fernkabel angezapft, der Diplomatenfunk überwacht und fremde Kurierpost mitgelesen. Das dort auf risikolose Weise beschaffte Wissen war immens.
Anträge zur Überwachung von Fernsprechanschlüssen konnten von einer Reihe von Stellen an das Forschungsamt gestellt werden, wobei es vorkommen konnte, daß derselbe Anschluß bereits auf Veranlassung einer anderen Stelle überwacht wurde.
Neben einigen Obersten Reichsbehörden, wie dem Auswärtigen Amt, konnten auch die Gestapo, die Abwehr, der SD und der politische Auslandsnachrichtendienst Anträge einreichen. Die Kriminalpolizei hatte dazu keine Möglichkeit, weil sie, an die Bestimmungen der Strafprozeßordnung gebunden, nur über den Richter eine Postkontrolle erwirken konnte, die dann aber dem Betroffenen zur Kenntnis gelangte und keineswegs so ertragreich war wie die geheime Telefonüberwachung. Eigene Abhörstellen haben die genannten Stellen also nicht unterhalten, sondern das Forschungsamt leitete ihnen die »Braunmeldungen« zu, aus denen sie sehr viel über den überwachten Personenkreis in Erfahrung bringen konnten, zum Beispiel persönliche Eigenheiten und Schwächen, politische Einstellung und vieles andere, was in nachrichtendienstlicher Hinsicht von Bedeutung war.
Es ist unbestritten, daß man sich vielleicht in einem einzelnen Telefongespräch verstellen und seine Haltung oder Wesensart verbergen kann, aber über eine lange Zeit hinweg und mit vielen Gesprächspartnern kann man diese Tarnung nicht vollendet aufrechterhalten. Da wird im Laufe der Zeit doch sichtbar, wer der Sprecher am Telefon wirklich ist, wie er denkt und wessen Geistes Kind er ist.
Die Telefonüberwachung war in jedem Fall ertragreicher als etwa die geheime Überwachung der Briefpost, die die Gestapo – auch auf Antrag anderer Stellen – anordnen konnte. Beim Schreiben eines Briefes hat sich der Schreiber in jedem Fall besser in der Hand als im Gespräch, wo oftmals das Temperament durchgeht und die sonst gezeigte Maske fällt.
Das Dechiffrierbüro des Oberkommandos der Wehrmacht bemühte sich um Entschlüsselung aufgefangener geheimer Funksprüche, was überraschend gut und oft gelang.

Leiter des Referates Schweiz/Liechtenstein

Nachdem ich nun wußte, was das Amt VI als politischer Nachrichtendienst zu tun hatte, wer alles außerdem noch Nachrichtendienst betrieb und wer mich unterstützen konnte, mußte ich auch einmal die Potenz meines eigenen Referates ermitteln und zusehen, wer mir im eigenen Apparat würde helfen können, die Kenntnisse zu erwerben, die ich als Referatsleiter brauchte, als der ich nun nach relativ kurzer Zeit der Einarbeitung eingesetzt war. Ich kam mir vor wie ein Nichtschwimmer, der ins tiefe Wasser gefallen war, und hielt Ausschau nach Balken, die mich würden tragen können. Untergehen wollte ich ganz bestimmt nicht.
Mein Referat – wie schon bemerkt, hatte es die Bezeichnung VI B 3 – Schweiz/Liechtenstein – war, was die Personalstärke anbelangt, nicht sehr groß. Als Referatsleiter mußte ich zugleich das Sachgebiet a – Beschaffung – leiten. Für die Sachgebiete b – Verwertung – und c – Auswertung – waren ranghöhere Offiziere zuständig. Hier mußte ich als junger Dachs und Neuling bemüht sein, ein möglichst gutes Zusammenwirken zu erreichen. Zum Glück ist in Nachrichtendiensten der militärische Dienstgrad weniger wichtig als bei der Truppe, und da sich der um zwei Rangstufen höhere Auswerter mit seinen Akten und Karteien nicht in Berlin befand, tauchten keine Subordinationsprobleme auf. Mein Vertreter, eine Rangstufe höher als ich, war ebenfalls vom leitenden Dienst, so daß sich auf kameradschaftlicher Ebene alle Probleme lösen ließen.
In den Berliner Büros standen mir außer den genannten Sachgebietsleitern noch acht bis zehn Mitarbeiter und einige Stenotypistinnen für die Büroarbeit zur Verfügung. Die meisten waren abkommandierte Soldaten der Wehrmacht oder Waffen-SS oder notdienstverpflichtete Zivilisten, meist Juristen, je ein Rechtsanwalt, ein Gerichtsassessor und ein Referendar waren mit der Aktenauswertung und Abfassung von Querschnittsberichten beschäftigt. Zunächst machte ich mich auf den Weg nach Marienbad. Nach dort war die gesamte Kartei und Aktenhaltung des Schweiz/Liechtenstein-Referates ausgelagert worden. Eine Fernschreibverbindung und ein täglicher Kurierverkehr hielten den Bürobetrieb aufrecht.
In einem Nachrichtendienst benötigt man unentwegt Kartei- oder Aktenunterlagen, um eingehende Informationen oder Angaben

über Personen vergleichend prüfen zu können. Für diese Auskünfte wurde außer den genannten Verbindungen auch noch das Telefon benutzt. Im allgemeinen reichte es aus, wenn die benötigten Auskünfte innerhalb weniger Stunden und die angeforderten Akten am nächsten Tag zur Verfügung standen. In diesen Unterlagen fand ich alle nur denkbaren Nachschlagewerke über die Schweiz vor: Adreß- und Telefonbücher, Wirtschaftshandbücher, Verzeichnis der Kraftfahrzeugkennzeichen, Mitgliederlisten verschiedener Organisationen und Verbände, sämtliche wesentlichen Periodika von den Tageszeitungen und der »Weltwoche« bis hin zu den Jahresberichten der Industrie- und Handelskammern und den Hochschulverzeichnissen.

Als politischer Nachrichtendienst hatte uns die militärische Situation der Schweiz nicht zu interessieren. Zufällig anfallende Informationen wurden grundsätzlich sofort an das OKW Amt Ausland/Abwehr weitergeleitet. Das betraf auch die Masse der Informationen, die eine unserer Quellen beim Komitee des Internationalen Roten Kreuzes über die Kriegsverluste der deutschen Wehrmacht und die der Alliierten, besonders über Schiffsversenkungen, an uns gab.

Etwa neunzig Prozent aller Informationen dieser Quelle überließen wir der Wehrmacht. Es wäre sicher ökonomischer gewesen, wenn diese Vertrauensperson an die Abwehr zur Führung abgegeben worden wäre. Aber das macht kein Nachrichtendienst gern, seine Quellen an einen anderen Dienst abzutreten. Selbst innerhalb eines Dienstes ist es ungewöhnlich, die von einer Stelle geführten Vertrauensmänner an eine benachbarte Stelle abzugeben, obwohl diese fachlich für die weitere Führung prädestiniert wäre. Das kommt nur dann vor, wenn ein Machtspruch der vorgesetzten Stelle ergeht oder die bisherige Führungsstelle das Interesse an dieser Person verloren hat, weil vielleicht die Möglichkeiten des Informanten nicht mit dem Auftrag der Führungsstelle übereinstimmen und nicht zur Deckung gebracht werden können. Eine »Umschaltung« auf eine andere Führungsstelle wird schon deshalb ungern vorgenommen, weil man befürchtet, daß dann die bisherigen Führungsmethoden und -mängel bekanntwerden könnten, und niemand läßt sich von seinen Kollegen gern in die Karten sehen. Bei den untersten Außenführungsstellen kommt mitunter auch noch hinzu, daß eventuelle Unterschleifen entdeckt werden könnten, denn oft wird mit finanziellen Aufwendungen nicht

korrekt verfahren, so, wenn sie angeblich einer Quelle zufließen, tatsächlich aber dem VM-Führer das Leben erleichtern.
Als politischer Nachrichtendienst mußten wir bemüht sein, alle Informationsmöglichkeiten in der Schweiz zu nutzen. Für uns – wie für alle anderen kriegführenden Staaten – war die Schweiz das Glacis, auf dem sich alle Nachrichtendienste tummeln und auch begegnen konnten, auch dort, wo Angehörige des diplomatischen Dienstes nicht in Erscheinung treten durften.
Unser Hauptbeauftragter – HB Schweiz war die gängige Kurzbezeichnung – war ein gewandter und parkettgewohnter Mann, der seine Aufgabe im Rahmen seiner bescheidenen Möglichkeiten ganz gut löste. Hans Daufeldt, Jahrgang 1908, hatte sich schon vor dem Krieg auf der Junker-Schule der Waffen-SS in Bad Tölz ausgezeichnet, so daß er nicht zum Gamaschendienst bei der Truppe, sondern zum SD-Hauptamt kommandiert wurde. Dort und später im Amt VI als Gruppenleiter hatte er so viele nachrichtendienstliche Erfahrungen erwerben können, daß er für ein Auslandskommando vorgesehen wurde. Seine Leistungen wurden auch anerkannt, und er wurde innerhalb der SS entsprechend befördert, zuletzt am 30. Januar 1944 zum Obersturmbannführer. Für seinen Einsatz als Resident des politischen Auslandsnachrichtendienstes in der Schweiz hatte er den Titel eines Vizekonsuls erhalten und war im Generalkonsulat in Lausanne eingebaut worden.
Ihm halfen zwei Sekretärinnen, eine von ihnen bediente auch noch den in einem der damals üblichen Rundfunkgeräte eingebauten Kurzwellensender, der die Funkverbindung zu uns sicherstellte. Im Verlauf von etwa zwei Jahren hatte Daufeldt mittels seiner diplomatischen Position ein Informantennetz geschaffen, das eigentlich zu groß war, um von ihm allein geführt zu werden. Aber er war nicht ohne Erfolg, seine wöchentlich eintreffende Kurierpost bewies seine Aktivität. Aber wie es bei dem Aufbau eines Nachrichtennetzes unter Zeitdruck geht, war es ein buntes Gemisch von Vertrauensleuten, Informanten und Gewährspersonen, die zum Teil bewußt für uns arbeiteten oder deren Wissen nur für uns abgeschöpft wurde.
Es wäre eine Selbsttäuschung gewesen, hätte ich angenommen, daß die Schweizer Polizei unsere nachrichtendienstliche Arbeit nicht erkannt hätte. Aber anfangs, als die deutschen Armeen noch siegreich waren, konnten wir mit einer wohlwollenden Neutralität und auf Erfüllung unserer Wünsche rechnen. Je mehr sich jedoch

das »Kriegsglück« vom Deutschen Reich abwandte, um so mehr wurde die Neutralität wirklich neutral, bis dann von Wohlwollen und Freundlichkeit nicht mehr gesprochen werden konnte. Ja, bis man deutsche Noten überhaupt unbeantwortet ließ.

Im Gegensatz zum politischen Auslandsnachrichtendienst hatte die Abwehr schon vor dem Krieg einen funktionstüchtigen und für den Krieg vorbereiteten Erkundungsapparat aufgebaut. Der Name »Kriegsorganisation« (KO) allein zeigt, daß die Planungen im Frieden schon abgeschlossen worden waren und nicht erst unter dem Druck der Kriegsverhältnisse ein Apparat aus dem Boden gestampft werden mußte. Daß die Abwehr des OKW in der Schweiz ebenfalls einen großen Apparat unterhielt, war uns bekannt, aber von ihren Erfahrungen profitierten wir nicht. Daran war die Animosität schuld, die zwischen dem Militär und uns bestand, ganz abgesehen davon, daß es wohl überall so ist, daß konkurrierende Dienste einander die Arbeit nicht erleichtern.

Dem Drei-Personen-Unternehmen des Amtes VI in der Schweiz stand die KO der Abwehr mit insgesamt 18 hauptamtlichen Kräften gegenüber, die bei der deutschen Gesandtschaft in Bern, dem Generalkonsulat in Zürich und beim Konsulat in Genf eingebaut waren. Der Chef der KO war der Fregattenkapitän, später Kapitän zur See, Hans Meißner, den man als Generalkonsul getarnt hatte. Nach dem Krieg wurde er Leiter des Landesamtes für Verfassungsschutz in Bremen.

Neben drei Offizieren, die als leitende Beamte getarnt waren, arbeitete noch ein Rittmeister Hans von Pescatore, der in Bern als Amtsrat fungierte. Er war nach dem Krieg leitender Mitarbeiter in der Organisation Gehlen beziehungsweise im Bundesnachrichtendienst, wo er im Bereich der Gegenspionage bei einer Dienststelle in München – Generalvertretung H, später Dienststelle 12 – als Abteilungsleiter III tätig war. Allein in Bern waren neben den fünf Offizieren der KO noch sieben Schreibkräfte und drei funktechnische Angestellte beschäftigt.

Heute erscheint es unverständlich, daß während des Kriegs keine größeren Residenturen der deutschen Nachrichtendienste in der Schweiz bestanden haben – aber es war so.

So waren beispielsweise in Spanien weitaus mehr Angehörige der Abwehr in die Botschaft eingebaut oder arbeiteten unter ihrem Schutz. Dazu gehörten technische Einrichtungen (Funkpeildienst, Abhörbetrieb, eigene Funkstelle) zur Überwachung der feindli-

chen Marinebasen und des Schiffsverkehrs wie auch die Außenstellen auf afrikanischem Boden in Tanger und Tetuan (insgesamt 21 Personen), wo, ähnlich wie in der Schweiz, Tuchfühlung mit den alliierten Nachrichtendiensten möglich war. Nach den entsprechenden Unterlagen waren am 8. Oktober 1943 in der KO Spanien 202 Personen tätig; zwei Monate später umfaßte das Personalverzeichnis der KO Spanien bereits 214 Namen.[5]
Wenn auch in der Schweiz keine alliierten Flottenbewegungen und Funkverkehre beobachtet werden konnten, so war doch die Besetzung der deutschen Außenposten der Berliner Nachrichtendienste schwach, wie der Vergleich mit der KO Spanien zeigt. Neben ihr hatte natürlich auch das Amt VI seinen Hauptbeauftragten in Madrid plaziert, der über gute Kontakte zu politischen und gesellschaftlichen Kreisen des Franco-Regimes verfügte. Die neben der Abwehrorganisation in der Schweiz tätigen Einkaufs- und Wirtschaftsstäbe der Wehrmacht hatten keine Verbindung zur KO. Sie hatten allein den Auftrag, benötigte Rüstungsgüter wie Uhren, Zünder, seltene Rohstoffe, Medikamente usw. aufzukaufen. Mit Spionage hatten sie in keiner Weise zu tun.
Nachdem ich mich mit den Äußerlichkeiten und organisatorischen Problemen vertraut gemacht hatte, mußte ich nun endlich versuchen, etwas mehr über die nachrichtendienstliche Tätigkeit selbst, die Zielsetzung, die Methode, die Effizienz und vieles andere zu lernen. Nebenbei hatte ich aber die Steuerung und Betreuung unseres HB Schweiz und seiner beiden Mitarbeiterinnen ohne Bruch zu übernehmen und fortzuführen. Wichtig für eine solche Auslandsresidentur ist einmal die arbeitsmäßige Anleitung und Beratung, zum anderen müssen für das im Auslandseinsatz befindliche Personal auch viele private Dinge erledigt werden. Das geht von der Verwaltung der privaten Bankkonten bis hin zur Erledigung von Verpflichtungen, wie Geburtstagsgeschenke für die Schwiegermutter besorgen und ähnliches.
Es war eine ganze Menge neuer Dinge, die auf mich einstürzten. Wo konnte ich aber innerhalb der eigenen Behörde – im engeren und weiteren Sinne, also im Amt VI oder im Reichssicherheitshauptamt – Hilfe für meine Arbeit oder nützliche Hinweise erhalten?
Innerhalb des RSHA gab es nur zwei Stellen, die mir bei meiner künftigen Arbeit würden Hilfestellung geben können – beide gehörten zum Amt IV. Es waren die Zentrale Sichtvermerkstelle

(ZS) bei der Gruppe IV F und die Abwehrgruppe IV E. Bei der Zentralen Sichtvermerkstelle wurden sämtliche erteilten Sichtvermerke für In- und Ausländer registriert, und es ließ sich leicht feststellen, welche für uns interessanten Ausländer regelmäßig nach Deutschland kamen oder durch Deutschland in ein anderes Land reisten.
Diese Reisenden, meist Geschäftsleute, sind, besonders in einem Krieg, für den Geheimdienst interessant. Sie haben immer leicht nachprüfbare, hieb- und stichfeste Reisegründe und können so die Hauptschwierigkeit, nämlich die Einreise in fremde Länder, überwinden. Auch haben sie immer Gesprächspartner, aus denen sich in jedem Fall etwas herausfragen läßt, zumindest können sie wertvolle Hinweise auf die politische oder wirtschaftliche Lage geben oder aber auf andere mögliche Informanten hinweisen. Diese Reisequellen werden von jedem Nachrichtendienst zu Tausenden verwendet, damals wie heute.*
Von der Gruppe IV E – Abwehr – waren Informationen oder Auswertungsergebnisse zu erhoffen, die die eigene operative Arbeit – Beschaffung nannten wir es damals – erleichtern konnten. Erkannte Agenten fremder Nachrichtendienste konnten uns nützliche Hinweise geben, wie man es besser macht oder fremden Sicherheitsorganen aus dem Weg geht und sie täuscht.
Ein Bericht des für die Abwehr Süd zuständigen Referates über die Aktivität des schweizerischen Nachrichtendienstes in Deutschland verdeutlichte, daß selbst die neutrale Schweiz auf Spionage nicht verzichten konnte oder wollte und welche Methoden sie anwandte. Erkenntnisse, die dann später noch anfielen, zeigten Verflechtungen mit westalliierten Diensten, die uns bei unserer Arbeit zugute kommen sollten. Selbst wenn man als Mitarbeiter eines Geheimdienstes nur aufklärt und sich nicht der schwierigsten Aufgabe, der Gegenspionage, zuwendet, ist es nützlich zu wissen, wo man den anderen Dienst, die Kollegen von der anderen Feldpostnummer, wie wir damals zu sagen pflegten, trifft.
Der Amtschef VI, Schellenberg, hatte strikte Weisung gegeben, in

---

* Eine der Zentralen Sichtvermerkstelle der Geheimen Staatspolizei entsprechende Stelle ist in der Bundesrepublik Deutschland das »Ausländerzentralregister« (AZR) im Bundesverwaltungsamt in Köln. Es sollte in den fünfziger Jahren aufgelöst werden, wurde dann aber vom Bundesnachrichtendienst übernommen. Es bot sich dann auch als Sammelstelle für Kurierpost des BND an. Innerhalb des BND erhielt das AZR die Dienststellenbezeichnung 1001.

der nachrichtendienstlichen Tätigkeit gegen die Schweiz besondere Vorsicht an den Tag zu legen, um politischen Komplikationen aus dem Weg zu gehen. Gegen die Schweiz sollte keineswegs primär aufgeklärt werden, vielmehr sollte die Schweiz das Glacis sein, um Informationen über die Kriegsgegner Deutschlands zu erlangen. Außerdem sollte versucht werden, auf behutsame Weise Kontakte zu den westlichen Kriegsgegnern Deutschlands, besonders den Amerikanern und Engländern, herzustellen, um alle Möglichkeiten zu inoffiziellen Gesprächen oder zu ihrer Vorbereitung zu schaffen. Die Verfolgung dieser Aufgabe stand im Vordergrund der Arbeit. Über die Vertreter des britischen Nachrichtendienstes in der Schweiz und auch später des amerikanischen Dienstes waren wir im Bilde und versuchten, über sie und ihre Aktivität ein gutes Bild zu erlangen. Der französischen Botschaft widmeten wir keine spezielle Aufmerksamkeit. Sie interessierte uns nicht, sie unterstand ja der von Deutschland kontrollierten Vichy-Regierung.
Die Sowjetunion hingegen unterhielt keine diplomatische Vertretung in der Schweiz. Hier konnten Kontakte nur über die internationalen Organisationen oder die Wirtschaft gesucht werden. Zwar lag hierfür kein konkreter Auftrag vor, aber ein »Länderreferent« – wie wir uns auch bezeichneten – wäre schlecht beraten gewesen, wenn er nur auf Anweisung hin gearbeitet und Kontakte gesucht hätte. Jederzeit konnte von ihm Auskunft über ein plötzlich wichtig gewordenes Thema verlangt werden – und wer hätte bestreiten wollen, daß der wichtigste Kriegsgegner Deutschlands Interesse auch auf dem Nebenschauplatz Schweiz erforderte?
Mit Sicherheit hatten die Schweizer Behörden den Vizekonsul im Generalkonsulat Lausanne als unseren Hauptbeauftragten mit seinem Personal und seiner Funkstelle erkannt. Um so mehr waren wir, wie alle anderen Nachrichtendienste auch, daran interessiert, uns die stillschweigende Duldung seiner Tätigkeit nicht zu verscherzen, denn in der Schweiz war und ist auch heute jede Art von nachrichten- oder geheimdienstlicher Arbeit unter Strafe gestellt. Auch dann, wenn sie sich nicht gegen die Schweiz oder Schweizer Interessen richtet. Aber so, wie uns der britische Generalkonsul Cable – früher Generalkonsul in Köln – bekannt war, mußten ihn auch die Schweizer Behörden kennen. Und da man ihn stillschweigend gewähren ließ, konnten auch wir auf Duldung hoffen, was unseren Hauptbeauftragten betraf. Im heute üblichen Fachjargon würde man ihn als »Legalresidenten« bezeichnen. Der Legalresi-

dent ist in eine offizielle diplomatische oder ähnliche Vertretung mit einer Scheinfunktion eingebaut, während ein nur als »Resident« bezeichneter Nachrichtenoffizier unter ziviler Tarnung und ohne diplomatische Immunität Agenten leitet.

Von meinem Referat aus wurden aber nicht nur unser HB und seine Mitarbeiter geführt und in allen persönlichen Angelegenheiten betreut, sondern auch noch eine Reihe von Einzelverbindungen direkt angebahnt, geführt und eingesetzt. Zu einem geringeren Teil lag diese Arbeit bei einigen SD-Dienststellen, die sich vor allem in Süd- und Westdeutschland befanden. In diesen Fällen mußten die fachliche Dienstaufsicht ausgeübt und die Aktionen gesteuert werden.

Wie gelangten nun die im Ausland – in meinem Fall in der Schweiz – anfallenden Berichte an die Zentrale? Unserem Hauptbeauftragten standen zwei Wege offen. Einmal konnte er den diplomatischen Kurierweg benutzen, zum anderen hatte er für dringende Angelegenheiten eine direkte Funkverbindung zu uns. Natürlich widersprach es der Wiener Konvention von 1815, in der die Gepflogenheiten des diplomatischen Verkehrs festgelegt worden waren, daß die diplomatische Immunität und der diplomatische Kurierweg für Spionagezwecke verwendet wurden. Aber die Nichtachtung dieser Bestimmung ist Allgemeingut geworden, und man verzichtet darauf, dem anderen vorzuwerfen, was man selbst tut. Das Auswärtige Amt hatte dem politischen Auslandsnachrichtendienst neben der Beförderung seiner Post auch noch das Privileg eingeräumt, diese Sendungen in Spezialumschlägen verschlossen anliefern zu dürfen, so daß der Chef der betreffenden diplomatischen Mission keine Kenntnis vom Inhalt der von ihm zu verantwortenden Kuriersendung hatte.

Die sogenannten Grünumschläge bestanden aus einem grünen Spezialkarton und hatten etwa die Größe von 41 mal 26 Zentimetern. Der Karton bestand aus einem grobmaschigen Leinen, das in eine Papiermasse eingelagert war. Auf der Anschriftenseite waren Absender (Vizekonsul Hans Daufeldt, Generalkonsulat Lausanne) und Empfänger (Auswärtiges Amt, Kurierstelle) eingedruckt. Durch die Art seiner Falzung und seiner Gewebestruktur war es nicht möglich, diesen Umschlag heimlich und unbeschädigt zu öffnen. Überdies waren auf der Rückseite und der Verschlußkappe Fenster in der Größe eines Fünfmarkstücks enthalten. Dort war die Papiermasse ausgespart, so daß die Gewebestruktur offenlag.

War die Verschlußkappe umgeklappt und verleimt, so deckten sich diese beiden Fenster. Nun mußte mit einer Spezialkordel eine geometrische Figur mit einem besonderen Knoten durch das Leinengeflecht gezogen werden. Erst dann konnte Siegellack darübergegossen und das Petschaft eingedrückt werden.
Der Empfänger eines derartigen Grünumschlags mußte den Umschlag zuerst auf eventuelle Öffnungsspuren hin prüfen, nach Öffnung war der Umschlag zu zerlegen, das Leinwandfenster vom Siegellack zu befreien und die Markierung mit der Sicherheitsschnur anzusehen. Es wäre an sich unmöglich gewesen, diese Umschläge heimlich zu öffnen, ohne Spuren zu hinterlassen. Es sei denn, man hätte Originalumschläge, Schnur und Siegel zur Verfügung gehabt. Aber heute wäre selbst dieser Weg ungangbar, weil der Papiermasse fluoreszierende Substanzen beigemengt werden, welche unter der UV-Lampe charakteristische Markierungen zeigen, die nicht nachgeahmt werden können.
Die Kurierpost lief von Lausanne über die deutsche Botschaft in Bern zur Kurierstelle des Auswärtigen Amtes in Berlin. In der Regel kam wöchentlich einmal ein Kurier, mitunter nahmen auch Sonderkuriere Post mit, so daß der Postverkehr regelmäßig und zufriedenstellend abgewickelt wurde. Auf demselben Weg gingen dem Hauptbeauftragten unsere Schreiben zu.
Für alle eiligen Angelegenheiten wurde der Funkweg benutzt. Diese Funklinie war nicht vom Auswärtigen Amt eingerichtet und demzufolge auch nicht von den Schweizer Behörden als Diplomatenfunk genehmigt. Die Sende- und Empfangsapparatur in Lausanne war, wie bereits erwähnt, in einem großen Rundfunkgerät getarnt eingebaut, das hinter einer Zierleiste einen Anschluß für die versteckt aufbewahrte Morsetaste hatte. Der Funkverkehr wurde von der Berliner Funkleitstelle für den Agentenfunk abgewickelt. Im Amtsjargon hieß das zuständige Referat VI F 1 – Auslandsfunk – allgemein »Havel-Institut«. Es befand sich mit seinen Sende- und Empfangseinrichtungen in der Nähe des Großen Wannsees im Südwesten Berlins und war mit dem Amtsgebäude durch eine Fernschreibleitung verbunden. In beiden Richtungen wurden unsere Funksprüche nur »an Linie 37« adressiert. Die Ver- und Entschlüsselung erfolgte im Havel-Institut oder durch die Funkerin in Lausanne. Um dem Chiffrierpersonal im Havel-Institut den Inhalt der Telegramme zu verschleiern, gab es noch eine Liste mit Tarnbezeichnungen, die – im Klartext aufgegeben –

dem Nichteingeweihten trotz ihrer Lesbarkeit den Inhalt verbargen. Ein Telegramm dieser Art von mir an Daufeldt lautete:

»Dreikreuz hat Rot ab Geburtstag Onkel enterbt stop Felicitas Einkreuz, Doppelstrich, Nil.«

Im Klartext hieß es dann: »Reichsführer SS (Dreikreuz) hat Daufeldt (Rot) zum 20. April (Geburtstag Onkel = Hitlers Geburtstag) befördert (enterbt). Glückwünsche (Felicitas) vom Amtschef (Einkreuz) Gruppenleiter Westeuropa (Doppelstrich) und Referat VI B 3 (Nil).«
Wenn Daufeldt telegrafierte: »Händler kündigt Verschärfung Eiereinfuhr und Handel ab sofort pro familia an«, so bedeutete das, daß der Chef der Schweizer Fremdenpolizei, Rothmund, verschärfte Ausländerkontrollen und Einreisebestimmungen angeordnet hatte und daß diese noch geheim (pro familia) waren.
Vom Frühjahr 1944 an erhielt ich vom OKW/Chi, also dem kryptographischen Dienst, täglich einen Packen entschlüsselter Funksprüche, die zwischen der polnischen Exilregierung in London und der polnischen Gesandtschaft in Bern gewechselt worden waren. Es war gelungen, den verwendeten Funkschlüssel zu brechen, so daß neben den aktuellen Telegrammen auch die seit Jahren gesammelten Funksprüche lesbar gemacht werden konnten. Es war nicht uninteressant, nun im Rückblick die Richtigkeit der vor Jahren erwarteten Entwicklungen und damit den politischen Sachverstand und nüchternen Blick der Telegrammabsender feststellen zu können. Im Hinblick auf die aktuellen Berichte war es durchaus wichtig zu wissen, der Verfasser, etwa der polnische Militärattaché in Bern, habe seit Jahren diese oder jene Auffassung vertreten und ändere nun seine Meinung, oder er habe seit langem ohnehin mit seinen Prognosen nur eine geringe Treffsicherheit bewiesen.
In jedem Fall waren diese Auswertungen so ertragreich, daß ich auf weitere operative Maßnahmen gegen die polnische Gesandtschaft in Bern verzichten konnte. Die stets erforderliche Bestätigung für unsere Schlüsse und Vermutungen beschaffte uns die Freundin des polnischen Militärattachés, eine in Warschau lebende Schweizerin, Marguerite V. Diese attraktive junge Frau stammte aus Genf und hatte seit Jahren in der polnischen Hauptstadt gelebt, wo sie dann der Krieg überraschte. Sie hatte eine Handelsfirma gegründet, deren Fortbestehen ich ihr durch die Beschaffung

entsprechender Exportlizenzen ermöglichte. So konnte sie völlig unverdächtig oft von Warschau über Berlin in die Schweiz reisen, um ihre Geschäfte zu betreiben. Daß ihre privaten Besuche beim polnischen Militärattaché in Bern von uns finanziert und ermöglicht wurden, ist ihrem Freund bis Kriegsende verborgen geblieben.

Hin und wieder gingen mir auch Auswertungen von fremder diplomatischer Kurierpost vom Forschungsamt der Luftwaffe zu. Auf welche Weise das Forschungsamt zu diesen Erkenntnissen gelangt war, habe ich nie erfahren, aber offensichtlich gab es entsprechende Möglichkeiten.

Entgegen den durch Fernsehen und Krimis genährten Vorstellungen von der Spionage und den Superagenten spielt sich die geheimdienstliche Nachrichtenbeschaffung und -auswertung völlig unromantisch ab. In den seltensten Fällen gelingt es, einen Spitzenagenten an der jeweils benötigten und richtigen Stelle zu plazieren oder ihn schon eingebaut zu haben, sobald das Bedürfnis besteht, von dieser Position aus Nachrichten zu erhalten. Wenn dies auch das Idealziel aller Nachrichtendienste ist, in jeder Schlüsselposition und in erst künftig wichtig werdenden Stellen einen Aufklärer parat zu haben, so ist es doch nicht realisierbar. Oft genug ist der Operateur froh, wenn er im Bedarfsfall auf einen Informanten zurückgreifen kann, dem es möglich ist, sich mehr oder weniger schnell einen Zugang zu der interessierenden Angelegenheit zu verschaffen. Meist muß man sich aber, weil das Ziel nicht direkt erreichbar ist, mit der Sammlung von Teilinformationen begnügen, die dann in der Masse nach der Art eines Mosaikbildes auch eine zuverlässige Darstellung abgeben können. Aber das erfordert sehr viel mehr Zeit und Geduld und setzt voraus, daß ein erfahrener Auswerter in der Lage ist, dieses Puzzlespiel durchzuführen. Oftmals bleiben in diesem Bild weiße Stellen, die man nur mit Andeutungen, Vermutungen oder empirischer Erfahrung ausdeuten oder überbrücken kann.

Nicht jeder hat die richtige Intuition für ein solches Verfahren, und hin und wieder kann sich auch der beste Auswerter irren. Er ist dann in der Lage eines Archäologen, der einem gefundenen Torso Arme und Beine oder gar einen Kopf ansetzen muß. Der Streit der Gelehrten über die Ergänzung an der Laokoon-Gruppe flammt immer wieder auf, und es gibt Wissenschaftler, die der Meinung sind, daß die allgemein bekannte Darstellung dieses Kampfes mit

Schlangen – entdeckt wurde ja nur ein Teilstück – falsch ergänzt wurde und das Standbild in Wirklichkeit ganz anders ausgesehen habe, als es heute in den Schulbüchern abgebildet ist. So ergeht es gelegentlich auch einem Auswerter, der im besten Glauben durch falsche Schlußfolgerungen und Kombinationen zu einem entstellten Gesamtbild kommen kann. Für einen Nachrichtenauswerter ist es also wichtig, daß er über dasselbe Objekt oder Problem von verschiedenen Agenten Berichte erhält, die unabhängig voneinander entstanden sind.

Der leitende Mitarbeiter eines Geheimdienstes hat im allgemeinen eine stärkere Position und ein besseres Durchsetzungsvermögen als Kollegen vergleichbarer Dienstgruppen bei anderen Behörden. Der Begriff »Geheimdienst« verleiht seinen Worten mehr Nachdruck, wobei er oft viel weniger Begründungen ins Feld führen muß. Wenn ein Nachrichtendienst erklärt, dies müsse aus geheimdienstlichen Gründen so oder so gemacht werden, dann wird das ohne große Diskussionen akzeptiert, weil niemand sich gegen den Geheimdienst stellen will. Ein Nachrichtendienst ist immer von einem mysteriösen Nimbus umgeben, der ihm seine Arbeit nur erleichtert. Allerdings kann solch ein oftmals künstlich genährter Nimbus auch gefährlich werden. Dann nämlich, wenn sich eines Tages herausstellt, daß auch dort nur mit Wasser gekocht wird und die vermutete Fähigkeit zum Zaubern ins Reich der Fabel gehört. Aber darauf komme ich später noch zurück, wenn ich über meine Arbeit im Bundesnachrichtendienst berichte.

Der Nimbus, der einem Geheimdienst anhaftet, entspricht nie dem wahren Sachverhalt und Charakter dieser Einrichtung. Angehörige eines Geheimdienstes können nur lächeln, wenn ihre Institutionen in Film, Fernsehen oder Presse als Supereinrichtungen dargestellt werden. Der Nichteingeweihte glaubt diesen modernen Märchen nur allzu schnell, weil sie seine Phantasie beflügeln – aber mit der Wirklichkeit stimmen diese Wunschbilder nicht überein.

Geheimdienste nehmen es nicht ungern hin, daß sie von ihrer Umwelt zu hoch eingeschätzt werden, allerdings ist es für sie höchst gefährlich, vom Nimbus zu leben. Schließlich ist es nur eine andere Form der Hochstapelei, wenn man beispielsweise so tut, als ob man alles wüßte oder als ob man einen Arm hätte, der bis in den hintersten Winkel der irdischen Welt reicht.

Solange in einem Geheimdienst keine offensichtlichen Pannen passieren, kann alles intern geregelt – ausgebügelt heißt es –

werden. Wenn aber einen Geheimdienst Aufträge erreichen, die er nicht erfüllen kann, ist das blamabel, und weil es dem selbstgeschaffenen Ruf schaden könnte, glaubt man dann, seinem guten Ruf andere Aktivitäten schuldig zu sein, oder erfindet etwas, was sowieso niemand überprüfen kann, nur um die Impotenz in dieser Frage zu verdecken. Aber das kann fatale Folgen haben, wie überhaupt zu große Unabhängigkeiten oder Selbstherrlichkeiten eines Geheimdienstes große Gefahren in sich bergen, wie es die Geschichte des BND beweist.

Der wichtigste Gegner in der Schweiz war unzweifelhaft der britische Nachrichtendienst. Die Briten hatten schon lange vor dem Krieg sehr aktiv in Deutschland erkundet und konnten nach Kriegsausbruch ihre Tätigkeit ohne Bruch oder Einschränkungen fortsetzen. Der Vertreter des britischen Nachrichtendienstes in Deutschland war der britische Generalkonsul in Köln, Cable, gewesen, der nach Kriegsbeginn in die Schweiz versetzt worden war. Ihn kannten wir alle recht genau, aber was alles hinter ihm stand, das hätte ich zur Erleichterung meiner Anfängertätigkeit gern gewußt. Die in meinem Referat vorliegenden Erkenntnisse waren mir zu allgemein, so daß ich mich an meine für Großbritannien zuständigen Kollegen wandte. Aber über die Hintergründe des Mr. Cable und die ihn von London aus steuernden Organe konnten sie mir nichts sagen, was ich nicht auch schon gewußt hätte. Nur mit einem versetzten sie mir einen großen Schock: mit einem Bericht über die offenbar riesigen, wenn nicht sogar unbeschränkten Mittel des britischen Intelligence Service. Nach der Lektüre dieses Berichtes hätte ich nicht nur deprimiert sein, sondern es als völlig aussichtslos ansehen müssen, erfolgreich arbeiten zu wollen und dabei auch noch den britischen Nachrichtendienst überrunden zu können. Wenn schon dieser mit seinem riesigen Finanzaufwand – soweit für uns erkennbar – keine erstklassigen Ergebnisse gegen Deutschland erzielte, was sollten dann wir mit unseren bescheidenen Mitteln ausrichten?

Während des Dritten Reichs gab es wegen der Bemühungen um die wirtschaftliche Autarkie Deutschlands nur in geringem Maße Devisen. Die Reichsmark war nicht frei konvertierbar, alle Währungsgeschäfte wurden über Banken abgewickelt. Mit den vorhandenen harten Fremdwährungen gingen die Reichsbank und das Reichswirtschaftsministerium sparsam um, ganz besonders im Krieg. Zwar hatte Schellenberg erreicht, daß der monatliche Devi-

senetat des Amtes VI von 100000 auf mehrere Millionen Reichsmark angehoben wurde. Aber wie sollte dieser Betrag reichen, wenn die nachrichtendienstliche Erkundung in der ganzen Welt betrieben wurde? Das Amt VI hatte den Auftrag, von den südamerikanischen Staaten aus in Richtung USA zu arbeiten, die Sowjetunion aufzuklären, von allen europäischen Staaten aus gegen England Erkundung zu betreiben, und auf dem Balkan mußte unter Beachtung der unverständlichen Animositäten der verschiedensten Völkerschaften untereinander für alle möglichen Kräftekonstellationen eine ertragreiche Arbeitsformel bis hin zur Unterstützung einer Regierungsbildung in irgendeinem Staat gefunden werden.
Die Durchführung von besonderen Einsätzen, wie die erwähnte Befreiung Mussolinis aus seiner Internierung und die nachfolgende Einsetzung seiner Schattenregierung, waren Werke des Amtes VI und kosteten viel Geld. Was waren da schon ein paar Millionen monatlicher Devisenetat?
Aus allen diesen Gründen mußten Wege gesucht werden, um die Operationen des Nachrichtendienstes leichter finanzieren zu können. Neben dem Problem der Beschaffung von Geld in fremden Währungen gab es noch die Schwierigkeit, diese Gelder ins neutrale oder feindliche Ausland zu bringen. Wie oft stand zwar in Berlin ein benötigter Devisenbetrag zur Verfügung, aber es gab Probleme, dieses Geld auf unauffällige und unverdächtige Weise dem Empfänger zukommen zu lassen. Viel einfacher wäre es gewesen, wenn man über genügend Kapitalien im Ausland verfügt hätte, die dann durch Tarn- oder Luftgeschäfte an den richtigen Empfänger hätten überwiesen werden können, ohne daß Steuer-, Zoll- oder sonstige Überwachungsbehörden Verdacht schöpften.
Ein Weg, Reichsmark in begehrte Devisen zu verwandeln, war der Vertrieb von knapp gewordenen Medikamenten wie Insulin, Morphium usw. im Ausland. Auf dem schwarzen Markt in der Schweiz konnte man durch den Verkauf dieser Mittel Gewinne von hundert Prozent und mehr erzielen, und das in begehrter Fremdwährung wie US-Dollar oder Schweizer Franken. Oft konnten wir unseren Agenten für bestimmte Unternehmungen nicht so viele Devisen mitgeben, wie es an sich nötig gewesen wäre, um die gestellte Aufgabe schnell zu lösen, weil der Etat nicht mehr hergab oder weil es bei der Zoll- und Devisenkontrolle an der Grenze hätte auffallen können und eine über der Norm liegende Devisenausfuhr einer Enttarnung des Agenten gleichgekommen wäre. In

solchen Fällen erhielt der Agent ärztliche Unterlagen über seine angebliche Diabetes und ein großes Paket mit Insulin-Ampullen. Das ärztliche Attest wies mißtrauischen Zöllnern nach, daß der kranke Reisende diese Medikamente mitführen mußte, die dann alsbald auf dem schwarzen Markt von Zürich in Dollar oder Fränkli verwandelt wurden. Neben Insulin und Morphium waren übrigens auch Hormonpräparate sehr begehrt.

Eines Tages – ich saß noch nicht lange auf dem Stuhl des Referatsleiters – flatterte mir ein Schreiben auf den Tisch, das bereits einige Referate durchlaufen hatte und immer wieder weitergeleitet worden war, weil kein Empfänger mit seinem Inhalt etwas anfangen oder es in seinem Ressort unterbringen konnte.

Der Bericht kam aus Dänemark und enthielt Angaben über einen Arzt, Dr. Vaernet, der in seiner Heimat Schwierigkeiten hatte, seine Hormonforschungen weiterzuführen. Er befaßte sich mit der Ausprägung verkümmerter männlicher Geschlechtsmerkmale durch kontinuierliche Zuführung von Sexualhormonen.

Damals bestand die Schwierigkeit einer derartigen Behandlung darin, daß man keine Medikamente mit Depotwirkung herstellen konnte und eine ungleichmäßige Dosierung und Einnahme nachteilige Wirkungen hervorriefen. Die dem Bericht beigefügten Labor- und Testberichte schienen zu beweisen, daß die Sache zwar noch nicht fertig im Sinne einer allgemeinen Anwendbarkeit und industriellen Herstellung war, aber sie schien erfolgversprechend, jedenfalls nach den Ergebnissen der Tierversuche. Die kontinuierliche Aufnahme des Hormons durch den Organismus – das Kernproblem der Anwendbarkeit – sollte dadurch erreicht werden, daß eine Pille in zylindrischer Form durch eine körperneutrale Folie, etwa Blattgold, ummantelt wurde, während die beiden Bodenflächen freiblieben. Diese kleine Pille sollte dann durch einen kleinen Hautschnitt in das Körpergewebe implantiert werden. Dann würde die Pille an den beiden offenen Enden der Gewebeflüssigkeit ausgesetzt sein und sich langsam auflösen. Dabei würden die Hormone völlig gleichmäßig und kontinuierlich dem Körper zugeführt, da ja wegen des Schutzhäutchens an der zylindrischen Seite die Bodenflächen ihren Querschnitt behielten. Bei einer kugelförmigen Pille, die von allen Seiten angenagt werden kann, würde sich die Oberfläche sehr rasch verkleinern und damit auch die Intensität der Wirkstoffabgabe abnehmen. Das Problem war nur, was mit dem übriggebliebenen Blattgold geschehen wür-

de oder ob man nicht ein Schutzhäutchen finden könnte, das nicht gerade aus Gold, sondern aus einer gewebefreundlichen Substanz war, die im Laufe der Zeit, nachdem die Pille aufgelöst war, vom Gewebe absorbiert würde.
Ich hatte die Vorstellung, daß dieses Problem zu lösen sein müßte und daß man dann einen lukrativen Handel mit Hormonpräparaten in der Schweiz aufziehen könnte. Wegen des Absatzes dieser Erzeugnisse hatte ich keine Sorgen, denn eine der Nebenwirkungen dieser noch herzustellenden Pillen war die Hebung der männlichen Potenz, und dafür würden sich mit Sicherheit genügend Interessenten finden. Auf diese Weise könnte man dann sicherlich schnell und reichlich Devisen einnehmen, die der ND-Arbeit zugute kommen würden.
Zu allen Zeiten ließen und lassen sich Stimulantia gut verkaufen, warum nicht auch Hormonpräparate mit diesen Wirkungen, dachte ich mir damals. Wie richtig diese Überlegungen waren, zeigt heute ein Blick in die westliche Tagespresse, in der in Anzeigen Vitalpräparate in großer Zahl angeboten werden.
Die Möglichkeiten des Amtes VI waren nicht ausreichend, um diese noch im wissenschaftlichen Versuchsstadium befindliche Angelegenheit in eigener Zuständigkeit weiterzuverfolgen. Ich machte deshalb einen Bericht an Himmler fertig. Da Vorlagen an den Reichsführer SS nur eine Seite lang sein sollten, konnte ich mich kurz fassen und hob hervor, daß durch diese Forschungsarbeit unter Umständen die Homosexualität bekämpft beziehungsweise geheilt werden könnte. Mir war bekannt, daß diese ein Fixpunkt Himmlers war, was auch aus der drakonischen Verschärfung des Strafrechts in dieser Hinsicht für die SS-Männer hervorging. Himmler hatte für die SS- und Polizeiangehörigen, die einer eigenen Gerichtsbarkeit unterstanden, die Todesstrafe bei homosexuellen Vergehen unter Männern eingeführt.
Damit konnte ich in meinem Bericht aussparen, daß die männliche Potenz gehoben werden könnte, denn dafür hätte der puritanisch verklemmte Himmler keinerlei Verständnis gezeigt. Ich schlug vor, daß dem Dr. Vaernet in Deutschland Forschungsmöglichkeiten geschaffen werden sollten und daß im Erfolgsfall daran gedacht werden könnte, dieses Präparat in Deutschland in größerem Umfang herzustellen und in der Schweiz gegen Devisen zu vertreiben. Der Erlös solle dann den Devisenetat des Auslandsnachrichtendienstes entlasten.

Wie schon berichtet, fehlten uns nicht nur Devisen. Es war auch kompliziert, Devisen ins Ausland zu bringen und für ihren Besitz eine saubere Legende zu finden. Deshalb suchte jeder Länderreferent nach Möglichkeiten, für seine Arbeit unverdächtige Guthaben im Ausland zu schaffen. Eine derartige Vertriebsgesellschaft für Hormonpillen in der Schweiz hätte uns später bestimmt nicht nur reichliche Mittel eingebracht, sondern auch unsere Finanzierungsprobleme verringert. Außerdem hätten Bankkonten einer Schweizer Vertriebsgesellschaft finanzielle Transaktionen jeder Art erleichtert.

Meine Vorlage passierte alle Klippen – Gruppenleiter, Amtschef und Chef des RSHA, der meinen Bericht zur Vorlage an Himmler unterschreiben mußte, während die anderen lediglich den Entwurf am Rande absignierten. Sehr bald darauf erhielt ich einen Anruf von der Adjutantur Himmlers. Man teilte mir mit, Himmler habe meinem Vorschlag zugestimmt und den Reichsarzt SS, Dr. Ernst Robert Grawitz, angewiesen, dem Dr. Vaernet jede Unterstützung zu gewähren und mich monatlich vom Fortgang der Versuche zu unterrichten, damit zu gegebener Zeit Vorbereitungen für den Vertrieb dieser Präparate in der Schweiz getroffen werden könnten. Zwar habe ich dann allmonatlich mit der Dienststelle des Reichsarztes SS telefoniert, um zu hören, daß es noch nicht soweit war, um ein Geschäft mit den Pillen ins Auge zu fassen, aber das Kriegsende setzte diesem Vorhaben dann ein Ende. Durchführbar wäre dieses Projekt bestimmt gewesen, wenn das Produkt zur Verfügung gestanden hätte.

Mit dieser an mich gelangten Information über die Versuche des Dr. Vaernet in Dänemark hätte ich mich nicht weiter zu befassen brauchen, denn der Vorgang hatte mit Nachrichtendienst oder mit der Schweiz nicht das mindeste zu tun. Aber ich sah eine Möglichkeit, diese Angelegenheit nachrichtendienstlich für meine Arbeit oder die meiner Kollegen zu nutzen, und wandte mich deshalb an die höchste erreichbare Spitze über mir und hatte – jedenfalls im Sinne der Administration – Erfolg. Ich hatte damit Initiative entwickelt und etwas Erfolgversprechendes eingeleitet.

Solche Initiative wird von Mitarbeitern eines Nachrichtendienstes gefordert, um alle Möglichkeiten, die oftmals kaum erkennbar sind, ans Tageslicht zu fördern. Niemand hätte etwas dabei gefunden, wenn ich diesen Vorgang zu den Akten genommen und es damit sein Bewenden gehabt hätte. So aber war ich durch meine

Überlegungen und die erfolgte Reaktion gegenüber meinem Gruppenleiter und meinem Amtschef positiv in Erscheinung getreten, was meine künftige Arbeit nur erleichtern würde. Wegen dieser Angelegenheit wurde ich auch zu Schellenberg gerufen, der offensichtlich den Neuen mit Initiative kennenlernen wollte. Er begrüßte mich: »Ach, Sie sind Felfe, Sie sind das also.«
Im Verlauf des Gesprächs erklärte er mir ungeniert, daß man in unserer Arbeit keine Rücksichten auf Ideologie zu nehmen brauche. Allein der Erfolg zähle. Und seiner Meinung nach müsse auch öffentlich mehr nach diesem Prinzip gehandelt werden, denn noch gebe es zuviel Unfähige, die schlechte Arbeit mit ideologischen Phrasen bemänteln könnten. Erst viel später wurde mir bewußt, wie skrupellos Schellenberg mir – einem Neuen – so ganz nebenbei im Grunde einen Freibrief für Verbrechen ausgestellt hatte. Schellenbergs Weltbild ist auch der Grund dafür gewesen, daß die Erforschung der Ideologie des Gegners nicht in seinem Amt untergebracht wurde. Damit befaßte sich, wie erwähnt, das Amt VII.
Im Spätsommer oder Herbst 1943 suchte mich ein Referent aus der Gruppe VI D auf, mit dem ich bislang kaum persönlichen Kontakt gehabt hatte. Zwar hatten wir uns gelegentlich bei der operativen Arbeit unterstützt, aber das war alles brieflich oder telefonisch abgewickelt worden. Ich hatte ihm aus der Schweiz Kleidungsstücke und bestimmte Ausrüstungsgegenstände für Agenten besorgt, die er über England in die USA einschleusen wollte und die natürlich nur Dinge mit sich führen konnten, die offensichtlich in Großbritannien oder den USA hergestellt worden waren. Die Beschaffung von Feuerzeugen, Uhren, Regenmänteln, Schuhen – kurz, alles, was ein Mann anhat und in die Tasche steckt – war, wie gesagt, ein häufiges Ansinnen an mich, wenn bestimmte Dinge in Berlin »nicht auf Lager« waren.
Dieses Mal kam also mein Kollege zu mir und bat um eine Unterredung unter vier Augen. Mein Besucher erklärte mir, daß er im Auftrag des Amtschefs Schellenberg zu mir komme und mir eine Weisung zu überbringen habe, mein unmittelbarer Vorgesetzter, der Gruppenleiter Westeuropa, sei selbstverständlich informiert.
Bevor er mich über Einzelheiten seines Auftrags aufkläre, müsse er mich darauf hinweisen, daß der Gegenstand unserer Unterhaltung nicht nur »gRs« sei, also als »geheime Reichssache« die höchste

Geheimhaltungsstufe besitze, sondern daß in diesem Fall eine noch ganz besonders strenge Einschränkung bestehe, es dürfe über die Angelegenheit nur mit den unmittelbar Betroffenen gesprochen werden – jeder Schriftwechsel über die Angelegenheit sei verboten, es dürfe auch nicht am Telefon über diese Sache geredet werden, und Registratur- und ähnlich untergeordnetes Personal dürfe nichts erfahren.

Nach dieser spannenden Einleitung legte mein Gesprächspartner einen dicken Aktenumschlag auf den Tisch und begann mit der Erklärung seines Geheimnisses: Seit längerer Zeit wurden von britischen Flugzeugen Reichskleiderkarten und auch Lebensmittelkarten abgeworfen. Damit wollte der britische Geheimdienst die Versorgung der Zivilbevölkerung mit Textilien sowie Eß- und Tabakwaren stören. Das war mir nichts Neues, denn derartige Abwürfe von Versorgungsausweisen wurden in den polizeilichen Tagesberichten, die auch uns zugingen, oft genug gemeldet, natürlich auch die Bestrafung der Leute, die diese Falsifikate einzulösen versucht hatten, statt sie der Polizei abzuliefern, und dabei ertappt worden waren.

Auch was mein Kollege dann über gefälschte Briefmarken erzählte, war für mich keine Neuigkeit. Ich wußte schon aus den polizeilichen Tagesereignismeldungen, daß seit der Landung der Amerikaner in Süditalien im September 1943 Briefe mit gefälschten deutschen Briefmarken angehalten worden waren. Neu war mir aber, daß die Briten in der Nähe von Stuttgart Briefmarken abgeworfen hatten, die statt des üblichen Hitler-Kopfes den von Heinrich Himmler zeigten.

Mein Gesprächspartner stimmte mir uneingeschränkt zu, daß diese Aktion keinen Nutzen gebracht habe, aber irgend etwas schien ihn bei dieser Gesprächswendung zu bedrücken. Ich sollte es sofort erfahren. Kluge Leute hätten die glorreiche Idee gehabt, etwas Ähnliches den Engländern anzutun – aber er sei nur ausführendes Organ, wenn er mir jetzt ein Bündel verschiedener englischer Briefmarken übergebe, die bei VI F gedruckt worden seien. Es handle sich um Verfälschungen der Marken der Dauerserie mit dem Bildnis von König Georg VI., die auf den ersten Blick unverdächtig seien. Hingegen gebe es noch eine in Wirklichkeit nichtexistierende Teheran-Marke, eine Stalin-Marke und Marken der Dauerserie mit Überdruck, die sofort die Fälschung erkennen ließen.

In der Tat erschienen die Marken mit König Georg VI. im Wert von einem halben bis zu drei Penny unverdächtig zu sein. Erst beim genauen Hinsehen konnte man, eventuell nur unter der Lupe, erkennen, daß die Krone über dem Haupt des Regenten einen Stern, den sechszackigen Judenstern, trug, wie ihn heute Israel in seiner Flagge führt. Dieser Judenstern war noch einmal in dem Blütenzweig, der sich in der oberen rechten Ecke befand, kaum sichtbar, zu erkennen. Im Pendant in der oberen linken Ecke hingegen waren Hammer und Sichel abgebildet, und das Pennyzeichen neben der Wertangabe war etwas verändert, so daß man bei näherer Betrachtung ebenfalls Hammer und Sichel erkennen konnte. Diese Marken konnten für eine Frankatur verwendet werden, denn kaum jemand würde die winzigen Veränderungen bemerken. Dagegen war die sogenannte Teheran-Marke im Querformat von vornherein als Fälschung zu erkennen, denn daß der britische Generalpostmeister keine Briefmarke, die gemeinsam die Köpfe Stalins und König Georgs VI. trug, herausgebracht hatte, war wohl allgemein bekannt.
Als Vorlage hatte die Marke gedient, die anläßlich der Krönung des Königs aufgelegt und auf der er zusammen mit der Queen abgebildet worden war. Hier hatte man an den Platz der Queen Stalin und statt des Krönungsdatums »Teheran 28. 11. 1943« gesetzt. Über dem Haupt des Königs standen die Buchstaben SSSR, während Stalin unter »Britannia« in die Welt blickte. Die Krone zwischen beiden zeigte in stilisierter Form Hammer und Sichel und anstelle einer Bourbonenlinie den fünfzackigen Sowjetstern. Dem Reichsapfel im Rankenwerk und auf der linken Seite neben Georg VI. stand auf Stalins Seite der Sowjetstern mit Hammer und Sichel gegenüber. In den beiden oberen Ecken fehlte auch diesmal der Judenstern nicht. Diese Marke hatte einen sofort erkennbaren Propagandacharakter.
Das gleiche galt für die Stalin-Marke, die das gleiche Format und den Wert von einem halben Penny hatte. Sie zeigte in der Mitte ein Profilbild von Stalin, dem man eine semitische Nase gegeben hatte. Die Kopf- und die Fußleiste trugen die Inschrift »This war is a jewish war« – Dieser Krieg ist ein jüdischer Krieg. Auch hier waren Krone mit Judenstern sowie Hammer und Sichel mit Sowjetstern gedruckt.
Die Überdruckmarken der Dauerserie waren ebenfalls eine sehr plumpe und deshalb kaum wirksame Negativpropaganda, die den

Herkunftsort dieser Druckerzeugnisse sofort erraten ließ. Auf diesen Marken war ein dickrandiger schwarzer Kasten mit der Inschrift »Liquidation of Empire« nachträglich aufgedruckt und der Name jeweils einer der verlorengegangenen Besitzungen des Empire daruntergesetzt worden, zum Beispiel Trinidad, Singapore, Jamaica, Barbados, Hongkong usw. Die Marken der Dauerserie gab es dann noch als Sonderdruck zur Erinnerung an den ersten Tag der Invasion, auch die Teheran-Marke gab es als Block mit dem nachgemachten Stempel eines Londoner Postamtes vom Tage der Invasion: »AAAO – 6.6.44«.

Nach Besichtigung und Erläuterung erfuhr ich nun weiter, daß ich diesen Stoß Briefmarken in der Schweiz vertreiben, das heißt, irgendwie in Umlauf bringen sollte. Auf meine Frage, wie man sich das eigentlich vorstelle und was man damit bezwecken wolle, konnte mein Besucher keine Antwort geben, die mich befriedigt hätte. Angeblich solle durch diese Marken politische Unruhe und Unsicherheit erzeugt werden – und das war alles, was zu erfahren war.

Wie ich die Marken absetzen würde, das blieb mir überlassen, das müsse ich am ehesten wissen. Nur eines konnte ich noch heraushören: Die Idee stamme nicht aus dem Amt VI – offenbar war es der Einfall Himmlers gewesen, der glaubte, damit die Säulen des Britischen Empire zum Einstürzen zu bringen. Auf meinen Einwand, daß man sich über die Fehleinschätzung der innerdeutschen Situation beim Abwurf der Himmler-Briefmarke durch den britischen Geheimdienst lustig gemacht habe, aber nun den gleichen Fehler begehe und nichts unterlasse, um sich selbst lächerlich zu machen, konnte mein Kollege nichts anderes erwidern, als daß er mir zustimme, aber er sei weder verantwortlich dafür, noch wisse er über die Hintergründe Bescheid.

Was blieb nun übrig, als die Marken auf eine Art und Weise loszuwerden, die uns nicht kompromittieren und diese Angelegenheit schnell vom Tisch bringen konnte: Ich ließ die Marken nebst einem Standardschreiben Schweizer Briefmarkenhändlern zukommen. In dem Schreiben war von »Sammlerstücken unbestimmter Herkunft« die Rede. Den Händlern wurde empfohlen, sie in Kommission zu nehmen und den Verkaufserlös nach Abzug der üblichen Provision an die britische Botschaft in Bern zu überweisen, und zwar auf deren Konto zur Unterstützung abgeschossener Flieger in deutscher Kriegsgefangenschaft. Mit diesem Begleit-

schreiben kam ich nochmals in Berührung, als ich mich später in britischer Kriegsgefangenschaft befand.
Ein anderer Weg, um an Geld respektive begehrte Devisen heranzukommen – allerdings ein höchst krimineller –, ist die Münz- und Banknotenfälschung. Dieses Verbrechen ist so schwerwiegend, daß es – damals wie heute – bereits als »Vorhaben« anzeigepflichtig war und ist. Ausgerechnet mit einem derartigen Rechtsverstoß machte die Gruppe VI F ihr »Meisterstück«. Hier zeigte sich, daß Geheimdienste leicht zum Staat im Staate werden, sich selbst Gesetze geben und eine eigene Moral haben, wenn die für sie verantwortlichen Regierungen sich über moralische und rechtliche Normen hinwegsetzen. VI F ließ während des Kriegs in großem Umfang britische Pfundnoten drucken, die so echt wirkten, daß nicht einmal die Bank von England die Falsifikate von den echten Banknoten unterscheiden konnte – auch nicht nach dem Krieg, als dieses Geheimnis längst gelüftet war.
Als nach Kriegsbeginn die Engländer nachgedruckte Lebensmittelkarten und Kleiderkarten über Deutschland abwarfen, um die Versorgungswirtschaft zu stören, kam man in Berlin auf die Idee, den Engländern diese Art des Untergrundkriegs heimzuzahlen. Himmler und Hitler stimmten dem Plan Heydrichs zu, durch falsche Pfundnoten das britische Währungssystem zu erschüttern. Vorbilder dieser staatlichen Falschgeldaktion waren die in den zwanziger Jahren groß angelegten Fälschungen fremder Währungen in Ungarn und Portugal.
Aber auch diese Falschgeldaktionen waren nicht ohne geschichtliches Vorbild gewesen. Während des Unabhängigkeitskriegs 1776 hatten die USA englisches Geld nachdrucken lassen, um die Briten von weiteren kriegerischen Maßnahmen gegen Amerika abzuhalten. Die Engländer hatten diese Erfahrung nicht schnell genug vergessen können und druckten nach der Französischen Revolution Assignaten, Anweisungen auf die französischen Nationalgüter mit einem Zwangskurs, nach, um dadurch die Revolution im wirtschaftlichen Chaos versinken zu lassen. Bald waren die Assignaten so wertlos, daß sie aus dem Verkehr gezogen werden mußten. Aber die Französische Revolution wurde durch das wirtschaftliche Chaos nicht rückgängig gemacht. Dafür ließ Napoleon 1812 englische, russische und österreichische Banknoten nachdrucken, um seine Kriege wirtschaftlich besser durchstehen zu können.

Immerhin gab es eine Reihe von Vorbildern, nach denen man in Berlin die Arbeit aufnehmen wollte. Ja, selbst in Deutschland hatte man schon einmal vor kaum zwei Jahrzehnten aus politischen Gründen falsche Zahlungsmittel hergestellt. Georgische Emigranten, Sadathieraschwili und Karumidse, hatten in riesigem Umfang sowjetische Tscherwonzen-Noten nachgedruckt und glaubten, damit die sowjetische Währung aushöhlen und einen Staatsbankrott herbeiführen zu können, der einen Umsturz in der Sowjetunion zur Folge haben mußte. Diese Angelegenheit ist öffentlich nie aufgeklärt worden. Angeblich soll das damalige Reichswehrministerium kompromittiert worden sein, als im August 1927 in Frankfurt am Main 24 Zentner gefälschte Tscherwonzen-Noten beschlagnahmt wurden. Als dann der Strafprozeß 1930 in Berlin stattfand, konnte der damit in Zusammenhang gebrachte General Max Hoffmann nicht als Zeuge erscheinen, weil er schon 1928 gestorben war. Immerhin war diese Angelegenheit so peinlich, daß die weitere Berichterstattung in der deutschen Presse unterdrückt wurde.

Jetzt sollten also wiederum ausländische Banknoten, britische Noten von einem bis hundert Pfund, besonders aber in niederen Werten, nachgeahmt werden. Die Organisation dieser Aktion hat ein früherer Mitarbeiter des Amtes VI, Dr. Wilhelm Höttl, in seinem Buch »Unternehmen Bernhard« beschrieben, das er unter dem Pseudonym Walter Hagen erscheinen ließ. Das ganze und wirkliche Ausmaß dieses Verbrechens jedoch schildert sehr bewegend der Schriftsteller und Graphiker Peter Edel in seinen Memoiren »Wenn es ans Leben geht. Meine Geschichte«.

Die »Echtheit« der Falsifikate wurde mit allem bezahlt, was der Faschismus an Verbrechen hervorgebracht hat – von der Vernichtung menschlicher Würde über die Nutzung von Geist und Talent für schamlosen Betrug bis hin zum Blut und Leben der KZ-Häftlinge, die für das Unternehmen »Bernhard« abkommandiert waren und zu denen Peter Edel gehörte. Uns, die wir nicht unmittelbar mit der praktischen Organisation der Fälschung zu tun hatten, aber doch davon wußten, log man vor, daß fachlich versierte Kriminelle mit der Fälschungsarbeit betraut worden seien, daß sie unter besten Bedingungen in Ruhe und Sicherheit arbeiten würden.

An den Akten des Unternehmens »Bernhard« klebte Blut und an anderen ebenfalls, die auch ich in den Händen hielt. Aber es fiel mir damals nicht ein, nach Hintergründen zu forschen. Abgesehen davon, daß das im Geheimdienstmetier ohnehin sehr problematisch ist, bestand der Hauptgrund darin, daß wir uns als kleine Schräubchen im Getriebe sahen, die ihre Funktion zu erfüllen hatten und mehr nicht. Erst nach dem Krieg sind mir durch entsprechende Lektüre die verbrecherischen Hintergründe, Ausmaße und Folgen von Operationen bewußt geworden, von denen auch ich mehr oder weniger Kenntnis hatte oder an denen ich zu einem Teil sogar selbst mitwirkte.

Hier muß ich noch einmal auf den Vorgang Dr. Vaernet zurückkommen. Der »Erfolg« meiner Initiative war nämlich der, daß entsprechende Versuche mit der Hormonpille an Häftlingen in Konzentrationslagern gemacht wurden. Auch das habe ich erst nach dem Krieg entsetzt erfahren und fühlte mich mitschuldig.[6] Es war spät, aber für mich nicht zu spät, um nun alles zu tun, damit sich diese Verbrechen und die Art ihrer Verschleierung nicht wiederholten.

Der Überfluß an britischen Pfunden ermöglichte es bekannterweise, dem Kammerdiener des britischen Gesandten in der Türkei, Sir Hughe Montgomery Knatchbull-Hughessen, den geforderten Kaufpreis von 300000 Pfund (4,6 Millionen Reichsmark) für die Ablichtung der geheimen Dokumente, die der Gesandte unter persönlichem Verschluß hielt, zu zahlen. Der Kammerdiener, ein Albaner namens Eliaza Bazna, hatte, als er für das Amt VI tätig wurde, den Tarnnamen »Cicero« erhalten, vielleicht hoffte man, daß seine Reden ähnlich wie die seines römischen Namensvetters, der die catilinische Verschwörung gegen die Republik aufgedeckt hatte, Schlimmes verhüten könnten. Noch im Jahr 1945 verlor sich die Spur »Ciceros« – aber er meldete sich wieder und bewies selbst, daß das Motiv seines damaligen Handelns, nackte Geldgier, von seinem Führungsoffizier richtig eingeschätzt worden war. Aber immerhin ermöglichte es »Cicero«, daß auch ich Kenntnis über die Teheraner Beschlüsse bekam, die für mich sehr wichtig werden sollten. In den fünfziger Jahren, als die Organisation Gehlen noch keine deutsche Behörde, sondern vor allem eine amerikanisch ausgehaltene Einrichtung war, die Übernahme als Bundesnachrichtendienst aber schon vorbereitet wurde, ging beim Bundeskanzleramt in Bonn ein Brief eben dieses »Cicero« recte Eliaza Bazna ein, in dem dieser auf seine Dienste und Verdienste und die Entlohnung mit Falschgeld hinwies und eine erneute Abfindung,

diesmal mit echten Noten in harter Währung, forderte. Das Schreiben wurde zuständigkeitshalber weitergegeben an General Gehlen, der sich als legitimer Rechtsnachfolger von Admiral Canaris und seine Organisation als Nachfolgeapparat der ehemaligen Abwehr betrachtete.
Ich habe den Brief selbst in seinem Arbeitszimmer liegen gesehen und gelesen. Aber hier fühlte sich Gehlen nicht mehr als Erbe verpflichtet. Da »Cicero« für den politischen Auslands-ND gearbeitet habe, bestehe für den (künftigen) Bundesnachrichtendienst keine Veranlassung, etwas zu unternehmen. Allerdings wurde, wenn man schon juristisch mit dem Begriff der Rechtsnachfolge argumentierte, geleugnet, daß der BND alle Tätigkeiten und Aufgaben des politischen Auslandsnachrichtendienstes des Reichssicherheitshauptamtes mit übernahm.
»Cicero« erhielt nie eine Antwort auf seinen Bittbrief. Allerdings kann man vermuten, daß er die 300 000 englischen Pfund zu einem erheblichen Teil noch vor der Entdeckung der Fälschung nach dem Krieg umgesetzt und in andere gute, klingende Münze eingetauscht oder in der Wirtschaft investiert hat.
Im Januar 1944 beschäftigte uns die Hinrichtung des Grafen Ciano, des ehemaligen italienischen Außenministers, und seiner Mitangeklagten, die meinen Glauben an den »Führer« erschütterte. Diese Hinrichtungen hatten eine Vorgeschichte, die ich zum großen Teil direkt mitverfolgte. Nach der Verhaftung Cianos setzte im Amt VI in vielen Referaten eine fieberhafte Tätigkeit ein, denn es war mittlerweile bekanntgeworden, daß seine Tagebücher in mehreren Kopien an verschiedenen Orten verwahrt wurden. Im Fall eines gewaltsamen Todes von Ciano sollten diese veröffentlicht werden, und gerade das wollte man um jeden Preis verhindern, weil, wie man wußte, nicht nur Mussolini und sein faschistisches Regime Gegenstand einer harten Kritik waren, auch der Nationalsozialismus und Hitler kamen schlecht weg. Die Rolle des unfähigen und dummen Reichsaußenministers von Ribbentrop wurde darin aufgedeckt und Hitler mit der Verantwortung für den Krieg und seine Entwicklung, damit war die bevorstehende Niederlage gemeint, allzu eindeutig belastet. Diese Dokumente sollten keineswegs in falsche Hände geraten.
Kaltenbrunners und Himmlers Zustimmung zu einem derartigen Handel, Befreiung Cianos aus dem italienischen Gefängnis gegen Auslieferung seiner sämtlichen Tagebücher, war schon gegeben, als

Himmler doch bange wurde. Er wollte noch Hitlers Zustimmung einholen. Hitler ließ sich von den größten Feinden Cianos, Goebbels und Ribbentrop, beeinflussen und verbot am 6. Januar 1944 auf das strikteste jede Aktion zur Befreiung Cianos.

Am 9. Januar 1944 fand in Verona der Prozeß gegen Ciano statt. Zur Anklage stand der Sturz des Duce durch den faschistischen Großrat am 24. Juli 1943. Während der Urteilsberatung flüchtete Edda Ciano, Mussolinis Tochter. Zur Ablenkung ließ sie das Gerücht ausstreuen, sie sei nach Spanien oder mit Hilfe spanischer Kreise geflüchtet. In Wirklichkeit war sie in die Schweiz übergetreten. Edda Ciano stellte sich mit ihren Kindern unter den Schutz der Schweizer Behörden, die im Interesse der Geheimhaltung die Erlaubnis erteilten, daß sich die Gräfin des Namens Alba bediente.

Vor ihrer Flucht in die Schweiz hatte Mussolinis Tochter noch drei Briefe geschrieben. Der erste Brief war an den Befehlshaber der Sicherheitspolizei und des SD in Verona, Generalmajor Dr. Wilhelm Harster, gerichtet, der zweite an Hitler, der dritte an den Duce. In diesen Briefen kündigte sie eine Veröffentlichung der Ciano-Tagebücher für den Fall an, daß ihr Mann nicht freigelassen würde. Aber es war umsonst.

Das am 10. Januar 1944 gegen Ciano und seine Mitangeklagten gefällte Todesurteil wurde – nach Verwerfung des Gnadengesuchs – schon in der Frühe des darauffolgenden Tags in Verona vollstreckt. Generalmajor Dr. Harster wohnte der Exekution bei und berichtete darüber in einem Aktenvermerk, daß die Gefangenen, an Stühlen gefesselt, den Rücken dem Exekutionskommando zugekehrt, erschossen wurden.

Mit diesem Ende hatten wir im Amt VI nicht gerechnet. Es fiel uns schwer zu glauben, daß sich Ciano und seine Frau im Vertrauen auf die uns bekanntgewordenen Worte Hitlers, daß Ciano geschützt werde, freiwillig in die Arme ihrer Häscher beziehungsweise des rachsüchtigen Mussolinis begeben hatten. Das hinterließ ein schlechtes Gefühl. Bei aller Antipathie, die Ciano genoß, ein derartiges Ende und eine derartige Enttäuschung hatte man ihm nicht gewünscht.

Die Tagebücher Cianos waren tatsächlich vorhanden und wurden bald auszugsweise in Schweizer Zeitungen veröffentlicht. Dem Hitler-Regime konnte das nicht lieb sein, aber alle Versuche, die Tagebücher zu beseitigen, schlugen fehl. Im Jahr 1948 wurden sie dann vollständig publiziert.

So, wie die Gruppe VI F – Technische Hilfsmittel für den Auslandsnachrichtendienst – den Funkverkehr abwickelte, Funkgeräte zur Verfügung stellte, die Grünumschläge für die Kurierpost auslieferte, verfügte sie noch über viele andere Hilfsmittel. Es gab dort Geheimtinten mit den dazugehörenden Schreibmitteln (Füllhalter, Bleistifte usw.) und den erforderlichen Entwicklern. Es wurden getarnte Fotoausrüstungen, geheime Behältnisse (Container), zum Beispiel Schuhe mit hohlen Absätzen, Hand- und Aktentaschen mit Geheimfächern, Koffer mit doppelten Böden und hohlen Handgriffen, hergestellt. Dabei waren der Phantasie, wo man Verstecke einbauen konnte, keine Grenzen gesetzt.
Dort gab es auch eine vorzüglich eingerichtete Fälscherwerkstatt, in der praktisch jeder Paß und Ausweis nachgemacht oder verfälscht werden konnte. Man bekam amerikanische »ration books« ebenso wie Lebensmittelkarten aus den französischen Kolonialgebieten, englische Legitimationen jeder Art, uruguayische Pässe, Diplomatenpässe aus aller Welt – kurz: Es existierte kaum ein Dokument, das man nicht hätte erhalten können.
Als ich Ende 1944 ein Dokument benötigte, suchte ich dieses Labor selbst auf. Es befand sich in der Nähe des Amtes VI, ebenfalls in Berlin-Schmargendorf, in der Delbrückstraße 6a in einer großen Villa. Der Fälschungstechniker konnte mit einer Batterie von Tintenflaschen und einem Bündel verschiedenster Schreibfedern die kompliziertesten Handschriften so originalgetreu kopieren, daß niemand die Nachahmung von der echten Handschrift zu unterscheiden vermochte. Dieser Mann war ein anerkanntes Phänomen, denn er brauchte sich eine Handschrift nur intensiv anzusehen und einige Male in der Luft nachzuziehen, um dann nach einigen Probeschriften das endgültige Falsifikat herzustellen. Im Keller des Hauses befand sich das Stempellager. Dort gingen mir die Augen über. In drei großen Kellerräumen auf etwa 150 Quadratmetern Bodenfläche standen dicht bei dicht Regalwände mit Stempelhaltern. Vom Boden bis an die Decke hingen hier Stempel an Stempel – nach Ländern geordnet. Man konnte die Stadtsiegel brasilianischer Großstädte ebenso finden wie die Stempel eines kleinen Krankenhauses in Turkestan. Selbstverständlich waren auch die Paß- und Transitstempel aller Länder der Erde archiviert. In Leitakten stand, wohin und mit welcher Farbe die Stempel gesetzt werden mußten und welche Papiere zusammengehörten, etwa ein Paß mit eingestempeltem Visa, lose

beigelegten Begleitpapieren, »ration book« usw. Auf meine Frage, wie viele Stempel hier verwahrt würden, erklärte mir der Fälscherchef, das wisse niemand. Bei 40000 hätten sie aufgehört zu zählen, und das sei lange her. Vielleicht seien hier jetzt 100000 Stempel untergebracht, das könne man einfach nicht mehr kontrollieren, da ja laufend weitere Stempel hinzukämen.
Als ich das gesehen hatte, erfuhr ich dann auch, daß die Gruppe VI F noch über modern eingerichtete Druckwerkstätten und sogar über eine eigene Fabrik zur Herstellung der verschiedenartigen Spezialpapiere verfügte, die sich beide im KZ Sachsenhausen befanden. Auch hier kam ich nicht auf die Idee, mich genauer damit zu beschäftigen, und hatte so keine Vorstellung von den Grausamkeiten, die von dort ausgingen.
Nun sind für einen politischen Auslandsnachrichtendienst nicht die Fälschung von Banknoten und Pässen der Hauptgegenstand der Arbeit – im Gegenteil. Das sind Nebenerscheinungen, die die Erfüllung der Hauptaufgaben ermöglichen sollen. In erster Linie sollten damals Informationen zur weltpolitischen Lage beschafft werden, um der eigenen Regierung entscheidende Führungshilfen in die Hand zu geben. Dazu gehörte es, daß laufend über die Lage in anderen Ländern und die Haltung fremder Regierungen berichtet wurde. Die zuständigen Stellen wurden darüber kontinuierlich informiert. Himmler erhielt alle bedeutenden Nachrichten zur Weitergabe an Hitler. Vieles wurde auch dem Auswärtigen Amt unmittelbar mitgeteilt. Hier war zu beobachten, daß – wie in der obersten Schicht der NS-Hierarchie allgemein üblich – Himmler, dem ja der politische Auslandsnachrichtendienst unterstand, mit dem Außenminister Ribbentrop durch eine gepflegte Feindschaft verbunden war. Himmler benutzte gern Informationen, die auf ein Versagen der Ribbentrop-Diplomaten hinwiesen, zur Vorlage an Hitler, um die Stellung des Außenministers zu erschüttern. Umgekehrt war es genauso, so daß der von den Mitarbeitern beider Institutionen, die ja letztlich auszubaden hatten, was »oben« angerichtet wurde, gebrauchte Ausdruck »NS-Kampfspiele« durchaus berechtigt war. Dieser Begriff wurde damals für Querelen solcher Art auf allen Ebenen gebraucht. Allerdings wurde es auch nicht ungern gesehen, wenn das Auswärtige Amt Berichten des Nachrichtendienstes widersprach, denn das trug dazu bei, die eigene Quelle besser bewerten oder gar als Irreführungsagent entlarven zu können.

Quo vadis, Deutsches Reich?

Am 6. Juni 1944 landeten anglo-amerikanische Truppen in der Normandie und eröffneten damit die zweite Front. Deutschland war endgültig in die stählerne Waffenzange der Alliierten geraten. Viele Mitarbeiter, die wie ich die Kriegslage genau kannten, waren über die Invasion erleichtert, und sie wünschten sich, daß die westlichen Alliierten schnell vorankämen, weil sie nicht »den Russen in die Hände fallen« wollten. Ich hatte keine Angst, war mir doch seit meiner Schulzeit der militante Antikommunismus fremd.

Mich beschäftigte vor allem die Frage, wie es mit Deutschland weitergehen sollte. Ich war entschlossen, wenn sich die Chance bieten würde, an einem künftigen Wiederaufbau teilzunehmen. Ein für allemal Schluß zu machen mit dem nationalsozialistischen Dünkel und Rassenwahn – das war die wichtigste Aufgabe. Aber was wird geschehen, wenn sich die stählerne Zange schließt? Wird dann für Deutschland noch Luft zum Atmen sein? Werden die Sieger uns angesichts der Verbrechen, die in deutschem Namen begangen wurden, die Möglichkeit geben, neu zu beginnen?

Was nutzten denn noch die allgemeinen Lagemeldungen und die zahlreichen Einzelberichte des Amtes VI, die der Reichsregierung als »Führungshilfe« gegeben wurden? Und wem nutzten sie? Die ganze Arbeit war sinnlos geworden. Aber dennoch: Alles, was wir über die militärische und politische Situation in Erfahrung zu bringen vermochten, wurde gesammelt und zu Lageberichten verarbeitet. Besonders wichtig waren Informationen aus Diplomatenkreisen, die wir sofort als Einzelmeldungen zur Unterrichtung der Reichsregierung weiterleiteten. Darunter fiel ein Bericht, der von einer Quelle stammte, die mit dem britischen Botschafter in Spanien, Sir Samuel Hoare, ein Gespräch über die Kriegslage führen konnte, und der Hinweise auf die Haltung der schwedischen Regierung enthielt. Immerhin war Schweden neutral und sollte es im deutschen Interesse auch bleiben. Da es gelungen war, Funksprüche der amerikanischen Botschaft in Bern an das US-Außenministerium in Washington zu entschlüsseln, erhielten wir wichtige Einblicke in die Informationslage der Amerikaner. Je nach Bedeutung wurden derartige Kenntnisse weitergegeben oder als Hintergrundwissen für den nächsten Lagebericht archiviert. In jedem Fall war es gut zu wissen, was dem US-Botschafter in Bern,

Henderson, wichtig genug erschien, um dem State Department vorgelegt zu werden.
Deprimiert stellten wir fest, daß wir mit diesen Lageberichten und Einzelmeldungen – soweit es Referenten erkennen konnten – verhältnismäßig wenig erreichten. Alarmierende Informationen glaubte die Führung – Himmler, Ribbentrop, Hitler – nicht oder kaum oder nahm sie nicht ernst. Sie glaubte fast immer nur das, was in ihr vorgefertigtes Bild paßte, und dem widersprechende Informationen tat sie als falsch, gar als feindliche Irreführung oder ähnliches ab. In der Wehrmacht lagen die Dinge kaum anders, was ich und einige meiner Kameraden als einen, wenn auch nur schwachen, Trost empfanden – schließlich hatte ja niemand den Ehrgeiz, falsche oder unvollkommene Lageinformationen weiterzugeben. Jeder bemühte sich, objektiv zu berichten, aber niemand konnte die immer schneller werdende Fahrt ins Verderben abbremsen.
Die Abwehr kannte die Kriegslage genau, sie stieß jedoch bei der politischen und militärischen Führung, die fast bis zuletzt ihren Endsiegvisionen anhing, auf taube Ohren. Angesichts dieser Tatsache verwundert es nicht, daß sich in Kreisen der Abwehr ein starker, zumindest geistiger Widerstand gegen Hitler und seine Paladine entwickelte, der aber dann im Zusammenhang mit dem Attentat auf Hitler vom 20. Juli 1944 entdeckt und blutig ausgemerzt wurde.
Es gibt Ereignisse im Leben, die einen mehr als sonst zum Nachdenken zwingen. Ein solches Ereignis war für mich das Attentat auf Hitler. Mich beschäftigte damals die Frage, was jene Männer bewogen haben mochte, daß sie zum letzten Mittel griffen. Ein Motiv war, wie ich erkannte, die Einsicht in die Unabänderlichkeit der deutschen Niederlage – und doch ließ die Naziführung weiterkämpfen, verschuldete sie jeden Tag riesige Opfer und brachte Deutschland der totalen Vernichtung näher. Wofür also wurde noch gekämpft? Es konnte nur eine Antwort geben: Deutschland wurde von Verbrechern regiert, die die Interessen der Nation bedenkenlos ihrem Machthunger opferten. Es gab jetzt nur noch einen Ausweg, nämlich das Blutvergießen rasch zu beenden.
Aber welche Zukunft hatten die Männer des 20. Juli dem Vaterland zugedacht? Da ich aufgefordert worden war, einer Verhandlung gegen Widerstandskämpfer des 20. Juli vor dem sogenannten Volksgerichtshof beizuwohnen, konnte ich mir ein Bild von den

politischen Idealen der »Verschwörer« machen, aber auch von der Art und Weise, wie das Regime mit seinen Gegnern verfuhr.
Wie ich an diesem Tag den Präsidenten des Volksgerichtshofs, Roland Freisler, einen Blutrichter im wahrsten Sinne des Wortes, erlebte, empfand ich als zutiefst entwürdigend und erschütternd. Ehemalige Generale, wie von Stülpnagel, die ihre Hosen mit den Händen halten mußten, da man ihnen die Hosenträger abgenommen hatte, wurden ebenso wie Carl Goerdeler, Julius Leber oder Bruno Leuschner von Freisler in gemeinster Weise beleidigt, verhöhnt und verspottet. Nein, so gebärdete sich keine Macht, auch nicht ihren Feinden gegenüber, wenn sie nur ein Fünkchen an Idealen besaß. Sie, die »Verschwörer«, wollten Deutschland von Hitler befreien als dem Hauptschuldigen an der drohenden Niederlage. Das verstand ich. Aber ich verstand damals nicht, was nach Hitler kommen sollte.
Der Widerstand scheiterte, weil er keine akzeptable Alternative zum Nazikurs entwickelt hatte. Hitler sah in der Sowjetunion seinen Hauptfeind, aber auch die meisten Köpfe des 20. Juli dachten so, denn sie wollten den Krieg im Westen beenden, um ihn im Osten weiterzuführen. Zudem waren sie untereinander uneins.
Persönlichkeiten wie Claus Graf Schenk von Stauffenberg dagegen hatten erkannt, daß man Deutschland nur dann aus der Katastrophe herausführen konnte, wenn der Krieg sofort beendet und gemeinsam mit der Arbeiterschaft ein neuer Staat aufgebaut wurde. Mit ihrer politischen Gesinnung, ihrem aufrechten Charakter und ihrem persönlichen Mut waren sie jedoch die Ausnahme. Sosehr ich die Männer des 20. Juli bewunderte, eine Antwort auf die Frage, wie ein zukünftiges Deutschland aussehen sollte, konnten sie mir nicht geben.
Ich mußte mir selbst eine Antwort suchen, zumal ich damals nicht wußte, daß die KPD als einzige politische Kraft eine Alternative zur Nazidiktatur erarbeitet hatte. Meine Arbeit im Amt VI machte mir vieles leichter. Damals verfolgte ich dienstlich die Aktivität der Staaten der Antihitlerkoalition, wobei ich mich bemühte, Klarheit über deren Ziele zu erlangen. Bekanntlich hatte es in Teheran Meinungsverschiedenheiten zwischen den USA und Großbritannien auf der einen und der UdSSR auf der anderen Seite über die künftige Ordnung in Deutschland gegeben. Während Roosevelt und Churchill für eine Aufteilung Deutschlands eintraten, war die Sowjetunion für die Errichtung eines einheitlichen, friedliebenden

und demokratischen deutschen Staates. Diese Auseinandersetzungen, die ich zuerst als eine Art Zwist unter den Alliierten interpretierte, bekamen nun, als ich intensiv über einen Ausweg nachdachte, einen ganz anderen Sinn. Über die Absichten der USA konnte ich mich aus erster Hand informieren: In meinem Referat wurden Kontaktversuche mit den Amerikanern betrieben, und uns war es gelungen, eine Quelle an Allen W. Dulles heranzuspielen. Dulles, der spätere CIA-Chef, hielt sich damals als Sonderbeauftragter des amerikanischen Präsidenten und Hauptresident des amerikanischen Kriegsgeheimdienstes in der Schweiz auf. Die Quelle, die bei uns als VM – 144/7957/»Gabriel« geführt wurde, war ein junger Deutscher, der sich zur Tarnung als jemand ausgab, der dem Regime zwar kritisch gegenüberstand, aber in seiner Haltung schwankte. Am 30. April 1943 berichtete er unter anderem folgendes:

> »Der ehemalige Reichskanzler Dr. Wirth berichtete mir, daß er mit dem Sonderbeauftragten des Präsidenten Roosevelt mehrere Besprechungen gehabt hätte und er hätte ihm von mir erzählt. Der Sonderbeauftragte Dulles würde mich zur nächsten Zusammenkunft dazu bitten, wenn ich mich bereit erklären würde, mit denjenigen Widerstandskreisen in Deutschland Verbindung aufzunehmen, die das Vertrauen beispielsweise des Wirth-Kreises besitzen würden.
> Nach meiner Bereiterklärung kamen wir zusammen und Mr. Dulles bat mich zuerst um einen allgemeinen Situationsbericht.«

»Gabriels« Bericht befaßte sich dann ausführlich mit der Frage, wie Dulles die künftige politische Entwicklung prognostizierte:

> »U. a. meinte er, daß selbstverständlich der nächste Weltkrieg zwischen den beiden mächtigsten Staaten, den USA und der Sowjetunion, zu befürchten sei. Deshalb interessiere es ihn besonders, wie weit durch den Zusammenbruch Deutschlands ein deutscher Rätestaat in Aussicht sei, und lange versuchte Mr. Dulles sich zu informieren über die nihilistischen und anarchistischen Möglichkeiten im deutschen Bürgertum und vor allem in der deutschen Arbeiterschaft.
> Mr. D. meinte, dass Süddeutschland vom amerikanischen Standpunkt aus nach der Niederlage Deutschlands eine weit

bessere Behandlung erfahren würde als Preußen..., und die berühmte Mainlinie müsse auch geistig eine Grenze darstellen. Er erwähnte, dass er immer wieder in seinen Berichten nach Washington dahin wirke, dass man in Deutschland nach der Niederlage den Bürgerkrieg so rasch wie möglich durch Luftlandetruppen der Alliierten verhindern müsse; denn so könne er sich vorstellen, dass eine politische Radikalisierung vor allem in den Städten vermieden werden könne... Mr. D. vertrat den Standpunkt, dass in diesem Jahre immer mehr der Machtbereich Hitlers im Hauptquartier zurückgedrängt werde und die Generalität selbständig den Krieg führen werde. Dies sei seines Erachtens der psychologisch wichtige Moment, wo Möglichkeiten zu Verhandlungen vorhanden seien. Den Beschluß von Casablanca, jede Verhandlung abzulehnen, und nun eine bedingungslose Übergabe zu erwarten, sei z. B. als Druckmittel sicher wertvoll, aber er sei jederzeit bereit, in Washington darauf hinzuwirken, mit einer wirklich ernst zu nehmenden Opposition in Deutschland Verhandlungen aufzunehmen; denn allein ein Verhandeln gäbe evtl. dieser Opposition einen solchen Auftrieb und veranlasse so weitergehende Wirkungen, dass die Folgen unübersehbar seien.«[7]

Nachdrückliches Interesse meldete Dulles für »die Zusicherungen und Auskünfte aller jener Persönlichkeiten« an, die »bei der zukünftigen Neugestaltung Deutschlands eine Rolle spielen müßten«. Gegenüber »Gabriel« nannte er namentlich die Generaloberste Ludwig Beck und Franz Halder, die ehemaligen Generalstabschefs des Heeres, und Ernst Freiherr von Weizsäcker, den Staatssekretär im Reichsaußenministerium. Außerdem erwähnte Dulles »Unterredungen«, die er »mit Otto Braun«, dem in die Schweiz emigrierten ehemaligen sozialdemokratischen preußischen Ministerpräsidenten, »geführt habe«.
In langen Gesprächen ergaben sich viele Möglichkeiten, Dulles zu provozieren und ihn auf Themen zu lenken, die uns am Herzen lagen. In seinem Buch »Operation Sunrise« beispielsweise schildert Dulles die Verhandlungen, die er im Frühjahr 1945 in der Schweiz mit dem höchsten SS- und Polizeiführer in Italien, General Wolff, über die dann auch erfolgte Teilkapitulation der deutschen Wehrmacht in Italien führte. Dabei berichtet Dulles, daß der Chef der Sicherheitspolizei und des SD, Kaltenbrunner, bei einer

Rücksprache in Berlin Wolff die eigentlich geheimen Gesprächsinhalte vorgehalten habe.

Dulles schreibt, »es müsse unter den Mitwissern des Unternehmens ›Sunrise‹ einen Verräter geben, andernfalls könnte Kaltenbrunner nicht soviel gewußt haben...«[8].

Aber es gab keinen Verräter unter den wenigen Beteiligten, dafür einen schwatzhaften Mr. Dulles, der seinem speziellen Schützling »Gabriel« die Einzelheiten dieser Sonderkapitulationsverhandlungen mit stolzgeschwellter Brust erzählt hatte, um seine eigene Tätigkeit und die des OSS (Office of Strategic Services, Vorläufer der CIA) im richtigen Licht erscheinen zu lassen.

Die Verhandlungen hatten Schellenberg sowie die für das westliche Europa und die USA zuständigen Gruppenleiter Steimle und Paeffgen vorbereitet, unterstützt von dem Nachrichtentechniker Dörner. Als besonders vorteilhaft erwies sich dabei, daß Dörners VI-F-Spezialisten schon längst den Funkcode der diplomatischen Vertretungen der USA und Großbritanniens in der Schweiz, teils auch der dortigen amerikanischen und britischen Geheimdienstresidenturen, entschlüsselt hatten, so daß wir nicht allein auf die Spionageberichte der in der Schweiz operierenden SD-Agenten angewiesen waren. Im Amt VI wußte man daher ziemlich genau, welches Entgegenkommen der Nazis von den Westmächten für separate Waffenstillstandsverhandlungen gewünscht wurde, wie sich dafür bestimmte Interessenwidersprüche auf anglo-amerikanischer Seite ausnutzen ließen und vieles andere mehr.

Wie unsere Quelle VM–144/7957 in ihrem bereits erwähnten Bericht vom April 1943 mitteilte, war Dulles außerordentlich empört darüber, daß die damalige Regierung der USA ihre »schwarze (Embargo-)Liste«, in die mit Deutschland in Geschäftsbeziehungen stehende Schweizer Unternehmen aufgenommen wurden, immer wieder erweiterte:

> »Bei der Erwähnung des vertragslosen Zustandes zwischen Deutschland und der Schweiz derzeit meinte er (Dulles; Anm. d. Verf.), dass es möglich sei, dass die gesamte Schweiz auf die schwarze Liste käme. Man erwäge dies in Washington; er selbst vertrete den Standpunkt, aus einer viel genaueren Kontrolle der Lieferungen nach Deutschland von der Schweiz aus, er wäre dagegen, hier radikale Durchführungen anzuordnen. Er kritisierte dabei die Vehemenz, die das Amerikanische Konsulat in

Zürich an den Tag lege; denn oft bringe es seriöse Schweizer Geschäftsleute auf die Liste lediglich auf Denunziationen hin.«

Dulles erwies sich damit als Interessenvertreter jener Clans des amerikanischen Imperialismus, die sich über »seriöse Schweizer Geschäftsleute« beim Handel mit dem feindlichen Deutschland bereicherten. Darüber hinaus verfolgte der OSS-Resident geheime militärische und politische Ziele, die den damaligen antisowjetischen und antikommunistischen »Kooperationswünschen« der reaktionärsten Cliquen des internationalen Monopolkapitals entsprachen.

Die Berichte unserer Quelle VM–144/7957 wurden im Lauf der Zeit immer wichtiger. Wenn die Kurierpost aus der Schweiz in den großen grünen Leinwandumschlägen eintraf, prüfte ich das Sendungsverzeichnis darauf hin, ob wieder ein »Foster-Bericht« dabei war. Weil der OSS-Resident Allen Welsh Dulles anfänglich mit seinem Bruder John Foster Dulles verwechselt worden war, liefen die Berichte über ihn noch immer unter diesem Stichwort. Fand sich ein solcher Bericht in der wöchentlichen Kurierpost, legte ich ihn sofort, noch ehe ich die übrige Post ansah, dem Amtschef Schellenberg zur Weiterleitung an Kaltenbrunner und Himmler vor. Mein nächster Vorgesetzter, der Gruppenleiter Westeuropa, erhielt lediglich eine Kopie zur Kenntnisnahme. Dieses Verfahren war in der an Routine gewohnten Verwaltung unüblich, aber in diesem Fall war schnelle Information wichtig, da Schellenberg noch eine Reihe anderer Verbindungen pflegte, bei denen es ebenfalls darum ging, Gesprächsmöglichkeiten für Sonderfriedensverhandlungen und Kontakte mit den gegnerischen Regierungen zu schaffen. Deshalb mußte er wissen, welche Entwicklungen sich in anderen Bereichen ergaben und auch, ob vielleicht eigene Absichten und Quellen gefährdet waren. Aber vor all dem stand, daß wir nur allzu bereit waren, daran mitzuwirken, den sinnlosen Krieg rasch zu beenden.

Aber nicht nur »Gabriel« hatte Kontakt mit Dulles, es gab auch andere Deutsche, deren Berichte auf dem Tisch des Geheimdienstes landeten. Da waren zum Beispiel ein Herr Bauer und ein Herr Pauls, die im Laufe des Jahres 1943 mehrfach mit Dulles und einem anderen Amerikaner, Tyron Taylor, zusammenkamen, um über die politische Situation zu sprechen. Tyron Taylor, US-Sonderbotschafter und persönlicher Bevollmächtigter Roosevelts beim Vati-

kan, war schon Ende 1942 in unser Blickfeld gerückt, als er Italien Sonderfriedensangebote gemacht hatte, um Rom zum Abfall von der Achse zu bewegen.
Diese Berichte gaben die politischen Probleme sehr viel umfassender wieder, als dies bei den Meldungen von VM-144/7957 der Fall war und sein konnte. Bauer und Pauls waren welterfahrene Kaufleute, die sich nicht mehr belehren ließen, während »Gabriel« als junger Mensch von Dulles für beeinfluß- und formbar gehalten wurde. Dementsprechend unterschied sich der Charakter der Gespräche, wie wir beim Meldungsvergleich feststellen konnten. Dieser Vergleich gab uns wichtige Erkenntnisse über das Verhältnis von Dulles zu seinen verschiedenen Gesprächspartnern und über seine Taktik.
Aus einem dieser Berichte von Bauer und Pauls über Gespräche mit Dulles und Taylor im ersten Quartal 1943 ging zum Beispiel deutlich hervor, welche Haltung Dulles bereits im Krieg gegenüber dem sowjetischen Verbündeten einnahm. Unter anderem heißt es dort:

> »Das Problem einer friedlichen oder kriegerischen Beendigung des deutsch-russischen Konfliktes schien doch die Hauptsorge der Amerikaner zu sein. Vor allem ein deutsch-russischer Ausgleich würde ihre Berechnungen gänzlich über den Haufen werfen...«

Diese wie auch die vorher zitierte Passage bedürfen keiner Kommentierung. Der Leser möge zu eigenen Schlußfolgerungen über die politischen Ambitionen der Amerikaner und über ihre Haltung gegenüber ihrem Bündnispartner Sowjetunion während des Kriegs und danach kommen. Zugleich ist unschwer zu erkennen, daß die USA schon damals der »kleinen, neutralen Schweiz« eine wichtige Rolle im geheimen antisowjetischen Ränkespiel zugedacht hatten. Die Kalkulationen der Amerikaner sahen also vor, Deutschland einerseits als Konkurrenten auszuschalten und andererseits zu benutzen, um die Sowjetunion schließlich in einem erneuten Krieg zu schlagen.

Hier sei noch einmal an den SS-General Wolff erinnert. Als ich ihn in der Haftanstalt Straubing traf, fragte ich ihn nach seinen Beweggründen für die Verhandlungen über eine Teilkapitulation mit

Dulles. Seine Antwort war höchst aufschlußreich: »Ich wollte deutschen Soldaten das Leben erhalten, denn ich wußte, sie werden wieder gebraucht, und hatte recht, wie Sie heute sehen.« Gegen wen sie gebraucht werden sollten, war klar. Und das war es, was Dulles und ihn verband.

Mit derartigen und ähnlichen Aktionen hintergingen die USA die Sowjetunion und verletzten mit ihr getroffene Vereinbarungen. Die sowjetische Regierung war über diese Aktionen unterrichtet, weshalb Stalin Roosevelt entsprechende Fragen stellen und die Einstellung solcher absprachewidrigen Maßnahmen fordern konnte.

Selbst der Anarchismus befand sich im Spektrum der Instrumente, die die USA gewillt waren einzusetzen, um im Nachkriegsdeutschland eine gegen die Sowjetunion gerichtete Entwicklung zu fördern – wie anders ist Dulles' Interesse an den »nihilistischen und anarchistischen Möglichkeiten im deutschen Bürgertum und vor allem in der deutschen Arbeiterschaft« zu erklären, worüber »Gabriel« berichtet hatte? Daß die Tradition dieser Praxis bis heute nicht abgebrochen ist, zeigen die zahlreichen Versuche, der Sowjetunion, den kommunistischen Parteien die Verantwortung für den Terrorismus anzulasten, und über die Verbindungen zwischen dem Verfassungsschutz und der Terrorszene in der BRD wurde ausführlich geschrieben.

Nachdem ich mir über die politischen Ambitionen der Amerikaner klar zu sein schien, versuchte ich die Absichten der Sowjetunion zu erkunden. Die Position Stalins in Teheran kannte ich, aber es fiel mir schwer, sie zu verstehen: War es doch Deutschland gewesen, das wortbrüchig den Krieg begonnen und der Sowjetunion fürchterliche Verluste beigebracht hatte. Welches Interesse konnte sie an einem starken, einheitlichen Deutschland haben?

Meine Überlegungen brachten mich zu folgendem Schluß: Der Sowjetunion ging es nicht schlechthin um ein einheitliches und starkes Deutschland, sondern um ein Deutschland, das anders war als das jetzige, um ein friedliebendes Deutschland. Und genau darin schienen sich die Geister in Washington und Moskau zu scheiden: Die Amerikaner hofften, Deutschland ökonomisch und politisch von sich abhängig machen zu können, und sie spekulierten auf einen Krieg gegen die Sowjetunion. Welche Chancen hatte Deutschland unter diesen Bedingungen? Bestand nicht erneut die Gefahr, einen Krieg gegen die Sowjetunion führen zu müssen,

diesmal als Juniorpartner der USA? Und daran konnte die Sowjetunion natürlich nicht interessiert sein. Sie brauchte ein Deutschland, das sich der Idee der Völkerfreundschaft und des Kampfes gegen den Nationalismus verpflichtet fühlte.
Aufklärungsmaterial wie im Fall Dulles lag nicht vor. Da hatte mein Referat nichts zu bieten. Aber es gab andere, noch gewichtigere Tatsachen, die ich nun begann, von der beschriebenen Position aus gezielt zu durchdenken.
Die Behauptungen der Goebbelsschen Propaganda, daß die Russen selbst beabsichtigt hätten, über Deutschland herzufallen, und daß Hitler deshalb gezwungen gewesen sei, als »vorbeugende Maßnahme« die Wehrmacht gegen Rußland in Bewegung zu setzen, waren offenkundige Lügen. Denn später, als die Wehrmacht westliche Gebiete der UdSSR besetzt hatte, konnten dort trotz aller Bemühungen keinerlei Spuren eines geplanten Überfalls auf Deutschland entdeckt werden. Ganz abgesehen davon, daß die Sowjetunion ein ökonomisches Interesse daran nicht haben konnte. Es fand sich nichts, was die These des Reichspropagandaministers bestätigte. Diese Lüge erwies sich als derartig dreist, daß selbst ihr Urheber es schließlich nicht mehr für vorteilhaft hielt, sie weiterzustrapazieren. Die Sowjets waren demnach nicht die Anstifter des Kriegs.
Als nächstes stellte ich mir diese Frage: Welche Ziele verfolgen Hitler und seine Gefolgsmänner wirklich? Ich kannte die These vom »Lebensraum im Osten«, war mir aber damals noch nicht genügend über ihre Konsequenzen klar. Unter dem Vorwand der nachrichtendienstlichen Aufklärung möglicher russischer Geheimdienstfilialen in der Schweiz verschaffte ich mir geheime Dokumente, die mir bis dahin völlig unbekannt waren. Aus ihnen ging hervor, daß die Ermordung von vielen Millionen Russen, Ukrainern, Weißrussen und anderen »rassisch minderwertigen« Völkern der UdSSR nicht nur einkalkuliert, sondern generalstabsmäßig geplant war und daß die SS dabei eine besonders verbrecherische Rolle zu spielen hatte.
Charakteristisch für die Unmenschlichkeit des Faschismus sind die »Richtlinien für die Behandlung politischer Kommissare« des Chefs des OKW vom 6. Juli 1941, die die Forderung enthielten, alle Politarbeiter der Sowjetarmee zu ermorden.[9]
Generalfeldmarschall Wilhelm Keitel unterzeichnete als Chef des OKW am 16. Dezember 1942 einen Befehl, in dem es heißt: »Die

Truppe ist... berechtigt und verpflichtet, in diesem Kampf ohne Einschränkung auch gegen Frauen und Kinder jedes Mittel anzuwenden, wenn es nur zum Erfolg führt.«[10]

Meine abgrundtiefe Enttäuschung läßt sich heute nicht mehr beschreiben, deshalb seien hier nur die Fakten berichtet: In speziellen Direktiven der Obersten Heeresleitung, am Vorabend des Überfalls auf die UdSSR und in Übereinstimmung mit dem »Plan Barbarossa« erlassen, wurde besonders unterstrichen, daß der Krieg im Osten erbarmungslos geführt werden müsse und in ihm die Normen der Humanität gegenüber Verwundeten und Gefangenen des Gegners sowie der Zivilbevölkerung nicht angewendet werden könnten.

Diese barbarische Grundhaltung prägte die Handlungen der deutschen Obersten Heeresleitung, der SS und der Sicherheitspolizei im gesamten Verlauf des Kriegs gegen die Sowjetunion. Langsam begann ich zu begreifen, daß dies nur konsequent war bei einer Politik, die mit dem wortbrüchigen Überfall vom 21. Juni 1941 begonnen hatte.

Die Überlegenheit der Sowjetunion bestand nicht in der riesigen Ausdehnung ihres Territoriums, sondern in ihrer Moral. Deshalb sprachen ihre Führer nicht schlechthin von Deutschland, sondern vom faschistischen Deutschland, setzten also kein Gleichheitszeichen zwischen dem deutschen Volk und dem deutschen Faschismus oder Hitler. Bekannt ist die Formulierung Josef W. Stalins: »Es wäre aber lächerlich, die Hitlerclique mit dem deutschen Volk, mit dem deutschen Staat gleichzusetzen. Die Erfahrungen der deutschen Geschichte besagen, daß die Hitler kommen und gehen, aber das deutsche Volk, der deutsche Staat bleibt.«[11]

Und getreu diesem Prinzip wollte Stalin einen einheitlichen, friedliebenden, demokratischen deutschen Staat. Es war also keine vorübergehende, zeitweilige taktische Linie, sondern die Strategie der Sowjetunion von Anfang an. Und ihr gemäß führte sie auch den ihr aufgezwungenen Krieg. Daher setzte sie sich auch nicht das Ziel, mit gleicher Münze heimzuzahlen. Deshalb waren sowjetische Aufforderungen an unsere Truppen, den Kampf einzustellen und zu kapitulieren, nicht Zeichen der Schwäche, wie man es dem deutschen Volk pausenlos einzureden versuchte, sondern Ausdruck der Stärke, der moralischen Überlegenheit der Sowjetunion über das faschistische Deutschland.

So etwa lautete das Konzentrat meiner Überlegungen, die vor

allem durch das Attentat auf Hitler am 20. Juli 1944 ausgelöst worden waren. Zu praktischen Konsequenzen führten sie allerdings noch nicht, wenn man von dem Entschluß absieht, mich versetzen zu lassen. Es gehört viel Mut dazu, aus einem fahrenden Zug abzuspringen, auch wenn man es will. Ich schaffte es noch nicht. Aber ich hatte einen gänzlich neuen Standpunkt gewonnen, von dessen Warte aus ich nun die Ereignisse betrachten konnte. Rückblickend auf jene bewegten und konfliktreichen Tage nach der Landung der Alliierten in der Normandie am 6. Juni und dem 20. Juli 1944, muß ich heute sagen, daß mir damals die Sowjetunion zum erstenmal als reale Alternative erschien.

Erst im Verlauf meiner Zusammenarbeit mit den sowjetischen Partnern entwickelte sich mein politisches Verständnis und Urteilsvermögen weiter, erkannte ich, daß die moralische Überlegenheit der Sowjetunion ihre Wurzeln im sozialistischen Gesellschaftssystem hat, daß dem Marxismus-Leninismus, daß der nüchternen, realistischen, wissenschaftlichen und zutiefst menschlichen Politik der Sowjetunion und damit dem Kommunismus die Zukunft gehören.

Heute bin ich Bürger der Deutschen Demokratischen Republik und Hochschullehrer für Kriminalistik – vielleicht in manchen Dingen unbequemer, kritischer und auch verwöhnter als meine Kollegen. Aber das ist ganz natürlich, habe ich doch eine völlig andere Entwicklung durchlaufen, eine Entwicklung, die besonders durch meine Tätigkeit als Kundschafter der Sowjetunion in einem zentralen Spannungsfeld der Weltpolitik in den fünfziger Jahren geprägt worden ist.

Doch kehren wir zurück in die zweite Hälfte des Jahres 1944. Ich mußte mir eingestehen, daß ich trotz meiner guten Kenntnisse der außenpolitischen Lage politisch noch immer reichlich naiv dachte und mich viel zu sehr von meinen eigenen Empfindungen hatte leiten lassen. Die relative Selbständigkeit in der Arbeit begünstigte dies. Auch, was die Judenverfolgung betraf, dachte ich naiv.

Als mir mein Vater etwa 1943 erzählte, er habe aus kirchlichen Kreisen gehört, daß man unheilbar Geisteskranke nicht nur sterilisiere, sondern auch töte, lachte ich ihn aus, überzeugt, daß es sich nur um Feindpropaganda handeln könnte. Ähnlich war es mit den ersten Hinweisen auf die Judenvernichtung gewesen. Sie schien mir schon deshalb erlogen, weil doch jede Arbeitskraft dringend benötigt wurde. Warum sollte man arbeitsfähige Menschen töten, statt sie zur Arbeit einzusetzen? Aber als ich nun immer wieder von verschiedensten Stellen, die sogar zu einem Teil a priori glaubwürdig waren, von der Judenausrottung hörte, tat ich dies nicht mehr als unglaubwürdig ab – im Gegenteil, ich fand dies ungeheuerlich. Vom wirklichen Ausmaß der erst nach dem Krieg vollständig aufgedeckten Greueltaten hatte ich in meiner Funktion keine Ahnung. Als ich nach dem Krieg, durch das Studium der Protokolle des Nürnberger Kriegsverbrecherprozesses, versuchte, mir das ungeheuerliche Ausmaß der faschistischen Verbrechen zu vergegenwärtigen, konnte es für mich nur eine Schlußfolgerung geben: Das darf sich niemals und unter keinen Umständen wiederholen! Daran wollte und mußte ich aktiv mitwirken. Dazu fühlte ich mich zutiefst verpflichtet. Aber wie?

Sozusagen mitten hinein in diese Überlegungen fragten mich dann sowjetische Aufklärer, ob ich nicht bereit wäre, meine Spezialkenntnisse für die Verhinderung eines neuen Krieges einzusetzen. Zunächst überraschte mich das Angebot. Daran, noch einmal in einem Nachrichtendienst zu arbeiten, hatte ich am allerwenigsten gedacht. Aber es war für mich in der Tat der beste Weg, für ein neues, einheitliches, friedliches Deutschland zu kämpfen, das mit der Sowjetunion freundschaftlich verbunden ist. Ich hatte nun ein klares Ziel, eine klare Aufgabe und war gewillt, alles dafür einzusetzen.

Doch ich bin wieder vorausgeeilt, denn so weit war ich im Sommer 1944 noch lange nicht.

Nachdem mir klargeworden war, daß Hitler und seine Führungsclique das Deutsche Reich und sein Volk ins Verderben führten, fragte ich mich, was ich tun könnte, um nicht weiter an der Vernichtung Deutschlands mitzuwirken. Meine Möglichkeiten erschienen mir bei allem guten Wissen gering. So hielt ich es für das beste, erst einmal aus dem Apparat herauszugehen und mich also um meine Versetzung zu bemühen. Dann würde ich schon weitersehen. Ich wollte einfach nicht mehr in der Zentrale sitzen, während der Wagen auf den Abgrund zurollte, und das tat er tagtäglich immer schneller. Der äußere Anlaß ergab sich dadurch, daß die Verschmelzung beziehungsweise Gleichschaltung des Amtes Mil unter Oberst Hansen mit dem Amt VI auch eine Zusammenlegung der beiden Schweiz-Referate erwarten ließ. Schon waren die Gruppenleiter des Amtes VI Zug um Zug auch die Chefs der korrespondierenden Abteilungen des bisherigen Amtes Ausland/Abwehr und jetzigen Amtes Mil geworden. Mein Pendant als Schweiz-Referent war ein Oberleutnant Homann, im Zivilberuf Anwaltsassessor. Er konnte, wie ich glaubte, mein Referat gut mitführen, es sollte nicht allzu schwierig sein, im Sinne der angestrebten Entwicklung beide Schweiz-Referate miteinander zu verschmelzen. Bevor ich mit diesem Vorschlag an meinen Gruppenleiter herantrat, mußte ich erst eine Stelle suchen, bei der ich eine mir angemessene Tätigkeit finden würde.

Auch hier kam mir der Zufall zu Hilfe. Wie sooft fuhr ich an einem Wochenende abends im Herbst 1944 mit einem Wehrmachtszug von Berlin nach Dresden. Wegen der Verdunkelung konnte man kaum etwas erkennen. Mitreisende im Abteil waren ein Stabsarzt und ein Oberst, mit dem ich bald ins Gespräch kam, da auch er nur bis Dresden wollte. Bald stellte sich heraus, daß es sich um den Chef der Geheimen Feldpolizei der Wehrmacht, Oberst Krichbaum, handelte, der zugleich Oberst der Polizei und SS-Oberführer war und bis zum Krieg als Inspekteur der Grenzpolizei in Dresden amtiert hatte. Es kam ein angeregtes Gespräch in Gang, denn wir hatten, wie sich herausstellte, zahlreiche gemeinsame Bekannte, und mich interessierte es, etwas über die Geheime Feldpolizei, ihre Aufgaben und das Zusammenwirken mit den anderen Polizeiorganen aus erster Hand zu hören.

Auch Krichbaum interessierte sich für meinen Werdegang. So blieb es nicht aus, daß er bald merkte, wo mich der Schuh drückte, und daß ich auf der Suche nach einer neuen Verwendung war. Er bot mir bald an, mich zur GFP, der Geheimen Feldpolizei, zu übernehmen, denn dort fehle es an jüngeren Kräften mit fachlicher Vorbildung. Zwar könne er mir nicht helfen, von meinem jetzigen Amt freizukommen, aber sobald es mir gelungen sei, meine Freigabe für die Wehrmacht zu erreichen, könne er mich jederzeit zu seiner Truppe ziehen. Dieses Angebot konnte mir nur recht sein. Wir verabredeten noch einen Verbindungsweg und schieden in der Hoffnung voneinander, bald in engeren dienstlichen Kontakt zu kommen. Daß das aber erst fünf Jahre nach dem Krieg geschehen würde, stellten wir uns beide nicht vor.

Nach der Rückkehr vom Wochenende berichtete ich meinem Gruppenleiter über das Gespräch mit Oberst Krichbaum und machte den Vorschlag, die beiden Schweiz-Referate der Leitung meines Kollegen Oberleutnant Homann anzuvertrauen, um den Verschmelzungsprozeß der beiden Ämter auf Referatsebene zu fördern. Dann könne er mich für die Wehrmacht freigeben. Zwar konnte sich mein Gruppenleiter meinen sachlichen Argumenten und der Tatsache, daß eine ND-Arbeit in der Schweiz jetzt nur noch stark eingeschränkt möglich sei und deshalb auch keinen großen Führungsapparat erfordere, nicht verschließen. Aber er war nicht geneigt, mich völlig aus dem Bereich des politischen Auslands-ND, ja aus seinem Gruppenbereich, zu entlassen. Er stellte mir eine Entscheidung für später in Aussicht. Um keine Zeit zu verlieren und da mir die Chancen für eine Freigabe zur Wehrmacht recht gering erschienen, betrieb ich meine Reaktivierung zur Waffen-SS, um auf diesem Umweg erst einmal aus dem Reichssicherheitshauptamt herauszukommen. Das Kriegsende schien sich mit Riesenschritten zu nähern, nun war es an der Zeit, den Absprung vom alten Schreibtisch vorzubereiten.

Meine Gedanken zur politischen Situation und zur Zukunft waren in Aufruhr. Was sollte werden? Der Krieg war verloren – für wen mußte man sich entscheiden? Daß eine Entscheidung von jedem einzelnen gefordert werden würde, war klar. Aber welche?

Unser politischer Weg war falsch gewesen. Die Faschisten hatten uns junge Menschen auf einen verderblichen Weg gebracht. Aber es gab ja niemanden, der uns die Augen geöffnet hätte. Im Gegenteil. Jetzt, nach den bitteren Erfahrungen der fünf Kriegsjahre, begann ich endlich zu begreifen. Eines war klar, der Nationalsozialismus war tot. Er hatte mit seinem überheblichen Herrenstandpunkt nicht nur dem deutschen Volk unermeßliche Leiden gebracht. Die Judenverfolgungen, die militaristisch-chauvinistische Haltung, die Herrenrassen-Ideologie – es war ein Konglomerat von Einflüssen, denen wir junge Menschen ausgesetzt worden waren und wofür Millionen Menschen ihr Glück und Leben hergeben mußten.

Wozu soll ich alles aufführen, was jetzt deutlich ins Bewußtsein trat und eine eigene Entscheidung forderte! Es war nun einmal so, daß man nicht einfach nur einen Schalter umzulegen brauchte – aber wie sollte es denn weitergehen? Eines stand fest: Das Deutsche Reich würde untergehen. Übrig bleiben würden zwei Konzeptionen für Deutschlands Zukunft. Auf der einen Seite die amerikanische, auf der anderen die sowjetische. Heute erscheint es als eine Selbstverständlichkeit, für welche Seite die Entscheidung fallen mußte. Damals aber war viel Ballast abzuwerfen und viel Gedankenarbeit zu bewältigen.

Im Dezember 1944 ließ mich mein Gruppenleiter rufen, um mir mitzuteilen, daß er meinen Wunsch, für die Wehrmacht freigegeben zu werden, ablehne. Für eine Verwendung in irgendeiner Truppeneinheit käme ich nach meiner bisherigen Tätigkeit nicht in Betracht. Wohl könne er meine Bitte um einen Truppeneinsatz verstehen, aber er könne niemanden aus seinem Personalbestand freigeben, weil es ohnehin zuwenig Fachpersonal – jetzt und für spätere Zeiten – gebe. Er könne mir aber ein Kompromißangebot machen. Im Bereich seiner Westeuropagruppe sei eine Verwendung in den Niederlanden möglich. Er gab mir ein Fernschreiben, in dem zu lesen war, daß es in den Niederlanden möglich sei, Agenten oder Saboteure aus den flämischen und niederländischen Freiwilligenverbänden durch das Kampfgebiet in das feindliche Hinterland zu schleusen. Für die Leitung werde ein ND-erfahrener Offizier gebraucht. Zwar war das Fernschreiben verstümmelt, aber das Wesentliche ging deutlich aus ihm hervor. Auf die Frage, ob ich diese Aufgabe übernehmen wolle, gab es keine andere Antwort als »ja«. Schließlich wollte ich aus Berlin und dem Amtsbetrieb fort. Ich vermied es auch, Fragen nach Einzelheiten und Zuständigkeiten zu stellen.
Eigentlich wäre das eher etwas für Skorzenys Jagdverbände gewesen. Aber es ging in puncto Zuständigkeit ohnehin schon drunter und drüber. Ich dachte, erst mal weg, alles weitere wird sich schon finden. Jedenfalls besorgte ich mir vom Stammsitz der SS-Jagdverbände in Friedenthal bei Berlin die notwendige Ausrüstung, die ich in den Niederlanden schon bei mir haben wollte: Tarnkleidung, englische Waffen, darunter eine »sten-gun« (Maschinenpistole), Munition, hochkonzentrierte Verpflegung, kurz, alles, was gut und bei der Truppe selten oder gar nicht vorhanden war.
So fuhr ich Weihnachten 1944 in die Niederlande, um die Freiwilligen aufzusuchen, die ich durch das Kampfgebiet in den Biesbosch schleusen sollte. Am zweiten Weihnachtsfeiertag meldete ich mich auftragsgemäß beim Befehlshaber der Sicherheitspolizei und des SD für die besetzten niederländischen Gebiete, SS-Brigadeführer und Generalmajor der Polizei, Dr. Eberhard Schöngarth.
Er war zunächst Inspekteur der Sicherheitspolizei und des SD in Dresden und gegen Ende des Polenkriegs Befehlshaber der Sicherheitspolizei in Krakau gewesen. Für eine kurze Zeit hatte man ihn degradiert und als Soldat in eine Strafeinheit versetzt. Bald aber bekam er Titel, Ämter und Würden zurück. (Die näheren Umstän-

de dieser Sache beschreibt übrigens Günther Nollau in seinen Memoiren »Das Amt«.)
Nun also war Dr. Schöngarth mein Chef. In einem bequemen Ledersessel sitzend, vor sich eine halbleere Flasche Genever der Firma Kuiper, schaute er mich gelangweilt an, als ich meinen Spruch laut Dienstvorschrift herunterleierte. Das schien ihn wenig zu interessieren. Eine Weile ließ er mich stehen und reichte mir dann seine Flasche. »Na ja, zeig mal, was für ein Kerl du bist.«
Ich begriff sofort, welche »Argumente und Empfehlungen«, zumindest im Moment, gefragt waren, und trank den Rest der Flasche in einem Zug aus. Meine Befürchtungen um meinen späteren Zustand erwiesen sich, Gott sei Dank, als unbegründet. Dr. Schöngarth ließ kein Auge von mir. Als ich die Flasche absetzte, erhob er sich, nahm sie mir ab und zeigte auf den Sessel zu seiner Rechten. »Du bist in Ordnung, kannst dich hinsetzen.«
Im anschließenden Gespräch stellte sich heraus, daß hier dank des verstümmelten Fernschreibens ein Mißverständnis vorlag. Von Holland aus hatte man Berlin mitteilen wollen, daß die Möglichkeiten für derartige Schleusungen vorlägen und günstig seien – man brauche nur noch die Leute und den Führer dazu. In Berlin hatte man dem Telexrudiment entnommen, daß alles in bester Ordnung sei, nur noch ein verantwortlicher Führer sei vonnöten. Was tun? Auf meine telefonische Rückfrage in Berlin hörte ich nur, daß ich zunächst bleiben und meine Lokal- und Sprachkenntnisse vertiefen solle. In drei Wochen möge ich zur Berichterstattung nach Berlin kommen. Aber auch bis dahin hatte sich noch nichts geändert. Ich hörte nur von meinem Gruppenleiter, daß ich bleiben, einen Kameraden beim Aufbau eines Funknetzes für den Räumungsfall unterstützen und weitere Weisung abwarten solle.
Meine neue Dienststelle war die Abteilung VI, ein Ableger des Amtes VI, die von Hauptsturmführer Hinrich Ahrens geleitet wurde. Hier erfuhr ich von einem Dr. Schöngarth betreffenden Vorfall, der mich erneut sehr beschäftigte. Während einer Tagung war ihm gemeldet worden, in der Nähe sei ein englisches Flugzeug abgeschossen worden, und der Pilot sei mit einem Fallschirm gelandet. Man brachte den Gefangenen zum Brigadeführer, der ihn kurzerhand aufhängen ließ. Das kennzeichnete mehr als alle Worte die totale innere Verkommenheit dieses Generals. Am 31. Mai 1945 wurde er von den Engländern deswegen kriegsgerichtlich zum Tode verurteilt und erschossen.

Die ganze Einstellung und Lebenshaltung dieses Dr. Schöngarth sowie sein schneller Tod, nachdem er gefangengenommen worden war, haben mich damals wiederholt beschäftigt. Ich hatte mir nichts vorzuwerfen. Das erkannten auch die Engländer und Holländer an, von denen wohl viele anfangs dachten, wir alle seien kleine Dr. Schöngarths. Eines war mir bei dieser Sache klargeworden: Solche Typen wie dieser Schöngarth durften nie wieder auch nur einen Zipfel Macht bekommen. Dafür einzutreten, darin sah ich ein lohnendes Ziel für die Zukunft. Doch zurück zu meiner Tätigkeit.

Nicht lange nach meiner Ankunft in den Niederlanden erschütterte mich ein Ereignis, das mich zwang, die Position, die ich mir nach dem 20. Juli 1944 erarbeitet hatte, weiter zu durchdenken – es war die durch nichts gerechtfertigte barbarische Zerstörung meiner Heimatstadt Dresden vom 13. bis 15. Februar 1945 durch angloamerikanische Bomberverbände.

Ich war über die Kriegslage gut informiert und wußte, daß diese Grausamkeit militärisch vollkommen sinnlos war. Was hatten die Amerikaner und Engländer damit bezweckt? Und was war aus meinen Eltern geworden? Damals konnte ich noch nicht alles wissen, nicht alle Hintergründe und Pläne, aber eines erschien mir offenkundig – das war nicht ein Racheakt, ein Vergeltungsschlag, sondern Teil jener Konzeption, die ich bereits von Dulles kannte. Sie wollten Deutschland kaputtmachen und so einen künftigen Konkurrenten ausschalten. Sie wollten Deutschland kaputtmachen, damit es nur mit fremder Hilfe, also amerikanischem Kapital, gesunden könnte, denn die Sowjetunion würde mit sich selbst genug zu tun haben. Sie taten dies, um aus Deutschland einen Vasallenstaat Amerikas zu machen, um zu verhindern, daß Deutschland ein Staat nach sowjetischem Muster werden würde.

Einen schmerzlicheren Beweis für die Absichten der amerikanischen Deutschlandpolitik konnte es nicht mehr geben. Mit ihnen gab es keinen Ausweg, war Deutschlands Zukunft in schlechten Händen. Meine Erschütterung verstärkte sich, als ich nach und nach Informationen über das gigantische Inferno Dresdens bekam. Und ein ähnliches Schicksal erlitten noch viele andere friedliche deutsche Städte. Von der Sowjetunion war mir kein einziges solches Beispiel bekannt, und tatsächlich richtete sie die Angriffe ihrer Luftstreitkräfte ausschließlich gegen militärische Objekte. Allein würde Deutschland sich nicht wieder erheben können,

dachte ich. Dazu brauchte es die Hilfe der Siegermächte. Und wessen Hilfe es sich bediente, an dessen Seite würde seine Zukunft sein. Aber ich konnte zunächst ja nichts tun, noch war der Krieg nicht zu Ende. So wartete ich ab.
Ich löste verschiedene kleinere Aufgaben, holte aus den Kriegsgefangenenlagern Agenten ab, die nach der Befreiung ihres Gebietes durch kanadische Truppen ihre Aufklärungs- und sonstigen Aufgaben erledigt und dann in britischer Uniform die deutsche Kriegsgefangenschaft gesucht hatten und sich zurückmeldeten. Ich konnte mich nicht des Eindrucks erwehren, daß diese Art des Agenteneinsatzes völlig sinn- und ertraglos war. In einem Fall spielte mit Sicherheit die kanadische Abwehr ein reizvolles Spiel mit uns, als sie einen unserer Agenten als kanadischen Oberleutnant Paul La Roche zu uns zurückgelangen ließ. Schon als deutsche Stellen ihn vor Jahresfrist angeworben hatten, war er ein Mitarbeiter der britischen Abwehr gewesen und trieb nun als Doppelagent sein Spiel mit uns. Dies sollte sich später als nützlich erweisen, da er dafür sorgte, daß ich in kanadischer Kriegsgefangenschaft wenigstens zeitweise ebenso korrekt behandelt wurde, wie ich es ihm gegenüber getan hatte.

In den letzten Tagen des Kriegs wurden auch bei uns die Verhältnisse immer ungeordneter. Hitlers feiger Selbstmord berührte mich nicht. Höchstens insofern, als daß auf Befehl des von ihm ernannten Nachfolgers, Großadmiral Dönitz, Marine-Schützenregimenter aufgestellt wurden, die geordnet nach Deutschland geführt werden sollten. Ich wurde zum Kompaniechef in einem solchen Regiment ernannt.
Als der 8. Mai 1945 die Kapitulation brachte, saß ich auf der kleinen Insel Schiermonnigkoog in Westfriesland vor Hollands Küste und war gefangen, denn der geplante Rückzug nach Borkum war nun doch nicht mehr möglich. Am 31. Mai 1945 war dann der Traum ausgeträumt, als Kompanieführer im Marine-Schützenregiment 161 meine Einheit nach Deutschland zurückzuführen. An diesem Tag wurde ich formal in Kriegsgefangenschaft genommen, und der Leidensweg durch die Interrogation Camps begann.
Gefangengenommen hatten uns die Kanadier. Wir kamen nach Scheveningen und von dort in das Fort Blauwkapel bei Utrecht. Man brachte uns in ein altes Fort mit Kasematten, das von einem Wassergraben umschlossen war. Hier wurden wir sortiert. Es gab

fünf Kategorien von Camps, die der britische Intelligence Service eingerichtet hatte. Sie trugen die Nummern 010 bis 050. Wer unter 050 fiel, ging in den Londoner Tower und war praktisch ein Todeskandidat. Ich kam in ein Camp der Stufe 030, das war immerhin noch die Kennzeichnung für »sehr gefährliche« Gefangene. Die Engländer und Holländer, die mich als Vertreter des Intelligence Service verhörten, waren bei aller Schärfe sehr korrekt. Ja, sie zeigten nach und nach offen ein kollegiales Mitgefühl. Es war eben die ritterliche Denkweise des britischen Gentleman. Als einer von ihnen nach Deutschland fuhr, bot er sich an, einen Brief von mir mitzunehmen und dort in den Postkasten zu werfen, da es noch keine Möglichkeit gab, Briefe von Holland nach Deutschland zu schicken.

Nach einiger Zeit hatte ich zu meinen Vernehmern sogar ein recht freundschaftliches Verhältnis. Das lag unter anderem an folgendem: Als ich von der Fälschung der britischen Briefmarken und ihrem Vertrieb in der Schweiz erzählte, erwähnte ich auch den Text des Begleitschreibens, mit dem wir die Falsifikate den Händlern anonym zugestellt hatten. In dem Brief hatte gestanden, daß die Händler diese Marken in Kommission nehmen mögen und den Verkaufserlös nach Abzug der Händlerprovision an die britische Gesandtschaft in Bern auf das Konto zur Hilfe für abgeschossene britische Flieger in deutscher Kriegsgefangenschaft einzahlen möchten.

Zunächst lachte Mr. Ha., wie sich einer der vernehmenden Offiziere nannte, über diese Geschichte, weil es ihm absurd erschien, daß ein Deutscher, noch dazu ein Mann aus dem RSHA, fürsorgliche Regungen für britische Kriegsgefangene gehabt haben wollte. Er hatte ja eigentlich nicht unrecht, denn es war keine Fürsorge, die dem Text des Begleitschreibens zugrunde lag, sondern eine geheimdienstliche Verschleierungsidee. Aber wie dem auch sei – einige Tage später ließ mich Mr. Ha. wieder in sein Zimmer kommen. Die Atmosphäre hatte sich gewandelt. Er begrüßte mich mit einem kräftigen Händedruck und bot mir freundlich Tee und Zigaretten an. Das war bislang undenkbar gewesen. Er erklärte mir, daß er soeben aus London die Bestätigung für die Richtigkeit meiner Angaben erhalten habe. Er wollte nun alle Einzelheiten erfahren.

Ich konnte ihm nur erklären, wie es wirklich gewesen war. Wenn auch jeder logisch denkende Mensch erkennen konnte, wer der

Urheber dieser Fälschungsaktion war, so sollte es doch verschleiert werden, gleich, ob mit Erfolg oder ohne. In den nachfolgenden häufigen Diskussionen äußerte ich dann auch einmal, daß es doch auch keinen Unterschied mache, ob ich einem kriegsgefangenen Briten oder einem Sowjetsoldaten die Lage etwas erträglicher gestalte. Dies sei doch eine Frage der Menschlichkeit und nicht der Ideologie.

Diese Äußerung hatte zur Folge, daß Mr. Ha. einen seiner Kollegen mitbrachte, einen Captain, der sich Wessel nannte. Wessel war Kommunist und holländischer Abstammung. Weil ich für die menschliche Behandlung sowjetischer Gefangener eingetreten war, richtete sich sein Deutschenhaß nicht gegen mich. Er war von nun an häufiger Besucher oder lud mich zu Diskussionen ein. Er verstand es gut, mir die Augen für Probleme und Zusammenhänge zu öffnen, die ich bis dahin nicht gesehen hatte. So hat er mir geholfen, meinen schon vollzogenen inneren Bruch mit der NS-Vergangenheit durch neue Einsichten in die gesellschaftlichen Prozesse zu festigen.

Dies ist die Voraussetzung für meine spätere Entwicklung gewesen: der rückhaltlose Bruch mit der eigenen Vergangenheit. Ein weiterer Grund für das gute Verhältnis zu meinen Vernehmern mag gewesen sein, daß ich mich während der Vernehmung nicht als Unterlegener fühlte und daher – im Gegensatz zu vielen anderen – kein Untertanenverhalten zeigte. Das schien zu imponieren. Wozu sollte ich auch? Ich hatte mir nichts vorzuwerfen, was mir auch bestätigt wurde, nachdem eingehende Erkundigungen über mich eingeholt worden waren.

Die Vernehmer waren ein Team, das sich täglich in einer Konferenz über die Ergebnisse der Arbeit jedes einzelnen austauschte, indem es die Protokolle studierte und diskutierte. So wußte jeder von ihnen immer Bescheid. Interessant für mich war, daß mich Mr. Ha. eines Tages warnte: »Einer von uns ist Kommunist, bei dem müssen Sie aufpassen.« Damit war aber nicht Wessel gemeint.

Schließlich mag noch ein Grund für die aufgeschlossene Atmosphäre ausschlaggebend gewesen sein: Ich beantwortete freimütig alle Fragen meiner Vernehmer nach den Ursachen der jüngsten Entwicklung, auch nach den gesellschaftlichen Erscheinungen in Deutschland, die sie näher interessierten oder nicht verstanden.

Beispielsweise wollten sie genau wissen, wie das mit dem Mutterehrenkreuz und der Aktion Lebensborn gewesen war. Da ich die

Fragen aufrichtig beantwortete, sparte ich auch nicht mit kritischen Bemerkungen. Auf die Frage, wie die Nazis das Volk so auf ihre Seite hätten ziehen können, wie überhaupt die letzten zwanzig Jahre deutscher Geschichte zu erklären seien, antwortete ich, daß sie, die Engländer, daran auch einen großen Teil der Schuld trügen. Wer ein Volk, so argumentierte ich unter anderem, solch einem Druck aussetzt wie mit dem Versailler Friedensvertrag, der muß sich über die Gegenreaktionen nicht wundern. Die mußten kommen. Das schien ihnen einzuleuchten, zumindest widersprachen sie mir nicht.

Zum Schluß der Vernehmung erklärte mir Mr. Ha.: »Solche Leute wie Sie brauchen wir in der neuen deutschen Polizei. Ich gebe Ihnen hier einen Brief mit. Melden Sie sich nach Ihrer Entlassung beim zuständigen ›Public Safety-Officer‹ (Sicherheitsoffizier bei der Militärregierung; Anm. d. Verf.).« In dem Brief stand, daß ich für eine Verwendung in der neuen deutschen Polizei würdig sei.

Meine Überlegungen, warum die englischen Offiziere mich so zuvorkommend behandelten, mögen subjektiv richtig gewesen sein. Aber bald wurde mir klar, daß es hier vor allem nicht um eine Person, sondern um ganz andere Dinge ging: Wiederholt hörte ich in dieser Zeit von Kameraden, daß es vielen Angehörigen der Wehrmacht, die sich den Engländern ergeben hatten, gelang, sich der Schwere des Lagerlebens zu entziehen und praktisch in Freiheit zu leben innerhalb ihrer alten Einheiten und unter Führung jener Offiziere, die sie während des Krieges kommandiert hatten.

Im Lager gab es hartnäckige Gerüchte, daß die deutschen Soldaten offensichtlich bald wieder kämpfen müßten, diesmal an der Seite der Engländer und Amerikaner gegen die Russen. Entsprechende Äußerungen von Vertretern der englischen Lagerleitung und ihr deutliches Bestreben, unter den deutschen Kriegsgefangenen eine antisowjetische Stimmung zu erzeugen, bekräftigten diesen Eindruck.

Aus den Worten eines englischen Offiziers entnahm ich, daß die Engländer (offensichtlich in enger Zusammenarbeit mit den Amerikanern) einen verräterischen Schlag gegen ihren sowjetischen Bündnispartner vorbereiten und zu diesem Zweck die noch verbliebenen Teile der deutschen Wehrmacht nutzen wollten. Das hätte bedeutet, die deutschen Soldaten, die im schwersten aller Kriege am Leben geblieben waren und jetzt von der Rückkehr in ein friedliches Leben träumten, zur Hauptschlagkraft einer neuen

antisowjetischen Front zu machen und ihr Blut für die Interessen der Herrschenden Großbritanniens und der USA zu vergießen.
Für mich war die geheime Feindschaft der Westmächte gegenüber der Sowjetunion natürlich keine Neuigkeit. Während meiner Tätigkeit im Amt VI des RSHA hatte ich aus erster Hand erfahren von den in der Schweiz laufenden Geheimverhandlungen der Naziführer mit der Residentur von Allen W. Dulles, die dazu dienten, eine einseitige Kapitulation Deutschlands vor den Westmächten vorzubereiten, die es Hitler ermöglicht hätte, alle Kräfte an der Ostfront zu konzentrieren und den Vormarsch der Russen ins Innere des Landes aufzuhalten. Die Teilkapitulation kam nicht zustande, denn hätten die Regierungen Großbritanniens und der USA diese gegen den Widerstand ihrer Völker durchsetzen können, denen sie doch versprochen hatten, Hitler-Deutschland vollständig zu zerschlagen? Aber nun hatte das Dritte Reich aufgehört zu existieren, die Karten wurden neu gemischt, noch immer jedoch ging es um dasselbe Ziel, den Kampf gegen die Russen: Die Westalliierten wollten den sowjetischen Bündnispartner der Früchte des Sieges berauben und die Herrschaft über Nachkriegseuropa an sich reißen.
So war offensichtlich die Linie, und auf dieser Grundlage war wohl auch die großzügige Empfehlung zu verstehen, mich in der neuen deutschen Polizei zu verwenden. Mehr und mehr verdrängte diese enttäuschende Einsicht meine anfängliche Freude. Selbstverständlich konnte ich während meines Aufenthalts im Kriegsgefangenenlager noch nicht wissen, welchen Umfang die Vorbereitungen der Westmächte – besonders Englands – erreicht hatten, um eine Front gegen die Sowjetunion zu schaffen. Einige damit im Zusammenhang stehende Umstände sind mir erst nach der Entlassung aus dem Lager bei Gesprächen mit Personen, die Verbindung zu Kreisen der englischen Militäradministration in Köln hatten, bekannt geworden, und ein vollständiges Bild der Vorgänge erhielt ich noch bedeutend später, erst, als die Memoiren politischer und militärischer Führer erschienen und die Archive mit den Geheimdokumenten, die sich auf diesen Zeitraum bezogen, geöffnet wurden.

Heute ist bekannt, daß Winston Churchill der Hauptinspirator der antisowjetischen Bestrebungen der Westmächte in der Endphase des Zweiten Weltkriegs war, der als eingefleischter Antikommunist die Sowjetunion zum Feind erklärte, der noch gefährlicher sei als das bereits zerschlagene Nazideutschland. Deshalb hatte der britische Premier auch das Komplott mit den Nazis gesucht. Er wollte eine einheitliche antisowjetische Front bilden. Churchill bemühte sich, diese Position auch seinen amerikanischen Bündnispartnern aufzuzwingen, aber diese konnten sich damals noch nicht zu einer direkten militärischen Konfrontation mit der Sowjetunion entschließen. Jetzt ist dokumentarisch belegt, daß Churchill im Frühjahr 1945, als sich die sowjetischen Armeen auf den letzten Sturm auf Berlin vorbereiteten, den Feldmarschällen Montgomery und Alexander befohlen hatte, die eroberten deutschen Waffen in Speziallagern zu sammeln, damit sie zu jedem Zeitpunkt erneut an die gefangenen deutschen Soldaten ausgegeben werden und gegen die vom Osten angreifenden Truppen eingesetzt werden konnten. Gleichzeitig wurden die englischen Befehlshaber angewiesen, die deutschen Militäreinheiten, die kapituliert hatten, nicht auseinanderzureißen und sie in vollständiger Gefechtsbereitschaft für den Fall ihres Einsatzes gegen die Russen zu halten.

Obwohl der Verlauf der Ereignisse im Frühjahr 1945 keinen Anlaß für einen bewaffneten Zusammenstoß zwischen den Armeen der westlichen und der östlichen Bündnispartner gab, verband Churchill auch nach der Kapitulation Deutschlands alle seine Pläne und Berechnungen mit einem, wie er meinte, in nächster Zeit unvermeidlichen militärischen Konflikt zwischen den Westmächten und der Sowjetunion. So gab er am 24. Mai 1945 dem Chef des britischen Generalstabs, Sir Allen Brook, die Weisung, einen Geheimplan für Kriegsoperationen gegen die Sowjetunion zu erarbeiten, der den breiten Einsatz von Einheiten der ehemaligen deutschen Wehrmacht auf der Seite des Westens vorsehen sollte. Und zu diesem Zweck unterhielten die Engländer, entgegen allen übernommenen Bündnispflichten, lange Zeit nach Beendigung des Kriegs illegal in ihrer Besatzungszone Deutschlands sowie auf den Territorien Dänemarks, Norwegens und Hollands gewaltige Kontingente deutscher Truppen, deren Gesamtzahl anfangs drei Millionen Personen betrug. Das Kommando über diese Truppen hatten nach wie vor Hitler-Generale (in Norwegen General Böhm, in Dänemark Generaloberst Lindemann, am deutschen Ufer der Ostsee bis zur Wesermündung General Blumentritt und westlich der Weser, einschließlich des Territoriums von Holland, Generaloberst Blaskowitz).

In den deutschen Militäreinheiten, die den Status von »entwaffnetem« Militärpersonal hatten, galten die Hitlerschen Dienstvorschriften und Disziplinarordnungen, die Soldaten und Offiziere trugen die früheren Rangabzeichen und Auszeichnungen, sie setzten die militärische Ausbildung fort. Einigen deutschen Einheiten war es sogar gestattet, leichte Schußwaffen zu behalten. Für sie bestand im Vergleich zur Vergangenheit der einzige Unterschied darin, daß jetzt ihr Oberbefehlshaber nicht Hitler, sondern Churchill hieß.

Die illegale »deutsche Armee Churchills« (so wurde sie von vielen deutschen Soldaten genannt), deren Existenz von offiziellen Londoner Kreisen hartnäckig geleugnet wurde, bestand praktisch bis zum Beginn des Jahres 1946 und wurde nur aufgrund der entschiedenen Proteste der Sowjetunion aufgelöst.

Jedoch auch danach hatten die Engländer nicht vor, auf Pläne zu verzichten, deutsche militärische, wirtschaftliche und menschliche Ressourcen für die Vorbereitung eines Kriegs gegen die UdSSR zu mobilisieren. Seit den ersten Tagen der Okkupation orientierte sich die Politik Großbritanniens gegenüber dem besiegten Deutschland vor allem an diesem Ziel. Und nachdem Präsident Harry S. Truman ins Weiße Haus eingezogen war, wurde dieser Kurs auch von den USA vertreten. Die entsprechenden Schlagworte des nun einsetzenden kalten Kriegs lauteten »Zurückrollen des Kommunismus« (»Roll back«), »Politik der atomaren Erpressung« oder »Balancieren an der Grenze des Krieges«.

Wie aus Anfang 1979 veröffentlichten, ehemals geheimen Dokumenten der britischen Regierung deutlich wird, forderte Churchill 1948 als Führer der konservativen Opposition von Premierminister Clement Attlee (Labour Party) die unverzügliche Entfesselung eines Atomkriegs gegen die Sowjetunion. Und Churchill versuchte alles, um auch US-Präsident Truman für diesen Schritt zu gewinnen. Davon, daß seine Aufrufe in den USA auf fruchtbaren Boden fielen, zeugt der bald darauf in Washington geborene supergeheime Plan unter der Codebezeichnung »Drop-shot«, in dem die atomare Zerschlagung der UdSSR vorbereitet wurde. Dieser Plan, der auf Trumans Anweisung von den Vereinten Stabschefs der USA erarbeitet wurde, sah allein im ersten Kriegsmonat den Einsatz von 300 Atombomben vor. Ziel des Kriegs sollte sein, die Schlüsselposition in der UdSSR zu besetzen und diese aufzuteilen, vor allem aber ging es um die »vollständige Ausrottung des Bolschewismus«.

Doch begeben wir uns wieder in das Kriegsgefangenenlager, den britischen Interrogation Camp 030 im Fort Blauwkapel bei Utrecht. Dort kam ich mit einer Reihe von Offizieren des deutschen Geheimdienstes zusammen, die ich zuvor nur sehr flüchtig oder nur dem Namen nach gekannt hatte. Unter ihnen waren vor allem Angehörige des Frontaufklärungskommandos 363 mit ihrem Chef, Oberstleutnant Hermann Giskes, und Angehörige der polizeilichen Spionageabwehr in den Niederlanden, die unter ihrem Chef, dem Kriminaldirektor Josef Schreieder, gemeinsam das wohl erfolgreichste Gegenspionagespiel des letzten Kriegs geführt und gesteuert hatten.

Dieses »Nordpolspiel« wird noch heute in Fachkreisen bewundert, die romanhafte Verfilmung und Fernsehbearbeitung läßt von der Wirklichkeit leider nicht viel übrig, allerdings ist der trockene Bericht des Kriminaldirektors Schreieder »Das war das Englandspiel« viel zu objektiv und nüchtern, um dem durch die Boulevardpresse geschaffenen James-Bond-Image zu genügen. Diesem Bild entspricht mehr das Buch des Oberstleutnants Herrmann Giskes »Spione überspielen Spione«[12], das jedoch deswegen von den Beteiligten kritisiert wird.

Während des Kriegs hatte der britische Geheimdienst SOE (Special Overseas Executive) in den besetzten Niederlanden den Widerstand gegen die deutschen Besatzungsbehörden organisiert und per Funk gesteuert. Nur wußte er lange Zeit nicht, daß die mit dem Fallschirm über Holland abgesetzten Funkagenten und Instrukteure von der deutschen Sicherheitspolizei erwartet und sofort in Gefangenschaft genommen wurden. Der Schock, in eine Falle getappt zu sein, und die psychologisch geschickte Vernehmungstechnik ließen sie alles preisgeben, was nötig war, damit die deutsche Polizei ihre Agentenfunklinie nach London bedienen und so die Briten täuschen konnte.

Auf diese Weise wurde die gesamte britische Untergrundtätigkeit in den Niederlanden paralysiert. Die Abwehrpolizei forderte über diese Funklinien weitere Agenten und auch Materiallieferungen, Maschinenpistolen, Munition, Funkgeräte, Lebensmittel, Bekleidung usw., an. Es spricht für die Korrektheit von Abwehr und Polizei, daß die Engländer, die nach dem Krieg die Drahtzieher in der Hand hatten, keine Anklagen wegen völkerrechtlicher Verstöße oder nach dem Kriminalrecht erheben konnten. Giskes und Schreieder wurden jahrelang in London und den Niederlanden vernommen, sie mußten außer Verfolgung gesetzt werden. Über Schreieder berichtete Radio Hilversum am 6. Juni 1948: »Der Generalstaatsanwalt hat den Kriminaldirektor Schreieder außer Verfolgung gestellt... Das Englandspiel war, was die beteiligten Deutschen betrifft, ein intelligentes Stück Contra-Spionagearbeit...« Daß ich dann Jahre später Giskes und Schreieder in der Organisation Gehlen als Gegenspionagebearbeiter wiedertraf, ist angesichts ihrer Vorgeschichte nicht weiter verwunderlich.

Nachdem die Vernehmungen beendet waren, kam ich mit meinem Brief in der Tasche nach Scheveningen. Dort interessierte sich auch noch ein holländischer Abwehrdienst für mich. Sein Interesse galt nicht meiner kurzen Tätigkeit in den Niederlanden, sie wollten vielmehr von mir Hintergrundinformationen bekommen über die deutschen Abwehr- und Sicherheitsdienste. Was sie bisher über die Rivalität zwischen beiden Nachrichtendiensten gehört hatten, erschien ihnen wenig glaubhaft. Es war nicht schwer, von ihnen attestiert zu bekommen, daß ich kein Kriegsverbrecher sei und mir auch kein Verstoß gegen die Menschenrechte angelastet werden könne.

In Scheveningen wurde ein Transport nach Deutschland zusammengestellt. Zwei Mann waren noch mit mir zusammen in einer Zelle. Plötzlich ging eines Tages die Tür auf, und ein Holländer in englischer Uniform mit einer weißen Schnur an den Schulterstükken – ein »white-piper«, also ein Verwaltungssoldat – trat ein. »Ihr Name, Ihr Rang?« fragte er auf holländisch. Die beiden sagten ihren Namen und den Dienstgrad – »Hauptscharführer, Obersturmführer«. Ich sagte, einer Eingebung folgend, da ich zuletzt als Kompaniechef Oberleutnant war, »Erster Leutnant« auf holländisch, entsprechend dem für Holländer üblichen Sprachgebrauch. Das sollte noch seine Folgen haben.

Zunächst landeten wir in Münster. Das war immerhin schon Deutschland. Wie ich erfuhr, befand ich mich im Internierungs- beziehungsweise Entlassungslager. Dort angekommen, mußten wir vor dem Lkw antreten. Ein englischer Sergeant führte das Kommando. Er hatte einen deutschen Gehilfen, der uns sortieren mußte. Alle, die einen SS-Dienstgrad hatten, wurden gesondert zusammengefaßt. Ich fühlte mich nicht wohl in meiner Haut, denn ich hatte ja keinen SS-Dienstgrad angegeben. Also blieb ich im Pulk. Bloß, meine Täuschung konnten die Engländer schnell herausbekommen, was würde dann passieren?

Ich benutzte die Gelegenheit und sprach mit dem deutschen Gehilfen darüber. »Bleiben Sie ruhig, Ihnen passiert jetzt nichts mehr. Gut, daß ich es weiß, ich werde jetzt aufpassen. Wer nicht ausgesondert ist, wie die SS-Leute, wird in den nächsten Tagen entlassen.« So war es dann auch. Der deutsche Gehilfe erzählte mir, daß Leute, die eine Adresse in Münster angeben könnten, sofort entlassen würden. Die anderen Entlassungskandidaten müßten warten, bis ein Lkw-Transport in den Regierungsbezirk zusammengestellt sei, in dessen Gebiet die angegebene Zieladresse liege, um sich von dort aus in ihre Heimatorte zu begeben. In die sowjetisch besetzte Zone wurde niemand entlassen.
Ich traute dem Frieden noch immer nicht. Vom Lager aus konnte ich einen Straßennamen und eine Hausnummer erkennen – Müllerstraße 43. Für die Richtigkeit dieser Adresse kann ich mich heute nicht mehr verbürgen. Sei es, wie es sei, ich gab jedenfalls diese Adresse an, die ich erkannt hatte, und bat um meinen Entlassungsschein. Mit mir zusammen erhielt auch ein Oberleutnant der Wehrmacht dieses heißbegehrte Papierchen. Am Nachmittag um 14 Uhr sollten wir noch Verpflegung fassen. Aber wir hielten es nicht mehr aus. Warten wir noch bis dahin? Nein, wir gehen sofort. Der Posten am Tor sagte nur noch lakonisch »okay«, als wir uns auswiesen.
Wir waren draußen. Langsam gingen wir bis zur nächsten Ecke, aber dann liefen wir los. Zuerst zum Bahnhof. Einem Schaffner machten wir klar, woher wir kämen und daß wir weg müßten. Er verstand und verfrachtete uns in einen Gepäckwagen. Das alles passierte am 31. Oktober 1945. Der Entlassungsschein galt jedoch erst am 1. November. An diesem Tag kam ich in Bad Honnef bei Bonn an, wo eine Freundin meiner Frau wohnte.
Der Krieg war zu Ende, war Vergangenheit. Wie es weitergehen würde, mußte sich finden.

Aufklärung für den Frieden

Der Weg ist gefunden

Nach meiner Entlassung aus britischer Kriegsgefangenschaft wurde ich zunächst im Rheinland ansässig und versuchte wie Millionen andere in Deutschland, mir eine neue Existenz aufzubauen. Mein materielles Kapital dafür war gering – eine alte feldgraue Uniform und ein Rucksack, in dem meine gesamte Habe, zwei Bücher inbegriffen, Platz fand. Ich besaß aber ein sehr viel Gewinn versprechendes geistiges Kapital – das war die schonungslose Abrechnung mit dem Nationalsozialismus und mit meinem bisherigen Lebensweg. Das war das Suchen und Finden einer wirklich meinem Vaterland nutzenden Alternative. Ein Kapital, das ich ständig mehrte. Zudem war ich jung und gesund.

Die Bilanz der zwölfjährigen Naziherrschaft war furchtbar. Der Zweite Weltkrieg war der schrecklichste und verheerendste aller Kriege, die es jemals gegeben hatte. Er endete mit der totalen Zerschlagung des »Tausendjährigen Reiches«. Verzweiflung, Ratlosigkeit, Hunger, geistige und moralische Zerrüttung bestimmten das Leben der meisten Deutschen. Und das war nicht verwunderlich.

Mehr als vier Millionen Vermißte und Tote auf den Schlachtfeldern, fast ebenso viele Opfer unter der friedlichen Bevölkerung, Hunderttausende Verstümmelte, Trümmerberge anstelle blühender Städte und Dörfer, Verlust eines Viertels des Vorkriegsterritoriums Deutschlands, ein strenges Besatzungsregime der Siegermächte im ganzen Land, das seine staatliche Souveränität und seine nationalen Machtorgane verloren hatte, völlige Paralysierung des gesellschaftlichen und ökonomischen Lebens in Deutschland, ja, der Fortbestand der Nation war in Gefahr. Wer sollte da nicht die Depressionen und die Verzweiflung vieler Millionen hungernder Deutscher verstehen?

Zwanzig Millionen Sowjetbürger und Millionen Menschen anderer Staaten raffte der Krieg dahin – wer kann von meiner Generation mit erhobenem Kopf darüber sprechen? Doch wohl nur wenige Deutsche, jene, die unter Einsatz ihres Lebens, voran die Kommunisten, für ein besseres Deutschland gekämpft haben.

Ich hatte mich wie alle mit dem Geschehen auseinanderzusetzen, mein eigenes Handeln in der Zeit der Naziherrschaft kritisch einzuschätzen und erneut meinen Platz im Leben zu finden. Was die Perspektive der »großen Politik« betraf, so stand für mich fest, daß ein neues, also ein friedliches und demokratisches Deutschland nur in loyaler, freundschaftlicher Zusammenarbeit mit der Sowjetunion aufzubauen war, daß die Zukunft Deutschlands nur im Osten liegen konnte und ich meinen Beitrag dazu leisten wollte. Aber würde mein Beitrag auch gefragt sein, wie stand es mit meiner persönlichen Zukunft? Immerhin war ich ehemaliger SS-Mann, dazu Offizier des RSHA, der Zentrale einer verbrecherischen Organisation, wie das Nürnberger Tribunal in seinem Urteil festgestellt hatte.

Was spielte es da für eine Rolle, daß ich nur »saubere« Geheimdienstarbeit verrichtet hatte? Denn letztlich war sie nicht sauber, hatte sie doch objektiv mitgeholfen, jenen furchtbaren Krieg zu führen und aus Deutschland einen geistigen und materiellen Trümmerhaufen zu machen. Nur der Zufall hatte mir eine tiefere Verstrickung in die Verbrechen der SS erspart. Für mich blieb die Frage, wie groß war und blieb meine Schuld vor meinem Vaterland, die Verantwortung, die ich nun in meinem Leben zu tragen hatte? Diese Frage stand für mich naturgemäß besonders scharf, da ich wie viele andere zu Beginn meines bewußten politischen Lebens mein Schicksal mit dem blutbefleckten nazistischen System verbunden und zunächst aufrichtig geglaubt hatte, im Interesse des Vaterlandes einen guten Weg zu gehen.

Die bittere Enttäuschung über diesen großen Irrtum hatte ich bereits durchgemacht. Nun mußte sie bewältigt werden und ehrlicher Arbeit für das Erblühen eines neuen Deutschlands Platz machen, damit es wieder die Achtung und das Vertrauen der Völker gewinnen konnte.

Mit noch nicht dreißig Jahren war ich dafür keineswegs zu alt – im Gegenteil, ich fühlte mich dazu besonders verpflichtet, auch vor mir selbst. Zunächst einmal mußte ich mich um meine Entnazifizierung kümmern, wobei mir das holländische Attest von Nutzen war. Auch hatte ich ja eine Empfehlung der britischen Behörden in der Tasche, daß ich kein Kriegsverbrecher sei und gegen eine Verwendung in der neuen deutschen Polizei keine Einwände erhoben würden.

Die bedenkliche Praxis der Entnazifizierung durch die westlichen Besatzungsmächte blieb mir schon damals nicht verborgen. Sie festigte meine kritische Position zu ihrer Deutschlandpolitik. Je mehr ich Einblick in die Aktionen der westlichen Besatzungsmächte auf dem Gebiet der sogenannten demokratischen Umerziehung der deutschen Nation bekam, je deutlicher mir bewußt wurde, daß sie niemals ehrlich gewillt waren, wirklich alle reaktionären, militaristischen und nazistischen Tendenzen im gesellschaftspolitischen Leben des von ihnen beherrschten Teils Deutschlands auszurotten, desto mehr wuchs bei mir die Enttäuschung über diese Politik.

Die Amerikaner und die Engländer gingen von Anfang an, im Unterschied zur Sowjetunion, von dem Prinzip der kollektiven Verantwortung der Deutschen für die Verbrechen des Naziregimes aus. Ohne Unterschiede zwischen eingefleischten Nazis, den Trägern und fanatischen Anhängern der menschheitsfeindlichen Ideen Hitlers, den Schuldigen an den grausamen Massenverbrechen und jenen zu machen, die nur aufgrund der Umstände kleine Teile der gigantischen staatlichen Maschinerie des Dritten Reichs gewesen waren, entfachten sie unter der Flagge der Entnazifizierung eine in solchem Ausmaß nie dagewesene Kampagne harter Repressionen fast gegen das gesamte deutsche Volk. So hatten in der amerikanischen Besatzungszone beispielsweise bis zum 1. Januar 1947 11,6 Millionen Menschen Entnazifizierungsfragebogen ausfüllen müssen. Es ist verständlich, daß unter solchen Bedingungen nicht die Rede sein konnte von der Ermittlung der individuellen Verantwortung dieser oder jener Person, sie eröffneten jedoch vielfältige Möglichkeiten für Härte und Willkür.

Es sind nicht wenige Fälle bekannt, in denen die amerikanischen (manchmal auch englischen und französischen) Militärangehörigen unschuldige, jedoch wohlhabende Deutsche zu Naziverbrechern stempelten, um einen Vorwand zur Konfiszierung ihrer Wohnungen und ihres Vermögens zu erhalten, das sie sich dann als »Befreier« aneigneten. Friedliche deutsche Bürger, die oberflächlich wie »Nazis und ihre Komplizen« aussahen, wurden schutzlose Opfer von Plünderungen, Gewalt und Mord der undisziplinierten Soldateska. Besonders empörte mich, daß alle diese Gesetzwidrigkeiten nicht nur nicht unterbunden, sondern durch das Militärkommando der Verbündeten in den westlichen Besatzungszonen Deutschlands faktisch begünstigt wurden. Was die Bestrafung tatsächlicher Verbrecher anbelangte, war es mit dem gepriesenen angelsächsischen »Gerechtigkeitsgefühl« nicht weit her. Einerseits sprachen die Militärtribunale der Verbündeten in den westlichen Besatzungszonen die härtesten Strafen gegen Personen aus, deren Beteiligung an Naziverbrechen nur indirekt oder ungenügend zu bewei-

sen war. Andererseits gingen nicht selten Blutrichter, die Tausende Menschenleben auf dem Gewissen hatten, straffrei aus. Der Fall des als Schlächter von Lyon bekanntgewordenen Nazikriegsverbrechers Klaus Barbie, der durch den US-Geheimdienst vor der gerechten Strafe geschützt wurde, ist das markanteste Beispiel aus jüngster Zeit.
Im ersten Fall handelte es sich in der Regel um Menschen, die sich entschieden weigerten, den früheren Feinden zu dienen, welche offen ihre Mißachtung und ihren Haß auf alles Deutsche demonstrierten. Mit ihnen wurde nicht besonders rücksichtsvoll umgegangen. Und zur zweiten Kategorie gehörten jene, die es eilig hatten, ihre Dienste den neuen Herren anzubieten, und wegen ihres persönlichen Wohlergehens bereit waren, die Interessen ihres Landes, ihres Volkes und ihrer Freunde aufzugeben. Zu denjenigen, die den Weg der Kollaboration beschritten, gehörten nicht wenige ehemalige Mitarbeiter des RSHA, die dann leitende Funktionen in der Organisation Gehlen und danach im BND einnahmen.
Wie sich später herausstellte, knüpften einige von ihnen sofort nach Kriegsende geheime Kontakte zu anglo-amerikanischen Aufklärungsdiensten und arbeiteten als bezahlte Agenten oder wurden schon in den Internierungslagern, in die sie aufgrund des »Automatischen Arrests« eingewiesen worden waren, angeworben. Die Amerikaner und Briten hatten dadurch bereits beim Betreten deutschen Territoriums Handbücher über Organisation und Personal deutscher Dienststellen in der Hand, die es ihnen ermöglichten, schnell »interessante« Leute herauszugreifen. So waren die westlichen Alliierten beispielsweise bestens informiert über die Parteizentrale der NSDAP, Instanzen des RSHA und der Polizei vom Winter 1944/45, die Schaffung eines illegalen Netzes der Nazipartei und über Aufklärungs- und Diversionsgruppen des »Werwolf«.
Da diesen Handbüchern Listen mit den Namen der Anhänger solcher Gruppen beilagen, konnten die Amerikaner und Briten viele von ihnen internieren, um sie dann anzuwerben. Dutzendweise wurden sie später durch die Amerikaner in die Organisation Gehlen und durch die Briten in das Amt für Verfassungsschutz und die Organe der neugegründeten westdeutschen Polizei eingeschleust. Das bedeutet natürlich nicht, daß der westdeutsche Nachrichtendienst gänzlich aus prinzipienlosen, käuflichen Perso-

nen gebildet wurde. Unter den alten, langjährigen Mitarbeitern des RSHA, die sich einen Platz in der Organisation suchten, waren subjektiv ehrliche, anständige Menschen, sogenannte »Idealisten«, die nicht die Naziideologie vertreten, sondern nur mit gutem Gewissen hinter dem Schreibtisch ihre dienstlichen Pflichten erfüllt hatten, ohne den Rahmen der geltenden Gesetze zu überschreiten und sich an blutigen Ausschreitungen zu beteiligen. Viele konnten sich jedoch nicht zurechtfinden in den Schwierigkeiten der Nachkriegsperiode in Deutschland, und aus falsch verstandenem Pflichtbewußtsein verbanden sie ihr Schicksal mit der Verteidigung einer ungerechten Sache. Dies blieb mir dank meiner bereits damals errungenen Einsichten erspart.
Die Günstlinge der Besatzungsbehörden nahmen auch alle Schlüsselpositionen in den neugegründeten Organen der örtlichen Selbstverwaltung und später im zentralen Wirtschafts- und Verwaltungsrat der Bizone ein. Mit Hilfe einflußreicher ausländischer Gönner legten sie bereits ein festes Fundament ihrer späteren Karriere, die sie nach der Bildung des westdeutschen Staats in die höchsten Ämter in Regierungsinstitutionen und Parteiführungen brachte. Hauptvoraussetzungen für einen solchen Aufstieg waren absolute Loyalität gegenüber den Besatzungsbehörden, das Vermögen, die notwendigen Beziehungen herzustellen und aufrechtzuerhalten, und Skrupellosigkeit in der Wahl der Mittel zur Erreichung der gestellten Ziele.
Die »besonderen Beziehungen« zu den Westmächten, die, wie mir genau bekannt ist, bereits während des Kriegs geknüpft wurden, verhalfen auch solchen Politikern zu einer glänzenden Karriere wie dem Begründer der bayerischen CSU Josef Müller (mit dem Spitznamen »Ochsensepp«), dem Präsidenten des westdeutschen Bundestags der sechziger Jahre, Eugen Gerstenmaier, und dem einflußreichen Politiker Jakob Kaiser, der seinerzeit das Bonner Ministerium für gesamtdeutsche Fragen leitete, in dem ich Gelegenheit hatte, für eine gewisse Zeit zu arbeiten.
Ganz und gar nicht zufällig war auch, daß dann im Jahr 1949 Dr. Konrad Adenauer der erste Kanzler der BRD wurde. Unter der jungen Generation der Deutschen ist kaum bekannt, daß Adenauer durch engste geschäftliche und verwandtschaftliche Bande mit den einflußreichsten Kreisen sowohl des deutschen als auch des amerikanischen Kapitals verbunden war. Zu seinen mächtigsten Gönnern in Deutschland gehörten die größten Industriellen

und Bankiers wie Abs, Pferdmenges und Zinsser, die selbst in den Jahren des Kriegs die besten Beziehungen zu den amerikanischen Finanzgruppen Morgan und Rockefeller unterhielten. Die zweite Frau Adenauers, Gussi geb. Zinsser, war mit der Ehefrau des Präsidenten der Weltbank, McCloy, verwandt, der von 1949 bis 1952 US-Hochkommissar in der Bundesrepublik war. Später leitete er die Chase Manhattan Bank und war Sonderberater von US-Präsident John F. Kennedy.

Übrigens durchschauten sehr viele dieses scheinheilige Entnazifizierungs-Doppelspiel der Westmächte. Bei den Kommunisten war das ohnehin klar, wovon ich mich wiederholt überzeugen konnte. Aber auch solche Politiker wie der erste Familienminister der Bundesrepublik, Franz Josef Wuermeling, von der Zentrumspartei, gaben das zu. Nur waren sie zu feige, dagegen aufzutreten. Als ich Wuermeling einmal aufsuchte, um ihn zu fragen, ob er Verwendung für mich hätte, und ihm meinen Entnazifizierungsschein zeigte, winkte er nur ab. »Wissen Sie, ein E-Schein Gruppe 5 beweist nur die Intelligenz des Besitzers, sich davongeschlängelt zu haben.«

Der Familienminister hatte völlig recht. Für ihn bedeutete dieser E-Schein nichts, mir nützte er auch nicht viel, denn mir fehlten entscheidende Merkmale: Ich war weder katholisch, noch gehörte ich der CDU an. Das waren damals im Rheinland ausschlaggebende Mängel.

Aber ich konnte ein Studium an der Friedrich-Wilhelms-Universität in Bonn aufnehmen. Hier war ich an der Fakultät für Staats- und Rechtswissenschaften als Gasthörer immatrikuliert. Zwar hatte ich eine solche Ausbildung bereits absolviert, aber es mußten bestimmte Prüfungen nachgeholt oder neu gemacht werden, denn das NS-Recht fiel ja unter den Tisch. Besonders in Erinnerung geblieben ist mir Professor Ernst Friesenhahn, der spätere Bundesverfassungsrichter, genannt »der Giftzwerg«. Er war unter uns Studenten sehr gefürchtet, und wer sich von ihm prüfen lassen mußte, fühlte sich vom Schicksal derb geschlagen.

Wie die Studenten überall, so stritten auch wir uns leidenschaftlich über Politik und bildeten entsprechend unseren Ansichten verschiedene Interessengruppen. Ich fühlte mich jenen zugehörig, die ehrlich gewillt waren, Lehren aus der bitteren Vergangenheit zu ziehen. Zum Freundeskreis, in dem ich verkehrte, gehörten beispielsweise der Jurist Heinz Engelbert, heute Professor an der

Humboldt-Universität Berlin, oder Karl-Günter Bönninger, heute Professor für Staatsrecht an der Karl-Marx-Universität Leipzig.
Erst Anfang der siebziger Jahre haben wir uns in der DDR wiedergetroffen. Professor Bönninger sagte zu mir: »Ja, das, was du auf dich genommen hattest, konnten wir natürlich nicht im geringsten ahnen. Wir konnten damals nur konstatieren, auch der Felfe hat sich von uns zurückgezogen.« Als beide Professoren mir zu meinem 60. Geburtstag gratulierten, habe ich mich über dieses Zusammentreffen sehr gefreut, und manche Schnurre aus der Bonner Zeit wurde gesponnen. Dafür gab es reichlich Stoff, denn vom Studieren allein konnte man damals nicht leben. Man mußte schon versuchen, sich durch vielerlei Tricks über Wasser zu halten. So schlugen wir uns eben durch, so gut es ging, ich zum Beispiel mit Briefmarkenhandel und kleinen Geschäften.
Ich verfolgte darüber hinaus noch ganz bewußt einen anderen Zweck, nämlich so viele Leute wie möglich kennenzulernen, die mir später eventuell in irgendeiner Form würden helfen können. Nicht zuletzt deshalb wandte ich mich der Journalistik zu, was auch materiell gesehen sicherer war, denn ich verdiente ebensogut, wie ich arbeitete.
Natürlich verfolgte ich die Zeichen der Zeit sehr aufmerksam. Der Übergang des Westens zur Politik des kalten Kriegs gegen die Sowjetunion, der endgültig bereits Mitte 1947 einsetzte, war nicht zu übersehen. Unter diesem Gesichtspunkt stieg der Wert Deutschlands in den Augen westlicher politischer und militärischer Führer bedeutend. Für sie verwandelte sich der unter ihrer Kontrolle stehende westliche Teil des Landes jetzt in eine Hauptbasis zur Vorbereitung auf einen neuen Weltkrieg, der beispielsweise nach den Ansichten Churchills schon in dieser Zeit begonnen werden sollte. Immer deutlicher wurde der Kurs, der gerichtet war auf eine vollständige Unterminierung der Potsdamer Beschlüsse, auf eine Zerstörung der vierseitigen Kontrolle über Deutschland, auf eine beschleunigte Wiederherstellung des militärisch-ökonomischen Potentials der westlichen Besatzungszonen, auf die Einbeziehung Westdeutschlands in den Prozeß der wirtschaftlichen und militärischen Integration Westeuropas und letztendlich in die westlichen Militärblöcke. »Die Zeiten von Jalta sind vorbei«, schrieb die amerikanische Zeitung »New York Herald Tribune« am 20. Dezember 1947. »Die Aufteilung Deutschlands gibt uns freie Hand und ermöglicht es uns, Westdeutschland in das System der

westlichen Staaten mit einzubeziehen.« Zahlreiche Reisen durch die vier Besatzungszonen brachten mir viele Kontakte zu allen politischen Lagern und Kreisen und ließen mich Teilnehmer vieler Ereignisse werden. Einige Persönlichkeiten, die ich erlebte oder mit denen ich zusammentraf, möchte ich erwähnen, weil sie in dieser oder jener Weise, wenn auch verschieden und mit unterschiedlicher Wirkung, mein politisches Weltbild weiterformten.
Ich erlebte die Debatten im Parlamentarischen Rat zum Grundgesetz und die Verabschiedung des Grundgesetzes selbst, ebenso die Wahl des ersten Bundespräsidenten, Theodor Heuss, durch die Bundesversammlung. Zur Erinnerung an den Empfang anläßlich dieses Ereignisses erhielt jeder Geladene einen kristallenen Weinbecher mit eingeschliffenem Datum. Ich besitze ihn noch heute.
Von den Kommunisten erinnere ich mich neben Max Reimann besonders gut an Heinz Renner, damals Verkehrsminister von Nordrhein-Westfalen. Sein Witz, seine Schlagfertigkeit waren gefürchtet, kamen aber zugleich so gut an, daß selbst Adenauer schmunzelte, je schärfer Renner polemisierte. Nebenbei gesagt, ich entsinne mich noch, wie Theodor Heuss in einer Pause Heinz Renner unterhakte und mit ihm, im Garten auf und ab gehend, ein angeregtes Gespräch führte. Angesichts der heutigen Verhältnisse in der Bundesrepublik wäre Heuss reif für ein Berufsverbot. Ich begegnete überdies solchen Persönlichkeiten wie Kurt Schumacher, Fritz Ollenhauer, Thomas Dehler u. a.
So führte ich viele offene Gespräche mit Vertretern der unterschiedlichsten politischen Strömungen und Gruppen, darunter auch Professor Ulrich Noack, Begründer des Nauheimer Kreises, und gelangte zu der Überzeugung, daß der Kurs der Westmächte auf die Bildung eines separaten westdeutschen Staates als Bestandteil des politischen und militärischen Systems des Westens von sehr einflußreichen Kräften in Westdeutschland selbst unterstützt wurde. So ist es bekannt, daß beispielsweise Adenauer Repräsentant separatistischer Tendenzen war, die vor allem katholische Kreise am Rhein vertraten, und sich wenig darum sorgte, was im Osten des Landes vor sich ging.

Wiederholt hörte ich von ihm nahestehenden Personen, der »Alte« habe mehr als einmal erklärt – schon zu seiner Zeit als Kölner Oberbürgermeister –, daß für ihn »Deutschland an der Elbe aufhört und dann Asien beginnt«. In den Ansichten Adenauers

zeigten sich bereits längere Zeit vor der Gründung der BRD die annexionistischen Elemente der späteren »Deutschlandpolitik«. Gegenüber der sowjetischen Besatzungszone traten diese Elemente von Anfang an klar zutage und beschworen für die antifaschistisch-demokratische Entwicklung, die dort stattfand, gefährliche Konsequenzen herauf. Der »Alleinvertretungsanspruch« hat hier seine Wurzeln. Diese Politik bedeutete, das Gebiet östlich von Elbe und Werra mit seinen 18 Millionen Menschen zu einem Hauptversuchsfeld der Praxis des kalten Kriegs zu machen. Und sie bewegte sich ganz auf der Linie der 1946 von Winston Churchill gehaltenen Reden in den USA und Europa, in denen er für die Bildung eines antisowjetischen Blocks eingetreten war. Entsprechendes äußerte am 17. Januar 1947 John Foster Dulles, der spätere Außenminister der USA unter Präsident Dwight D. Eisenhower. Mit der Verkündung der Truman-Doktrin am 12. März 1947 wurden die Weichen für die antideutsche Politik der westlichen Mächte dann endgültig gestellt.
Übrigens bin ich Konrad Adenauer damals öfter begegnet. Ich wohnte wie er in Rhöndorf, und wir hatten einen gemeinsamen Weg zu unseren benachbarten Häusern. Hin und wieder traf ich ihn, wenn ich zur Universität ging und er zur Arbeit. Sein Fahrer wartete mit dem Auto unten im Tal, denn zu seinem Grundstück hinauf gab es keine Straße. Einmal erzählte ich ihm auch meine Eindrücke von den Debatten im Parlamentarischen Rat. Meine Haltung schien ihm zu gefallen, denn er sagte zu mir: »Junge Männer Ihres Schlages braucht die heutige Zeit ganz besonders.« Er ahnte nicht, wie recht er hatte. Eine der seinen ähnliche Denkweise, die die nationalen Interessen der Deutschen und ihren Drang nach Wiederherstellung der staatlichen Einheit Deutschlands völlig ignorierte, war auch bei vielen anderen Politikern der BRD anzutreffen, was sie nicht daran hinderte, sich das Recht anzumaßen, »im Namen des gesamten deutschen Volkes« aufzutreten.
Die Spaltung Deutschlands begünstigte auch die Inhaber der führenden Konzerne, die Großkaufleute und Bankiers, die von einer engen Zusammenarbeit mit den westlichen Monopolen eine gewaltige Erhöhung ihrer Gewinne erwarteten.
Daß für Adenauer der Ausverkauf des deutschen Neubeginns an die westlichen Besatzungsmächte geradezu selbstverständlich war, hatte er bereits im Sommer 1945 bekannt. »Die Besetzung

Deutschlands durch die Alliierten«, ließ er damals wissen, »ist für lange Zeit hinaus dringend notwendig. Deutschland ist unfähig, sich selbst zu regieren. Aber um dem Volk Mut und Hoffnung einzuflößen, müssen wir soviel Bewegungsfreiheit wie möglich erhalten – wie ein Pferd im Geschirr, dem man die Zügel locker läßt.«[1] Auch in der Folgezeit trat er immer wieder mit Erklärungen auf, die einen politisch Unbedarften wegen ihrer entlarvenden Aussagen im schlechtesten Sinne verblüffen konnten. Mit Rückgriff auf das von Hitler und Goebbels strapazierte Schlagwort von der »Neuordnung« gestand er ein, daß er mit der Wiederaufrüstung Westdeutschlands und der damit zementierten Spaltung des Landes »die Kräfte der Vereinigten Staaten vermehrt« und »die Vorbereitung einer Neuordnung in Osteuropa«[2] zu treffen wünsche. Hinsichtlich der beiden deutschen Staaten riet er vom Gebrauch des Begriffs »Wiedervereinigung« ab. Statt dessen solle man »lieber sagen: Befreiung des Ostens«. Für ein derart »befreites« Polen, das dann »der östlichste Staat Europas mit westlicher Kultur« wäre, machte er die fatal an das einstige faschistische Generalgouvernement erinnernde Vorstellung geltend, größere Landesteile »als deutsch-polnisches Kondominium«[3] zu verwalten. Über die UdSSR berichtete er durchaus wahrheitsgemäß, »daß die Sowjetregierung wirklich ein Sicherheitssystem will«[4]. Der sowjetischen Führung ließen sich allein deshalb schon keinerlei kriegerische Bestrebungen anlasten, weil sie »eine so große Fülle ungeheurer Aufgaben im Innern des Landes zu erfüllen (hat) – ich denke nicht an politische, sondern an soziale, wirtschaftliche und kulturelle –, daß sie der Erfüllung dieser Aufgabe ihre ganze Kraft widmen möchte. Dieses Bedürfnis ist nicht nur für kurze Zeit vorhanden ...«[5] Solche Einsicht hinderte Adenauer jedoch nicht daran, gegen die UdSSR und die sich mit ihr zum sozialistischen Weltsystem entwickelnden Staaten Mittel-, Süd- und Osteuropas übelsten Haß zu schüren, indem er sich des Vokabulars der Nazipropaganda bediente und von einer »Welt« sprach, »die im Grunde genommen unser Todfeind ist«.[6]
Ich begriff bereits damals, daß mich nichts mit solchen Leuten und einer solchen Politik verband. Meine Aufmerksamkeit richtete sich immer mehr auf den mutigen Beginn meiner Landsleute im Osten, die zum Aufbau eines wahrhaften freien, demokratischen und friedliebenden deutschen Staates, der Deutschen Demokratischen Republik, übergingen.

Als viele Jahre später mein Name nach meiner Verhaftung und besonders während des Prozesses die Schlagzeilen beherrschte, soll Adenauer gesagt haben, nachdem er sich genau informieren ließ, wer Felfe war: »Bloß gut, daß der damals weggezogen ist, sonst hätte der Gehlen womöglich noch mich beschatten lassen.«
Daran war durchaus ein Fünkchen Wahres. Obwohl ich bei meiner Anwerbung durch die Organisation Gehlen nicht mehr in Rhöndorf wohnte, hatte mich bereits mein unmittelbarer Anwerber eingehend ausgefragt, was ich alles über Adenauer wisse, von ihm und seiner Familie »mit eigenen Augen« gesehen, von ihm und über ihn »mit eigenen Ohren« gehört habe usw.
Da ich auch für den Berliner Rundfunk arbeitete, unternahm ich verschiedene Reisen durch die damalige sowjetische Besatzungszone, die junge Deutsche Demokratische Republik. Wenn es sich einrichten ließ, besuchte ich meine Mutter in Dresden. Als ich meine geliebte Heimatstadt so völlig sinnlos zerstört zum erstenmal wiedersah, war ich derartig erschüttert und bestürzt, daß es mir schier die Luft vor Schmerz abschnitt. Zunächst zu keiner Reaktion fähig, stolperte ich durch die ehemalige Prager Straße und konnte meine Tränen nicht mehr zurückhalten, Tränen des Schmerzes und der Wut auf diejenigen, die dies alles verschuldet hatten. Als ich vor den Trümmern meines Vaterhauses stand, erging es mir ebenso.
Ich durchlebte noch einmal, jedoch viel intensiver, jene qualvollen Stunden in Holland, als ich von dem furchtbaren Bombardement auf Dresden erfahren hatte. Und ich will nicht verschweigen, daß gerade dieses Erlebnis ein starkes Motiv war, Kundschafter der Sowjetunion zu werden, weil nur dieses Land die Kraft hatte und vor allem gewillt war, eine solche Katastrophe künftig zu verhindern. So etwas durfte es nie wieder geben. Dafür war keine Mühe zu groß, keine Anstrengung zu gering.
Jetzt, vor den Trümmern meiner Vaterstadt, empfand ich es als geradezu symbolisch für die Zukunft, daß anglo-amerikanische Bomber Dresden zerstört hatten, während sowjetische Soldaten im Mai 1945 Lebensmittel an die Berliner austeilten. In diesen beiden Handlungen manifestierte sich für mich alles, was ich in den vergangenen schweren Monaten durchdacht hatte.
Sofort nach der bedingungslosen Kapitulation waren die ersten Befehle der sowjetischen Besatzungsbehörden erteilt worden, um das kulturelle und politische Leben wieder in Gang zu setzen:

Gründung von Parteien und Gewerkschaften, Eröffnung von Schulen, Klubs, Theater. Ich hatte eine solche Unterstützung nicht erwartet. Denn ich wußte sehr gut, was meine ehemaligen SS-Vorgesetzten in Osteuropa angerichtet und noch geplant hatten. Nun aber mußte ich erkennen, daß sich die Sowjetunion sehr gut auf den Sieg vorbereitet hatte, denn ein so umfangreiches Aufbauwerk kann man nicht in wenigen Tagen aus dem Boden stampfen. Auch darin sah ich einen Beweis für das aufrichtige Streben der Sowjetunion, dem deutschen Volk zu helfen.

Die Fakten zeugen davon, daß es die Sowjetunion war, die auf allen Treffen, Verhandlungen und Konferenzen der Vertreter der vier Mächte, angefangen von den ersten Nachkriegstagen bis hin zum Frühjahr 1949, als die Frage der Bildung eines separaten westdeutschen Staates praktisch bereits entschieden war, unermüdlich für die Wiedervereinigung Deutschlands eintrat, die immer wieder konkrete Vorschläge unterbreitete, wobei sie bereit war, auf Kompromisse einzugehen, selbst zum Schaden eigener Interessen. Mehr noch, die UdSSR trat noch mit einer vielversprechenden Initiative zur Wiederherstellung der Einheit Deutschlands im März 1952 an die Weltöffentlichkeit, als bereits über zwei Jahre zwei deutsche Staaten, die Bundesrepublik Deutschland und die Deutsche Demokratische Republik, existierten. Als einzige Bedingung für eine Wiedervereinigung forderte die sowjetische Regierung, daß Westdeutschland auf eine Politik des Militarismus und auf die Beteiligung an Militärbündnissen für immer verzichten solle. Leider wurde dieser Weg, der den Interessen der überwiegenden Mehrheit der Deutschen entsprochen hätte, von der Adenauer-Regierung, die mit den westlichen Mächten konform ging, abgelehnt.

Ich selbst stellte mir in diesen Jahren häufig diese Frage: Könnte nicht auch die Sowjetunion an der Teilung Deutschlands interessiert sein, um dann den östlichen Teil des Landes in ihr politisches System mit einzubeziehen? Und immer gelangte ich zu der Schlußfolgerung, daß die Sowjetunion in diesem Fall völlig anders hätte handeln müssen, als sie es tat. Würde beispielsweise die Sowjetunion eine Stationierung der Truppen der Bündnispartner in Westberlin zulassen und sich mit der Verwandlung dieser Stadt in einen »Pfahl« im Fleische der DDR abfinden, wenn sie von vornherein die Absicht gehabt hätte, den von ihr besetzten Teil Deutschlands als selbständigen Staat nach ihrem System bestehen zu lassen?

Gut in Erinnerung sind mir die Goethe-Feiern von 1949, anläßlich des 200. Geburtstags des Geheimrats, geblieben, an denen ich als interessierter Student in Weimar teilnahm. Dort lernte ich sehr interessante Persönlichkeiten kennen. Es liegt in der Tat viel Wahrheit in dem alten Sprichwort, daß Reisen bildet, wenn man aktiv reist, die Zeit nutzt, möchte ich hinzufügen. In diesem Sinne versuchte ich, meine Weimarer Tage zu gestalten. Während eines Banketts – ich fuhr übrigens immer mit einem Interzonen-Paß des Allgemeinen Studentenausschusses der Universität Bonn – lernte ich auch einen sowjetischen Journalisten und seine elegante Frau kennen. Beide waren nach der letzten Mode gekleidet. Seine Haltung und Bewegung wirkten bei aller Eleganz etwas schlaksig. Ich kam mit ihm, der ein ausgezeichnetes, völlig akzentfreies Hochdeutsch sprach, ins Gespräch. Er beeindruckte mich durch seine profunden Geschichtskenntnisse. Beispielsweise erzählte er mir viel aus der Bonner Studienzeit von Karl Marx, wovon ich bis dahin nichts gewußt hatte und was mich als Bonner Studiosus verständlicherweise besonders interessierte. Ich muß heute gestehen, daß mir damals Karl Marx überhaupt ein weitgehend unbeschriebenes Blatt war.
Daß Marx ein ausgezeichneter Goethe-Kenner war, betone ich hier nur deshalb, weil dies die Brücke unserer Unterhaltung war, um wieder auf die Goethe-Feiern und auf den großen Weimarer selbst zurückzukommen. Hier konnte ich zu meiner Erleichterung meinem neuen Bekannten ein besserer Gesprächspartner sein. An das politische Hauptthema unseres Gesprächs erinnere ich mich noch gut. Es ging um die politischen Machtverhältnisse in Westdeutschland und um die Perspektive Deutschlands. Den Inhalt kann ich ziemlich genau wiedergeben, weil der sowjetische Journalist das präzise formulierte, was mir selbst klarer wurde: »Sie müssen zugeben, daß die Zerschlagung des Hitler-Reichs und die Herstellung einer Demokratie nach westlichem Muster kaum etwas am System der gesellschaftlichen Beziehungen im westlichen Teil Deutschlands änderten«, begann er. »Der entscheidende Einfluß in allen Lebensbereichen bleibt nach wie vor in den Händen der Industriebosse und Großgrundbesitzer, die nur noch mehr ihre Positionen im Ergebnis der Verflechtung ihrer Interessen mit denen des amerikanischen, englischen und französischen Kapitals festigten. Die durch das Grundgesetz verkündeten demokratischen Rechte und Freiheiten bleiben in Wirklichkeit ein Privileg der

besitzenden Klassen, während die werktätigen Massen des Rechtes auf freie Willensäußerung beraubt sind. Gleichzeitig ist die Amerikanisierung der deutschen Kultur und Lebensweise in vollem Gange. Jeder ehrliche Deutsche muß doch mit Widerwillen beobachten, wie die wahrhaften kulturellen und geistigen Werte, auf die das deutsche Volk mit Recht stolz sein kann, der amerikanischen ›Kulturbarbarei‹, Coca-Cola, Kaugummi, Narkotika und Sex, Platz machen müssen. Es kann nur eine Schlußfolgerung geben, daß der Weg, den die Entwicklung in Deutschland nimmt, nicht den Interessen einer hochorganisierten Nation, die das deutsche Volk war und bleibt, mit ihren jahrhundertealten Traditionen des gesellschaftlichen, politischen und kulturellen Lebens entsprechen kann. Ich denke, die Tatsachen liegen klar auf der Hand, das bedarf keines Kommentars mehr.«

Die spätere Entwicklung bewies, daß seine Einschätzung Punkt für Punkt stimmte. Das zeigte sich besonders deutlich bei der Bildung des westdeutschen Staats im Jahr 1949, als die westlichen Besatzungsmächte und die vor ihnen zu Kreuze kriechenden westdeutschen Politiker sich kategorisch weigerten, ein Volksreferendum zur Frage der künftigen Staatsordnung und über die Einheit Deutschlands durchzuführen.

Diese Entwicklung führte mit logischer Folgerichtigkeit zur Zerstörung der Einheit Deutschlands und zu seiner Spaltung in zwei einander diametral gegenüberstehende Staaten. Obwohl die Projekte einer künstlichen Aufteilung Deutschlands, die in den westlichen Hauptstädten ausgedacht wurden (Morgenthau-Plan u. a.), bereits in Potsdam offiziell abgelehnt wurden, war die gesamte Politik der USA, Großbritanniens und Frankreichs nicht auf die Suche nach abgestimmten und gegenseitig annehmbaren Wegen für die Entwicklung des östlichen und des westlichen Teils Deutschlands gerichtet, sondern auf die Vertiefung des Kontrastes zwischen ihnen, der aufgrund der prinzipiell unterschiedlichen Vorstellungen der Westmächte und der Sowjetunion darüber, wie das Nachkriegsdeutschland aussehen solle, entstand.

Während die UdSSR von der Notwendigkeit ausging, die gesellschaftliche und wirtschaftliche Ordnung im Land grundlegend umzugestalten, um eine Wiedergeburt von Militarismus und Nazismus auszuschließen und die Entwicklung Deutschlands zu einem friedlichen und demokratischen Staat zu gewährleisten, stellten sich die Westmächte das Ziel, Deutschland zu einem Instru-

ment ihrer Politik zu machen. Sie wollten die Herrschaft über Europa, sie wollten das »Roll back«, das »Zurückrollen des Kommunismus«, der UdSSR, und sie versuchten, jede progressive Entwicklung in der sozialen und politischen Struktur Deutschlands sowie aller anderen europäischen Staaten zu verhindern. Hieraus resultierte das Interesse der Westmächte, um jeden Preis – wenigstens im westlichen Teil Deutschlands – die frühere, nur durch eine demokratische Fassade etwas erneuerte Klassenordnung beizubehalten.
Der Journalist gab mir zum Abschied das Manuskript der Rede, die der spätere erste Ministerpräsident der DDR, Otto Grotewohl, zur Goethe-Feier der deutschen Jugend am 21./22. März 1949 in Weimar gehalten hatte. »Lesen Sie dies gut durch. Lesen Sie besonders jene Stelle, an der Otto Grotewohl die jungen Menschen und damit auch Sie anspricht, sich des Goetheschen Erbes würdig zu erweisen und nicht mehr Amboß, sondern Hammer zu sein. Ich habe Ihnen diese Stelle angestrichen. Handeln Sie im Sinne des Geheimrates.« Diese Rede habe ich mit Gewinn gelesen.
Viele Jahre später, 1959 oder 1960 war es, da meldete uns das Auswärtige Amt in Bonn, in Bälde komme ein neuer Erster Botschaftsrat der sowjetischen Mission. Um seine Akkreditierung sei bereits nachgesucht worden. Dieses Verfahren war und ist üblich. Noch bevor neue Mitarbeiter der Sowjetbotschaft und auch anderer Vertretungen ihre Tätigkeit aufnahmen, wurde der BND informiert, um die lückenlose »Absicherung« organisieren zu können. Speziell für Operationen gegen die Botschaft der Sowjetunion gab es den sogenannten Arbeitsstab INDEX, dessen Leiter ich war. Als ich die Meldung des Auswärtigen Amtes las, fiel es mir nicht schwer festzustellen, daß dieser neue Erste Botschaftsrat offensichtlich mit dem Journalisten von damals in Weimar identisch war. Diese ganze Angelegenheit wäre eine reine Routinesache gewesen, hätten sich nicht die Amerikaner lebhaft für ihn interessiert. Es gab ja nichts im BND, was nicht zugleich der CIA bekannt gewesen wäre, während es umgekehrt absolut nicht so war. Aber diese »Partnerschaft« zwischen beiden Diensten ist eine Betrachtung für sich wert, die später folgen soll.
Jedenfalls zeigten die Amerikaner ein lebhaftes Interesse für meinen alten Bekannten. Sie hatten sich etwas ausgedacht, um ihn kurz nach seiner Ankunft zu provozieren. Den Amerikanern kam es darauf an zu testen, wie der Diplomat reagieren würde. Davon

wollten sie weitere Schritte abhängig machen. Möglicherweise dachten sie sogar an Erpressung. Für sie barg diese Operation keinerlei Risiko. Natürlich war ich in diese Pläne eingeweiht worden, denn ich sollte die Absicherung dieser »Aktion« organisieren. Zum größten Bedauern meiner amerikanischen Kollegen aber wurde der Akkreditierungsantrag für den neuen Ersten Botschaftsrat von der sowjetischen Regierung zurückgezogen.

Doch zurück zu den Goethe-Feierlichkeiten 1949 nach Weimar. In diesen Tagen lernte ich auch den damaligen Ministerpräsideten von Thüringen, Werner Eggerath, kennen. Klein und gedrungen, kräftig wie ein niederrheinländischer Bauer – er stammte ja aus dem Kreis Hainsberg am Niederrhein – sprach er mich einfach an. »Nun, welchen Eindruck haben Sie, junger Mann?« fragte er. Und ehe ich antworten konnte, hakte er mich unter, drückte mich in einen Sessel, setzte sich daneben und erkundigte sich, wer ich sei, woher ich komme, was ich tue usw. Da auch ich seine engere Heimat gut kannte, hatten wir vorerst genügend Gesprächsstoff. »Studieren Sie, studieren Sie. Das ist das beste, was Sie jetzt tun können. Und nichts überstürzen. Wir halten so lange die Stellung«, riet er mir. Ich war ein wenig verwirrt, als ich mitbekam, wer da so unbefangen und herzlich mit mir plauderte. Schließlich war ich Student, er Ministerpräsident.

Dieses Gespräch, diese ungezwungene Atmosphäre beeindruckten mich damals sehr, und noch heute denke ich mit Freude und Genugtuung daran zurück. Es beeindruckte mich auch deshalb, weil ich mir schlecht eine ähnliche Situation in Bonn vorstellen konnte. Und dabei dachte ich nicht einmal an einen Ministerpräsidenten, sondern beispielsweise an den »Giftzwerg«, an den von uns Studenten so gefürchteten Professor Friesenhahn.

Die Unterhaltung mit Werner Eggerath war für mich auch im nachhinein noch sehr ergiebig, denn von nun an bekam ich regelmäßig Bücher und Zeitschriften aus seinem Büro zugeschickt. Werner Eggerath war außerordentlich gut über die Politik der westlichen Besatzungsmächte informiert. Er nutzte unser Gespräch, um mich auf einige Seiten dieser Politik nachdrücklich aufmerksam zu machen. Besonders legte er mir ans Herz, die intensiven Vorbereitungen auf einen Krieg gegen die UdSSR seitens der Westmächte sehr ernst zu nehmen, sie nicht zu unterschätzen und dagegen zu kämpfen. »Ich weiß doch genau, welche wachsende Unruhe sich der westdeutschen Bevölkerung wegen dieser Kriegspolitik bemächtigt«, erklärte er. »Sie werden es vielleicht nicht wissen, daß die englischen Militärbehörden in Eile auf einem ausgedehnten Gelände zwischen Lüneburg und Soltau riesige Speicher mit Rohstoffen und Halbfertigfabrikaten für die Rüstungsindustrie, in erster Linie für die Flugzeugindustrie, errichten. Schon heute ist es immer offensichtlicher, daß alle Gespräche über die Entmilitarisierung und Demokratisierung Deutschlands den Westmächten lediglich als Tarnung für die Verwandlung Deutschlands in ein Werkzeug ihrer imperialistischen Politik dienen, die zur Entfachung eines neuen Weltkriegs führt, der eine Bedrohung der Existenz des deutschen Volkes wäre. Wir alle, junger Freund, müssen voller Entschlossenheit dafür kämpfen, niemals wieder mitbeteiligt zu sein an einer solchen Entwicklung, die Deutschland erneut auf einen Weg der nationalen Katastrophe bringt.«

Diese Worte des Thüringer Ministerpräsidenten beeindruckten mich sehr, entsprachen sie doch voll und ganz meinen eigenen Erfahrungen und Empfindungen. Ich lebte ja nach meiner Gefangenschaft in der britischen Besatzungszone. Da ich mich nicht allein vom Gefühl leiten lassen wollte, ging ich den Angaben nach. Tatsächlich gab es diese Aktivitäten der englischen Militärbehörden, und ich erfuhr noch einiges mehr. Auf das besagte Gelände wurden große Mengen Duraluminium, Leichtmetalle, Kupfer, Bauxit, Spezialstähle und andere Materialien gebracht, die nach damaligen Berechnungen von Spezialisten für die Produktion von 7200 Flugzeugen ausreichten. In den Speichern wurden Kohlenvorräte angelegt, obwohl zu dieser Zeit in der englischen Besatzungszone viele Industriebetriebe und das Transportwesen wegen Heizstoffmangels nicht arbeiten konnten.

Ähnliches erfuhr ich auch aus der amerikanischen Besatzungszone, wo Maßnahmen zur Wiederaufnahme der Kriegsproduktion im Interesse der Westmächte ergriffen wurden. Kurt Schumacher bezog sich wohl auch darauf, als er im April 1949 sehr treffend erklärte, daß die Deutschen nicht an einem Krieg interessiert seien und die Westmächte nicht damit rechnen sollten, daß die Deutschen für sie die Kastanien aus dem Feuer holen würden. Wenn sie gegen Rußland einen Krieg entfachen wollten, so sollten sie das selbst tun. Sie würden sich ebenso die Köpfe einrennen wie die deutschen Nazis.

Was konnte ich mit meinem Wissen anfangen, da die bürgerliche Presse solche Details über die Remilitarisierung in der britischen

Besatzungszone nicht druckte? Mit Entschlossenheit kämpfen hieß aber, sein Wissen nicht »in der guten Stube« zur eigenen Rechtfertigung und für den eigenen Seelenfrieden anzusammeln. Deshalb suchte ich nach anderen Möglichkeiten.

Deutschland wurde auf Schritt und Tritt mit dem beispiellosen eigenmächtigen Wirtschaften der Militärbehörden auf seinem Territorium, mit grober Gewalt und Willkür gegenüber der Bevölkerung und mit der vollständigen Mißachtung der Lebensinteressen seiner Bürger konfrontiert. In der ersten Zeit der Nachkriegsperiode nutzten die Westmächte gern jene Bestimmungen des Potsdamer Abkommens, welche die Vernichtung des Militärpotentials Deutschlands vorsahen. Unter diesem Vorwand betrieben sie eine Politik der industriellen Demontage, eine Politik, die, wie der amerikanische Militärgouverneur in Deutschland, General Lucius D. Clay, einmal offen bekannte, auf die Herstellung des Friedens nach dem Beispiel Karthagos gerichtet war. In großem Umfang wurden Industriebetriebe zerstört, die wertvollsten Anlagen abgebaut, vorhandene Rohstoffe konfisziert und ausgeführt. Dabei befanden sich in dem Verzeichnis der zu liquidierenden Objekte nicht selten Betriebe, die nur Friedensprodukte herstellten, jedoch eine ernsthafte Konkurrenz für die anglo-amerikanischen Monopole darstellen konnten. Es war nicht schwer zu begreifen, daß es darum ging, den deutschen Konkurrenten auf den Weltmärkten unschädlich und die deutsche Wirtschaft von den amerikanischen und britischen Konzernen abhängig zu machen. Ebenso wurden deutsche Patente, Firmen- und Produktnamen als Kriegsbeute betrachtet und entschädigungslos ausgenutzt.

Während der »Dekartellisierung« der deutschen Industrie kauften westliche Monopole viele Industriebetriebe (oder große Teile ihrer Aktien) für einen Spottpreis. Das betraf insbesondere eine Reihe chemischer Fabriken, die früher zur IG Farben gehört hatten und sich jetzt in der amerikanischen Besatzungszone befanden. Das amerikanische und englische Kapital konnte auch tief in die metallurgische Industrie, die zuvor in den Vereinigten Stahlwerken zusammengeschlossen war, eindringen.

Die westlichen Besatzungsmächte beabsichtigten, unter Berufung auf das Potsdamer Abkommen, die deutsche Industrieproduktion, vor allem den Bergbau und die Metallverarbeitung, zu beschränken. Eine wichtige Rolle spielte dabei das Vorhaben, das Ruhrgebiet von Deutschland abzutrennen und unter internationale Kontrolle, das heißt faktisch unter die der Briten und Amerikaner, zu stellen und das Saarland an Frankreich anzugliedern. Die Aktionen der Westmächte drohten Deutschland für immer der wirtschaftlichen Selbständigkeit zu berauben und ihm den Weg zur Wiedergeburt zu verlegen. Sie verlängerten den Zustand des Chaos und der Zerstörung und verschlimmerten so die Notlage der breiten Volksmassen.

Im Gegensatz dazu betrachtete die Sowjetunion die Maßnahmen zur Beschränkung der Industrieproduktion Deutschlands von Beginn an als befristet und trat bereits im Juli 1946 dafür ein, eine gesteigerte Erzeugung von Kohle, Stahl und anderen Industrieprodukten zu zivilen Zwecken nicht zu behindern. Die Sowjetunion unterstrich besonders die Notwendigkeit, in allen Besatzungszonen Deutschlands eine einheitliche Wirtschaftspolitik durchzuführen, die die Erfordernisse einer friedlichen Entwicklung des Landes und die Befriedigung der Bedürfnisse der Bevölkerung berücksichtige. Von sowjetischer Seite war man ständig darum bemüht, die Verwirklichung eines der grundlegenden Prinzipien des Potsdamer Abkommens zu gewährleisten, nach dem Deutschland als ein einheitliches wirtschaftliches Ganzes zu betrachten sei. Wenn sich auch die Westmächte von diesem Prinzip hätten leiten lassen, wäre es niemals zur Spaltung Deutschlands gekommen.

Die jähe Wende in der Politik der Westmächte, die Forcierung der wirtschaftlichen Entwicklung Westdeutschlands, die etwa ab Mitte 1947 erfolgte, wurden selbstverständlich nicht durch irgendwelche philantropischen Gefühle und Sympathien für die Deutschen hervorgerufen. Nein, in Washington und London hatte man sich entschieden, die Konfrontationspolitik gegen die Sowjetunion drastisch zu verschärfen, wobei die westlichen Alliierten nicht einmal vor dem Risiko eines neuen Weltkriegs zurückschreckten. Und so verwandelte sich Deutschland mit seinen großen militärisch-wirtschaftlichen und menschlichen Ressourcen aus einem besiegten Feind in einen sehr wertvollen potentiellen Bündnispartner, auf den man die Hauptlast eines neuen Kriegs abwälzen konnte. Nicht zufällig nannte John F. Dulles Deutschland die »größte militärische Kraft neben der Atombombe«.

Zum beschleunigten Wiederaufbau des militärisch-industriellen Potentials trug die Einbeziehung Westdeutschlands in den Marshall-Plan bei, die auf der Londoner Konferenz der sechs Westmächte im Frühjahr 1948 offiziell sanktioniert wurde. Der Nimbus der in großem Umfang geplanten »wohltätigen Aktion«, der zu Beginn die amerikanischen Lieferungen nach dem Marshall-Plan umgab, war schnell verflogen. Die Bewohner der Westzonen Deutschlands konnten sich in der Praxis davon überzeugen, daß die über den Ozean kommende »Wirtschaftshilfe« weniger im Zusammenhang stand mit der Sorge um die Verbesserung des Wohlstands der Deutschen, sondern vor allem den wirtschaftlichen, politischen und militärischen Interessen der Vereinigten Staaten diente.

Während meiner Bonner Studienzeit besuchte ich sehr oft das britische Informationszentrum in Bonn, genannt »Die Brücke«. Erstens gab es dort alle westlichen Zeitungen zu lesen, man konnte sich sehr umfassend informieren. Die »Tägliche Rundschau«, das Organ der sowjetischen Militäradministration, suchte ich allerdings vergeblich. Zweitens war »Die Brücke« immer geheizt, so daß man sich gut aufwärmen konnte. Infolge meines gründlichen Pressestudiums wußte ich, daß in dieser Zeit in den USA ein besorgniserregendes Absinken der Produktion in eine Depression überzugehen drohte und eine Wirtschaftskrise zu erwarten war. In den Lagern der amerikanischen Industrieunternehmen und Handelsfirmen häuften sich große Mengen überschüssiger Waren, die auf dem Binnenmarkt keinen Absatz fanden. Diese in der Regel minderwertigen Industriegüter und Lebensmittel stellten einen bedeutenden – in der ersten Etappe den überwiegenden – Teil der Marshall-Plan-Lieferungen an Westdeutschland dar, wobei sie zu hohen Marktpreisen verkauft wurden.

Die große Unzufriedenheit der Bevölkerung darüber brachte in einer öffentlichen Rede der Leiter der bizonalen Wirtschaftsverwaltung, Dr. Semler (CDU), zum Ausdruck, der erklärte, daß Schluß gemacht werden müsse mit einer solchen Verfahrensweise, daß die Amerikaner Lebensmittel zu Höchstpreisen liefern, die nicht einmal als Hühnerfutter taugten. Anlaß zu dieser Auffassung war die Tatsache, daß die Amerikaner in großen Mengen kaum genießbares Maismehl nach Westdeutschland geschickt hatten. Das daraus hergestellte, wie Kuchen gelb aussehende Brot hatte die hungernde Bevölkerung tief enttäuscht, man konnte es kaum essen, und die Brotmarken waren vertan – es mußte weitergehungert werden.

Die Besatzungsbehörden verboten die Veröffentlichung dieser Rede, sie wurde jedoch illegal vervielfältigt, ging lange Zeit von Hand

zu Hand und wurde sogar zu Schwarzmarktpreisen verkauft. Semler wurde auf Forderung der Amerikaner übrigens seines Postens enthoben.
Die Praxis des Marshall-Plans zeigte, daß die USA ganz und gar nicht daran interessiert waren, den Europäern, so auch den Westdeutschen, bei der Entwicklung ihrer nationalen Wirtschaften zu helfen. Laut offizieller amerikanischer Statistik betrug bei diesen Lieferungen der Anteil von Industrieanlagen nicht mehr als 10 Prozent, der von Lebensmitteln, Futter und Dünger 25, von Rohstoffen und Halbfertigprodukten etwa 30 und der von Brennstoffen etwa 14 Prozent. Die USA lieferten als Marshall-Plan-Hilfe nach Westeuropa wertmäßig mehr Erdnüsse als Generatoren und Elektromotoren, fast ebensoviel Milch wie Motoren und Turbinen, 4,5mal mehr Tabak als Traktoren und landwirtschaftliche Maschinen. Statt Textilmaschinen bekamen die Westdeutschen Baumwollstoffe, statt Maschinen für die Kornverarbeitung Mehl. Deutsche Unternehmer, mit denen ich mich häufig über dieses Thema unterhielt, beschwerten sich darüber, daß die Deutschen fast alle aus den USA eingeführten Waren selbst produzieren oder sie aus anderen europäischen Ländern erhalten könnten, wenn dies die Amerikaner nicht mit Hilfe der einschränkenden Maßnahmen der Militäradministration verhindern würden. Aber den USA ging es vor allem darum, ganze Zweige der westdeutschen Wirtschaft wettbewerbsunfähig zu erhalten.
Der Marshall-Plan hatte noch eine andere äußerst unangenehme Seite: Es war nicht nur so, daß die Mittel, die beim Verkauf der aus den USA gelieferten Waren eingenommen wurden, auf ein besonderes Sperrkonto (»Äquivalent-Fonds«) überwiesen werden mußten, über das die Deutschen nicht ohne amerikanische Zustimmung verfügen konnten. Sondern diese Gelder wurden auch schon sehr bald, wie andere US-Kredite, offen für militärische Zwecke eingesetzt.
Da die Unterstützung Westdeutschlands im Rahmen des Marshall-Plans von Anfang an davon abhängig gemacht worden war, daß sich die Deutschen an einem westlichen Militärblock unter Führung der USA beteiligten, ist es nicht verwunderlich, wenn die militärischen Aspekte in der amerikanischen Unterstützung immer mehr in den Vordergrund gerieten. Die eingehenden Mittel wurden direkt oder indirekt für die beschleunigte Remilitarisierung der westdeutschen Wirtschaft verwendet, insbesondere für die Wieder-

aufnahme und Entwicklung der Rüstungsproduktion, für den Bau und die Rekonstruktion strategischer Eisenbahnlinien und Straßen, von Brücken, Häfen und Flugplätzen, für die Anlage und Modernisierung von Flugplätzen, Munitionslagern und Kasernen, die offiziell für die amerikanischen Besatzungstruppen bestimmt waren, jedoch in der Folgezeit größtenteils an die wiedererstandene deutsche Armee übergeben wurden.

In alle neugebauten Brücken wurden damals Sprengkammern eingebaut – ebenso in strategisch bedeutsame Straßen, wie etwa im Rheintal. Alte Brücken, die keine Sprengkammern hatten, wurden eilends mit solchen versehen. Junge Bürger, die sich dagegen wandten – in Worten und mit Demonstrationen –, waren die ersten, die als »Unruhestifter« und »Feinde der Demokratie« registriert wurden – so wie heute die Atomkraftgegner oder die Friedensbewegung.

Bereits im Jahr 1952 überstieg die »Militärhilfe« der Vereinigten Staaten für Westdeutschland die »Wirtschaftshilfe« um über das Dreifache. Zu dieser Zeit stand die Frage der Remilitarisierung Westdeutschlands und die Schaffung eigener Streitkräfte, der Bundeswehr, bereits offen auf der Tagesordnung. Schon im Dezember 1951 in Paris erklärten die Vertreter der drei Westmächte Adenauer gegenüber zynisch, daß Westdeutschland erst Soldaten bringen müsse, danach könne es mit wirtschaftlichen und politischen Vergünstigungen rechnen.

So erwies sich die Hilfe für Deutschland durch den Marshall-Plan als ein Präludium für die Remilitarisierung des Landes und dessen Einbeziehung in einen antisowjetischen Militärblock, die NATO. Dieser Kurs war eine schwere Last für die Deutschen, er erschwerte den Prozeß des Wiederaufbaus in der Nachkriegsperiode und verlieh der wirtschaftlichen Entwicklung des Landes einen einseitigen, anomalen Charakter. Wenn er jemandem direkten Nutzen brachte, so in erster Linie den ehemaligen und künftigen westdeutschen Rüstungskonzernen, die in kurzer Zeit ihre früheren Positionen im Lande wiedererlangten. Es gibt keinen Zweifel daran, daß das gerühmte »Wirtschaftswunder«, auf das noch heute viele Westdeutsche stolz sein können, nicht ein Ergebnis dieses Kurses, sondern vor allem der unerschöpflichen Mühe und Selbstaufopferung von Millionen einfacher Menschen in Stadt und Land war, die entschlossen darangingen, für sich und ihre Kinder ein menschliches Dasein zu sichern.

Von den Programmen der Parteien und Gewerkschaften übrigens, die, unter dem Eindruck der Vergangenheit, in den ersten Nachkriegsjahren die Entflechtung und Sozialisierung der Monopole und Grundstoffindustrien gefordert hatten, wurde nicht nur nichts verwirklicht, man tat so, als hätte es sie nie gegeben.

Die angekündigte Bodenreform blieb eine papierene Deklamation, die Überführung der Grundstoffindustrie in Gemeineigentum wurde zunächst immer wieder hinausgeschoben, bis sie dann völlig unterblieb. Die alten mächtigen Interessengruppen hatten schon wieder Einfluß gewonnen. Wohin das in wenigen Jahren führen würde, war offenkundig, und die Durchsetzung der westalliierten Ordnung konnte nur ein böses Ende nehmen, und dabei hatten Millionen auf einen Neuanfang gehofft.

Im Jahr 1950 konnte ich in der Zeitung »Die Welt« eine Serie über die »Strategie des kalten Krieges« lesen, die der Amerikaner James Burnham verfaßt hatte. Fünf Jahre nach dem Krieg lieferte er eine bezeichnende Interpretation der Truman-Doktrin: Offen titulierte er die Sowjetunion als Feind und formulierte überdies vier Lebensbedingungen des Westens: 1. Osteuropa zu »befreien«, 2. Europa zu »einigen«, 3. die kommunistische und Arbeiterbewegung in Westeuropa zu zerschlagen und 4. die Kapitalausfuhr nach Europa zu forcieren. »Die Welt« veröffentlichte diese Serie in zwanzig Folgen ab dem 9. Mai 1950, also dem Tag, an dem die Völker der UdSSR den Sieg über den Faschismus begingen.

Gegenwärtig findet im Westen, in erster Linie in der BRD, die These weite Verbreitung, daß die Spaltung Deutschlands angeblich die Hauptursache für die Spaltung Europas in zwei Lager und für die Entstehung des kalten Kriegs gewesen sei. Tatsächlich war es jedoch gerade umgekehrt: Die Spaltung Deutschlands und Europas war eine direkte Folge des vom Westen entfachten kalten Kriegs gegen die Sowjetunion, sie war ein genau durchdachter Akt, der das Kräfteverhältnis in Deutschland zugunsten der Westmächte verändern sollte.

Die politischen Einsichten, die ich hier darstelle, habe ich natürlich nicht in einem Zuge gewonnen. Ich brauchte Jahre, um zu verstehen, wie die internationale Entwicklung zu bewerten war. Eines aber hatte ich rasch begriffen: Die Kräfte, die den Krieg verursacht hatten, konnten keine Garanten für Fortschritt und Wohlstand sein. Es gab die Chance, einen Neuanfang zu versuchen, aber konsequent wurde das Alte restauriert.

In diesen Jahren, als ich nach einem neuen Weltbild suchte, lernte ich viele interessante Menschen aus den verschiedensten Lagern kennen. Auch in die sowjetische Besatzungszone reiste ich oft, um an Feriensemestern der Universitäten Jena und Leipzig oder an anderen Veranstaltungen teilzunehmen, weil es mich interessierte, wie dort die Entwicklung verlief.

Bei diesen Besuchen lernte ich auch Leo Bauer, den späteren ostpolitischen Berater Willy Brandts, kennen, der Abteilungsleiter im DDR-Rundfunk war. Er fragte mich stets genau nach der Stimmung in den Kreisen aus, mit denen ich in Berührung kam. Er war für mich der Typ des orthodoxen Kommunisten. Mehr als einmal bot er mir an, nach Berlin zu kommen und unter seiner Leitung zu arbeiten. Ich lehnte aber ab, weil auch meine Frau inzwischen nach Rhöndorf gekommen war und wir uns eine erträgliche Existenz aufgebaut hatten. Leo Bauer war eine der schillerndsten Figuren der deutsch-deutschen Nachkriegspolitik. Jahre später traf ich ihn wieder – in den Karteikästen des BND. Er war als Verdächtiger registriert.

Etwa 1947, noch vor der Währungsreform, lernte ich sowjetische Hochschuloffiziere kennen (in Bonn zum Beispiel gab es britische Hochschuloffiziere, die Kontrollfunktionen ausübten), die mich menschlich beeindruckten. Es entstanden politische, oft heftige Diskussionen, aber es gab auch fröhliche studentische Feste. Diese persönlichen Kontakte ließen Vertrauen entstehen, so daß ich nicht zögerte, ihnen meine Vergangenheit und Tätigkeit zu schildern. Sie machten mir keine Vorwürfe, obwohl ich doch in einer der berüchtigsten Einrichtungen Hitler-Deutschlands gearbeitet hatte. Jeder, so meinten sie, der sich aufrichtig für den Frieden einsetze, sei als Freund willkommen. An einen nachrichtendienstlichen Einsatz dachten sie dabei nicht, sondern nur an ein politisches Engagement.

Bei diesen Diskussionen lernten mich die Sowjets allmählich kennen und ich sie. Aber erst zwei Jahre später kam es zu einem offenen Gespräch mit KGB-Offizieren. Sie hatten Kontakt zu einem Bekannten aus der Kriegszeit, der mir ihre Einladung zu einem Gespräch in Berlin überbrachte. Dieser Kriegsbekannte, Hans C., später ebenfalls Mitarbeiter der Organisation Gehlen in einer Außenstelle, übernahm es dann auch, meine Materialien nach Berlin zu befördern und die Verbindung zu halten, da er sich unauffälliger als ich in die ehemalige Reichshauptstadt begeben konnte. Er setzte dann Jahre später einen gemeinsamen Bekannten, Erwin T., zur Materialbeförderung ein, der aber selbst keinerlei Aufklärungsarbeit leistete und auch nicht wußte, was er beförderte. Hans C. ist verstorben, über das Schicksal von Erwin T. weiß ich nichts.

Ich hatte keine Furcht, mich mit den sowjetischen Aufklärern zu treffen. Einige Vorbehalte meinerseits sollten respektiert werden, was auch geschah.

Die näheren Umstände dieser Entwicklung sind dann im Prozeß vor dem Bundesgerichtshof nicht aufgeklärt worden – aber sollte ich das tun, wenn man dort anderer Meinung war?

Rückschauend muß ich sagen, daß mich das große Vertrauen, das mir von sowjetischer Seite entgegengebracht wurde, erstaunte. Schließlich war ich ja Angehöriger der SS gewesen und hatte im faschistischen Nachrichtendienst gearbeitet. »Wieso wunderte dich das«, antworteten sie mir viel später auf meine diesbezügliche Frage. »Wir kannten dein Vorleben. Wir wußten, daß wir mit dir zurechtkommen würden.«

Nachdem ich mein Studium an der Bonner Universität beendet hatte, arbeitete ich bei einem Rechtsanwalt namens Dr. Probst, der im Auftrag des Bundesministeriums für gesamtdeutsche Fragen tätig war, das nach seinem Chef auch »Kaiser-Ministerium« genannt wurde. Später erhielt ich dort eine Anstellung und hatte erst einmal bis Ende 1951 einen sicheren Posten in der Flüchtlingsstelle des Ministeriums. Meine Aufgabe bestand darin, alle in Flüchtlingslagern eintreffenden ehemaligen Angehörigen der Deutschen Volkspolizei der DDR eingehend zu befragen. Es war eine Zeit der Reisen nach Gießen, Uelzen, Furth im Walde und Westberlin in die dort befindlichen »Ostzonen-Flüchtlings-Aufnahmelager«, später Notaufnahmelager genannt. Während dieser Tätigkeit sah ich übrigens Herbert Wehner zum erstenmal – mit Pfeife, mürrisch dreinblickend, höchst konzentriert. Er war Vorsitzender irgendeines Bundestagsausschusses, der sich über die Arbeit in einem Lager informieren wollte.

Die Resultate meiner eingehenden Befragungen waren sehr ertragreich und für die damalige Zeit nahezu perfekt. Sie wurden von mir zusammengefaßt und als »Bericht über den Aufbau der Volkspolizei in der sowjetischen Besatzungszone (Stand: Frühjahr 1951)« vom Bundesministerium für gesamtdeutsche Fragen in Form einer Broschüre herausgegeben. Hier war alles enthalten, was man damals an Informationen über die Volkspolizei erhalten konnte: Struktur, Bewaffnung, Stationierung, Stellen- und Ausbildungspläne, die Namen der Kommandeure und der anderen leitenden Offiziere.

Übrigens erinnerte ich mich an meine Befragertätigkeit, als ich am 5. Juli 1979 in der »Frankfurter Rundschau« Neues über die Spitzeltätigkeit des Bundesgrenzschutzes für die Geheimdienste las. Auch die Ergebnisse meiner Befragungen wurden von den zuständigen Mitarbeitern Gehlens aufmerksam registriert. So geriet ich in das Blickfeld der »Organisation«: Einige meiner Bekannten sorgten ebenfalls dafür, daß ich dort bekannt wurde, was dann später den Gehlen-Dienst an mich herantreten ließ.

Die erwähnte Broschüre ging auch an die UNO, denn es sollte unter anderem »nachgewiesen« werden, daß man in der sowjetischen Besatzungszone dabei war, heimlich eine Armee aufzubauen. Es handelte sich um ein Ablenkungsmanöver, denn wer in Wirklichkeit einen aggressiven Kurs verfolgte und diesen, besonders nach dem Überfall der USA und ihrer Anhängsel auf die Koreanische Volksdemokratische Republik, verschärfte, waren die herrschenden Kreise der Bundesrepublik. Ich erinnere nur daran, daß Adenauer schon im August 1950 forderte, eine Freiwilligenarmee in Stärke von 150000 Mann aufzustellen, die Bestandteil einer sogenannten Europaarmee werden sollte.

Mein Eintritt in die Organisation Gehlen

Im Oktober 1950 wurde das Amt Blank, der Vorläufer des Bundesverteidigungsministeriums, gebildet. Schließlich billigten die Außenminister der USA, Großbritanniens und Frankreichs sowie der NATO-Rat im Herbst 1950 entgegen dem Potsdamer Abkommen grundsätzlich eine Remilitarisierung der BRD.

Die »alten Kämpfer« waren wieder gefragt. So war es kein Zufall, daß gerade in dieser Zeit der ehemalige Oberst Krichbaum, den ich, wie geschildert, während des Kriegs als Chef der Geheimen Feldpolizei kennengelernt hatte, mich im Auftrag der Organisation Gehlen aufsuchte, um mir ein Angebot zu machen. Nun zahlte es sich aus, daß ich so viele neue Bekanntschaften geknüpft und den besagten Bericht über den Aufbau der Volkspolizei an alle möglichen Leute verteilt hatte. Selbst den Versuch einer Kontaktaufnahme zu machen wäre ungeeignet gewesen, da – wie ich später bestätigt fand – Selbstbewerbungen als obskur angesehen wurden. Geduld zahlt sich eben aus – das habe ich im Laufe der Jahre von meinen sowjetischen Freunden gelernt. Hier bewies es sich: Meine Tätigkeit als Vernehmer in den Flüchtlingslagern, die zwangsläufigen Kontakte mit den dort ebenfalls tätigen amerikanischen Befragern schufen mir ein gutes Renommé, und meine frühere Tätigkeit im Auslandsnachrichtendienst des RSHA war geradezu die Eintrittskarte in die Organisation Gehlen.

Krichbaum war bestens über meine Arbeit im Bundesministerium für gesamtdeutsche Fragen informiert und erzählte mir von einer Organisation Gehlen, die überwiegend aus ehemaligen Abwehroffizieren bestehe und gegen den Osten aufkläre. Die OG, wie sie von ihren Mitarbeitern genannt wurde, werde von den Amerikanern unterhalten, sei aber völlig unabhängig. Ich hatte zuvor schon in Bonn, aber auch von meinen sowjetischen Freunden von der Existenz dieser Organisation gehört, über deren Zielsetzung und Arbeitsmethoden aber niemand etwas Genaues wußte. Das erfuhr ich nun.

Mir war sofort klar, daß vor dem Besuch Krichbaums bei mir eine Überprüfung stattgefunden haben mußte. Das entsprach den überall üblichen Praktiken der Geheimdienste. Also waren meine mittlerweile gewandelte politische Haltung und meine Reisen in den Osten nicht aufgefallen.

Vorher hatte ich mich übrigens bei der Polizei beworben, nachdem ich durch mein Studium in Bonn die Voraussetzungen dafür geschaffen hatte. Die Engländer verhinderten jedoch meine Einstellung. Ihre Gründe dafür sind mir bis heute unbekannt. Da sie bei der Ablehnung allerdings nur administrativ verfuhren, hatte dies, wie ich dann später feststellen konnte, für meine spätere Tätigkeit beim BND keine Folgen. Auch mein Bemühen, in dem gerade entstehenden Verfassungsschutz unterzukommen, scheiterte. Also nahm ich das Angebot an, in der OG mitzuarbeiten. So konnte der sowjetische Nachrichtendienst am ehesten Einblick gewinnen in die Absichten und Praktiken dieser Restbestände der deutschen Wehrmacht. Zwar sammelten sich auch im Verfassungsschutz ehemalige Abwehroffiziere, aber die OG agierte außerhalb jeder parlamentarischen Kontrolle als eine Generalstabsabteilung, die sich über den 8. Mai 1945 hinweg in die Bundesrepublik hinübergerettet hatte.

Meinen sowjetischen Partnern konnte diese Entwicklung nur recht sein. Mir auch, denn die Befragungsarbeit befriedigte mich nicht. Meine sowjetischen Freunde und ich waren gespannt, wie sich die Dinge nun entwickeln würden. Irgendwie war es doch eigenartig, daß Krichbaum mir zweimal behilflich war. Zuerst, als ich vom Nachrichtendienst weg wollte, und dieses Mal führte er mich wieder hin. Doch zwischen diesen beiden Begegnungen mit ihm lagen Jahre und Welten.

Um dem Leser einen besseren Überblick über die Entstehung der Organisation Gehlen zu vermitteln, möchte ich schon hier zusammenfassen, was sich mir erst im Laufe der Jahre eröffnete, nachdem ich am 15. November 1951 von der Generalvertretung L der OG in Karlsruhe eingestellt worden war.

Wie war es eigentlich gekommen, daß unmittelbar nach der bedingungslosen Kapitulation, nach dem Untergang des Dritten Reichs und der Auflösung der Wehrmacht, Rudimente dieses Kriegsapparats weiterexistieren und mit amerikanischer Hilfe ihre Arbeit fortsetzen konnten, als wäre nichts geschehen? Wie war es möglich, daß die Amerikaner dem endlich niedergerungenen Feind erlaubten, gegen den bisherigen Verbündeten dieselbe Arbeit fortzusetzen, die in der 12. Abteilung des Generalstabs des Heeres, der Abteilung »Fremde Heere Ost«, bis zum Kriegsende betrieben worden war? Und was waren das für Leute, die ihr Leben als Generalstabsoffiziere fortsetzen durften, die keine Umerziehung durchzumachen brauchten, wie es wenigstens die Briten mit den Kriegsgefangenen in Wilton Park gemacht hatten, die nach ihrer Auffassung geeignet sein konnten, am Aufbau eines neuen deutschen Staatswesens mitzuarbeiten?

Neben dem großen Apparat der faschistischen Spionage im Reichssicherheitshauptamt und im Amt Ausland/Abwehr (»Canaris-Dienst«) hatte es die Frontaufklärung gegeben. Über diese Einrichtung wußte ich als junger SD-Mitarbeiter nur oberflächlich Bescheid. Es war aber von eminenter Bedeutung, wollte ich in den »Überlebensträger« deutscher Spionage einsteigen, alle Verästelungen, Umstände, Vorstellungen und Organisationsfragen genau zu kennen.

Vor dem Krieg hatte die Abwehr ein Lagebild über die Sowjetunion und ihre militärische, wirtschaftliche und politische Stärke erarbeitet, das sich wegen fehlender Kontroll- und Überprüfungsmöglichkeiten erst nach Beginn des vom Zaum gebrochenen Kriegs als verhängnisvoll falsch für Deutschland erweisen sollte. Noch ein Jahr nach dem Überfall auf die Sowjetunion wurde an diese Fehleinschätzung geglaubt. Die Abwehr konnte keine verwertbaren Informationen mehr aus dem Hinterland beschaffen und der Auswertung zur Verfügung stellen. Die Auswertung war Aufgabe der Abteilung Fremde Heere Ost. Zu ihrer Zuständigkeit gehörten außer dem Gebiet der Sowjetunion auch noch Skandinavien und der Balkan. Aber natürlich kam den Gruppen, die sich mit der Sowjetunion befaßten, Priorität zu. Die Skandinavien- und die Balkangruppe führten ein kaum beachtetes Schattendasein.

Diese Abteilung FHO stand seit dem 1. April 1942 unter der Leitung von Oberst i. G. Reinhard Gehlen. Gehlen war auf Vorschlag des Chefs der Operationsabteilung, General Adolf Heusinger, vom Chef des Generalstabs, General Franz Halder, mit der Aufgabe betraut worden, aus der unzulänglich funktionierenden Abteilung ein Instrument zu machen, das zutreffende Lagebilder und Prognosen erarbeitete. Gehlen hatte sich bei der Planung des Kriegs gegen die Sowjetunion ausgezeichnet, zuletzt als Leiter der Ostgruppe der Operationsabteilung des deutschen Generalstabs. Ab Oktober 1940 war er verantwortlich für »Fragen der Gesamtkriegführung im Ostraum«.

Da, wie gesagt, aus dem Hinterland keine oder nur unzureichende Informationen beschafft werden konnten, zog Gehlen einen großangelegten Erfassungsapparat auf, der alles prüfte, was in den Besitz oder zur Kenntnis der Wehrmacht gekommen war.

Je auswegloser die militärstrategische Situation im Osten zu werden versprach, um so umfangreicher wurde die Abteilung Fremde Heere Ost. Immer mehr Personal wurde zum »Stabsdienst« geholt, und weil der Nachrichtenstrom, den die Abwehr zu liefern hatte, ausblieb, bediente sich die Abteilung FHO einiger Einrichtungen des Nachrichtendienstes, der Frontaufklärungsleitstellen I, II und III Ost (Tarnbezeichnung Walli I, II und III). Geheimer Meldedienst, Gegenspionage, Funk- und Luftaufklärung, Kriegsgefangenenvernehmungen, Frontaufklärung und Feindlageanalyse – das waren die Aufgaben des Apparats, den Gehlen leitete und der ihm endlich eine Einschätzung der taktischen und strategischen Situation ermöglichte, die Qualität zu haben schien.

Eine nicht nur als lose zu bezeichnende Zusammenarbeit wurde mit dem Amt VI des Reichssicherheitshauptamts organisiert. So unterstützte FHO das »Unternehmen Zeppelin«, indem es taktische Hinweise gab und notwendige Einsatzdetails mitteilte, um durch Fallschirmagenten hinter der Hauptkampflinie (HKL) Sabotageakte zu ermöglichen wie Brücken- und Eisenbahnsprengungen. Die bei derartigen Aktionen gewonnenen Erkenntnisse wurden dann an FHO weitergegeben.

Aus allen, nun immer deutlicher werdenden Bildern zogen aber weder die Wehrmachtsführung noch Gehlen die einzig richtige Konsequenz. Gehlen war und blieb ein so militanter Antikommunist, daß er den Gedanken, dem Krieg ein Ende zu machen, nicht zuließ. In dieser Frage unterschied er sich in keiner Weise von den Nazis.

Bereits lange vor der Kapitulation faßte er den Entschluß, sich mit seinem Wissen und den Akten seiner Abteilung demjenigen Westalliierten anzudienen, der bereit war, ihn einzukaufen und seine Dienste angemessen zu honorieren. In kluger Voraussicht hielt er sich von den Verschwörern des 20. Juli 1944 fern genug, um nach dem Fehlschlagen des Putsches nicht mit in den Strudel gerissen zu werden, wenn er auch nach dem Krieg den Anschein zu erwecken versuchte, er habe gute und enge Kontakte zu den NS-Gegnern gehabt. Die ihm bekannten Personen aus dem Verschwörerkreis waren in jedem Fall nur solche, die Hitler zwar stürzen, aber, gestützt auf einen Waffenstillstand im Westen, den Krieg gegen die Sowjetunion fortsetzen wollten.

Aber auch zur SS hatte Gehlen Kontakte, besonders zu Schellenberg. Die nach Canaris' Sturz 1944 in das Reichssicherheitshauptamt integrierten Reste der Abwehr des OKW führten die Frontaufklärungsorgane, die für Gehlen wichtig waren, weil sie die operative Erkundungsarbeit betrieben. Nach dem Tod Schellenbergs hat Gehlen übrigens oft genug anerkennende Worte für Schellenberg – und auch für Himmler – gefunden. Der »böse« Hitler allein, so meinte er, sei der Schuldige gewesen, während die anderen nur ihre Arbeit taten und dessen Befehle ausführten. Auch seine eigene Rolle tarnte er durch diese Legende: treuer Diener eines Staates mit einem verbrecherischen Staatsoberhaupt.

Später setzte der Bundestag einen Personalgutachterausschuß ein, der Offiziere, die reaktiviert werden sollten, ab dem Rang eines Obersten, auf »demokratische Gesinnung« prüfte; er war tätig, als die Bundeswehr aufgestellt wurde. Dabei wurde unter anderem nach der Einstellung zum 20. Juli und zur Bedeutung des Soldateneids in bezug auf den Tyrannenmord geforscht. Wie gut für

General Gehlen, daß er dort nicht befragt wurde, aber wahrscheinlich hätte er auch diesen Ausschuß düpiert wie später als Präsident des BND alle parlamentarischen Kontrollorgane, den Vertrauensmännerausschuß des Deutschen Bundestags, den Bundesrechnungshof, die Richter des Bundesgerichtshofs, die Innenminister der Länder. Er ließ sich von niemandem in die Karten, geschweige denn hinter die Stirn, schauen.

General Gehlen und sein Stellvertreter, Oberstleutnant Gerhard Wessel, sahen auf ihren Lagekarten, daß das Ende des Dritten Reichs unmittelbar bevorstand und es nur noch Tage oder wenige Wochen dauern könnte, bis Deutschland total besetzt sein würde. Die Absichten der NS-Führung, einen Werwolfkrieg im Untergrund zu führen, wollte er als Militär nicht gutheißen, da gab es nichts mehr zu gewinnen. Also blieb nur noch die Wahl, bei »Feindannäherung« alle Akten zu vernichten und die Mitarbeiter in alle Winde zu zerstreuen, oder ... Gehlen und Wessel entschlossen sich in einer Besprechung am 4. April 1945 in Bad Elster für das »oder«.

Ihre Prognose: Der Krieg werde binnen eines Monats beendet sein, die deutsche Wehrmacht müsse auf jeden Fall für die westliche Seite erhalten werden, um bei einer zu erwartenden militärischen Konfrontation zwischen Westen und Osten die Fortführung der alten politischen Konzeption, dann unter anglo-amerikanischer Führung, zu sichern. Einverstanden mit dieser Konzeption war auch der Kommandeur der Frontaufklärungsleitstelle I Ost (Walli I), Oberstleutnant Hermann Baun. Er, der nach der Auflösung des Canaris-Dienstes dem Reichssicherheitshauptamt unterstand, hatte schon detaillierte Pläne ausgearbeitet, wie der Krieg gegen die Sowjetunion auch nach dem Zusammenbruch der Wehrmacht weitergeführt werden könnte, nämlich durch Sabotage, Spionage, die Bildung von bewaffneten Partisanenverbänden, die Vorbereitung von Funknetzen, die Anlage von geheimen Waffen- und Versorgungsdepots, durch antibolschewistische Propaganda usw.

Eines stand fest: Zunächst mußte ein Patronat, entweder der Briten oder besser noch der Amerikaner, gefunden werden, um die Vorstellungen zur Kriegsfortsetzung verwirklichen zu können. Die Briten waren als Inselnachbarn der Deutschen weniger daran interessiert, dem politischen und wirtschaftlichen Konkurrenten auf dem Kontinent so schnell das Pleinpouvoir für die Fortsetzung des Kriegs mit konspirativen Mitteln zu geben. Zwar wurde eine Verbindungsaufnahme zu den Briten nicht ausgeschlossen, aber vor allem suchten die Herren den Kontakt zu den Amerikanern. Das zu einer Zeit, da der politische Auslands-ND unter Schellenberg und der höchste SS- und Polizeiführer in Italien, Wolff, über ausländische Verbindungslinien Kapitulationsverhandlungen führten, um den Krieg zu beenden, wobei Wolff noch gegen die Wehrmachtsgenerale geschützt werden mußte, die den Krieg ohne Sinn und Ziel und ohne Rücksicht auf die dann zu erwartenden Opfer in Italien weiterführen wollten. In dieser Zeit rüstete sich Gehlen im Alleingang für die Nachkriegszukunft.

»Wie kein anderer Deutscher«, bemerkte der »Spiegel« 1971, »wußte Gehlen, daß Amerikas führende Militärs und Geheimdienstler in der Sowjetunion nicht mehr einen Alliierten, sondern einen potentiellen Gegner im nächsten Krieg sahen.«[7] Da er dabeisein wollte, unternahm er alles, um den Amerikanern eine rechte Morgengabe mitzubringen. Die Archive und Karteien der Abteilung Fremde Heere Ost wurden fotografiert und die Filmrollen nach Flensburg und nach Bayern ausgelagert. Auf einer Alm wartete Gehlen mit seinem Stab das Ende des Kriegs ab, um sich dann den amerikanischen Streitkräften zur Verfügung zu stellen.

Die Sache klappte, wenn auch nicht im ersten Anlauf. Dabei mußte erst noch eine kleine Intrige helfen, den Oberstleutnant Baun vom Futternapf zu drängen, der die gleichen Absichten hatte wie Gehlen und ihm um eine Nasenlänge zuvorgekommen war. Erst am 20. Mai 1945 wurden General Gehlen und Oberstleutnant Wessel von amerikanischen Soldaten gefangengenommen. Es sprach für die kämpfende US-Armee und ihre Soldaten, daß diese sich die antisowjetischen Pläne der deutschen Generalität bei den Verhören nur sehr mürrisch anhörten. Bei ihnen verfingen die Reden gegen den Bündnispartner nicht. Es ist dies wohl auch ein Grund, warum viele Offiziere der amerikanischen Einheiten, die Hitlers Armee geschlagen hatten, sehr schnell in die Staaten zurückbeordert wurden.

Einer der Gehlen-Dialoge mit einem amerikanischen Offizier ist überliefert. Danach stellte sich Gehlen, wohlgemerkt als Gefangener, folgendermaßen vor: »Ich bin der Chef der Abteilung Fremde Heere Ost im deutschen Oberkommando des Heeres.« – »Sie waren es, General«, antwortete der CIC-Offizier unbeeindruckt. Dieser Frontoffizier der US-Armee reagierte noch getreu den

Verpflichtungen der Antihitlerkoalition. Danach war jeder amerikanische Soldat verpflichtet, selbst verbale Negativurteile von Deutschen über die Sowjetunion zu unterbinden. Doch Gehlen war nicht nur auf verbale Negativurteile aus, er bot eine Zusammenarbeit gegen die Sowjetunion an.

Der CIC-Offizier war – trotz ablehnender Haltung – natürlich verpflichtet, seine Wahrnehmungen weiterzuberichten. Sehr bald wurde Gehlen, wenn auch über Umwege, einem Offizier der militärischen Administration, der schon die Politik des kalten Kriegs verfocht, übergeben. In dem Prominentenlager Oberursel kam Gehlen mit dem US-General Edwin L. Sibert in Kontakt. Dieser war ab 1944 Nachrichtenchef der später durch Frankreich vorstoßenden 12. US-Heeresgruppe gewesen. Er hatte für Gehlen und seine FHO-Pläne ein offenes Ohr. Dazu inspiriert hatte ihn auch US-Geheimdienstler Allen W. Dulles, der sich in der Schweiz mit der Ausrichtung der deutschen Spionage gegen die Sowjetunion befaßt hatte. General Sibert ebnete Gehlen den Weg, sein FHO-Unternehmen in amerikanische Dienste zu stellen. Aus den angeordneten Vernehmungen im Gefangenenlager wurden »Verhandlungen« bei Bohnenkaffee und bester Verpflegung. Im August 1945 setzte General Sibert Gehlen nach Washington in Marsch.

Am 7. Juli 1946 kehrte der Geheimdienstgeneral mit einer Vereinbarung, die er mit den Amerikanern geschlossen hatte, nach Westdeutschland zurück und begann, die nach ihm benannte Organisation aus seinen alten Mitarbeitern zu formieren. Von Anfang an traten aber auch Interessengegensätze zwischen der Organisation und dem CIC zutage. Sie beruhten nicht nur auf den persönlichen Eigenheiten eines alten Generalstabsoffiziers, sondern wohnten dem System inne, sie waren gewissermaßen ein Zugeständnis der amerikanischen Seite an die westdeutsche Bourgeoisie.

Bei den Verhandlungen in Washington hatte Gehlen angeboten, seinen eingespielten, organisatorisch und materiell-technisch nahezu unversehrten nachrichtendienstlichen Apparat für den Einsatz gegen die Sowjetunion zur Verfügung zu stellen, vorausgesetzt, daß ganz bestimmte Bedingungen erfüllt und eingehalten würden, nämlich, wie Gehlen in seinen Memoiren bezeugt:

»1. Es wird eine deutsche nachrichtendienstliche Organisation unter Benutzung des vorhandenen Potentials geschaffen, die nach Osten aufklärt, bzw. die alte Arbeit im gleichen Sinne fortsetzt. Die Grundlage ist das gemeinsame Interesse an der Verteidigung gegen den Kommunismus.

2. Diese deutsche Organisation arbeitet nicht ›für‹ oder ›unter‹ den Amerikanern, sondern ›mit den Amerikanern zusammen‹.

3. Die Organisation arbeitet unter ausschließlich deutscher Führung, die ihre Aufgaben von amerikanischer Seite gestellt bekommt, solange in Deutschland noch keine neue deutsche Regierung besteht.

4. Die Organisation wird von amerikanischer Seite finanziert, wobei vereinbart wird, daß die Mittel nicht aus den Besatzungskosten genommen werden. Dafür liefert die Organisation alle Aufklärungsergebnisse an die Amerikaner.

5. Sobald wieder eine souveräne deutsche Regierung besteht, obliegt dieser Regierung die Entscheidung darüber, ob die Arbeit fortgesetzt wird oder nicht. Bis dahin liegt die Betreuung dieser Organisation ... bei den Amerikanern.

6. Sollte die Organisation einmal vor einer Lage stehen, in der das amerikanische und das deutsche Interesse voneinander abweichen, so steht es der Organisation frei, der Linie des deutschen Interesses zu folgen.«[8]

Es gelang Gehlen, die zunächst mißtrauischen Amerikaner ziemlich schnell zu überzeugen, daß er besser als sie ihren großen Verbündeten, die Sowjetunion, kenne und daß es nur eine Frage der Zeit sei, bis die Spannungen zwischen den USA und der Sowjetunion so groß würden, daß es zu einer Entladung kommen müsse. Und für diesen Fall könne nur einer entscheidende Hilfe andienen, nämlich er, dank seiner langjährig gesammelten Erkenntnisse und Erfahrungen, seinem Fachpersonal und den Agentenheeren in der Sowjetunion, die nur darauf warteten, durch ihr altes Führungspersonal – und nur durch dieses – reaktiviert zu werden.

Die Frage war und blieb jedoch, ob die entstandene Gehlen-Organisation eine zeitweilige Hilfstruppe der Amerikaner blieb, bis sozusagen die Akten der Ostagenten der FHO »verbraucht« waren, oder ob sich diese Organisation zu einem tragfähigen reaktionären Nachrichtendienst Westdeutschlands entwickeln sollte. Dies in Erfahrung zu bringen war eines der ersten Hauptziele meines Auftrags. Ich unterhielt deshalb zu fast allen westlichen Besatzern in irgendeiner Form Kontakte, und sei es privat. Natürlich waren dies meistens nur Gespräche mit mittleren Beamten der Administration und Offizieren der Besatzer. Dennoch, schon in der OG-Außenstelle Karlsruhe erfuhr ich über das Verhältnis zwischen General Gehlen und den zuständigen amerikanischen Nachrichtendienstgeneralen einiges. Anfangs waren es Vertreter des CIC, einer amerikanischen Abwehrbehörde, die sich in unsere »Geschäfte« einmischten.

Auf der beschriebenen Basis begann im Sommer 1946 die Tätigkeit der Nachfolgeorganisation der 12. Generalstabsabteilung des Generalstabs des Heeres im Taunus. Bei der Namenssuche gab man sich traditionsbewußt: Nachdem im Krieg nicht genau einzuordnende Gruppen und Dienststellen mit dem Wort »Organisation« in Verbindung mit dem Namen des Initiators bezeichnet wurden (z. B. Organisation Consul, Organisation Todt), kam man schnell auf »Organisation Gehlen« (OG); manchmal nannte sie sich auch nur »Organisation« (Org.). In Deutschland weckt der Begriff »Organisation« unterschwellig die Vorstellung von Ordnung, Planmäßigkeit, Ruhe, Sicherheit und verdeckt damit auch vorhandene Unzulänglichkeiten, Improvisation und Dilettantismus. Aber man neigt häufig dazu, sich mit Dingen zu tarnen, die man gern hätte oder von denen die Umwelt glauben soll, daß sie vorhanden seien. In der Organisation Gehlen ging lange das Wort um: »Wir nennen uns ›Organisation‹, weil wir keine haben.«

Die Improvisation war keineswegs die besondere Stärke der OG, wie Gehlen glauben machte. Vielmehr sind viele Fehler und Pannen auf seinen eigenwilligen Führungsstil zurückzuführen. Die erste Unterkunft der OG im Taunus schien für die weitreichenden Pläne eines General Gehlen wohl zu unzulänglich. Es fand sich dann eine besser geeignete Anlage: die Rudolf-Heß-Siedlung in Pullach bei München. Hier hatte der ehemalige Hitler-Stellvertreter Heß für sich und seinen Stab eine großzügig angelegte Wohnsiedlung bauen lassen, zu der ein weites Gelände bis hin zum bewaldeten Isarhang gehörte. Das Camp war zeitweilig auch Residenz des NS-Reichsleiters Martin Bormann – welche Ironie auf die »Enthüllung« Gehlens in seinen Memoiren, Bormann sei ein Agent der Russen gewesen – und im April 1945 Hauptquartier des Generalfeldmarschalls Kesselring. Nach dem Krieg hatte sich die Postzensur der US-Armee hier eingerichtet. Es gab Platz für viele Büros und Wohnungen, denn zunächst mußten ja auch die Familien der Mitarbeiter mit untergebracht werden, um in der Zeit des Hungerns und des schwarzen Markts nicht in zu engen Kontakt

mit der deutschen Bevölkerung zu geraten. Für die Familien des Gehlen-Stabs gab es keine Hungerrationen, keine Stromabschaltungen und keine der der deutschen Bevölkerung auferlegten Einschränkungen. Hier war alles im Überfluß vorhanden: Wärme durch zentralgeheizte Wohnhäuser, Verpflegung aus US-Armeebeständen, Tabakwaren in reichlicher Menge für den privaten und den dienstlichen Gebrauch, Kaffee, Butter, auch Textilien – an nichts mangelte es, während die deutsche Bevölkerung hungerte und fror, wenige intakte Wohnungen besaßen, viele sich mit den Ämtern um das Lebensminimum herumschlagen mußten und oft genug ohne Schwarzmarktgeschäfte nicht überleben konnten.
Es gab im Camp Nikolaus, so nannte man diese Siedlung, weil der Einzug am 6. Dezember 1947, dem Nikolaustag, erfolgt war, einen Kindergarten und eine Schule für die Kinder der Mitarbeiter, Hospital, Friseur, Kantine, Wäscherei, Kino – kurz, alles, was man brauchte, um nicht an die widrigen Folgen eines verlorenen Krieges erinnert zu werden.
Und als 1948 die Währungsreform jedem Bürger vierzig Mark Kopfgeld zubilligte, konnten die Mitarbeiter der Zentrale beliebig hohe Beträge eintauschen, so daß mancher sich schon damals von seinen Freunden und Verwandten beneiden lassen konnte wegen des für sie unerklärlichen Wohlstands. Zwar flossen die Mittel für Arbeit und Gehälter nicht allzu reichlich, aber Deputate an Zigaretten und Kaffee waren viel mehr wert als bares Geld – wenigstens bis zur Währungsreform. Aber auch offiziell wurde der Schwarzhandel zur Etataufbesserung benutzt. Noch in den fünfziger Jahren erzählte man sich hinter vorgehaltener Hand, daß im Bedarfsfall die OG-eigenen Schwarzhändler mit US-Dollars aus der amerikanischen Armeekasse zur Möhlstraße, dem Münchner Schwarzmarkteldorado, gefahren seien, um mit dieser Valuta, deren Besitz Deutschen streng verboten war, irgendwelche Wechsel- oder sonstige Geschäfte zu tätigen. Kaum hätten die Zahlungsmittel den Besitzer gewechselt, sei auch schon die Militärpolizei angebraust gekommen, hätte den Schauplatz des Geschehens abgesperrt und bei dieser gezielten Razzia den unglücklichen Devisenbesitzer sistiert. Dieser sei dann froh gewesen, nur seine verbotenen US-Dollar loszuwerden, wo er doch mit einer Gefängnisstrafe hätte rechnen müssen. Auf diese Weise floß dann der Dollarbetrag über die am Spiel beteiligte US-Military Police wieder zur OG zurück.
Ein anderer Weg, zu Geld zu kommen, waren Schwarzmarktge-

schäfte mit Kaffee, der tonnenweise als zollfreier Armeebedarf eingeführt und über eine Vertriebsorganisation auf dem schwarzen Markt mit märchenhaften Gewinnspannen verhökert wurde.
Natürlich gab es dabei auch Pannen, wenn die westdeutsche Polizei dazukam. Aber mit Hilfe der amerikanischen Besatzungsmacht konnten unangenehmere Folgen unterdrückt werden. Ungünstiger entwickelte sich die Sache, als später die Zollfahndung hinter diese Art der Zoll- und Steuerhinterziehung gekommen war. Da gab es noch im Jahr 1953 einen großen Prozeß, der von den Amerikanern nicht hatte verhindert werden können. Aber auch hier blieben General Gehlen und seine Organisation ungenannt, denn der ertappte Schwarzmarkt-Kaffeekönig hielt dicht und nahm alles auf sich, ohne die Organisation Gehlen bloßzustellen. Hohe Zuwendungen und Abfindungen hatten den Hauptangeklagten zu dieser Kavaliershaltung veranlaßt. Sie hat sich für ihn ausgezahlt.
Als Beobachter der Zentrale nahm der spätere Regierungsdirektor Philipp Herbold an diesem Prozeß teil, natürlich nicht offiziell, sondern getarnt als Journalist. Ausgestattet mit einem gefälschten Journalistenausweis des Bayerischen Journalistenverbandes, der in der Fälscherwerkstatt der Zentrale der OG hergestellt und nach Gebrauch, wie alle derartigen Produkte, vernichtet wurde.
Das einzig Echte an diesem Ausweis war das Lichtbild des Ausweisinhabers, seinen Namen hatte man ebenso erfunden wie seinen Beruf, denn in Wirklichkeit war er Kommunalbeamter gewesen und nach dem Krieg zum Nachrichtendienst gekommen. Täglich mußte Herbold nach Verhandlungsende in der Zentrale Bericht erstatten, wie der Prozeß verlaufen war. Alle Mienen glätteten sich, als das Verfahren zu Ende ging und die alten Schwarzmarktgeschichten ausgeräumt waren, ohne die OG bloßzustellen. In dieser Zeit kämpfte Gehlen um die Überführung seiner Organisation in den öffentlichen Dienst, und da hätte eine solche Dekuvrierung – von der Presse aufgegriffen – schlimmste Folgen haben können. So aber wurde der Schmutz unter den Teppich gekehrt, und er trat sich fest, ohne daß jemand etwas merkte.
Eine andere Art, sich einen Vermögensvorteil zu verschaffen, indem viel Geld gar nicht erst ausgegeben wurde, ergab sich bei den zahllosen Reisen der OG-Angehörigen mit der Deutschen Bundesbahn.
Für alle Reisen benutzten sie amerikanische Militärfahrscheine, die

in der Zentrale ausgefertigt wurden. Auf ihnen standen der Name des Benutzers sowie der Ausgangs- und der Zielbahnhof. Allerdings wurde nie der wahre Zielort, sondern immer eine über ihn hinausführende Station angegeben. Dies hatte einen Grund: So erschien – damals gab es noch Bahnsteigpersonal, das alle Fahrausweise kontrollierte – der Ausstieg am echten Zielort als Fahrtunterbrechung, und der Militärfahrausweis brauchte nicht abgegeben zu werden, sondern wurde mit der Dienstpost an die Zentrale zurückgeschickt, wo man ihn dann vernichtete. Das hatte zur Folge, daß die Bundesbahn diese Fahrausweise nicht verbuchen konnte, die sonst pauschal mit neun Mark pro Stück als Besatzungskosten (später hieß es Stationierungskosten) abgerechnet wurden.
Auf diese Weise wurde die Deutsche Bundesbahn um erhebliche Einnahmen gebracht, auf die sie einen Anspruch gehabt hätte. Wen wundert es angesichts dieser Praxis noch, daß auch Militärfahrscheine für Urlaubsreisen der OG-Angehörigen, einschließlich Familie, ausgestellt wurden. Für eine Fahrt einer vierköpfigen Familie von München nach Hamburg und zurück, erster Klasse, versteht sich, konnte so eine Menge Geld gespart werden. Daß an der OG-eigenen Tankstelle auch die Privatfahrzeuge billig tanken konnten, damals vierzig Pfennig für einen Liter Super, war ein weiterer Vorteil, der den Mitarbeitern der Organisation Gehlen das Leben annehmlicher machte.
Unter diesen Umständen und zu dieser Zeit schon begann man in Pullach den Grundstein für den späteren Bundesnachrichtendienst zu legen – man fuhr fort, das zu tun, was man schon früher getan hatte: Spionage und Kampf gegen die Sowjetunion, gegen den Osten. Es blieb also alles beim alten. Das gilt auch für die Terminologie. Unter I-Dienst verstand man immer noch die Erkundung des militärischen und wirtschaftlichen Potentials anderer Staaten, die klassische Militärspionage also, die einst auch als »Geheimer Meldedienst« umschrieben worden war.
Die Aufklärung fremder Sicherheits- und Abwehrdienste, die politische Spionage wie auch die Beobachtung der politischen Szene im eigenen Land waren Aufgabe des III-Dienstes, dem auch die Gegenspionage, die Abwehr fremder Nachrichtendienste und die Arbeit mit Doppelagenten, oblag. Letzteres war die sogenannte III-F-Arbeit, die als die Hohe Schule, besser, Hohe Kunst, des Nachrichtendienstes galt. Diese in langen Jahren der Abwehrarbeit

unter Admiral Canaris entstandenen Begriffe blieben nach wie vor gültig – es waren ja auch dieselben Personen, die dieselbe Arbeit wie vor 1945 machten.
Als die Organisation Gehlen Ende 1947 ihre Arbeit aufnahm, gab es in der sowjetischen Besatzungszone noch keine vergleichbare Einrichtung. Aber die Bildung eines westdeutschen Nachrichtendienstes provozierte erst die Schaffung eines wirkungsvollen Abwehrapparats, des Ministeriums für Staatssicherheit der DDR, was in der BRD niemand wahrhaben will. Wie dem auch sei, angefangen, in Deutschland Spionage zu treiben, hat Gehlen.
Zunächst ging es ihm darum, die Spionage der Generalstabsabteilung Fremde Heere Ost und des Amtes Ausland/Abwehr des OKW fortzusetzen. General Gehlen suchte sich unter seinen ehemaligen Mitarbeitern eine Reihe von Personen aus, die die Führung der Organisation bildeten. Die maßgeblichen Köpfe dieser Zeit sind auch nach der Legalisierung 1956, der Umwandlung der Organisation Gehlen zum Bundesnachrichtendienst (BND), weiteravanciert.
Angepaßt an die Nachkriegspolitik des US-Präsidenten Truman und des Geheimdienstchefs Allen W. Dulles, sah Gehlen in »seiner Organisation« von Beginn an mehr als eine Nachfolgeeinrichtung der Generalstabsspionage des Truppenamts unter General Hans von Seeckt nach dem verlorenen Krieg von 1914 bis 1918.
Gehlen wollte von Anfang an die alleinige Führung in der militärischen, politischen und ökonomischen Spionage, was er auch tatsächlich durchsetzte, da er ohne Rücksicht auf das politische Schicksal der deutschen Nation auf die amerikanische Karte des kalten Kriegs setzte. Die Ausspionierung der Armeen Stalins betrieb Gehlen ohne Rücksicht auf Abkommen und ohne Zimperlichkeit mit der ihm eigenen Konsequenz.
Die ehemaligen Generalstabsoffiziere Ernst Ferber, Josef Moll und der Sohn des ehemaligen Generalstabschefs Guderian, Oberstleutnant Heinz Günter Guderian, waren aktiv in der Organisation tätig. Andere tauchten nur in der OG unter, um auf die Zeit der Restauration und des Wiederaufbaus der Armee zu warten. Dazu gehörte der erste Generalinspekteur der Bundeswehr und ehemalige General Adolf Heusinger, der bis zu seiner Reaktivierung im Camp Nikolaus unter dem Namen »Horn« lebte. Gehlen-Intimus Heinz Herre kommentierte später: »Es kam damals darauf an, möglichst viele Offiziere von der Straße zu holen.«

Was sich einst im Truppenamt der Reichswehr beim Aufbau der militärischen Spionage vollzogen hatte, wollte auch Gehlen praktizieren und sich vor allem durch die Besetzung von Schlüsselpositionen entscheidenden Einfluß in einer neuen Wehrmacht sichern. Zusätzlich zog der General die Inlandsspionage sofort ins Kalkül. Gehlens Hausmachtpolitik sicherte ihm den Einfluß und das unmittelbare Vortragsrecht beim ersten Bundeskanzler Konrad Adenauer.

Der schlichte Begriff »Organisation« sollte auch vortäuschen, es handele sich um so etwas wie eine gewöhnliche Handelsfirma. Aber da man die Vergangenheit nicht ablegen wollte und wehmütig dem alten Status nachtrauerte, genügte der zivile Titel »Direktor« nicht – es mußte schon »Generaldirektion« (GD) heißen mit dem »Generaldirektor Dr. Schneider« recte General Gehlen an der Spitze. Für seine Reisen im Schlafwagen nach Bonn benutzte er den Namen »Gebler«.

Die Einrichtungen des Spionageapparats in den westdeutschen Städten und Ländern wurden als Generalvertretungen und Filialen bezeichnet. Diese Tarnung wurde von den Amerikanern akzeptiert. Andere Konzepte wurden abgelehnt. Dazu gehörte unter anderem ein Memorandum des ehemaligen SD-Chefs im Reichssicherheitshauptamt, Otto Ohlendorf, vom Mai 1945 an die sogenannte Dönitz-Regierung, das aber verworfen wurde, weil es zu »durchsichtig« erschien. Immerhin wurde der Grundgedanke dieses Memorandums aufgegriffen, indem man die Organisation durch ehemalige Schellenberg-Leute und Mitarbeiter des Himmler-Dienstes komplettierte.

In dem sogenannten Memorandum hieß es: »Verlautbarungen der alliierten Militärregierung sowie Erörterung in der ausländischen Öffentlichkeit – auch in Deutschland – haben gezeigt, daß über das Wesen, die Aufgabenstellung und tatsächliche Bedeutung des SD, zumindest soweit es mein bisheriges Amt betrifft, irrige Vorstellungen bestehen. Dies und die allgemein verfügte Auflösung des Sicherheitsdienstes veranlassen mich anzuregen, die geschichtliche Entwicklung dieses Nachrichtendienstes und seine mögliche Funktion im Rahmen der gegenwärtigen Reichsregierung zum Gegenstand einer offiziellen Erörterung mit der Besatzungsmacht zu machen.«[9] Man stehe mit den Mitarbeitern im Interesse einer geschichtlichen Darstellung und der Zukunftsentwicklung im Reiche und im europäischen Raume hierfür zur Verfügung.

Amerikaner und Briten verletzten die Vereinbarungen der Antihitlerkoalition, und sie ignorierten auch die Urteile der Nürnberger Kriegsverbrecherprozesse, als sie General a. D. Gehlen nicht nur ermunterten, sondern aktiv unterstützten, unter anderem bei der Einstellung von SD- und SS-Leuten. Von zweierlei ging Gehlen dabei aus: Erstens durfte bei der Einstellung von SD-Führern der Führungsanspruch des Deutschen Generalstabs nicht verletzt werden. Einen Führungsanspruch hatten allein die Militärs. Und zweitens sollten in der Organisation die erfahrensten SD- und Gestapomitarbeiter vorrangig bei der Inlandsspionage und der Gegenspionage eingesetzt werden.

Es ist für den Leser unschwer zu erkennen, daß diese Art von »Bewältigung der Vergangenheit« noch nicht einmal organisatorischer, geschweige denn politischer Natur war. Aber das lag ja im Interesse des deutschen Militärs, und so kam es dann, daß Faschisten in der Organisation begannen, Dossiers über bürgerliche bis kommunistische Politiker anzulegen, und darüber befanden, wer als Feind der »westlichen Demokratie« zu gelten hatte.

Die Organisation General Gehlens hat, wie schon betont, zunächst vorwiegend unter den Mitgliedern der ehemaligen Geheim- und Nachrichtendienste des Dritten Reichs geworben. Sie versuchte aber auch, ehemalige Ic-Offiziere, Offiziere in den Truppenstäben der Wehrmacht, die mit Abwehraufgaben betraut waren, zu gewinnen. In Flüchtlings- und Ausländerlagern, so in Gießen, Uelzen, Berlin-Mariendorf, Friedland und Zirndorf, wurden durch Abschöpfungen und Befragungen Tips für die Spionage im Osten erarbeitet. Außerdem knüpfte die Organisation systematisch Verbindungen zu Einzelpersonen in allen Dienststellen der jungen Bundesrepublik, das heißt im staatlichen Apparat, der Polizei, der Verwaltung, dem Rundfunk oder auch in der Wirtschaft, um diese als geheime Mitarbeiter einzusetzen. Mit einem Wort, es gab keinen wesentlichen Bereich, der nicht unterwandert wurde.

Nachdem ich mich mit dem ehemaligen Oberst Krichbaum geeinigt hatte, hauptamtlich in der Organisation Gehlen zu arbeiten, fuhr ich am 15. November 1951 nach Karlsruhe, um dort in der Generalvertretung L meinen Dienst aufzunehmen. Als ich den Bahnhof verließ, war ich bedrückt von der Unwirtlichkeit der Häuser und Straßen. Wie dem auch sei, dieser erste Eindruck reichte aus, den Entschluß zu fassen, niemals meine Familie, die in

Bad Honnef lebte, für ständig an diesen Ort zu holen. Als ich in der Karlsruher Gerwigstraße einen Hinterhof betrat, sah ich zuerst ein paar Autos, dann stieß ich auf eine Kleinfirma für Rolläden namens »Zimmerle«. Ich ging die Treppen zum ersten Stock der Firma hinauf. Hier waren die Büros der Generalvertretung »eingebaut«. Der Leiter dieser OG-Dienststelle hatte mit der Witwe des ehemaligen Firmenbesitzers ein »Bratkartoffelverhältnis« oder mehr, jedenfalls wohnte und arbeitete er dort in günstiger Abdekkung.

Der Leiter der Generalvertretung L in Karlsruhe, der unter der Tarnbezeichnung »Firma Zimmerle & Co.« wirkte, war der ehemalige Canaris-Mann Alfred Benzinger alias »Leidl«. Im Zweiten Weltkrieg hatte er bei der Abwehr in Frankreich gearbeitet. Er war bei seinen Mitarbeitern wenig beliebt, wurde etwas mitleidig »der Dicke« genannt und bot keineswegs das Bild eines profilierten Chefs.

Aus dem Mitarbeiterstab der GV ragten »Henrich« recte Philipp Herbold sowie der ehemalige Abwehroffizier Oscar Reile alias »Rischke« heraus. Der Oberstleutnant a. D. Oscar Reile war die auffälligste Figur. Er genoß einen geradezu legendären Ruf und war im Krieg sowohl an der Ostfront als auch im Westen gewesen. Bis 1945 war er als einer der führenden Canaris-Offiziere auf »Außenposten« eingesetzt, seine Hauptaktionen führte er in Frankreich durch. Von dort kannte ihn auch »Leidl«. An Benzinger dagegen konnte sich Reile wohl kaum erinnnern, hatte dieser doch mehr die Kantinen versorgt, als sich an Abwehroperationen beteiligt. Oscar Reile leitete die Gegenspionage der GV Karlsruhe.

Die Arbeit der Generalvertretung L war auf drei Schwerpunkte ausgerichtet. Die Nähe zu Frankreich und dem Saarland brachte es mit sich, daß das Interesse den französischen Besatzern, besonders im Saarland, galt. Weiter wurde in der Bundesrepublik ein Netz von Kontaktpersonen aufgebaut, die aus ihrem Wirkungsbereich Informationen beschaffen oder Hilfestellung geben konnten. Praktisch in allen Lebensbereichen saßen V-Leute der GV L. Schließlich wurde auch die DDR aufgeklärt und versucht, Gegenspionageverbindungen aufzubauen. Die Qualitäten Reiles brachten es mit sich, daß die Ergebnisse der Arbeit von »Leidl« als Dienststellenleiter mehr oder weniger unter Kontrolle gerieten und kritisch bewertet wurden, was nicht zur Förderung von »Leidls« Ansehen führte, vielmehr bei vielen Stabsmitarbeitern den Wunsch auslöste, versetzt zu werden. Solange Reile in der Generalvertretung verblieb – er war mein direkter Vorgesetzter –, konnte ich schöpferisch arbeiten und übersah geflissentlich die Art des unsympathischen »Dicken«. Dies mußte sich ändern, als Oberstleutnant a. D. Reile 1952 in die Zentrale ging.

Es kam zu Konflikten zwischen dem Leiter der Generalvertretung und mir, wenn er beispielsweise Finanzen für Operationen strich, um sie für seine Interessen einzusetzen. Gleichwohl war der dicke »Leidl« jedoch meinem Auftrag dienlich, denn die Verknüpfung seiner privaten Geschäfte mit der fachlichen Arbeit und seine Prahlsucht ermöglichten mir einen Einblick in das Agentennetz dieser Generalvertretung.

Die Generalvertretung Karlsruhe verfügte über etwa 300 Mitarbeiter, einschließlich der 16 Mitarbeiter der »Firma Zimmerle & Co.«, die den »Stab« darstellten. Unser Netz überzog das ganze Bundesgebiet. Mit ihren Quellen und diversen anderen Agenten in der DDR besaß diese GV zweifellos eine besondere Bedeutung für Gehlen.

Die Generalvertretung hatte nach meinem Wissen im Zeitraum von 1950 bis 1953 mindestens 42 Quellen, die direkt in »Ostberlin« und der »SBZ« eingesetzt waren. Quellen, Tipper, Kuriere und andere arbeiteten für sie auch im neutralen Österreich, in der Schweiz, in Frankreich, Italien und Jugoslawien. Es sei hier vermerkt, daß diese Agenten natürlich nicht nur von den 16 Mitarbeitern der Generalvertretung, sondern auch von den Untervertretungen (UV), denen wiederum viele Filialen unterstanden, aufgebaut und geführt wurden.

Während der »Dicke« sich vorbehielt, die Quellen und Kontaktleute im Ausland und in Bayern persönlich zu »steuern«, mußten noch die V-Männer hinter dem »Eisernen Vorhang« eingesetzt und geführt werden.

Ich begann meine Tätigkeit, indem ich zahlreiche alte Akten auswertete, um zu analysieren, wer als Doppelagent oder Agent zu werben war. Traditionsgemäß legte man dem Neuen die unergiebigsten Vorgänge auf den Tisch. So saß ich dann täglich – nur ermuntert von dem Spezialisten Oscar Reile – von 7 bis 17 Uhr am Schreibtisch und blätterte in alten Akten.

Reile und »Leidl« interessierten sich insbesondere dafür, das Verhältnis zwischen Frankreich und Deutschland auszuspionieren und die Gegenspionage in diesem Bereich aufzubauen. Mit dieser

Zielsetzung schufen sie das Agentennetz im Saarland und fast in der gesamten Bundesrepublik. Es diente der Ausspähung der französischen Behörden, dem Eindringen und Zersetzen der profranzösischen Strömungen zugunsten der Adenauer-Politik. Eine Reihe von Weisungen General Gehlens bestätigte diese Richtung. Leidl setzte in Abstimmung mit den Amerikanern Agenten gegen den damaligen Vertreter des französischen Hohen Kommissars in Deutschland ein. Wie von Reile erläutert wurde, ging es rundweg darum, der Bundesrepublik die Vormachtstellung in Westeuropa zu verschaffen. Dies liege nicht nur im Sinne Adenauers, sondern auch im amerikanischen Interesse.

Wie üblich im Spionagegeschäft, arbeitete ich unter Decknamen. Für den Gebrauch innerhalb der Organisation legte ich mir den Namen »Friesen« zu. Aber auch als »Sanders« oder »Beck« trat ich auf. Natürlich hatte ich entsprechende falsche Personalausweise – sie zu erlangen war ein Kinderspiel, dafür hatten die Amerikaner gesorgt.

Oscar Reile war der »Fuchs der deutschen militärischen Abwehr«, von dem man erfuhr, wie handwerklich mit Doppelagenten umzugehen war. Tatsächlich hatte er zur damaligen Zeit den größten Fundus an Spionageerfahrungen zu bieten. Er erzählte gern, wie er im Jahr 1921 unter dem Polizeipräsidenten Froböß in Danzig gegen Polen seine Spionagetätigkeit begonnen hatte. Oscar Reile bezeichnete Froböß, der später Mitglied der faschistischen Partei und förderndes Mitglied der SS wurde, als »seinen ersten Lehrer im Abwehrdienst, der ihn im gleichen Geiste geleitet« habe.[10] Ausgehend von dieser Haltung, hatte Reile gegen meine SS-Vergangenheit wenig Einwände, eher Sympathie. Bei Gesprächen erfuhr ich, daß sich Reile schon zur damaligen Zeit mit der psychologischen Kriegführung gegen den Osten beschäftigte. Er war und blieb einer aus der geistigen Elite des Antikommunismus, wie er sich auch selbst sah. Reile schrieb später in sein Tagebuch, das 1965 als Buch veröffentlicht wurde: »Die psychologische Kriegführung hat in diesem Jahrhundert bei der Vorbereitung von heißen Kriegen eine wichtige Rolle gespielt. Sie hat ferner dazu gedient, die Wirkung militärischer und politischer Maßnahmen kriegführender Parteien zu erhöhen ... Daher wird es nützlich sein, sich Gedanken darüber zu machen, wie Organe für die psychologische Kriegführung am zweckmäßigsten gegliedert sein sollten, wenn man sie einerseits als Abwehr gegnerischer Angriffe,

andererseits zur Unterstützung politischer und militärischer Absichten mit Aussicht auf Erfolg einsetzen will.«
Im Gespräch mit ihm wurde mir deutlich, daß die deutsche Nachkriegsspionage hemmungslos von den Positionen des kalten Kriegs, des nationalistischen Führungsanspruchs »Deutschlands« in Europa und der Lösung von strittigen Fragen mit gewaltsamen Mitteln ausging. Oscar Reile, der sich in den zwanziger Jahren sogar als Lyriker versucht hatte, verband als typischer Vertreter der »Herrenideologie« die kühle Berechnung der antidemokratischen und reaktionären Konzeption der westdeutschen Spionage mit der Politik des »Abwartens und Zuschlagens«.
Die in jener Anfangszeit von mir gesteuerten Doppelagenten waren wenig bedeutend. In den Jahren 1951/52 beschäftigte sich die Generalvertretung intensiv damit, neue V-Männer in politischen und wirtschaftlichen Schlüsselstellungen in der Bundesrepublik und Westberlin zu gewinnen, und zwar in Ministerien, in den Landesregierungen, Polizeiorganen, Einwohnermeldeämtern, im Zollgrenzschutz, in politischen Parteien, Organisationen, Gewerkschaften, wirtschaftlichen Unternehmen und auch in diplomatischen Vertretungen der Bonner Regierung im Ausland. Dabei wurden unter anderem Dossiers über führende Politiker nicht nur der Opposition angelegt.

Das »Juno«-Programm

Das Jahr 1953 sollte den Charakter der Organisation als nationalistisches und militant antikommunistisches Sammelinstitut noch stärker hervortreten lassen. Als wir die guten Wünsche Gehlens zur Jahreswende 1952/53 erhielten, zeichnete sich bereits ab, in welch großem Stil die Organisation in der DDR arbeiten wollte. In dem Schreiben, das die Generalvertretung von Gehlen erhielt, hieß es: »Das reibungslose Zusammenwirken aller hat unsere Leistung im vergangenen Jahr auf eine stetig aufsteigende Linie weitergeführt. Im nächsten Jahr werden wir vor neuen und andersartigen Problemen im Rahmen unseres deutschen Auftrages stehen. Ich habe keinen Zweifel, daß der Einsatz aller Mitarbeiter uns auch hier die Aussicht gibt, zu einer erfolgreichen, von allen großen deutschen Parteien gleichermaßen anerkannten Leistung zu kommen.«[11]

Gehlen wußte genau, wovon er schrieb, und mir war klar, was er mit der »von allen großen deutschen Parteien gleichermaßen anerkannten Leistung« meinte: Es ging um nichts anderes als um den konterrevolutionären Putschversuch gegen die DDR am 17. Juni 1953, dessen Vorbereitung zur Jahreswende 1952/53 bereits auf Hochtouren lief. Ein Beleg dafür ist die vom 29. Juli 1952 datierte »Abhandlung Nr. 6600«, nach der Chiffre meist nur »Juno«-Programm genannt. Es orientierte sich an Washingtons militärischen und außenpolitischen Nachkriegsplänen und widerlegt die von Gehlen geschaffene Legende, daß die Organisation nicht an der Vorbereitung der gewaltsamen Einmischung und eines Kriegs im Jahr 1953 beteiligt gewesen sei. Im Gegenteil, dieses Kriegsdokument wurde von den führenden Köpfen der OG in Abstimmung mit Bonn konzipiert, und die Organisation war dann, im Zusammenwirken mit der CIA, am aktivsten.
Zur Illustration – obwohl bekannt – möchte ich darauf verweisen, daß sich am Vorabend des 17. Juni 1953 höchst interessante Personen in Westberlin aufhielten: Allen W. Dulles, Chef der CIA; Eleanor L. Dulles, Sonderberaterin des US-Außenministers für Berlin-Fragen (man beachte den Titel; d. Verf.); General Matthew B. Ridgway, zeitweilig Befehlshaber der 8. US-Armee während der Korea-Aggression und durch seine barbarische Kriegführung berüchtigt (später Oberbefehlshaber der NATO in Europa); Otto Lenz, Staatssekretär im Bundeskanzleramt. Am 17. Juni trafen noch Jakob Kaiser, Minister für gesamtdeutsche Fragen, und Heinrich von Brentano, der damals Vorsitzender der CDU/CSU-Bundestagsfraktion war, sowie der SPD-Vorsitzende Erich Ollenhauer ein. Warum diese illustre Gesellschaft sich dort aufhielt, dürfte heute jedem klar sein.
Die »Abhandlung Nr. 6600« stellte nur die Spitze des Eisbergs dar. Zur Beweisführung erscheint es sinnvoll, einige markante Stellen aus diesem Dokument zu zitieren, in dem unverhohlen die Vorbereitung auf den Tag X vorgedacht wurde. So hieß es in diesem Gehlen-Papier:

> »Die Verschärfung der Lage macht es erforderlich, ernsthaft an die Vorbereitung für den E-Fall heranzutreten. *Nach den vorliegenden Erkenntnissen sind die psychologischen Voraussetzungen dafür günstig* (Hervorhebung v. Verf.) ... Aufgrund des Kräfteverhältnisses zwischen Ost und West muß in Europa zunächst

mit einer Periode des Rückzuges gerechnet werden, der erst nach Heranführung weiterer Kräfte eine Periode der stabilisierten Fronten folgen kann. Diesem Stadium eines zukünftigen Krieges müssen daher die Vorbereitungen in erster Linie gelten.«[12]

Im »Juno«-Programm wurden für den III-F-Dienst drei klar voneinander zu unterscheidende Aufgaben formuliert:

1. Vorwarnmaßnahmen,
2. Bekämpfung der gegnerischen Nachrichtendienste aller Schattierungen (I-, II- und III-Dienst) im eigenen Hinterland.
3. III-F-Aufklärung im Hinterland des Gegners.

Mit diesem Programm wurden auch alle Säulen der Organisation auf die kommenden Provokationen orientiert. Besonderer Wert wurde auf die Vorbereitung und spezifische Einstellung der V-Männer vom Kurier bis zum Agentenführer gelegt. Im Programm hieß es dazu:

»Grundsätzlich ist zu sagen, daß neben der Placierung am richtigen Objekt das selbständige Denken und Handeln der V-Leute im Kriegsfall erheblich an Bedeutung gewinnt... Volle Gültigkeit muß der Grundsatz behalten, daß für jede Quelle, insbesondere in der SBZD, alle Maßnahmen getroffen sind, die eine schnelle Meldungsübermittlung gewährleisten, wenn der Krieg ausbricht oder der ›Eiserne Vorhang‹ noch dichter wird.«[13]

Dabei ist interessant, daß bei den Hinweisen auf die Ausbildung der Agenten darauf aufmerksam gemacht wurde, man könne noch ein volles Jahr dafür verwenden.
Mit dem »Juno«-Programm der Organisation wurde auch die eindeutige Orientierung gegeben, »die Überwachung der obersten Regierungs- und Parteiorgane sowie der in der DDR bestehenden Informationszentren« zu verstärken. Es hieß wörtlich:

»– Beobachtung von Ansatzpunkten zur Bildung und Verstärkung von Widerstandszentren,
– Angaben über das Menschenpotential, seinen Ausnutzungsgrad und seine Aufteilung auf Wehrmacht und Industrie.«[14]

Daß es einen ganzen Katalog solcher »allgemeingültigen« Maßnahmen gab, die nicht zuletzt auf eine erhebliche Steigerung der Agentenanwerbungen im Operationsgebiet zielten, muß nicht weiter erläutert werden. Außerdem kamen durch eine Reihe von Zusatzpapieren zum »Juno«-Programm, wie etwa die besonders auf die Gegenspionage ausgerichtete und um die Jahreswende 1952/53 verfaßte »Abhandlung Nr. 2400«, noch viele spezielle Anforderungen hinzu. Eine davon betraf beispielsweise die Beschaffung von Uniformen und Rangabzeichen der in der DDR befindlichen sowjetischen Streitkräfte sowie von Personaldokumenten, Stempeln und Kopfbogen der dortigen Sicherheitsorgane. Mit diesem Diebesgut sollten entsprechende Vorbereitungen für die Aufstellung von Sondereinheiten getroffen werden, die für Operationen ähnlich denen der einstigen Diversions- und Sabotagedivision »Brandenburg« vorgesehen waren.
An die OG-Experten für psychologische Kriegführung ergingen spezielle Anweisungen hinsichtlich eines engeren Zusammenwirkens mit den unmittelbar für Spionage und Subversion zuständigen Mitarbeitern und sogenannten Europaresidenten des »RIAS«, der »Stimme Amerikas«, von »Radio Free Europe« und »Radio Liberty«; die Anweisung an die letztgenannte Station war mit der Vorgabe verbunden, daß diese im Frühjahr 1953 mit ihren Sendungen beginnt. Der Propagandaapparat wurde aufgerüstet, und wen kann es angesichts dessen verwundern, daß sich der RIAS zu Beginn der fünfziger Jahre ständig zu beschwichtigenden Formulierungen veranlaßt sah, die da lauteten:

> »Wer uns hört, weiß, daß wir weder Lügen noch Gerüchte, noch Verleumdungen verbreiten.«
> »Wir haben zwar keine genauen Informationen, aber es wird sicher so sein, daß ...«[15]

Wenn man in Betracht zog, daß mit dem (Welt-)Kriegsbeginn für Ende der fünfziger Jahre spekuliert und im »Juno«-Programm selbst vom »Stadium eines *zukünftigen* Krieges« gesprochen wurde, dann wären auch völlig uneingeweihten Kennern des Strategiepapiers die fast durchgängig festgelegten *Vorbereitungsfristen von einem Jahr aufgefallen.* Gleichermaßen hätte jeder hauptamtliche Mitarbeiter der OG auch ohne mündliche Einweisungen aus dem Text der »Abhandlung Nr. 6600« auf Absichten schließen können,

die sich allerdings nur durch den täglichen Umgang mit dem verklausulierten Geheimdienstjargon verstehen ließen.
Die frühe Kenntnis des »Juno«-Programms ermöglichte es, diese Politik der BRD- und US-Regierung aktiv zu entlarven, und half insbesondere der Sowjetunion, geschickt auf die Provokationen an der Nahtstelle zwischen Ost und West im Jahr 1953 zu reagieren. Die Pläne für einen Krieg konnten so durchkreuzt werden.
Der Ausgang des konterrevolutionären Putschversuchs in der DDR am 17. Juni 1953 ist bekannt. Für die maßgeblichen Initiatoren, die CIA und die OG, brachte er nicht nur eine vernichtende Niederlage binnen weniger Stunden, sondern in der Folgezeit wurden auch ihre Agentennetze jenseits der Elbe aufgerieben. Ungeachtet dessen setzte man von Pullach aus die Operationen à la »Juno«-Programm fort.
Sowohl in der Organisation wie auch in den Generalvertretungen traten nach der Niederlage von 1953 die revanchistischen und nationalistischen Kräfte offener denn je auf. Sie begriffen nicht, warum die Amerikaner nicht aufs Ganze gegangen waren. Es wurde ihnen verübelt, daß sie die Demarkationslinie nicht überschritten hatten, weshalb die Organisation viele Agenten verlor.
Die Organisation Gehlen fand sich nicht mit dem Fehlschlag ab, und in den Jahren 1953/54 setzte ein sichtbarer politischer Differenzierungsprozeß in ihr sowie in den Folgeeinrichtungen ein. Es wurden die »gemäßigten« und mit der Sozialdemokratie liebäugelnden Mitarbeiter in der bundesdeutschen Spionage zurückgedrängt, die militantesten Kräfte bekamen das Sagen. Auch die Feindschaft zwischen dem Bundesverfassungsschutz (BfV) und der Organisation wucherte zu einer offenen Konfrontation aus. Für General Gehlen war der Bundesverfassungsschutz von nationalen Verrätern, den Widerständlern des 20. Juli 1944, durchsetzt, die er trotz aller seiner Erklärungen zu diesem Thema zutiefst verachtete. Die Feindschaft zwischen General Gehlen und dem ersten Präsidenten des BfV, Otto John, war seit Mitte der fünfziger Jahre zumindest für die »Staatsschützer« kein Geheimnis mehr.
Das Mißtrauen des Generals der Abteilung Fremde Heere Ost artete in tiefen Haß aus. Dieser wurde noch vertieft, als er spürte, daß Otto John an einen friedlichen Weg und an die Demokratie des bürgerlichen Deutschlands glaubte und versuchte, die ihm unterstellte Behörde verfassungstreu zu profilieren. Wie sich später zeigte, hatte Otto John nicht die Kraft, sich gegen die Fronde des

reaktionär-konservativen Geheimdienstklüngels durchzusetzen. Über die persönliche Tragik, die damit verbunden war, muß an anderer Stelle noch berichtet werden, da es sich am Schicksal Otto Johns zeigte, daß es zwischen der Bundesrepublik und der DDR kein ideologisches Zwischenfeld gab, von dem aus zur Lösung des deutschen Problems beizutragen war.

Die sich im Gefolge der Entwicklung des Jahres 1953 ergebende Polarisierung der Kräfte ließ bei mir den Entschluß reifen, mein Eindringen in die Zentrale des Gehlen-Dienstes zu forcieren. Allerdings durfte ich nichts überstürzen, sondern nur die mir gebotenen Möglichkeiten in der GV ausnutzen. Da war einmal das Versprechen, das Reile mir bei seinem Wechsel in die Zentrale in Pullach gegeben hatte, mich dorthin nachkommen zu lassen, und andererseits gab es den persönlichen Konflikt zwischen dem Leiter der Generalvertretung, »Leidl«, und »Hans Friesen« – also mir.

Diesen Konflikt eskalierte ich, indem ich mich permanent bei der Zentrale über »Leidls« rüde und schmierige Praktiken beschwerte. Dies konnte ich auch deshalb tun, weil ich wußte, daß meine »Gegenspionage« (III F) von der Organisation anerkannt und ich nicht fallengelassen werden würde. Dennoch blieb bei diesem Spiel der Kräfte ein gewisses Risiko, über das ich nicht immer mit den sowjetischen Offizieren beraten konnte; diese waren übrigens auch nicht ganz so optimistisch, was mein Eindringen in die Zentrale anging.

Doch schon am 21. August 1953 mußte mir mein GV-Leiter »Leidl« schriftlich mitteilen – ich hatte durch eine Krankheit eine schöpferische Pause von den Querelen erhalten –, daß ich im Oktober 1953 in die Zentrale versetzt würde. Er schrieb mir scheinheilig: »Nur die Gewißheit, daß Sie bei der Zentrale ein Referat übernehmen, welches eng mit uns liiert, aber leider unterbesetzt ist, hat mich bewogen, dem Wunsch von Leiter 30 (Gehlen; Anm. d. Verf.) für eine umgehende Versetzung zu entsprechen.«

An dieser Stelle sei mir wieder ein kleiner zeitlicher Vorgriff erlaubt. Sofort nach meiner Entlassung 1969 aus westdeutscher Haft wurde eine »Darstellung« über meine Tätigkeit für die sowjetische Aufklärung in Pullach konzipiert, niedergeschrieben – und fast völlig auf Eis gelegt. Dieses Buch erhielt den Titel »Moskau ruft Heinz Felfe« und wurde bei v. Hase und Koehler in Mainz verlegt.[16] Freizügig verteilte man es an interessierte und dienstbare Journalisten, aber es gelangte nicht in den Buchhandel. Das Ziel

dieses Unternehmens bestand darin, das Klischee des Antikommunismus auf diesem Feld der Auseinandersetzung zu erhalten.
Wie stark die BND-Führung daran interessiert war, überdies einen sowjetischen Aufklärer zu präsentieren, der sich von seinen Auftraggebern distanzierte, zeigten auch die »lukrativen« Geldangebote, die mir für ein Abschwören während der Haft von 1961 bis zu meiner Befreiung 1969 gemacht wurden. Da man dies aber nicht erreichte, drohte der Gehlen-Wessel-Clan mit einer Veröffentlichung von »Kontermemoiren«, falls ich mir nach meiner Entlassung erlauben würde, die Wahrheit niederzuschreiben.
Einige Einflußagenten im bundesdeutschen Nachrichtenmagazin »Der Spiegel« und auch in anderen westdeutschen Illustrierten manipulieren schon seit Jahren mit Teilen dieses Pullacher Papiers, um eine Felfe-Legende nach der Denkart Gehlens zu verbreiten. Doch es ist nicht meine Art, mich Drohungen zu beugen, obschon ich über Jahre Zurückhaltung übte. Als ich dann in Moskau die »geheime« Felfe-Story las, war ich von der primitiven Art der Darstellung allerdings überrascht. Ich möchte jedoch nicht verhehlen, daß ich mich beim Lesen des Manuskripts wenigstens ab und zu amüsiert habe. Etwa, als ich las: Die Nachbarschaft Adenauer/Felfe in Bad Honnef habe ein intimes Verhältnis zwischen beiden gebracht, und anläßlich einer Feier mit meinem »alten SS-Kameraden« seien wir aus dem Weinkeller von Dr. Konrad Adenauer bedient worden. Nun denn, ich hätte mir als Nachrichtenmann keinen besseren Einstieg wünschen können. Doch leider hatte ich dieses intime Vergnügen nicht.
Ähnlich verzerrte oder falsche Darstellungen fand ich im Buch von Heinz Höhne und Hermann Zolling mit dem Titel »Pullach intern«. Was dort über mich berichtet wird, zeigt mir das Bestreben, Legenden und Sprachregelungen zu schaffen, die den BND möglichst gut davonkommen lassen, wobei ich nicht glaube, daß die Autoren etwas falsch verstanden haben, als sie von BND-Angehörigen Material für ihr Buch erhielten.

Im »Camp Nikolaus«

Nachdem ich meine laufenden Fälle bei Freund und Feind abgewickelt hatte, fuhr ich am 1. Oktober 1953 in die Zentrale, um in der »Gegenspionage« der Organisation meinen Auftrag zu erfül-

len. Die Organisation residierte zu dieser Zeit schon in der ehemaligen Rudolf-Heß-Siedlung in Pullach.
Als ich frühmorgens auf dem Münchner Hauptbahnhof dem Schlafwagen entstieg, wurde ich von meinem neuen Chef mit dem Auto abgeholt. Auf der Fahrt nach München ins schöne Isartal überlegte ich, was mich wohl erwarten würde und was ich tun könnte, um meinem Auftrag gerecht zu werden. Wir passierten, nachdem wir uns mit amerikanischen Ausweisen legitimiert hatten, das Haupttor, fuhren in das Gelände, ein Compound mit mehr als zwanzig zweistöckigen Häusern, mit Baracken und Bunkern hinter einer eineinhalb Kilometer langen grauen Mauer und Zäunen.
Ich zog in den Bereich der Gegenspionage, Tarnbezeichnung »40«, ein, die ihren Sitz in einer Baracke hatte. In seiner Gesamtheit lernte ich das Hauptquartier nicht sofort kennen, da Neugier zu zeigen unzweckmäßig gewesen wäre. Umgebung und Personal im Camp machten auf mich einen ruhigen, sachlichen und gepflegten Eindruck. Es unterschied sich angenehm vom Hinterhof der Generalvertretung.
Mein neuer Chef, Wolf Freiherr von Rothkirch und Panthen, der die Gegenspionage in der Organisation leitete, war ein Abkömmling des verarmten – von Friedrich dem Großen erhobenen – schlesischen Adels. Er war so recht nach dem Geschmack Gehlens, der die Menschen nach Herkunft und Stellung beurteilte und Schlesier und Generalstabsoffiziere bevorzugt behandelte.
Der nunmehr 55 Jahre alte Freiherr war der Typ des Landedelmanns, der mit bissigem und hintergründigem Humor seine Anweisungen gab und dabei fast spartanisch lebte. Er nannte sich bei der Nachrichtenarbeit »Roderich«. Besondere Erfahrungen in der Gegenspionage hatte er bei Canaris gesammelt, und lange Zeit hatte er in der Abwehrstelle Breslau seinen Dienst versehen und sich im Krieg als eingefleischter Antikommunist besondere Verdienste bei Walli III, das heißt beim Dienst in der Gegenspionage, erworben. Freiherr von Rothkirch hatte gegen den sowjetischen Geheimdienst gearbeitet, versucht, verhaftete sowjetische Agenten »umzudrehen«, irreführende Funkspiele organisiert und vor allem ein »kunstvolles System« der Beuteauswertung und Gefangenenvernehmung aufgebaut. Es wurde immer wieder erzählt, daß letzteres die eigentliche Stärke der alten FHO ausgemacht habe. Die Praxis nach dem Krieg ließ mich daran aber zweifeln.

Im Bereich 40, der Nachfolgeeinrichtung des III-Dienstes der Abwehr, wurde nun versucht, an diese »Traditionen« anzuknüpfen und die Spionage gegen den Osten ebenso intensiv zu führen. Ich erkannte sehr schnell nach meinem Einzug in das »Camp Nikolaus«, daß es in der Zentrale, der »Generaldirektion« (GD), zwei große Gruppen von Mitarbeitern (MA) gab: die der ehemaligen Abwehrleute des Admirals Canaris und die der FHO-Mitarbeiter Gehlens. Letztere waren vor allem bei der »Auswertung« zu finden, während erstere in besonderem Maße in der »Beschaffung« und »Sichtung« arbeiteten. Dazu waren sie wegen ihrer aktiven Spionagearbeit im Krieg auch prädestiniert. Beschaffung und Sichtung hieß, aktive Spionageoperationen durchzuführen und ihre Ergebnisse zu verifizieren, um sie dann der Auswertung zuzuleiten.

Das Gliederungsschema der Zentrale schien simpel – die einzelnen Bereiche hatten Nummern erhalten: So verbarg sich Gehlen hinter der Zahl »30«. »40« war der Bereich des III-Dienstes der alten Abwehr, unter »50« war der sogenannte I-Bereich der Abwehr, also die militärische Aufklärung, versteckt, unter »60« firmierte die »psychologische Kriegführung«, die außerhalb des Camps Pullach untergebracht war und über die deshalb kaum jemand etwas wußte. Später erhielt sie die Tarnnummer 375.

Die beschaffenden Zweige der Zentrale waren also die Abteilungen 40 und 50, während die zentrale Auswertung unter Oberst Heinz Herre, Deckname »Herdahl«, die Codenummer 45 führte. »Herdahl« war während des Kriegs übrigens besonders hervorgetreten als Organisator sogenannter fremdvölkischer Kampfverbände der Wehrmacht. Natürlich gab es noch weitere Abteilungen wie Nachrichtenwesen, Nachrichtentechnik, Verwaltung usw. Die Struktur der Zentrale blieb unter Gehlen für lange Zeit im wesentlichen unverändert.

Die Codebezeichnungen allerdings wechselten häufig: Aus 40 wurde 122, später 507 und danach 104. Gehlen verbarg sich anfangs hinter 30, dann hinter 50, später nannte er sich 70 und auch 363. So wunderlich es erscheinen mag, die Gliederung der Organisation und später des BND war selbst für Insider kaum exakt zu beschreiben. Mangel oder Vorteil, in jedem Fall war es Borniertheit, zu glauben, man könne damit die Konspiration erhöhen. Ebensowenig taugten dazu die Zäune und Sperrkreise, die Gehlen errichten ließ, was ihm den Spitznamen »Zaunkönig« einbrachte.

Hier sei eingeflochten, daß zu jener Zeit die Mitarbeiter der Zentrale und auch der Generalvertretungen Spionagevorgänge nicht selbst führten. Das ging so weit, daß Vertreter der Organisation nie bei Treffen an der Basis zugegen waren, sondern alle Anliegen über die Generalvertretungen und Untervertretungen realisierten; die Vertreter der Zentrale hatten lediglich zu »steuern«. Anhand der Kenntnis von Führungspapieren, Informationen, Treffberichten, des Kräfteeinsatzes und anderem wurden die Hauptlinien der Führung der Agenten und Netze festgelegt und angewiesen. Hinsichtlich der Konspiration hatte dieser Stil zweifellos Vorteile. Der Nachteil bestand darin, daß vieles nur nach Papieren entschieden und der Meldeweg verlängert wurde, was sich als erhebliches Handicap herausstellte.

Mir jedenfalls bot dieses Verfahren einige Vorteile, da ich Erkenntnisse gewinnen konnte, die für Moskau von Wert bleiben sollten. Dazu gehörte, daß ich frühzeitig sah, wie die bundesdeutsche Spionage mit viel Aufwand und Mitteln Agentennetze in Österreich aufbaute und wie auch die amerikanischen und englischen Nachrichtendienstler entsprechende Anlaufstellen errichteten und die österreichischen Behörden und Parteien unterwandert wurden. Amerikaner, Engländer und Franzosen spionierten in Österreich nach dem Krieg alle demokratischen Kräfte, vor allem aber die Kommunistische Partei, aus. Zentren waren das 430th Detachement CIC der US-Army, damals in Wien XVIII, Michaelerstraße, und der Field Security Service (FSS) der britischen Armee, damals in Wien XIII, Wenzgasse, und das französische Deuxième Bureau, damals in Wien VI, Webergasse. Sie hatten eigene Sonderstäbe gebildet. Der Chef der CIC war Oberstleutnant Gordan Cooper, ein perfekter Spezialist der Kriegsspionage. Er hat später als Generalmajor im Pentagon große Aufgaben auch für die CIA übernommen.

Die Organisation, so bewies mir die Praxis, war 1953 schon tief in allen Besatzungszonen Österreichs verankert. Es wurden alle Möglichkeiten genutzt, Informationen – insbesondere über die Sowjetunion – zu bekommen. Zu jener Zeit bekam ich wiederholt aus einem »Kloaken«-Vorgang Meldungen auf den Tisch. Das verlief so: Ein oder mehrere Agenten der Organisation fischten aus den Abwässern sowjetischer Behörden und Dienststellen in Österreich beschriebenes Papier heraus, und nach speziellen »Waschungen« und Trocknungen faßten sie es zu Informationen zusammen.

Als ich das erste Mal von diesem Arbeitsstil erfuhr, war ich ehrlich erstaunt, welche Erkenntnisse über Dislozierung, Personen u. a. aus dieser »schmutzigen Wäsche« gewonnen wurden. Dennoch konnte diese Art der Informationsgewinnung nicht darüber hinwegtäuschen, daß offensichtlich ein Mangel an anderen Quellen vorlag.
Die OG arbeitete bei meinem Eintritt organisatorisch nach einem unüberschaubaren Filialsystem. Der bevorzugte Stil des Generals Gehlen war es, seinen Dienst in einem Zustand der dauernden und unübersehbaren Zellteilung tätig werden zu lassen.
Dieser Leitungsstil bot zwar den Vorteil, daß Diskretion und Konspiration der Organisationselemente nach außen durch ständige Anpassung an die Umgebung – Geschäftsnamen, Firmen, Institutionen usw. – gewahrt wurden, er brachte aber auch den Nachteil mit sich, daß eine eindeutige Führung fehlte. Der Weg, auf dem die Führungsanweisungen weitergegeben wurden, und der Meldeweg nach oben blieben zu Zeiten von General Gehlen immer umstritten, und die Finanzierung machte überdies deutlich, wie die Organisation den amerikanischen Interessen gleichgeschaltet wurde. 2,5 Millionen Dollar waren das Startkapital der Organisation Gehlen, als sie in US-Diensten zu arbeiten begann. Der Jahresetat wurde bald erhöht. Rund 200 Millionen Dollar sollen die USA insgesamt in die Organisation investiert haben.
Die OG war also um das Jahr 1953 – als ich in die Zentrale berufen wurde – ein perfekter Spionageapparat und glich in Stil und Methode der CIA. Diese Tatsache wird auch von Insidern, Politikern und Historikern, die sich später mit der Entstehung auseinanderzusetzen hatten, nicht bestritten. Die Organisation, die als »Ableger« der amerikanischen Nachkriegspolitik gegründet worden war, stand aber zu dieser Zeit schon in Warteposition, um den bundesdeutschen Vormachtanspruch in Westeuropa auch im Nachrichtendienstbereich zu vertreten. Die politischen Zwiegespräche zwischen Kanzler Adenauer, seinem Staatssekretär Hans Globke und General Gehlen liefen in diese Richtung.
In der Zentrale war der Schwerpunkt jener Jahre die Aufklärung des »Machtbereichs« der Sowjetunion.
Die III-Aufklärungsforderung Ost »Abhandlung 2400« faßte 1952/53 die großen Spionageziele auf dem IIIer- und politischen Gebiet zusammen. Es war mehr oder weniger eine Schwerpunktspionage gegen die wichtigsten Dienststellen, Ministerien, Partei-

en, Gruppen und Organisationen in den – nach der geläufigen Diktion – »Ländern des Ostblocks«, die als wesentliche Faktoren in einem kommenden Krieg angesehen wurden. Die Aufklärungsziele der Inlandsspionage wurden ergänzend herausgegeben.

Die »Abhandlung 2400« gab die Richtung der politischen und militärischen Spionage auf längere Sicht an. Sie beschäftigte sich daher nicht mit Tagesfragen, sondern nur mit solchen Aufgaben, die für einen größeren Zeitabschnitt als vordringlich angesehen wurden und deren Lösung gleichzeitig auch die Möglichkeit gab, Tagesfragen (z. B. Maßnahmen der DDR bei Ratifizierung des Deutschlandvertrags vom 26. Mai 1952) schnell und zuverlässig zu beantworten. Zur Erfahrung aus dem Jahr 1953 wurde vermerkt, daß die Zahl der im sowjetischen Machtbereich tätigen III- und politischen Quellen nicht ausreichte und die klassische Spionage (I-Dienst) zur uneigennützigen Mitwirkung aufgefordert werde. Die Ausspionierung beispielsweise der sowjetischen »KGB-Dienststellen« und der »DDR-Staatssicherheitsdienststellen« ging bis zur Beschaffung von Uniformen, Rangabzeichen und schriftlichen Unterlagen, die erlaubt hätten, wie bei der Sabotagedivision »Brandenburg«, ohne Verzögerung Sondereinheiten aufzustellen.

Trotz manchmal besserer finanzieller Angebote aus der Industrie und Politik hatten die OG-Werber größere Erfolge beim Anheuern von Mitarbeitern, weil sie es verstanden, an die national-konservativen Empfindungen und den Korpsgeist der ehemaligen Offiziere zu appellieren. Man definierte die Spionage als ein rein deutsches Unternehmen, das auf keinen Fall gegen die Interessen der Nation gerichtet sei. Gehlen versuchte von vornherein, das hierarchisch-patriarchalische Denken der Militärs in der Organisation zu fördern und die Hoffnung zu wecken, das noch herrschende amerikanische Patronat später abbauen zu können: Von Anfang an herrschten daher Korpsgeist und Vetternwirtschaft in der OG.

Ich führte Gegenspionageoperationen gegen die Sowjetunion und einige andere sozialistische Länder. Im Laufe der Jahre – auch im Hinblick auf die beabsichtigte Legalisierung, aber besonders wegen der Aufnahme diplomatischer Beziehungen zwischen der BRD und der Sowjetunion – wurde dieser Bereich personell und materiell mehr und mehr ausgebaut, so daß ich Mitte der fünfziger Jahre zum Regierungsrat und Leiter des Referats »Gegenspionage Sowjetunion und sowjetische Missionen in der Bundesrepublik« ernannt wurde.

Übrigens erledigte ich den Hauptteil meiner Arbeit als Aufklärer in meinem Dienstzimmer während der offiziellen Arbeitszeit, denn es wurde nicht gern gesehen, wenn auch nach Dienstschluß gearbeitet wurde. Um ungestört zu sein, schloß ich mich meistens ein.

Gehlen kontra John

Die zeitgenössische Darstellung der Auseinandersetzungen um den Fall Otto John ist vielfältig in der Presse und in offiziellen Berichten der Bundesrepublik nachzulesen. Einige Aspekte der Entführungstheorie, wie sie damals schon interpretiert wurden, mögen hier stellvertretend genannt sein. So hieß es im Untersuchungsausschuß des Bundestags:

> »Hochinteressant war unmittelbar nach dem 20. Juli der Kampf der Sachdarstellungen, nämlich der von Bonn und der von Berlin. Berlin meldete ›Verschwunden – freiwillig gegangen – nicht entführt‹; Bonn: ›Verschwunden – entführt‹. 600 km vom Tatort entfernt wußte es Bonn besser als der Berliner Polizeipräsident an Ort und Stelle. Die Berliner standen früher in dem Ruf, daß sie alles besser wissen. Jetzt hat Bonn diesen Ruf übernommen. Aber Bonn ist ja zur Zeit mächtiger als Berlin, und so mußte seine Fernanalyse die Oberhand gewinnen. Diese wurde schließlich auch Bestandteil der vom Herrn Bundesinnenminister am 26. Juli vorgetragenen Legende, welche lautete: ›John ist in die Ostzone teils entführt, teils verführt worden...‹«

Worum ging es damals, und wie stellte sich diese Angelegenheit für meine sowjetischen Freunde und für mich dar?
Am 27. September 1950 verabschiedete der Deutsche Bundestag ein »Gesetz über die Zusammenarbeit des Bundes und der Länder in Angelegenheiten des Verfassungsschutzes«. Wie viele in der Anfangszeit der Bundesrepublik erlassene Gesetze – einschließlich des Grundgesetzes – war es unvollkommen und wurde 1972 geändert.
Im Grundgesetz für die Bundesrepublik Deutschland, am 23. Mai 1948 vom Parlamentarischen Rat in Bonn verabschiedet, wurde in

den Artikeln 73, Ziff. 10b, und 83, Abs. 1, der Begriff »Verfassungsschutz« erstmalig im deutschen Rechtssystem genannt: Der Bund habe die ausschließliche Gesetzgebung über die Zusammenarbeit des Bundes und der Länder »zum Schutze der freiheitlichen demokratischen Grundordnung, des Bestandes und der Sicherheit des Bundes oder eines Landes (Verfassungsschutz)« (Art. 73) und führe »in bundeseigener Verwaltung ... Zentralstellen ... zur Sammlung von Unterlagen für Zwecke des Verfassungsschutzes...«.
Es dauerte immerhin noch über zwei Jahre, bis eine entsprechende Behörde, das Bundesamt für Verfassungsschutz (BfV) in Köln, geschaffen wurde. In einigen Bundesländern hatte es jedoch schon eher entsprechende Institutionen gegeben. Aus dem Text des Grundgesetzes und insbesondere aus den Diskussionen im Parlamentarischen Rat ging eindeutig hervor, daß diese für Deutschland neuartige Einrichtung absolut von der Polizei getrennt sein und keinerlei polizeiliche Befugnisse (Exekutivgewalt) haben sollte. Es hatte vielmehr die Aufgabe, Informationen über Bestrebungen zu beschaffen, die die verfassungsmäßige Ordnung der Bundesrepublik und ihre Sicherheit gefährdeten.
Zunächst war die Errichtung eines derartigen zentralen Amtes ein Experiment: Es fehlten erfahrene Beamte, es gab keine Erfahrungen, da ein sogenannter Nachrichtendienst im eigenen Land vordem nur vom SD, dem Sicherheitsdienst des Reichsführers SS, betrieben worden war oder, wo es um polizeilich relevante Angelegenheiten ging, von der Geheimen Staatspolizei. Zu den äußeren Schwierigkeiten kam auch die moralische Verunsicherung, jetzt wieder etwas aufzubauen, was in der jüngsten Vergangenheit Unheil über viele Menschen gebracht hatte und von dem beim Nürnberger Kriegsverbrecherprozeß oft genug als »verbrecherischer Organisation« die Rede gewesen war.
Da Köln in der britischen Zone lag, war es nur natürlich, daß die Engländer nicht nur Hilfe beim Aufbau des BfV gewährten, sondern auch Einfluß auf dieses Sicherheitsorgan der jungen Bundesrepublik zu gewinnen trachteten. Immerhin besaßen die Briten – man kann sagen, über Jahrhunderte – Erfahrung, ihr Nachrichtendienst MI 5 hatte in Fachkreisen einen legendären Ruf. Es ist ja auch leicht einzusehen, daß ein so riesiges Welt- und Kolonialreich nur so lange Bestand haben konnte, weil ein geheimer Nachrichtendienst alle gegen die Sicherheit des Landes und die herrschenden Kreise

gerichteten Bestrebungen rechtzeitig erfuhr. So, wie für die Organisation Gehlen die amerikanische CIA die Vaterschaft beanspruchen konnte, wurde der britische Geheimdienst Protektor des BfV – sicherlich auch, um auf deutschem Geheimdienstboden mitreden und mitbestimmen zu können. Denn daß die Organisation Gehlen unter amerikanischem Patronat allein die Geheimdienstszene beherrschen sollte, das konnte nicht im britischen Interesse liegen.
Aber auch hier war der schlaue Taktiker Gehlen schon zur Stelle und im BfV vertreten. In keinesfalls so uneigennütziger Weise, wie nach außen hin gezeigt, half Gehlen beim Aufbau, indem er für das Amt des Vizepräsidenten einen leitenden Mitarbeiter der Pullacher Zentrale zur Verfügung stellte. Albert Radke, der bisherige Chef des sogenannten III-Dienstes der Organisation, also der Gegenspionage, wurde Vizepräsident und blieb es unter mehreren Präsidenten bis zu seiner Pensionierung im Jahr 1964. Damit waren Einfluß und Einblick Gehlens gesichert. Radke, ein Offizier der alten Abwehr des OKW, übernahm seine neue Position, lange Wochen, bevor der Präsident für dieses Amt gefunden war.
Im November 1950 kam auf Vorschlag von Staatssekretär Hans Globke der persönliche Referent Adenauers, Ernst Wirmer, als Kandidat für das Präsidentenamt ins Gespräch. Was Globke bewogen haben mag, Ernst Wirmer aus seiner Nähe wegzuempfehlen, weiß ich nicht. Es gab – wie üblich in Bonn – Gerüchte und Vermutungen. Einige mutmaßten, Globke fürchte um seinen Einfluß auf Adenauer, andere flüsterten, der Staatssekretär wolle keinen Mann des Widerstands vom 20. Juli in seiner Nähe haben, weil er sich dadurch gehemmt fühle, denn immerhin wußte man ja, daß er ein Anhänger der Nazis und besonders ihrer Judenpolitik gewesen war.
Da aber die SPD sich gegen diesen Vorschlag stellte, mußte Innenminister Dr. Robert Lehr, dem das BfV unterstand, einen neuen Kandidaten suchen. Von den Briten wurde aus naheliegenden Gründen Dr. Otto John favorisiert und auch vom Bundesminister für gesamtdeutsche Fragen, Jakob Kaiser (CDU), und vom Bundespräsidenten Theodor Heuss empfohlen. Wegen der Animositäten, die Adenauer, Globke und Gehlen ihm gegenüber hegten, hatte John aber vom ersten Tag an zu leiden.
Otto John, 1909 geboren, Volljurist, war von 1937 bis 1944 Syndikus der Deutschen Lufthansa und hatte enge Kontakte zu Oberst Hans Oster, einem aktiven Gegner Hitlers; im Amt Aus-

land/Abwehr des OKW leitete Oster unter Admiral Canaris die Zentralabteilung. Er fiel nach dem Offiziersputsch vom 20. Juli 1944 der Gestapo zum Opfer, John konnte mit einer Lufthansa-Maschine nach Madrid flüchten. Bald arbeitete er als Berater beim Propagandasender »Calais« unter dem bekannten Journalisten Sefton Delmer, der täglich die vom Geheimdienst aus dem Großdeutschen Reich beschafften Informationen zu Sendungen für die deutsche Zivilbevölkerung verarbeitete.

Nach dem Krieg war John bei Kriegsverbrecherprozessen Gehilfe eines Anklägers. Im Prozeß gegen den Feldmarschall v. Manstein übersetzte er das Kriegstagebuch der 11. Armee, das täglich von Feldmarschall v. Manstein abgezeichnet worden war. Dabei stellte sich heraus, daß eine Stelle überklebt war. Sie lautete: »Der neue Oberbefehlshaber (v. Manstein; Anm. d. Verf.) wünscht nicht, daß Offiziere bei der Erschießung von Juden zusehen. Das ist eines deutschen Offiziers nicht würdig.« Das britische Gericht hielt v. Manstein in diesem Punkt der Mitwisserschaft bezüglich der Judenmorde für überführt. Er wurde – auch wegen anderer Anklagepunkte – zu 18 Jahren Haft verurteilt, aber sehr bald begnadigt. Da Gehlen v. Manstein, der im OKW sein Chef gewesen war, sehr verehrte, richtete sich sein Unmut gegen John, weil dieser auf der Seite des Anklägers am Prozeß gegen v. Manstein mitgewirkt hatte.

Gegen alle Widerstände und Einwände Gehlens und seiner Verbündeten wurde Otto John im Dezember 1950 zum Präsidenten des Bundesamtes für Verfassungsschutz berufen – er mußte mit Gehlen und einem Vizepräsidenten aus dessen Organisation leben. Gehlen wiederum blieb nichts weiter übrig, als sich vorerst mit den Tatsachen abzufinden. Aber innerhalb der Organisation bestand zu allen Zeiten und von Anfang an eine starke Animosität gegen John, seinen Chefauswerter Dr. Nollau – den späteren Präsidenten des BfV – und gegen die Arbeit des Verfassungsschutzes überhaupt. Informationen über John, Nollau und die Arbeit sowie die Politik des BfV wurden eifrig gesammelt.

Es ist schwer zu sagen, wer die Rufmordkampagne gegen John und sein Amt initiierte. Aber es gibt viele Möglichkeiten, so etwas zu tun, ohne selbst in Erscheinung zu treten. Jedenfalls hatte es Dr. John sehr schwer, anerkannt zu werden. Ihm hing das Odium an, ein Verschwörer des 20. Juli gewesen zu sein. Er war einer der wenigen aus diesem Kreis, die damals eine Aufgabe übertragen bekommen hatten. Aber seine Widersacher, wie Staatssekretär Globke und der Bundesminister Theodor Oberländer, die allein schon wegen ihrer politischen Vergangenheit keine Sympathie für diesen liberalen Demokraten – der er zweifellos war – empfinden konnten, waren erfahrene Intriganten. Otto John war diesen Querelen kaum gewachsen und resignierte, so daß ihm die Zügel bald entglitten und er Trost und Vergessen außerhalb seines Büros suchte. Er wurde infamen Verdächtigungen ausgesetzt, die sämtlich haltlos waren. Aber als Lateiner hatte er auch den Spruch gelernt: Semper aliquid haeret – Etwas bleibt immer hängen. So erkannte Otto John sehr bald, welche Kräfte der Nation – nämlich der nationalistische und reaktionäre Flügel – auf dem Bonner Parkett und in den beiden deutschen Geheimdiensten Einfluß erlangt und somit das Sagen hatten. Zwischen Gehlen und John gab es keine Kontakte. John wie Nollau wurden von Gehlen auch nicht als Besucher in Pullach zugelassen – eine deutlichere Brüskierung ist kaum denkbar.

Otto John sah wohl sehr frühzeitig, unter welchen Aspekten Geheimdienstpolitik in der Bundesrepublik betrieben wurde. Keinesfalls ging es um die Sicherheit der Bundesrepublik im nationalen Sinne. Es ging um die Zurückdrängung aller demokratischen Strömungen und den Aufbau einer Armee – in ihrer Funktion so gegen die neue Republik gerichtet wie einst die Reichswehr zu Weimarer Zeiten. Daß Otto John unter dem ständigen persönlichen und politischen Druck der Konservativen – einschließlich des Bundeskanzlers Adenauer – ins Schwanken kam und in vielschichtigen Depressionen lebte, war nur zu verständlich. Schon 1950 hatte Gehlen Aufzeichnungen angefertigt, in denen er behauptete, John sei ein Sympathisant der prosowjetischen Widerstandsgruppe »Rote Kapelle« gewesen; durch weiteren Nervenkrieg glaubte er, diese These »belegbar« machen zu können.

Weder Verstand noch Instinkt erlaubten es Otto John, das finstere Spiel zu durchschauen. Er hatte auch leider nicht die Kraft, sich mit allen Konsequenzen zur richtigen Seite durchzuschlagen oder auf den richtigen Zeitpunkt seines Handelns zu warten, so, wie es einst Karl von Clausewitz angehenden Strategen empfohlen hatte. Militärliteratur hatte wohl auch nicht zur Lektüre Otto Johns gehört.

So war zwar seine kopflose Flucht in die DDR im Jahr 1954 eine echte Überraschung, aber der Organisation Gehlen kam sie durchaus gelegen – zur persönlichen Tragik von Otto John. Tatsache ist, daß in Pullach schon längst ein Dossier über ihn existierte, das nun aus der Schublade hervorgeholt wurde.

Daß die DDR ihn damals aufnehmen konnte und mußte, ist die eine Seite der dramatischen Ereignisse, daß Otto John aber in ihr keine politische Heimat fand, ist die andere Seite, die nur bestätigt, welchen Irrungen und Wirrungen sein Selbstverständnis als zweifellos aufrechter Deutscher unterlag.

Als Präsident des BfV lebte er in der alten, überholten Landschaft des »deutschen Reichsdenkens« – eine Figur der unbewältigten Vergangenheit zwischen den konservativ-nationalistischen und den liberal-demokratischen Gruppierungen der deutschen Bourgeoisie. Seine Vergangenheit und seine Dienststellung als BfV-Präsident hatten es mit sich gebracht, daß Otto John Verbindungen und Querverbindungen zu allen Geheimdiensten der westlichen Welt hatte. Es war ein wahrer Dschungel. Daß Otto John spätestens seit seiner Ernennung zum BfV-Präsidenten in das Blickfeld der sowjetischen Aufklärung rückte und ihr Interesse fand, war selbstverständlich, und daß man sich über ihn ein genaues Bild verschaffen mußte, war legitim.

Der sowjetische Kontaktmann für Otto John war der Westberliner Arzt Dr. Wolfgang Wohlgemuth, der mit ihm befreundet war. Wohlgemuth hatte den Auftrag, insbesondere die Deutschlandkonzeption der Bundesrepublik zu erforschen. Der sowjetischen Seite war nicht entgangen, welche progressive Rolle – trotz vieler Schwankungen – Otto John seit 1944 gespielt hatte. Immerhin verkehrte Otto John trotz alledem im Vorzimmer von Adenauer und Globke. Er konnte markieren, wie ernst es den Herrschenden in Bonn tatsächlich um die Wiedervereinigung Deutschlands war oder wie weit sich Adenauer von Verhandlungen über einen Friedensvertrag wegbewegte. Die Aufklärung des Amtes von Otto John war für die sowjetische Seite deshalb so eminent wichtig, weil die Organisation Gehlen Agenten in beiden Teilen Deutschlands unterhielt, die Informationen an mehrere Abnehmer verkauften. Sehr oft waren diese Nachrichten nur bewußte Fälschungen oder stammten aus der Gerüchtekiste. Niemand fand sich mehr in diesem Gewirr von Agenten und Doppelagenten zurecht. Auch John schien nicht die Fähigkeit zu haben, die hintergründigen Ereignisse korrekt einzuschätzen.

Ich behielt deshalb die Entwicklung im Auge. Fast ohne mein

Zutun liefen mir Informationen zu. In Köln und Bonn hörte man genug, und in Pullach wurden alle Informationen über Otto John und sein Amt gesammelt, so daß ich davon zwangsläufig erfuhr. Ich wußte also ziemlich genau Bescheid über die Spannungen, die mit dem Scheitern des Putsches vom 20. Juli einsetzten und sich in der Nachkriegszeit noch verschärften.

Otto John war bemüht, den politischen Kampf gegen Bundesminister Oberländer und Staatssekretär Globke aufzunehmen, aber er konnte ihn nicht bestehen. Ihn mußte bedrücken, daß der wegen Kriegsverbrechen später in der DDR in Abwesenheit verurteilte Oberländer von Adenauer gehalten wurde ebenso wie der Verfasser des Kommentars zu den nazistischen Judengesetzen, Globke.

John war nicht die Persönlichkeit, um sich erfolgreich gegen die restaurativen Kräfte in Bonn zu wehren oder eine Politik im »gesamtdeutschen Interesse« zu fördern. Er hatte natürlich auch erkannt, daß die Proklamationen und Sonntagsreden Adenauers zur Wiedervereinigung Deutschlands leeres Geschwätz, ja ein glatter Betrug waren. Adenauer hatte allen mündlichen Beteuerungen zum Trotz mit den drei westlichen Alliierten eine schriftliche Vereinbarung getroffen, daß die Bundesregierung in jedem Fall eine Wiedervereinigung der drei Westzonen mit der Ostzone blockieren werde, selbst dann, wenn die Sowjets einer freien Wahl unter Aufsicht der UNO und wechselseitiger Zulassung aller Parteien zustimmen würden.

Natürlich waren damals, Anfang der fünfziger Jahre, diese Tatsachen nicht publik. Die bundesdeutsche Öffentlichkeit erklärte sich die Zurückhaltung Adenauers bei der Verwirklichung seines »gesamtdeutschen Wiedervereinigungsprogramms« auf ihre Weise: »Adenauer, der Erzkatholik, will den protestantischen Osten gar nicht in seinem Staat haben, denn dann hätten er und seine katholische Kirche keinen Einfluß mehr.« All das wußte auch John, dem immer deutlicher werden mußte, daß seine Vorstellungen von Demokratie und Gerechtigkeit keine Chancen mehr hatten, realisiert zu werden. Wohlgemuth nutzte die freundschaftlichen Beziehungen zu John aus, um über die Entwicklung in Bonn aus erster Hand informiert zu werden. John konnte sich bei Wohlgemuth offen aussprechen. Wohlgemuth hielt diese Verbindung im Auftrag der Sowjets, die allen Grund hatten, die Entwicklung in Bonn sorgenvoll zu beobachten.

Als Wohlgemuth eines Tages ankündigte, daß John zum Besuch im

Osten bereit war, blieb die Frage offen, warum eigentlich? Heute wissen wir, daß Wohlgemuth seinen Auftrag überzogen und den labilen Otto John politisch in diese Richtung gedrückt hatte.
Am 20. Juli 1954 kam Otto John stark angetrunken auf dem Parkplatz der Berliner Charité an und bat um Kontakt mit der sowjetischen Seite. Bei dem sich anschließenden Gespräch kamen die sowjetischen Behörden aus menschlichen Gesichtspunkten zu dem Schluß, daß man John nicht mehr ohne schwere Folgen für ihn zurückschicken konnte. In dieser Situation wurde mein Führungsoffizier »Alfred« zum Dolmetschen kurzfristig in die Villa, in der Otto John saß, abkommandiert. Es war ein Scherbengericht, es gab keine Chance, über den ehemaligen BfV-Präsidenten die Gespräche für Verhandlungen über einen Friedensvertrag mit Deutschland voranzubringen, Johns Zustand war dafür zu schlecht. Sowjetischerseits entschloß man sich daher, dann wenigstens öffentlich das politische Spiel von Adenauer, Globke und General Gehlen, das sich gegen die Interessen der deutschen Nation richtete, aufzudecken. Otto John – ein kranker und gescheiterter Mann – erklärte sich damit einverstanden und bat um politisches Asyl.
Als Reaktion auf seine Flucht wurden ihm in der BRD alle Pannen im bundesweiten Abwehrspiel zugeschrieben, so die sogenannte Vulkan-Affäre. Auf der Grundlage der zweifelhaften Angaben eines Überläufers des Instituts für Politik und Wirtschaft in Ostberlin wurden auf Weisung des Vizekanzlers Franz Blücher massenweise westdeutsche Kaufleute verhaftet und Ermittlungsverfahren wegen Spionageverdachts eingeleitet. In der Masse der Fälle stellte sich dann die völlige Unschuld der Verdächtigen heraus. Mit viel Mühe wurde diese Affäre unter den Tisch gefegt, und man war zufrieden, daß mit dem geflüchteten Otto John ein Sündenbock gefunden worden war.
John konnte insbesondere über die antinationale Politik der Adenauer-Regierung aussagen. Nach einer Pressekonferenz zu diesem Thema am 11. August 1954 in der DDR unterhielt sich übrigens Sefton Delmer, der ehemalige Chef des britischen kriegspsychologischen Rundfunkeinsatzes, ungestört mit seinem einstigen Londoner Stallgefährten.
Sefton Delmer war es dann auch, der nach seiner Rückkehr aus Ostberlin als erster berichtete, daß Otto John nicht den Eindruck mache, unter Druck zu stehen. Auch andere westliche Journalisten

mußten in diesem Sinne berichten. Hier sei die New Yorker »Herald Tribune« vom 12. August 1954 zitiert: »Mit Bewegung erklärte Dr. John, daß er seinen Posten als westdeutscher Gegenspionagechef ... verlassen habe und zu den Kommunisten übergegangen sei, weil er seit langem über die Ereignisse in der Bonner Republik unglücklich sei.«

Es war mir klar, daß Otto John aus eigenem Antrieb sprach. Die Idee, daß er ein Kommunist geworden war oder in der Vergangenheit immer einer gewesen sein könnte, amüsierte ihn. Bei einer diesbezüglichen Frage lachte er frei heraus.

Er wiederholte immer wieder, daß sein Entschluß, nach Ostberlin überzugehen, ein bitterer und schwerer gewesen sei. Das Wiederaufleben des Nazismus in letzter Zeit habe bei seinem Gang in den Osten eine erstrangige Rolle gespielt. Er erklärte weiter: Das eigentliche Problem bestehe darin, daß Leute mit einer »Nazimentalität« eine neue gefährliche Technik benutzten, um wieder an die Macht zu gelangen. Sie infiltrierten in großer Zahl Parteien und Regierungsstellen. Die »Nazimentalität« habe begonnen, das Adenauer-Regime zu durchsetzen. Bei all den widrigen Umständen, unter denen Otto John seinen Frontwechsel in einem Zustand des »Sich-selbst-Betäubens« beging, war er doch freiwillig konsequent gegen die Renazifizierung und Remilitarisierung Deutschlands aufgetreten. Er, Otto John, sprach es offen aus: Diese Politik müsse unvermeidlich zum Krieg führen, trete man der Entwicklung nicht entgegen.

Die John-Affäre war die stärkste Bloßstellung der innenpolitischen Situation in Deutschland unter Adenauer. Otto John hatte eine klare Meinung zur Deutschlandpolitik, was man im Westen mit dem Vorwurf »Verrat« beantwortete. Dieser Vorwurf traf nicht ihn, denn er konnte belegen, daß der eigentliche Verrat die separatistische Politik Adenauers war, die Abtrennung der Bundesrepublik von Deutschland durch die geplante Europäische Verteidigungsgemeinschaft (EVG) und die Weigerung, mit Vertretern der DDR oder der UdSSR zu verhandeln.

Er konnte die Diffamierung aller Bemühungen in der Bundesrepublik, die auf eine friedliche Wiedervereinigung oder auf Verständigung und Handelsaustausch mit dem Osten gerichtet waren, nachweisen. Und er berichtete von geheimen Verhandlungen über die Europäische Verteidigungsgemeinschaft, die Adenauer schon 1952 geführt hatte. John wußte auch aus erster Quelle, in welchem

Umfang die USA allein und in Abstimmung mit der Bundesrepublik die Aufrüstung vorbereiteten und begannen. Er kannte diese Pläne aus Gesprächen mit dem stellvertretenden Chef des US-Heeres-Nachrichtendienstes im Pentagon.
Überdies konnte Otto John nachweisen, daß jeder politische Schritt der CDU/CSU darauf gerichtet war, Westeuropa mit den Vereinigten Staaten von Amerika gegen den Osten militärisch gleichzuschalten und schließlich den Osten zu überrollen. Es sollte sich herausstellen, daß es beim Übertritt von Otto John nicht um seine Tätigkeit als BfV-Präsident ging, sondern um die ganze Politik der Bundesrepublik und ihre Konsequenzen für das deutsche Volk.
Hatte General Gehlen den »Verrat« von Otto John genutzt, um die unangenehmen Konkurrenten im BfV auszuschalten, so ging ihm die Aufdeckung der politischen Pläne der Adenauer-Regierung im Osten zu weit. Doch er konnte nichts Rechtes tun, als mehr oder weniger geschickt helfen, die Entführungsversion von Otto John in allen Gremien des Bonner Staats zu verbreiten. In diesem Sinn hat er sich auch laufend mit dem damaligen Innenminister Dr. Gerhard Schröder abgestimmt, um die Sache als Geheimdienstaktion des Ostens abzustempeln, die sie wirklich nicht war, wie ich mittlerweile genau weiß.
Im Dezemer 1955 »gelang« Otto John die sogenannte Rückflucht. Sie endete für ihn in Untersuchungshaft, und 1956 wurde er zu vier Jahren Zuchthaus verurteilt. Der weitere Fortgang des Schicksals von Otto John ist bekannt, noch heute lebt er von der Legende der Entführung, was man verstehen, aber nicht entschuldigen kann.
Die sogenannte Rückflucht wurde von dem dänischen Journalisten Henrik Bonde Henriksen organisiert. Prinz Louis Ferdinand von Preußen, ein Intimfreund Johns, assistierte ihm dabei. Im Hintergrund agierten jedoch westdeutsche Geheimdienstbehörden. Für die Vorbereitung des nun folgenden Verfahrens vor dem Bundesgerichtshof stellte Gehlen den Ermittlungsorganen alle vorliegenden und noch beschafften Informationen zur Verfügung.
Meine Informationen kamen also früh genug bei meinen Freunden an. Damals wie heute wußte und weiß ich, daß er nicht zu halten war, aber seine ehrlichsten Stunden im Osten verlebte.
Ich habe die Affäre Otto John, des ehemaligen BfV-Präsidenten der Bundesrepublik, nicht so breit behandelt, um Legenden zu widerlegen. Das Vorurteil vieler Leser zum Fall John ist ohnehin heute noch nicht auszuräumen. Es sollte vielmehr die Einsicht in

die Wurzeln der reaktionären Politik der Bundesrepublik vertiefen helfen und zeigen, wie von Haus aus aufrichtige Menschen angesichts einer Politik, die sich gegen die Nation richtet, auch subjektiv scheitern können. Ein Leben zwischen den politischen Fronten gibt es nicht, es sei denn, man will sich selbst aufgeben.
Ein Moment am Rand des Geschehens des Falls John ist seine Haltung mir gegenüber gewesen. Auch dies möchte ich dem Leser nicht vorenthalten, weil es die politische Labilität von Otto John charakterisiert. John hat nach meiner Verhaftung einmal in einem Presseinterview erklärt, daß ich der Anlaß seiner »Entführung« gewesen sei, denn ich hätte damit abgedeckt und geschützt werden sollen. Seine Theorie war, die von mir preisgegebenen BND-Agenten in der DDR und in der Sowjetunion seien vom Osten verhaftet worden, und man habe die Gelegenheit genutzt, diesen Vorgang ihm, Otto John, zuzuschreiben, um die Quelle Felfe zu schützen. Diese Schutzbehauptungen waren so dumm, daß sie sogar ein Nichtfachmann durchschauen mußte. Denn innerhalb eines Dienstes weiß ja nicht einmal der Nachbarreferent, welche Quellen beispielsweise bei mir geführt werden. Selbst der Präsident kümmert sich routinemäßig nicht um die detaillierte Herkunft der Informationen. Nur in den seltensten Fällen läßt er sich direkt und genauestens über die V-Männer informieren. Keinesfalls konnte das BfV die Quellen der Organisation kennen und erst recht nicht Otto John, den General Gehlen ja immer mißtrauisch beäugte. Diese Bemerkungen waren so einfältig, daß Otto John sie dann in seinem Buch nicht zu wiederholen wagte.
Zur objektiven Betrachtung der Persönlichkeit Otto Johns muß gesagt werden, daß er von Gegenspionage nichts verstand – woher auch. Die eigentliche Führung des BfV lag auf den Schultern des Vizepräsidenten Albert Radke, der, wie schon erwähnt, bis 1950 in der OG die Abteilung Gegenspionage geleitet hatte. Er war als Oberst Angehöriger des Amtes Ausland/Abwehr des OKW gewesen und durch langjährige Erfahrungen seinem Präsidenten fachlich weit überlegen. Er war der eigentliche ruhende Pol des Amtes, bis er im Sommer 1964 in Pension ging.
Da die Affäre John in der Zeit des kalten Kriegs von Politikern und interessierten Grüppchen je nach ihrem Standort und Ziel verschieden interpretiert wurde, ist es Zeit, den damaligen Bundeskanzler Adenauer und seine Haltung näher zu betrachten. In seinen Memoiren maß er Otto John keine Bedeutung bei. Jedoch

nahm er Stellung zu den Problemen jener Tage, darunter zur Wiedervereinigung Deutschlands.

Zwischen 1950 und 1956 – den ersten Jahren meiner Tätigkeit in der Organisation Gehlen – wurden Verhandlungsangebote, die aus dem Osten kamen, von Adenauer und der ihm hörigen reaktionären Gruppe nicht einmal ernsthaft geprüft. Und diese Zeit war reich an Vorschlägen der Sowjetunion und der DDR: Im November 1950 zum Beispiel unterbreitete der Ministerpräsident der DDR, Otto Grotewohl, die Offerte, Besprechungen über die Bildung eines gesamtdeutschen konstituierenden Rates zwischen der Bundesregierung und der Regierung der DDR aufzunehmen. Im als Grotewohl-Brief bekanntgewordenen Dokument hieß es unter anderem:

> »Durch die Spaltung Deutschlands wurde ein nationaler Notstand herbeigeführt, der durch die Remilitarisierung und Einbeziehung Westdeutschlands in die Pläne der Kriegsvorbereitungen verschärft wurde... Angesichts dieser Lage ist die Erhaltung des Friedens, der Abschluß eines Friedensvertrages sowie die Wiederherstellung der Einheit Deutschlands vor allem von der Verständigung der Deutschen selbst abhängig...«[17]

Und es folgten die entsprechenden Vorschläge.

Adenauer ließ Grotewohls Angebot im Dezember 1950 über den Bundespräsidenten Heuss mit Hinweis auf die Alleinvertretung der Bundesregierung für alle Deutschen ablehnend beantworten. Am 15. Januar 1951 lehnte Adenauer die Vorschläge erneut ab und verlangte statt dessen die Durchführung »freier« Wahlen zu einem gesamtdeutschen Parlament unter »internationaler« Kontrolle.

Sich daran zu erinnern, wer was abgelehnt hat, scheint sinnvoll, weil heute die CDU/CSU den Eindruck erwecken will, daß nicht sie die Einheit Deutschlands verspielt habe, sondern daß die DDR und ihre Verbündeten den Friedensvertrag und die Wiedervereinigung seinerzeit nicht wollten.

Ebenso demagogisch, wie die CDU/CSU, besonders Bundeskanzler Adenauer, auf den Grotewohl-Brief reagierte, lehnte sie alle sowjetischen Vorschläge ab.

Ich war damals der Ansicht, daß es für Deutschland nach zwei vom Zaum gebrochenen Weltkriegen angemessen und richtig gewesen wäre, auf einen ersten Platz in der Weltpolitik zu verzichten und statt dessen Neutralität nach allen Seiten und für alle Zeiten zu geloben. Der Weg, den Österreich dann bald ging, wäre auch für Deutschland richtig gewesen. Es hätte dann einen starken neutralen Gürtel in Europa – Schweden, Deutschland, Österreich und die Schweiz – gegeben mit all seinen Vorteilen: Mittlerrolle zwischen Ost und West mit den Möglichkeiten eines erweiterten Spielraums nach beiden Seiten, Verzicht auf die Vergeudung von Milliarden Steuergeldern für Rüstung, die immer schneller veraltet und erneuert werden muß. Allein diese Vorteile hätten genügen können, um sich für den »österreichischen Weg« der Neutralität zu entscheiden. So wäre auch die Angst der Völker, besonders der im Osten, vor dem unheilvollen deutschen Vorrangstreben gewichen – zwei Kriege sind noch heute ein Trauma für die betroffenen Völker –, und es wäre glaubhaft geworden, daß das Deutschland nach 1945 keine ideologischen oder politischen Wurzeln im Deutschen Reich Kaiser Wilhelms II. oder dem Großdeutschen Reich Hitlers mehr habe.

Ich wußte damals noch nicht, daß Adenauer mit den Hochkommissaren der USA, Großbritanniens und Frankreichs schriftlich vereinbart hatte, daß er eine Wiedervereinigung der drei Westzonen mit der sowjetisch besetzten Zone – also das, was die Mehrheit des deutschen Volkes in Ost und West erhoffte und wünschte – unter allen Umständen blockieren werde. Angesichts dessen wird verständlich, warum die politische Entwicklung die bekannte Richtung nahm – trotz mahnender Rufe, wie einer Erklärung der DDR zu den Beschlüssen der New Yorker Außenministerkonferenz der Westmächte vom 19. September 1950, daß Westdeutschland unter dem Tarnmantel »einer deutschen Beteiligung an einer gemeinsamen Streitmacht zum Schutze der europäischen Freiheit« beschleunigt remilitarisiert und in das Paktsystem der NATO eingegliedert werden solle.

Für mich galt es angesichts dieser Situation, alle Interna aus der Bundesrepublik zu beschaffen, um mitzuhelfen, die reaktionäre Politik des Adenauer-Staats in ihrer schlimmsten Konsequenz zu verhindern.

Schon zwischen 1952 und 1954 konnte ich berichten, daß sich die Adenauer-Politik mit dem Ziel des Eintritts der BRD in die EVG gegen die französischen Interessen richtete. Diese Informationen waren für das französiche Parlament bedeutsam. Es lehnte erst einmal den Beitritt in die EVG ab, was ohne Zweifel das Tempo der Remilitarisierung Westdeutschlands verlangsamte.

Die Vetternwirtschaft

An dieser Stelle sei zum Verständnis der Mentalität und politischen Ansichten Gehlens kurz ein Stimmungsbild über den Charakter und das Leben des »Mannes im dunkeln« eingeblendet, das er weder in seinen Memoiren beschrieb, noch wurde es der Öffentlichkeit bekannt.
Wie man auch aus seinem Buch »Der Dienst« erfahren kann, stellte sich Gehlen als Nachfolger von Canaris und nicht des SD dar. Die Behandlung des Oberstleutnants Freund beispielsweise spricht in der Tat für diese Sichtweise. So sollte Freund, der im Canaris-Dienst in der Abteilung III-F Gegenspionage gearbeitet hatte, bei der Legalisierung der Organisation als BND nicht in den Beamtenstand übernommen werden. Dieser beschwerte sich bei Gehlen mit ausdrücklichem Bezug auf die Pflege der Abwehrtradition und das Recht der alten Abwehroffiziere, sich jederzeit in persönlichen Angelegenheiten unter Umgehung des Dienstweges direkt an den Amtschef wenden zu dürfen. Mit einem Federstrich Gehlens wurde dem Antrag entsprochen.
Gehlen tat alles, um diesen Mythos des Canaris-Nachfahren zu erhalten. Er liebte es, gegenüber Außenstehenden mit seinem Apparat und dessen Vollkommenheit zu glänzen. Besonders die technischen Neuheiten hatten es ihm angetan. So benutzte er etwa die neuesten und größten Fotoobjektive, um eine Kirchturmuhr von seinem Privathaus aus zu fotografieren, oder er baute Mikrophone in seine Tischlampe ein. Gehlen hatte in seinem Arbeitszimmer im Headquarter überdies einen Wandschrank, mit dem er seine Besucher besonders beeindrucken wollte: eine Weltkarte, die sich beim Öffnen der Schranktür in zwei Hälften teilte. Über den Sinn dieser Spielerei konnte man nun geteilter Meinung sein, und Gehlen hat die politische Realität, die dahinterstand, wohl kaum begriffen.
Der SPD-Vorsitzende Ollenhauer ließ sich bei einem Besuch von dieser Vorführung allerdings kaum beeindrucken. Gehlen mußte sich von Ollenhauer erwidern lassen: »Weltkarten haben wir selbst genug, die liefert uns die II. Internationale.« Auch als der Geheim-

dienstgeneral demonstrativ mit der Kripomarke »Deutsche Volkspolizei«, die der OG in die Hände gefallen war, spielte, zeigte der gewiefte SPD-Vorsitzende keine Reaktion.
Diese wenigen – keinesfalls vollständigen – Details habe ich hier erwähnt, um darauf aufmerksam zu machen, daß es so spartanisch nicht zuging, wie die Legende besagt. Zwischen dem Mythos des »Meisters des Spionagemetiers« und seinem tatsächlichen Verhalten liegt eben doch ein tiefer Graben.
Wie ich noch an anderer Stelle ausführen werde, führte ich im persönlichen Auftrag Gehlens in großem Umfang Lauschoperationen durch, das heißt, es wurden die fast dreißig Fernsprechleitungen der sowjetischen Botschaft, damals in Rolandseck bei Bonn, und der sowjetischen Handelsvertretung in Köln »angezapft«; das gilt auch für deren Fernschreibleitung. Die Anzahl der eingebauten »Wanzen« in Wohnungen des sowjetischen Botschaftspersonals war so groß, daß ich mich an die betroffenen Personen nicht mehr im einzelnen erinnern kann.
Gehlen hat aber gerade dies immer energisch bestritten, so auch in einem Interview, nachzulesen in der illustrierten Zeitschrift »Revue«, Nr. 42 vom 20. Oktober 1963. Dort heißt es: »...Der Präsident des BND versichert, daß sein Dienst, soweit es die Operation im Inland betrifft, im Rahmen der Gesetze arbeite: keinerlei Ausnahmebestimmungen oder Polizeibefugnisse. Wörtlich: ›Telefone wurden noch nie von uns überwacht...‹« Diese Unwahrheit in dem freiwillig gewährten Interview wiegt um so schwerer, als Gehlen sonst nie zu derartigen Interviews bereit war. Im Vorspann des Interviews schreibt die »Revue«: »Aber vor einigen Tagen machte er eine Ausnahme von dieser Regel.« Die Dienststelle, die innerhalb der Zentrale die Tonbänder der Lauschoperationen auswertete, stand unter der Leitung eines Obersten a. D. Hans J. Ludendorff, eines Neffen des Generalquartiermeisters der kaiserlichen Obersten Heeresleitung. Diese Dienststelle führte in der Zentrale das Zahlenpseudonym 10. Ihre Berichte wurden unter dem Stichwort »Kartaune« vorgelegt.
Die schon genannten Führungspositionen vertraute Gehlen nur seinen engsten Mitarbeitern an, meist also Generalstabsoffizieren und Abwehrleuten. Der ehemalige Leiter der Abwehrstelle Breslau, Oberst a. D. Hans Dingler, ein kriegsbeschädigter Offizier und Vetter Gehlens, war für die Sonderaufgaben zuständig. Der ehemalige Oberstleutnant Horst Wendland, einst Leiter der

Organisationsabteilung des Heeres-Generalstabs, wurde Organisationschef, später praktisch Vizepräsident und – wie die Gerüchte lauten – 1969 wegen zu »enger und einseitiger Zusammenarbeit« mit der französischen Seite von den eigenen Leuten in den Tod getrieben. Und Gehlens ehemalige FHO-Gehilfen, die Oberstleutnants Gerhard Wessel und Heinz Herre, leiteten abwechselnd den Auswertungsapparat.

General Gehlen förderte seit Aufbau der Organisation seine Verwandschaft und setzte dies nach der Legalisierung fort, hemmungslos, bis zur Bildung eines »Freundeskreises«. So herrschte nach und nach ein Familienclan, der nicht nur mitspionierte, sondern auch die Geheimdienstpolitik des BND beeinflußte. Es sei mir hier erlaubt, aus der in dem Buch »Pullach intern« sehr treffenden Darstellung dieses Milieus zu zitieren: »Zahllose Bande verknüpften die Ordensmitglieder miteinander« – bis heute. Gehlen, mit ausgeprägtem Familiensinn, brachte zahlreiche Verwandte im Pullacher Apparat unter. Er gefiel sich nebenbei auch in der Rolle eines Ehestifters, so half er den Ehebund seiner Sekretärin mit einem späteren Geheimdienstgeneral schließen.«[18]

Gemeint ist hier Generalmajor Konrad Kühlein alias »Kühne«. Er heiratete eine Vorzimmerdame des Gehlen-Büros, eine Komtesse von Ingelheim, die sich vor ihrer Ehe »Imhof« nannte. Als Kühlein – bei den Mitarbeitern der Zentrale sehr beliebt – Gehlen unbequem wurde, entsandte ihn dieser 1959/60 als Vertreter der Zentrale nach Washington, wo er besonders die Beziehungen zur CIA aufrechtzuerhalten hatte.

Gehlen verheiratete am 8. Mai 1958 auch seine Tochter Katharina, und zwar mit dem zwanzig Jahre älteren Oberst i. G. Dr. Alfred Dürrwanger. Ich habe die Entwicklung von Dürrwanger mit Aufmerksamkeit bis zur Gegenwart verfolgen können. Es konnte nicht ausbleiben, daß »Justus« – so wurde Dürrwanger alias »Dr. Deckmann« alias »Colonel« innerhalb der Zentrale genannt – Karriere machte. Als Schwiegersohn des Chefs war er prädestiniert, an einer besonders heiklen Stelle eingesetzt zu werden, dort, wo Gehlen sich voll auf seine Mitarbeiter verlassen mußte. So wurde er Leiter des Verbindungsstabs des BND in Bonn. Sein Vorgänger konnte, nachdem er jahrelang auf dem Bonner Parkett die Legalisierung der OG, das heißt die Überführung der amerikanisch ausgehaltenen Organisation Gehlen in den Bundesdienst und die Umwandlung zum Bundesnachrichtendienst, vorbereitet hatte, endlich zur Bundeswehr gehen, wie er es sich gewünscht hatte. Oberst Werner Repening, intern »Mäxchen« genannt, wurde bald Brigadegeneral und Adjutant von Verteidigungsminister Franz Josef Strauß. Um seinen plötzlichen Tod ranken sich viele Gerüchte, was davon der Wahrheit nahekommt, vermag ich nicht zu entscheiden. Gehlen ließ auch in diesem Fall Dossiers anlegen, die er genüßlich in seinem »Giftschrank« archivierte, und ich bin davon überzeugt, daß er 1962 in der »Spiegel«-Affäre, als es wegen einer Veröffentlichung über das Manöver »Fallex 62« zur offenen Konfrontation zwischen ihm und Strauß kam, wie in vielen anderen Fällen seine Erkenntnisse ausgespielt hat. Nebenbei gesagt, hat Gehlen Strauß nie akzeptieren wollen, vielleicht weil sie in ihrer antisowjetischen Gesinnung so eklatant übereinstimmten und beide um die Gunst und den Einfluß bei Adenauer rangen. Wie dem auch sei, es gab einen lautlosen Kampf zwischen Gehlen und Strauß, und Repening wurde wohl in diesem zerrieben. »Mäxchen« war ein gewandter, parkettgewohnter und sympathischer ehemaliger Flieger, der mit der dem fliegenden Personal eigenen Schnoddrigkeit alle Situationen meisterte. Doch dem Machtkampf zwischen Gehlen und Strauß war er nicht gewachsen.

Als er noch den Bonner Verbindungsstab des BND leitete, sagte er mir einmal unverblümt, er habe die »Nase voll«, weil ihn auf lange Sicht eine enge Zusammenarbeit mit Gehlen menschlich überfordere. Gehlen auf der einen, Globke als Staatssekretär des Bundeskanzleramts auf der anderen Seite, das müsse selbst einen Flieger zermürben.

Dieses Gespräch fand statt, als ich ihm einmal Operativgelder zur Weitergabe an eine von ihm geführte Vertrauensperson übergab. Nun war es nicht seine Aufgabe, Agenten zu führen, aber in einem Fall mußte er es tun. Gehlen hatte eine Sekretärin von Globke gewonnen, ihm zu Diensten zu sein, was natürlich für Gehlen von großem Nutzen war, wenn er bei Globke allwöchentlich zum Vortrag kam. Da war er schon vorbereitet, und nichts konnte ihn überraschen.

Diese Sekretärin wurde für die Tätigkeit belohnt: Ihr Lebensgefährte erhielt einen gut dotierten Arbeitsplatz bei der Außenorganisation im Ruhrgebiet, ohne dort jedoch echte Arbeit leisten zu müssen, und sie bekam ein monatliches Taschengeld, das ich aus meinen Mitteln der Gegenspionage bereitzustellen und bar an Repening zur Weitergabe auszuzahlen hatte. Diese Finanzierung lief als Gegenspionageoperation unter dem Codewort »Friedensengel« und war damit der Nachprüfung durch den Bundesrechnungshof entzogen; der Name der Empfängerin tauchte in keiner anderen Akte auf.

Dürrwanger alias »Justus« wurde Nachfolger von Repening alias »Mäxchen« und bezog im Palais Schaumburg, dem damaligen Sitz des Bundeskanzleramts, die Diensträume über den Arbeitsräumen Adenauers. Von hier aus wurde das Verbindungsnetz zu den Bundesbehörden in Bonn, das heißt der Bundeswehr, dem Amt für Sicherheit der Bundeswehr (ASBw) in Köln, dem Bundesamt für Verfassungsschutz und allen Bundesministerien, aufgebaut und gesteuert. Hier arbeitete auch der spätere BND-Waffenhändler Erwin Hauschild, der später in der Zentrale in Pullach außergewöhnlich schnell zum Regierungsdirektor avancierte und dann beurlaubt wurde, um in einer Waffenhandelsfirma in Hamburg im Interesse des BND Waffen ins Ausland zu liefern. Hauschild war vor seinem Eintritt in den BND als Regierungsrat im Verteidigungsministerium tätig gewesen. Im BND führte er den Decknamen »Dr. Hermsdorf«.

Interessant ist für den politisch Denkenden, daß Gehlen regelmäßig – sozusagen in privaten Tischgesprächen – aus seinen Ansichten keinen Hehl machte. Der sonst so zurückhaltende »Überparteiliche« ließ im kleinen Kreis der Vertrauten seinen Gedanken freien Lauf. Dort ging der »Mann ohne Gesicht«, wie ihn die »Schweizer Weltwoche« bezeichnete, ganz aus seiner Anonymität heraus. Bei diesen Gesprächen zu Tisch bestätigte sich, daß es für jedes NATO-Mitgliedsland Pläne gab, um einer drohenden demokratischen oder gar sozialistischen Entwicklung begegnen zu können, dies beispielsweise für Griechenland, Portugal, Frankreich und Italien. Gehlen war damals vor allem ein Feind von General de Gaulle, und den Gaullismus sah er zeitweilig als die Hauptgefahr in Europa an. Gehlen selbst lud wiederholt Vertraute aus dem französischen Nachrichtendienst ein, von denen er wußte, daß auch sie General de Gaulle ablehnten.

Bei Teeabenden, beim Segeln und Baden an seinem Privatstrand traf sich im Wechsel oder alle gemeinsam der Familienclan: die Kinder Gehlens, Katharina, Maria-Therese, Dorothea, Christof, die Freunde und Schwiegersöhne und schließlich auch die Sekretärin von »Justus«, Veronika, Tante Bärbel und viele andere. Hier wurden die eigentliche Spionagedoktrin konzipiert, abgewogen

einz Felfe als Angehöriger des
eicharbeitsdienstes (RAD) auf Wache, 1939

Heinz Felfe (vorne) mit RAD-Kameraden beim Arbeitseinsatz, 1939

Heinz Felfe während des Studiums (dritter von rechts

Heinz Felfe als Rekrut in der SS-Verfügungstruppe, 1938

Das Vernehmungslager Fort Blauwkapel bei Utrecht in den Niederlanden, in dem Heinz Felfe 1945 von den Briten interniert wurde

Heinz Felfe als
Langemarck-Student, 1939

einz Felfe als Angehöriger
er Organisation Gehlen, 1955

1957 reiste Heinz Felfe mit einer Studiengruppe von Spezialisten der Gegenspionage in die USA. Dabe waren auch (von rechts) Oberstleutnant a. D. Osca Reile, ehemals Chef der Abwehr in Paris, und Hermann H., der Heinz Felfe in der Pullacher Zentrale zeitweise vertrat

einz Felfe wurde am 6. November 1961
rhaftet. Im Juli 1963 verurteilte ihn der
undesgerichtshof in Karlsruhe zu 14 Jah-
n Zuchthaus ohne Anrechnung der Un-
rsuchungshaft. Die Aufnahmen zeigen
n Autor und Hans Clemens auf dem
erichtsgelände

Am 14. Februar 1969 wurde Heinz Felfe (links) an der Grenzstelle Herleshausen ausgetauscht

Berlin-Reisen

Wieder liegt ein arbeitsreiches Jahr hinter uns.

An der Schwelle des neuen Jahres, das mit Sicherheit bedeutsame Entwicklungen bringt, drängt es mich, Ihnen allen für Ihre treue und erfolgreiche Arbeit an der gemeinsamen Sache zu danken.

Mit innerer Befriedigung dürfen wir feststellen, daß wir den an uns gestellt Anforderungen gerecht werden konnten. Wir sind uns sicher alle darin einig, daß in Anbetracht der ständig wachsenden Aufgaben noch viel harte Arbeit vor uns liegt. Ich erkenne dankbar an, daß wir in den uns gestellten Rahmen ein gut Stück weiter hineingewachsen sind. Auch in der personellen, sozialen, organisatorischen und materiellen Entwicklung sind wir weiter vorangekommen.

Wie alljährlich gedenken wir in Dankbarkeit und Treue der Hingabe derjenig Kameraden, die im zurückliegenden Jahre Freiheit, Gesundheit oder Eigentum in unserem Dienste opfern mußten. Ich darf dabei mit Genugtuung feststel daß diese leider nicht vermeidbaren Verluste dank weiterer Verbesserung der Arbeitsweise wiederum erheblich geringer waren als im Vorjahre.

Für das Weihnachtsfest und für ein friedliches Jahr 1960 gelten Ihnen u Ihren Familien meine besten Wünsche.

Dezember 1959

Weihnachts- und Neujahrsgrüße
Reinhard Gehlens an die Mitarbeiter des BND

Auszug aus dem Erlaß
des Präsidiums des Obersten Sowjets der UdSSR
№ 5089-x

Für erfolgreiche Erfüllung der speziellen Aufgaben, langjährige fruchtbar Zusammenarbeit und großen Beitrag zur Gewährleistung der Staatssicherheit der Sowjetunion wird Genosse Felfe Heinz mit dem Orden des Roten Banners ausgezeichnet.

Moskau, Kreml

17. Juni 1982

L. Breshnew

M. Georgadse

1982 wurde Heinz Felfe,
der zuvor schon zahlreiche Auszeichnungen erhalten hatte,
der Rotbanner-Orden der Sowjetunion verliehen

Heinz Felfe, 198

und »Aufträge« erteilt. Wenn später die Frage gestellt wurde, wie es möglich war, eine so umfangreiche Inlandsspionage zu betreiben, und wo die Angaben »konserviert« wurden, dann hätte man die mit sogenannten Maulwurfshügeln gesicherte Privatvilla nicht vergessen sollen.
Man darf nicht in den Irrtum verfallen, der Präsident des Nachrichtendienstes hätte nur seinem angestauten Ärger Luft gemacht, wenngleich er es nötig hatte, da er seinen im Dienst getragenen »Heiligenschein« natürlich trotz seiner Mentalität als Generalstabsoffizier nicht ständig durchhielt. Seine gemäßigten Ausbrüche konnte er, anders als Admiral Canaris, der sich zu Hause nur seinen Dackeln anvertraute, seiner Frau Hertha zumuten. In den Tischgesprächen postulierte er dann »abgeklärt« seine Vorbehalte, Meinungen und Ziele im Kampf gegen »Demokratie, Sozialdemokratie und Bolschewismus«.
Veronika Wolf, 1935 geboren, wurde die Sekretärin Dürrwangers durch Vermittlung von dessen Frau Katharina. Beide Väter – Gehlen und Wolf, dieser ehemals Konsul in Florenz – waren seit Jahrzehnten befreundet, was neben den guten französischen, englischen, portugiesischen und italienischen Sprachkenntnissen der Tochter zur Empfehlung ausreichte. Veronika Wolf heiratete später einen BND-Mitarbeiter, Paul Lenkeit, der zeitweise Vertreter von Dürrwanger in Paris, Saint Cloud, 25, rue Sevin Vicent, war. Lenkeit, ein früherer Marineoffizier, war seinerseits mit Dürrwanger seit der Jugendzeit befreundet. Was lag näher, da beide Frauen, beide Männer und die Väter der Frauen befreundet waren, als Zusammenkünfte in Berg im privaten Kreis, wo aber eben nicht nur Privates besprochen wurde.
Eine weitere Gehlen-Tochter, Maria-Therese, war mit dem BND-Angehörigen Klaus Kirchert verheiratet.
Dorothea ist das jüngste der Gehlen-Kinder und ein wenig aus der Art geschlagen. Sie studierte Psychologie und heiratete ebenfalls einen BND-Mann, Jobst Kloss. Ihr Vater war mit dieser Heirat nicht einverstanden und fand es skandalös, daß die Eheschließung erst erfolgte, als Dorotheas Schwangerschaft bekannt wurde. Die gegenseitige Abneigung zwischen Schwiegersohn und Schwiegervater ging tief. Jobst Kloss fand die Gehlen-Familie sehr konservativ und mit einer »mittelalterlichen Lebensweise« behaftet. Seine modernen Umgangsformen machten ihn – besonders in den Augen Katharinas, verehelichte Dürrwanger – suspekt.

Als Freundin des Hauses und der Familie galt Frau Henriette Klimke, Tante Henny genannt, die auch in Berg wohnte. Ihr verstorbener Mann war Generalstabsoffizier und mit Gehlen eng befreundet gewesen. Ihr Sohn hingegen hielt nicht viel von Gehlen und seiner Organisation. Die Familie Gehlen hatte eine tiefe Abneigung gegenüber den parlamentarisch-demokratischen Regierungsformen der Gegenwart; Regierungssysteme und Lebensweise der anglo-amerikanischen Partner verabscheute und verachtete sie geradezu. Gehlen brachte dies wie folgt zum Ausdruck:

> »Sie wollen uns ihre Politik und ihr demokratisches System aufzwingen, außerdem unterscheiden sie sich im Mißtrauen gegenüber den deutschen Konservativen kaum von den Russen. So kann das nicht weitergehen. Wir haben zu viel amerikanische Demokratie! Die Amerikaner haben die Gefahr des Kommunismus niemals vor ihrer Tür gehabt, und sie hat uns nach dem Kriege sehr dicht gestreift. Wir müssen die amerikanischen Absichten aufklären und ›kontern‹.«

Obwohl General Gehlen die Amerikaner als »nützliche Idioten« für die Erhaltung des deutschen Nachrichtendienstes betrachtete, spielte er sie geschickt aus, teilweise sogar im Einverständnis mit Dulles. Nach Gehlens Ansicht fanden sich die Amerikaner, Engländer und Franzosen mit der Teilung Deutschlands kampf- und kraftlos ab, und ihm gingen die parlamentarisch-demokratischen Vorstellungen zur Erhaltung der alten Gesellschaft ohnehin zu weit.

Mit diesen Ausführungen zum Gehlen-Clan und den »Tischgesprächen« bin ich der Entwicklung weit vorausgeeilt. Zunächst lernte ich, nachdem ich in die Zentrale übergewechselt war, andere Verwandte Gehlens in der Organisation kennen: Sein Bruder Hans – »Don Giovanni« genannt – saß zum Beispiel als Resident in Rom. Er war ND-Amateur, und dementsprechend sahen auch seine Arbeitsergebnisse aus, über die sich mein Kollege »Rischke« oft genug die Haare raufte. Was Hans Gehlen in Rom sollte, konnte niemand befriedigend beantworten. Bei einer Frage erntete man höchstens ein süffisantes Lächeln. Aber wie es im Geheimdienst so zugeht, 1977 las ich in der italienischen Presse, daß der frühere Wohnsitz von »Don Giovanni« eine Anlaufstelle bei der Entführung des Kriegsverbrechers Herbert Kappler in die BRD

gewesen sein soll. Aber nicht nur das, wie man inzwischen durch die Affäre Langemann weiß.[19] »Don Giovannis« Stunde kam noch. In Mozarts Oper »Don Giovanni« ist dieser ein rücksichtsloser, nur seinen persönlichen Bedürfnissen lebender Edelmann, der sich in Begleitung seines Dieners Leporello in das Haus des Komturs eingeschlichen hat, um die Tochter, Donna Anna, zu erobern.
Wenn man nun statt Leporello Langemann sagt, für Haus des Komturs Villa Liguria in Rom einsetzt und sich für Donna Anna den Vatikan denkt, dann besitzt man schon ein recht treffendes Bild von der Operation »Eva« in Italien. Der Name der weltweiten Operation »Eva« kommt ja von Eva Braun, Hitlers Frau. Wo sie einst in Pullach wohnte, residierte später Langemann. Daß die in großem Stil angelegte Ausspionierung gerade des Vatikans ausgerechnet unter einem solch »heiligen«, biblischen Namen lief, entbehrt nicht einer gewissen Ironie. Übrigens war ich es, der Langemann zum Einstieg in den BND verhalf. Die Initiative ging von ihm aus, ich verwendete mich für ihn, nachdem er von einem Beamten der Sicherungsgruppe Bonn, Theo S., Gehlen empfohlen worden war. Als auf diese Empfehlung keine Reaktion erfolgt war, legte ich Gehlen persönlich Langemanns Dissertation auf den Tisch und empfahl ihm, sie unbedingt zu lesen. Ob er sie nun tatsächlich selbst gelesen hat oder einen anderen damit beauftragte und sich berichten ließ, weiß ich nicht. Jedenfalls wurde Langemann kurz danach eingestellt.
Der Schwager Gehlens, v. Seydlitz-Kurzbach, leitete unter dem Decknamen »Seydel« die Personalabteilung des BND und hatte damit eine für den Clan bedeutende Schlüsselposition fest in der Hand. Ein Cousin wurde unter dem Decknamen »Dr. Schlömel« Amtsarzt des BND, von ihm erhielt ich für eine Amerikareise die erforderliche Impfbescheinigung, ohne erst den Oberarm freimachen zu müssen.
So, wie Gehlen für seine Kinder und deren Ehepartner sorgte, goß er den Kelch seines Großmutes auch über den Familien der alten Freunde aus. Zur allgemeinen Überraschung tauchten Ende der fünfziger Jahre junge Leute in der Zentrale auf, die von der Personalabteilung den verschiedensten Arbeitsbereichen zur informatorischen Beschäftigung für eine begrenzte Zeit zur Verfügung gestellt wurden. Bald stellte sich heraus, daß sie als Nachwuchskräfte auf Kosten der Organisation ein akademisches Studium als Juristen oder Dolmetscher begonnen oder schon beendet hatten

und jetzt oder später im BND leitende Funktionen übernehmen sollten. Sie führten im Dienst – wie alle Mitarbeiter – Decknamen. Dadurch ließ sich natürlich auch leicht verschleiern, daß sie Kinder leitender Mitarbeiter aus der Nähe Gehlens waren. Als dann bemerkt wurde, daß etwa der Leiter der Auswertung seinen Sohn und seine Tochter auf OG-Kosten hatte studieren lassen und sie dann noch unter verschiedenen Decknamen in der Zentrale verwendet wurden, gab es natürlich genügend Redereien über diese Vetternwirtschaft. Ganz besonders flackerte der Unmut bei den Mitarbeitern der Karteiregistratur auf, als der erwähnte Sohn des Auswertungschefs, der im Sommer 1960 zuerst die Kartei informatorisch durchlaufen und dort natürlich Kontakte gefunden hatte, plötzlich zu einer Sonderaufgabe abgezogen wurde. Diese Sonderaufgabe sei höchst wichtig und geheim, hieß es. Wenige Tage später, die Olympischen Spiele in Rom hatten gerade begonnen, kam die Enttarnung. Beim abendlichen Fernsehbericht machte die Kamera einen Schwenk und erfaßte in der Zuschauermenge einen einzelnen, auffällig blonden, nett aussehenden jungen Mann, den sie dann bildschirmfüllend heranholte. Es war unser für eine geheime Sonderaufgabe abgezogener junger Mann, dessen Aufgabe nun eigentlich nicht darin bestand, die Olympiaveranstaltungen zu besuchen. Er sollte vielmehr nachts und vormittags eventuell ankommende Anrufe am Telefon in seinem Zimmer entgegennehmen. Die seit Jahren Kurierdienst leistenden Mitarbeiter der Kartei fanden, daß die Telefonbedienung am Olympiaort Rom ebenso einer von ihnen hätte übernehmen könne, denn diese Nachwuchskraft war aufgrund ihrer Herkunft, sozialen Situation und vorgezeichneten Zukunft sicher in der Lage, Rom auf eigene Kosten kennenzulernen. Für einen Karteimitarbeiter hätte aber so eine freundliche Geste – Dienstreise nach Rom – sehr viel mehr bedeutet, abgesehen davon, daß er das Telefon mindestens genausogut zu handhaben gewußt hätte.

Mit dieser Charakterisierung des Gehlen-Clans will ich es bewenden lassen, obwohl es noch viele Beispiele des Nepotismus gibt. Niemand wird bezweifeln können, daß diese Art der Förderung und Versorgung den Geist und das Profil des »Ordens« prägte, von dem später behauptet wurde, er stelle eine besondere Elite dar. Daß sich damit um Gehlen der alte reaktionäre Konservatismus formierte, der Einfluß auf die Spionagearbeit nahm, ihre Schwerpunkte bestimmte und »natürliche Verbindungen« in der Bundesrepublik und anderswo knüpfte, liegt auf der Hand. Dies war natürlich in den fünfziger Jahren für die Mehrzahl der Mitarbeiter keinesfalls spürbar, obwohl Vetternwirtschaft und reaktionäre Politik bemerkt werden konnten, wenn man mit wachen Augen die Organisations- und Personalpolitik beobachtete. Es scheint mir, daß auch die Amerikaner sehr früh die Haßliebe des Gehlen-Clans ihnen gegenüber und sein Ringen um die Vormachtstellung im europäischen Feld spürten und eine entsprechende eigene Konspiration in der Organisation aufbauten.

Rückblickend kann festgestellt werden, daß Pullach der Kristallisationspunkt militärischer und entspannungsfeindlicher Nachkriegspolitik wurde. Die Organisation Gehlen und später der BND waren und blieben bei allem personellen Wechsel Werkzeuge des kalten Kriegs ohne Rücksichten auf die eigenen und auf die westeuropäischen Regierungen.

General Gehlen hat streng darauf geachtet, daß es zwischen seinen Mitarbeitern und Alliierten keine persönlichen und privaten Kontakte in größerem Umfang – nimmt man den Clan aus – gab. Solange noch die Mehrzahl der Mitarbeiter mit ihren Familien in der Zentrale selbst wohnte, etwa bis 1952/53, blieb es nicht aus, daß diese miteinander private Beziehungen pflegten. Da bis dahin gesellige Beziehungen außerhalb des Compound untersagt waren, um die Tarnung nicht zu durchbrechen, gab es im Camp eine eigene Schule für die Kinder und eine Krankenstation. Viele kannten sich damals auch noch unter Klarnamen aus der Zeit des Faschismus. Unter diesen Bedingungen trafen sie sich oft zum Bridge, beim Tennis oder bei Tanzveranstaltungen im »Colonial House«, dem ehemaligen Kindergarten, der als Klub der Zentrale eingerichtet war.

Ebenso fanden allmonatlich sogenannte Herrenabende statt, wobei man verschiedene Probleme jeweils anschließend an einen Vortrag sehr intim besprechen konnte. All dies wurde ab 1952 immer gezielter abgebaut, und Besuche von Veranstaltungen oder die Annahme von Einladungen zu amerikanischen Parties wurden »klassifiziert« und meldepflichtig.

Militärische Spionage und der Fall des Obersten a. D. von Bonin

Schon im vorigen Jahrhundert, 1858, hatte ein General Adolf von Bonin mit seiner Reformpolitik als Kriegsminister gegen den preußischen König Wilhelm und seine Kamarilla opponiert und war gescheitert. Auch 1956 war ein von Bonin, Oberst a. D., mit seinen realistischen Ansichten nicht gefragt. Wenn ich in den Beratungen mit Bogislaw von Bonin an Gehlens Tisch saß, tat er mir wegen seiner Gutgläubigkeit immer leid. Gern hätte ich ihm den Rat gegeben, gegen die neue Kamarilla zu konspirieren. Dann hätte er mehr Chancen gehabt, sein Anliegen durchzusetzen. Er scheiterte an Adenauer und seinem Klüngel, darunter besonders am janusköpfigen Reinhard Gehlen.

Von Anfang an beschäftigte sich Gehlen in seiner Organisation mit der militärstrategischen Konzeption gegen den Osten. Die Eingliederung einer zukünftigen militärischen Potenz der BRD in das NATO-Bündnis war in Geheimdienstkreisen unumstritten. Fragen gab es nur dahingehend, wer die neue Wehrmacht aufbauen und wer vom Gehlen-Dienst im militärischen Bereich Einzug halten sollte.

Für die westdeutschen Militärs bedeutete die Europäische Verteidigungsgemeinschaft die Möglichkeit, nun auf legalem Weg mit dem Aufbau einer Armee zu beginnen, wobei sie schon damals hofften, in der Integration bald eine führende Position einzunehmen. Im Mai 1952 hatte Adenauer in Bonn und Paris die Vertragstexte über die EVG und den sogenannten Deutschlandvertrag unterzeichnet, und am 19. März 1953 stimmte der Bundestag dem zu. In Kraft trat aber nur der Deutschlandvertrag, weil die französische Nationalversammlung die EVG ablehnte. In dieser Zeit wurde das Amt Blank, 1950 entstanden, weiter ausgebaut. 1953 gliederte sich dieses Amt in folgende Abteilungen:

Abteilung I – Verwaltung
Abteilung II – Keimzelle des kommenden Führungsstabs
Abteilung III – Recht und Wirtschaft
Abteilung IV – Unterkunft und Liegenschaften
Abteilung V – Beschaffung

Die Militärische Abteilung (II) unter der Leitung von General Adolf Heusinger, der, wie erwähnt, bis Anfang der fünfziger Jahre in Pullach bei Gehlen unter dem Decknamen »Horn« gelebt hatte, besaß eine militärpolitische Abteilung, die von Oberst a. D. Johann Adolf Graf von Kielmannsegg geleitet wurde, einen Planungsstab, dem Oberst a. D. Bogislaw von Bonin vorstand, und eine Abteilung Personalwesen unter Oberst a. D. Eberhard.

Die Militärische Abteilung stellte die Pläne für die deutschen Kontingente der »Europa-Armee« auf, erfaßte die Freiwilligenmeldungen aus den Soldaten- und Revanchistenverbänden, die von der Organisation Gehlen geprüft wurden, und bereitete darüber hinaus bereits Gesetzesvorlagen für die Einführung der allgemeinen Wehrpflicht vor. Im Juli 1953 reisten Theodor Blank und Heusinger in die USA, um zu studieren, wie Einrichtungen der amerikanischen Armee gegliedert und organisiert wurden. Damals wurde erwogen, die BRD zwölf Divisionen aufstellen zu lassen, und bereits 1954 wurde unter allseitiger militärischer Hilfe der USA damit begonnen. Die Entwicklung der Bundeswehr zur stärksten militärischen Kraft der NATO in Europa ist bekannt.

General a. D. Gehlen hatte von Anfang an bedeutsame Freunde aus seiner Generalstabszeit im Amt Blank und in der Bundeswehr angesiedelt. In der Anfangsperiode waren es die Generale Heusinger und Hans Speidel, die sich wie Gehlen im faschistischen Deutschland ihre militärischen Meriten erworben hatten. Über die Planung und Aufstellung des Bundeswehrpotentials sowie die Aufrüstung brauchten sich die Militärs in der Organisation den Kopf nicht sonderlich zu zerbrechen. Die Zuarbeit der Amerikaner funktionierte.

Als Spionagechef ging es Gehlen um die personelle Unterwanderung der Entscheidungsbereiche der Bundeswehr, um die Durchsetzung der alten »Oststrategie« sicherzustellen.

Getragen war dieses Ziel vom Reichswehrgedanken und vom Canaris-Stil: Der Feind steht links! In jedem Fall dachte Gehlen dabei an die Verschmelzung der militärischen Abwehr mit der politischen Spionage. Dabei war es erst einmal unerheblich, ob diese Idee sich vollständig durchsetzen ließ. Es schien ein lohnender Versuch zu sein, die Spionage der Organisation tendenziell und personell zu verbreitern und schließlich auch nachrichtendienstlich zu verfeinern und mit der militärischen Abwehr zu vereinen. Betrachtet man im nachhinein den organisatorischen und personellen Aufstieg des BND und die bleibenden Positionen Gehlens im militärischen Bereich, so ist es unerheblich, daß Gehlens ursprüngliche Konzeption nicht in Gänze aufging. Zwar gab es später den Militärischen Abschirmdienst (MAD), aber dieser sollte nur Spionageabwehrdienste in der Bundeswehr ausüben, nicht jedoch einen eigenen Aufklärungsapparat erhalten. Im Sommer 1955 hielt Gehlen in dieser Sache bei Adenauer Vortrag, der dessen Vorstellungen akzeptierte.

Das Amt Blank, das sich von 1950 bis 1955 mit der Aufstellung des ersten militärischen Nachkriegspotentials befaßte, nahm viele Generalstabsoffiziere auf persönliche Empfehlung des FHO-Generals an. Generalstabsoffiziere haben keine Namen, und »mehr sein als scheinen« waren die Gedanken, nach denen gehandelt wurde. Und die politische Konspiration funktionierte wie in alten Zeiten. Im Schatten der Pariser Verträge konnte 1954 die geplante Einrichtung eines militärischen Sicherheitsorgans zügig vorangetrieben werden. Der Militärische Abschirmdienst fand nach verschiedenen Zwischenstufen seine Spitze im Amt für Sicherheit der Bundeswehr, ausgerichtet auf Friedens- und Kriegsspionage.

In dieser Stunde hatten Vertraute Gehlens bereits alle Schlüsselpositionen in der neuen Militärorganisation besetzt. Oberst Wessel leitete die für das militärische Nachrichtenwesen zuständige Abteilung Fü B II im Verteidigungsministerium, Oberst Ernst Ferber, ehemaliger OG-Insider, war Personalchef des Verteidigungsministeriums geworden, und der erste Mann aus dem Amt Blank, Generalleutnant Heusinger, wurde der erste Generalinspekteur der Bundeswehr. 1956 wurde der Gehlen-Mitarbeiter Brigadegeneral Josef Selmayr Leiter des Amtes für Sicherheit der Bundeswehr (ASBw). Unter dem Decknamen »Seewald« hatte er die militärische Spionage Südosteuropa in der Organisation geleitet. Gleichzeitig wurde Oberst Armin Eck G 2 (Generalstabsoffizier für Feindlage), bis er schließlich zum Nachfolger Selmayrs als MAD-Chef avancierte. Vordem hatte er in der Zentrale als ehemaliger Generalstabsoffizier unter dem Decknamen »Edinger« das Sicherheitsreferat geführt. Auch spätere Leiter des ASBw – als Gehlen sich schon anschickte, in Pension zu gehen – stellte der BND. Eck leitete dieses Amt von 1967 bis 1971, und ab 1. April 1972 hieß der Amtschef Paul-Albert Scherer, ein eingeschriebener Sozialdemokrat, der aber nicht von ungefähr aus der Organisation Gehlen stammte.

Zum Leiter der MAD-Schule in Bad Ems wurde Brigadegeneral Konrad Stephanus alias »Steurer« bestellt. Er und seine Frau hatten von 1946 bis 1955 in Gehlens Zentrale gearbeitet. In Stephanus traf ich einen Mann, der sich mit besonderer Aufmerksamkeit der psychologischen Kriegführung widmete. Hier wurden »Konserven« für die »Konterpropaganda« der westdeutschen Truppen angelegt, Sender installiert usw., Methoden und Erfahrungen der Kriegspropaganda von Sefton Delmer und Goebbels in gleicher Weise ausgewertet. Eine nicht zu unterschätzende Erfahrung dieser Säule der ND-Arbeit mußte der sozialistische Osten in der Zeit der konterrevolutionären Vorstöße in der ČSSR im Jahr 1968 machen.

Es ist nahezu selbstverständlich, daß auch die MAD-Stellen in den Wehrbereichen ausschließlich mit Offizieren besetzt wurden, die zuvor in der Organisation Gehlen gearbeitet hatten. Die Unterstützung des MAD durch die Organisation und später den BND war intim, verästelt und vielfältig. Die Dienstausweise des MAD wurden in der Pullacher Zentrale gedruckt, mit Sicherheitsmarkierungen versehen und in »fälschungssichere« Kunststoff-Folien eingepreßt. Innerhalb der Bundeswehr gab es auch die fiktive Einrichtung eines »Amtes für Militärkunde« (München, Ritterstraße), in dem die Personalakten des militärischen Personals des BND geführt wurden. Dem Verteidigungsminister Franz Josef Strauß war es oft genug ein Dorn im Auge, daß Gehlen den MAD so perfekt in der Hand hatte. Führende Militärs der Bundeswehr sprachen sogar von zwei Gruppierungen, der Gehlen- und der Strauß-Gruppe im militärischen Bereich. Wenn es diese Gruppierungen tatsächlich gegeben haben sollte, unterschieden sie sich kaum hinsichtlich ihres rechtskonservativen Programms. Alles reduzierte sich auf persönliche Rivalitäten. Natürlich hatte der MAD im Schatten dieser persönlichen Auseinandersetzungen seine eigenständige Entwicklung, und manche MAD-Chefs versuchten aus den persönlichen Divergenzen zwischen Gehlen und Strauß Vorteile zu ziehen. Immer wieder gab es Versuche der sieben MAD-Gruppen im Bundesgebiet (die insgesamt auf eine Stärke von 2000 Mann geschätzt wurden), aus den von Gehlen gesteckten Grenzen auszubrechen.

Es schien nun für die verschiedenen Dienste immer dringlicher, sich abzustimmen. Die Regelung der Zusammenarbeit mit dem Bundesnachrichtendienst wurde schließlich »amtlich«. In Vereinbarungen hieß es unter anderem: »Im Interesse der Sicherheit der Bundesrepublik und der Bundeswehr wird zwischen der Abteilung

G 2 der Bundeswehr und dem Bundesnachrichtendienst eine enge und vertrauensvolle Zusammenarbeit im Frieden angestrebt.«[20]
Auf dem Gebiet »Fremde Streitkräfte« wurde die Zusammenarbeit 1957 wie folgt geregelt:

»Die militärischen Gruppen der Auswertung des BND sind zugleich Organe der Bundeswehr. Dabei arbeiten zusammen:

Gruppe Fremde Streitkräfte	BND – BMVtg. IV c
Gruppe Fremde Heere	BND – BMVtg. V A 2
Gruppe Fremde Luftwaffen	BND – BMVtg. VI A 3
Gruppe Fremde Marine	BND – BMVtg. VII A 2

Abgabe von Basismaterial von BMVtg. zum BND und Aufklärungswünsche vom BMVtg. an BND sowie Berichterstattung von BND an BMVtg. regeln die auf die Zusammenarbeit angewiesenen Gruppen in unmittelbarem Einvernehmen nach den Weisungen des Leiters der Auswertung des BND. Grundsätzliche Fragen bleiben der Vereinbarung zwischen dem G 2-Streikräfte und Präsident des BND vorbehalten.«[21]

Schließlich hatte der BND auf dem Gebiet der Sicherheit und der Gegenspionage den MAD über die in seinem Bereich anfallenden Erkenntnisse zu unterrichten. So die Forderung des Verteidigungsministers: »Der MAD unterstützt andererseits den BND, der nach Zuständigkeitsabgrenzung vom 25. 3. 1956 in der Gegenspionage die allein zuständige Dienststelle in der Bundesrepublik ist, dadurch, daß er alle in seinem Bereich auftretenden G 2-Fälle und Ansatzpunkte an den BND abgibt.«[22]
Ein Handel von Spionagefällen zwischen BND und MAD, der nur zum Nutzen gereichen sollte: Ich war dadurch über die MAD-Vorgänge weitgehend ins Bild gesetzt. Dies schon dadurch, daß mir alle Spionagespiele des MAD auf den Tisch kamen, denn der BND – Gegenspionage – hatte die Gesamtverantwortung zu tragen. Am Rande sei betont, daß der Ausdruck Militärischer Abschirmdienst von der Bundeswehr gewählt wurde, um das Wort »Abwehr« zu vermeiden, das von der Reichswehr und in der deutschen Wehrmacht bekanntlich für einen Spionagedienst gebraucht wurde, der abwehrend im eigentlichen Wortsinn, aber gleichzeitig auch aufklärend tätig war. Dennoch konnten die Aufgaben der Spionageabwehr, der Infiltration und Sabotageführung, mit denen sich der MAD beschäftigte, auf die Dauer nicht ver-

heimlicht oder getarnt werden. Die 1978 aufgedeckten Abhörskandale im Büro des Verteidigungsministeriums und in der Luftwaffe, aber auch in der Führungsakademie der Bundeswehr, waren offener Ausdruck der bleibenden Spionagefunktion einer militärischen Abwehr, die sich als Abschirmdienst bezeichnet. Der MAD – wie er von seinen Vätern der Spionage konzipiert wurde – beschnüffelt im gleichen Maße Offiziere der Truppe, des Generalstabs und einfache Soldaten, wenn sie sich in politischer Distanz zur herrschenden militärischen Konzeption befinden. Der Fall Kießling Anfang 1984 ist dafür exemplarisch und noch frisch in Erinnerung. Ich meine hier Distanz, weil dies bedeutet, daß jene – und das waren die meisten Offiziere – eben keine Gegner waren, die vom MAD hätten bearbeitet werden müssen. Oberst a. D. von Bonin – aus dem Amt Blank – war das erste Opfer von Anfeindungen, die zu Verstrickungen mit den bundesdeutschen Geheimdiensten führten.

Oberst a. D. von Bonin, der, wie schon gesagt, als Generalstabsoffizier mit vielfältigen Erfahrungen im Amt Blank beim Aufbau der Bundeswehr gewirkt hatte, kam in den Augen seiner Führung zu gefährlichen Fragen, so, ob es sinnvoll sei, die BRD umfassend zu bewaffnen und total in die NATO zu integrieren. Allein diese Frage machte ihn im Kreis der alten Militärs und auch der Adenauer-Politiker suspekt. Man war empfindlich gegenüber solchen Zweifeln und witterte eine Opposition, die man mit allen Mitteln zu bekämpfen gedachte. Dies geschah im selben Moment, in dem man mit viel Spektakel Kränze an den Gedenkstätten der tapferen, aber gescheiterten Opfer des 20. Juli niederlegte.

Bonin war nun aber keinesfalls ein Opponent, der die Regierung Adenauer stürzen wollte. Er war ein Mann, der am Sinn des deutschen Beitrags in der Europäischen Verteidigungsgemeinschaft zweifelte und den EVG-Vertrag nicht begrüßte. Nach dem Scheitern der EVG sprachen Adenauer und die CDU/CSU von einem Rückschlag, einer Krise, für die friedliche Entwicklung Deutschlands. Gerade das Gegenteil war die Wahrheit. Die Konservativen setzten schnell Bereitschaftserklärungen in die Welt, daß die BRD neue Vorstöße zu ihrer ökonomischen und militärischen Eingliederung in den Westen unternehmen würde. Dies aber bedeutete, Deutschland endgültig zu spalten und die Teilung des europäischen Kontinents zu zementieren. Bundeskanzler Adenauer erklärte am 4. September 1954:

»Die Wiederaufrüstung Deutschlands soll in dem Umfang und in der Art geschehen, wie die schon bisher von der Bundesrepublik befolgte Europapolitik es nötig macht.«[23]

Diese Lageeinschätzung teilte eine, wenn auch kleine, Gruppe von Generalstabsoffizieren nicht. Sie sahen im »Vakuum« gerade die Chance, Deutschland aus der von den USA angetriebenen Rüstungsspirale für Europa herauszuhalten, und die Möglichkeit einer friedlichen Entwicklung Deutschlands, vor allem wenn es sich in der Zukunft neutral verhielt. Sie betrachteten Deutschland als Ganzes. Ich selbst hatte einen bescheidenen Beitrag in dieser Richtung geleistet, als ich meinen sowjetischen Freunden die militärischen Konzeptionen der Adenauer-Regierung vor der Abstimmung über den westdeutschen Beitritt in die EVG übergab, die sie den Westalliierten bekanntmachten. Dadurch konnte zumindest zeitweilig erreicht werden, daß Franzosen und Briten, allerdings nicht die Amerikaner, mißtrauisch gegenüber den deutschen militärischen Absichten wurden. Selbst Winston Churchill ließ durch den britischen Hohen Kommissar, Sir Frederick Hoyer Millar, am 2. September 1954 Bundeskanzler Adenauer eine Botschaft zukommen, aus der hervorging, daß Deutschland zu Recht mit Mißtrauen beobachtet werden müsse. Freilich, Churchill hatte seine eigenen antikommunistischen Vorstellungen. Er ließ darauf hinweisen, daß für Adenauer und die Bundesregierung auch nach der Ablehnung des westdeutschen Beitritts eine große Gelegenheit gegeben sei, der Welt deutlich vor Augen zu führen, daß Deutschland nicht auf eine hemmungslose Rüstung abziele, sondern trotz der Ablehnung bei seinen Rüstungsanstrengungen im ursprünglich vorgesehenen Rahmen bleibe. Diese Bemerkung ist in vielerlei Hinsicht interessant, denn England, besonders Premierminister Churchill, der grundsätzlich gegen eine Begrenzung der Rüstung war, glaubte, Westdeutschland würde aus der gegebenen Situation provokant einen Alleingang bei der Remilitarisierung wagen. Da hatte er gar nicht so unrecht.
Noch ablehnender reagierte Frankreich gegenüber den militärischen Plänen Westdeutschlands. Konrad Adenauer bezeichnete die Haltung Frankreichs gegen den Eintritt der BRD in die NATO als antieuropäisch. Besseres fiel ihm nicht ein. Die militantesten Kreise der USA und der BRD begannen, politischen und vor allem ökonomischen Druck auf Frankreich auszuüben, um den Beitritt

der BRD in die NATO zu erzwingen. Adenauer verhandelte in diesen Monaten Mitte der fünfziger Jahre quasi pausenlos mit der amerikanischen Seite, insbesondere mit dem amerikanischen Außenminister John Foster Dulles. Dulles entwickelte den Plan des ökonomischen Drucks, den Adenauer im Bewußtsein zunehmender Stärke voll unterstützte.

In dieser Situation begann also Oberst von Bonin über das Schicksal Deutschlands laut nachzudenken und als Resultat gemäßigtere Pläne der militärischen Aufrüstung zu entwickeln und zu fordern. Daß er damit als »Störenfried« ins Zwielicht der amerikanischen und westdeutschen Geheimdienste kam, versteht sich von selbst. Manche Leute haben in ihm dennoch den Militärreformer der alten Schule gesehen. Sicher ist, daß er den Mut aufbrachte und sich praktisch um ein friedliches, einheitliches Deutschland bemühte. Unter diesen Aspekten waren seine Kontakte zur Sowjetunion legitim und politisch keinesfalls konspirativ.

Oberst Bogislaw von Bonin war Sproß einer alten pommerschen Soldatenfamilie aus Potsdam. Er begann seine Offizierslaufbahn in der Reichswehr im Jahr 1926. Im Zweiten Weltkrieg nahm er anfangs als Erster Generalstabsoffizier einer Division am Westfeldzug teil. Nach dem 20. Juli 1944 wurde er Chef der Operationsabteilung und bewies hier – wenngleich immer weiterkämpfend – echte soldatische Haltung, das hieß damals nicht bedingungslose Gefolgschaft im totalen Krieg. Am 17. Januar 1945 unterzeichnete von Bonin einen Befehl, welcher der Heeresgruppe A im Osten einschließlich der Warschau verteidigenden Verbände volle Handlungsfreiheit gab. Das ermöglichte zwar die rechtzeitige Räumung der polnischen Hauptstadt, verstieß aber gegen einen ausdrücklichen Führerbefehl. Es folgten Verhaftung, Flucht und Gefangenschaft bei den Westalliierten.

Von Bonin verfügte auch nach 1945 über beste Verbindungen zur Industrie, und nach seiner Entlassung aus der Gefangenschaft nutzte er sie. Doch schon 1952 verzichtete er auf eine Wirtschaftskarriere und begann mit der militärischen Planung im Amt Blank. Dank seines kritischen Geistes kamen ihm wiederholt Zweifel an der amtlichen Planung der EVG, insbesondere hinsichtlich der mutmaßlichen Termine für die Aufstellung einer Armee. Schon Mitte November 1953 wurde er im Amt Blank durch den Oberst i. G. a. D. Kurt Fett ersetzt und praktisch kaltgestellt. Danach hatte man keine Verwendung mehr für ihn. So befaßte er

sich, ohne militärisches Amt, nur seinem demokratischen Gewissen folgend, mit der Frage der Verteidigung Westdeutschlands und deren Auswirkungen auf die Wiedervereinigung. Langsam, aber stetig bildete sich ein Kreis von Gleichgesinnten. Unter ihnen waren Generaloberst a. D. Friedrich Hoßbach, der Bundestagsabgeordnete der FDP, Major a. D. Dr. Erich Mende, der Ministerpräsident von Hessen, Georg August Zinn, und auch der Herausgeber des »Spiegels«, Rudolf Augstein. Ihre größten Widersacher waren die Generale Heusinger und Speidel, aber auch der sogenannte Reformer der Inneren Führung, Graf Wolf v. Baudissin, und natürlich Theodor Blank selbst. General Gehlen allerdings hielt sich in dieser Frage anfangs zurück und registrierte nur. Der Fuchs wartete ab, denn noch waren die Zeichen der Zeit nicht eindeutig gegen Bonin gesetzt. Gehlen erklärte seinen Freunden, daß er keine große Lust verspüre, sich auf Bonin festzulegen.
Gehlens Taktik zeigt deutlich seinen Geist und seine Methode. Am 20. Juni 1955 hielt Oberst von Bonin in München vor der Arbeitsgemeinschaft sozialdemokratischer Akademiker einen Vortrag zur atomaren Bewaffnung. Dieser Vortrag war für Freund und Feind bedeutsam. Er trat als Mann der Praxis auf und sprach die Probleme nüchtern, mit gesundem Menschenverstand und mit dem Blick eines erfahrenen Generalstabsoffiziers an. In seinem Vortrag sagte er einleitend: Er sei kein Politiker, und er beabsichtige nicht, einer zu werden.

»Mir ist ganz instinktiv kaum etwas unsympathischer als ein sogenannter politisierender General in des Begriffes anrüchiger Bedeutung. Auf der anderen Seite sollten wir alle aus bitterer und trüber Erfahrung gelernt haben, daß auch der Typ des hohen Offiziers von Übel ist, der sich sofort in ein Mauseloch verkriecht, wenn auch nur das Wort ›Politik‹ fällt, und der nichts anderes als stures, unter Umständen wider besseres Wissen oder gar gegen das Gewissen erfolgendes Ausführen von noch so törichten Befehlen kennt.«[24]

Bonin gab eine realistische Einschätzung des Standes der atomaren Rüstung, einschließlich der Raketenentwicklung, und warnte davor, die Sowjetunion zu unterschätzen. Aufgabe der Politiker sowie der Militärs sei es, die Ächtung des Kriegs ideell und politisch anzustreben.

»Die Abschaffung und Ächtung des Krieges ist seit Jahrhunderten der Wunschtraum der Menschheit. Jeder Vorschlag dieser Art aus geistigen und ethischen Beweggründen heraus hat sich bisher stets als undurchführbar und abwegig herausgestellt. Nach meiner Auffassung ist aber jetzt durch die im letzten Jahrzehnt erfolgte umstürzende Entdeckung der Kernspaltung und ihrer Zerstörungskraft ein grundlegender Unterschied zu früher eingetreten. Das Problem ist von dem ethischen Idealismus in den Bereich des wissenschaftlichen Realismus verlagert worden. Es ist eine praktische Lebensfrage geworden, mit der wir uns alle, deren Sein oder Nichtsein dabei auf dem Spiele steht, auseinandersetzen müssen. Ich selbst bin, wie wahrscheinlich viele von Ihnen hier in diesem Saale, bisher sicher kein Pazifist gewesen, weil ich auf Grund der ganzen Menschheitsgeschichte eine Abschaffung und Ächtung des Krieges für utopisch hielt.
Ich bin zu der festen Überzeugung gekommen, daß der Menschheit gar nichts anderes übrig bleibt, als den Krieg als Werkzeug der internationalen Politik bzw. als eine Fortsetzung der Politik mit anderen Mitteln endgültig zu verdammen, wenn sie sich nicht selbst der Vernichtung preisgeben will.«[25]

Die Pläne Bonins, die Theo Blank gerne totgeschwiegen hätte, stellten die damalige Zweckmäßigkeit der gesamten militärpolitischen Konzeption der Adenauer-Regierung in Frage. Bonin entwickelte – kurz zusammengefaßt – mutig folgende Gedanken:

- Deutsche Soldaten sollten nicht Europa am Rhein mit verteidigen, sondern die BRD an der Grenze zur DDR schützen.
- Wenn wir bis zur Halskrause in die NATO kriechen, kommen wir dort nie wieder heraus, und wenn wir nicht heraus können, räumen die Russen nie die Sowjetzone, und wenn die Sowjetzone nicht geräumt wird, gibt es keine Wiedervereinigung.
- Es gibt keine brauchbare deutsche Armee, die ohne Mitarbeit der SPD und in weniger als vier Jahren aufgestellt werden könnte.

Er war ein Realist und deshalb viel pragmatischer in seiner Einstellung zum Osten, als es Adenauer, gefangen vom Antikommunismus, je sein konnte. Es war für mich wichtig, wenn Bonin betonte, daß man sich darüber im klaren sein müsse, »daß unsere Wiedervereinigung weitgehend von der Lösung der Frage des militärischen Status eines zukünftigen Gesamtdeutschlands abhängig ist. Wenn – wie es den Anschein hat – weiterhin dem Gedanken gehuldigt wird, daß das NATO-Mitglied Bundesrepublik sich einfach bis an die Oder-Neiße-Linie ausdehnen und die Sowjetzone sozusagen überschlucken könnte, dann werden wir alle die Wiedervereinigung wohl nicht mehr erleben.«

Bonin hat sie nicht mehr erlebt. Trotzdem konnte die Friedenspolitik fortgeschrieben werden. Viele Einsichten mußten erkämpft werden, auch auf Umwegen. Im Grunde hat Bonin recht behalten. Trotz der Entspannungspolitik der siebziger Jahre, die durch die SPD/FDP-Regierung akzeptiert wurde, konnte die Gefahr, daß in Mitteleuropa ein Krieg ausbricht, nicht beseitigt werden. Die geschichtliche Entwicklung hat von Bonin bestätigt, nicht jene, die ihn aus dem Militärdienst entlassen haben.

Gehlens Dossier über von Bonin füllte sich. Es wurde registriert, daß Bonin nicht aufgab und weiter für eine Wiedervereinigung Deutschlands und für die maßvolle Wiedererrichtung einer deutschen Wehrmacht wirkte. Ein Sprachrohr Bonins war die »Rheinisch-Westfälische Zeitung«, die sich insbesondere an die Kreise des Mittelstandes, der Studenten und Akademiker wandte. General Gehlen wartete noch immer ab. Gehlen, der Bonin gut kannte und ihn wohl auch als guten Soldaten schätzte, warnte ihn, weiter diesen Weg zu verfolgen. Warum wartete Gehlen? Nicht nur aus Sympathie, sondern vor allem aus der richtigen Kalkulation heraus, daß Bonin auch mit sowjetischen Politikern Gespräche führen würde. In den Jahren von 1954 bis 1957 kam es dann dazu.

Die sowjetische Seite wurde von mir über diese Bindung zwischen Bonin und Gehlen informiert. Sie beriet sich auch mit mir, ob sie die Gespräche mit Bonin überhaupt akzeptieren sollte. Die politische Bedeutung der Gespräche, die ja über die Notwendigkeit einer Entspannungspolitik geführt werden sollte, gab den Ausschlag. Sowjetischerseits wurden in Anbetracht der Situation die Gespräche von der Beteiligung des KGB abhängig gemacht. Dies tat dem Gewicht der politischen Konsultation mit Bonin natürlich keinen Abbruch. Letztlich wußte von Bonin auch, daß den sowjetischen Stellen nicht entgangen war, wie General Gehlen versuchte, die Konzeption der Gespräche zu bestimmen. Bonin hatte auf

Anweisung Gehlens die Zusammenarbeit mit der »Rheinisch-Westfälischen Zeitung« eingestellt, und das Schreiben über diesen Vorgang, das unter Aufsicht der Organisation verfaßt wurde, lag der sowjetischen Seite vor.
Trotzdem wurden die Unterredungen mit Oberst a. D. von Bonin fortgesetzt. Am 25. Februar 1955 fand in Berlin-Karlshorst ein Gespräch zwischen General Tarasow und Bonin statt. Hier ging es um die Probleme der Wiedervereinigung Deutschlands, des Verzichts auf Atomwaffen, im Grunde um Bonins Gesamtkonzeption der begrenzten und unprovokativen Aufrüstung Westdeutschlands. Bonin hat über dieses Gespräch General Gehlen persönlich berichtet. Mit Billigung Gehlens begab sich Bonin auch zum zweiten Gespräch mit dem sowjetischen Nachrichtendienst Anfang September 1956. Bonin leugnete bei diesen Zusammenkünften kategorisch die Zusammenarbeit mit der Organisation Gehlen, so daß die sowjetische Seite in dieser Frage annehmen mußte, daß Bonin ein Spiel mit ihr trieb. In den Besprechungen mit Gehlen vertrat ich die Ansicht, daß es in jedem Fall nützlich sei, durch eine seriöse Persönlichkeit wie von Bonin, die von beiden Seiten ernst genommen werde, Gesprächskontakte zur anderen Seite zu halten. Niemand könne die Entwicklung der politischen Lage voraussagen. Die Notwendigkeit, einen bereits akzeptierten Unterhändler in früherer oder späterer Zukunft zu den Sowjets zu entsenden, könne eintreten, und dann sei es gut, ad hoc jemanden in Marsch setzen zu können. Die ganze Angelegenheit warm, das heißt am Leben, zu halten koste nichts, und andere Persönlichkeiten für diesen Zweck gebe es leider nicht.
Dagegen stand die Borniertheit Gehlens, der tatsächlich in Bonin nur eine nachrichtendienstliche Figur sah und diesen Fall auch so behandelte. Es war für mich aussichtslos, ihn von der politischen Chance, die wir hatten, zu überzeugen.
Gehlen ging kaum auf meine Argumente ein und erwiderte eigensinnig: »Es versteht sich von selbst, daß die Nachrichtendienste versuchen, einander zu überlisten. Das gehört zu unserem Handwerk. Wenn ich Bonin schicke, von dem bekannt ist, daß er Gehlen als Generalstabsoffizier gut kennt, kann er ruhig bekennen, daß er solche Reisen mit dem Chef des ND besprochen hat. Bonin ist ein guter Köder.«[26]
Bonin, befangen im Generalstabsdenken, durchschaute das Spiel Gehlens nicht. Die Reisen wurden von Gehlen sehr ernst genom-

men. Vizepräsident Hans Heinrich Worgitzky alias »Wagner«, Kurt Weiß alias »Winterstein« und ich nahmen an ihrer Vorbereitung teil. Meistens empfingen wir Bonin sonntags in der Zentrale, wenn wir kaum Gefahr liefen, daß außer den Diensthabenden noch andere Mitarbeiter anwesend waren. Mir selbst wurde untersagt, diese Treffen meinem unmittelbaren Vorgesetzten, Dr. Kurt Kohler alias »Klausner«, zu offenbaren. Der Leser wird fragen, welchen Sinn diese Taktik Gehlens hatte. Gehlen wollte den Eindruck erwecken, daß er hinsichtlich der Beziehungen zum Osten in Opposition zur Bundesregierung stehe. Irgendwann und irgendwie rechnete General Gehlen sich einen Vorteil aus. Er war ein Mensch, der gerne zwischen den Fronten lavierte, sich eine bleibende Position in der Politik versprach und es deshalb verstand, sich gleichzeitig mit Adenauer und mit Ollenhauer zu arrangieren. Wenn morgen eine SPD-Regierung gebildet würde, wollte er den BND ohne Komplikationen hinüberretten. Mit der SPD mußte man eben, wie General Groener nach der Novemberrevolution, paktieren, ob man deren Ansichten teilte oder nicht. Die Erhaltung der Macht rangierte vor parteipolitischen Strömungen.

In den Vorbesprechungen äußerte Gehlen unserem Kreis gegenüber, daß Bonin ein nützliches Werkzeug sei. Natürlich schätze er Bonin als Soldat, obwohl er für sich persönlich unklug vorgehe, was nicht von Geist zeuge. Bonin sei ein typischer Offizier, ein Preuße, der nie den Auftrag des militärischen Nachrichtendienstes begriffen habe; so kenne er Bonin schon aus dem Krieg.

Das Interesse der sowjetischen Seite an von Bonin richtete sich vor allem auf seine Öffentlichkeitswirkung. Er trug seine Ansichten, wie schon geschildert, nicht nur in Versammlungen vor, er publizierte seine Meinungen auch in Zeitungen und Broschüren. Damit wirkte er gegen die Beschleunigung der Aufrüstung und das Konzept der atomaren Bewaffnung. Deshalb setzte die sowjetische Seite die Gespräche fort und versuchte, mit von Bonin der hemmunglosen Militarisierung entgegenzuwirken. Bonin bot dann auch Verhandlungen mit westdeutschen Militärs und Politikern über die Abrüstung an. Sie fanden natürlich nie statt, weil General Gehlen ihm über die Schulter guckte und es nicht dazu kommen lassen wollte.

Gehlen nahm die konterrevolutionären Ereignisse von 1956 in Ungarn und Polen zum Anlaß, Bonin die Kontakte »kameradschaftlich« auszureden oder ihm zu raten, sie wenigstens auf

Sparflamme zu halten. Dies verlief dann etwa so, daß er Bonin klarzumachen suchte, nicht mehr über politische Hauptfragen Deutschlands, etwa die Neutralisierung, mit den Russen zu reden, sondern über Möglichkeiten der Kontaktaufnahme mit diesen im Konfliktfall und über den Austausch von Agenten. Es war die unverblümte Sprache der praktischen Vorbereitung der Kriegsspionage. Es spricht für die Ritterlichkeit Bonins, daß er nach dieser Eröffnung von sich aus die Kontakte zu den sowjetischen Vertretern einschlafen ließ. Ende 1956 traf sich Bonin letztmalig mit sowjetischen Generalen.

Ich wußte spätestens seit meiner Bekanntschaft mit Bonin, daß solche Männer helfen können, das Geheimnis der Entfesselung von Kriegen zu enttarnen. Sinnlos war das engagierte Auftreten von Oberst a. D. von Bonin auch in anderer Hinsicht nicht. Einer der ihren, oder, wie man heute sagt, ein Insider, hatte die Konzeption der westdeutschen Armee kritisiert, ja, den geplanten Aufbau dieser Armee in Frage gestellt. Bonin diente den Friedenskräften, wenn er den Beitritt der BRD in das westliche Militärbündnis als gewagt betrachtete, wenn er davor warnte, Westdeutschland zum Kriegsschauplatz zu machen. Er hatte begriffen, daß mit diesen Plänen die deutsche Wiedervereinigung auf lange Zeit vertagt wurde. Seine Denkschriften und Reden sind deutsches Denken im besten Sinne und trugen dazu bei, daß sich in den siebziger Jahren realistisch denkende Politiker der BRD zu Verhandlungen mit dem Osten bereitfanden.

Adenauers Moskaureise – Gehlens große Chance

Im September 1955 fuhr die erste Nachkriegsdelegation der Bundesrepublik unter Kanzler Adenauer nach Moskau zu Verhandlungen über die »Normalisierung der Beziehungen«.

Die Organisation war in die Vorbereitung dieser Reise voll einbezogen. General Gehlen zog alle Register und Dossiers, um Adenauer zu beweisen, daß man die OG ernst nehmen und die Regierung sie als geheimen Nachrichtendienst übernehmen könne. Gehlen übergab Adenauer Studien, Einschätzungen und andere Informationen über die Sowjetunion im allgemeinen und über sowjetische Persönlichkeiten im besonderen. Die Rolle, die die Organisation dabei übernahm, war uns nicht unangenehm, denn

so erfuhren wir alles über die Vorbereitungen und die Ziele der Moskaureise.
So konnten wir die intime Abstimmung zwischen Bundeskanzler Konrad Adenauer und dem US-Außenminister begutachten. Besonders interessant war die Meinung der Amerikaner, daß die Sowjetunion dem Rüstungstempo der Vereinigten Staaten nicht standhalten würde, sich demzufolge den nunmehr ratifizierten Pariser Verträgen – mit der Einbeziehung Westdeutschlands – beugen müsse und der damit verbundenen Politik der Stärke des Westens nichts entgegensetzen könne.
Aus meiner Sicht konnte ich von vornherein über die Ziele Adenauers in Moskau berichten, daß die Bundesregierung entsprechend der Gehlen-Gutachten nicht von den geschlossenen Verträgen mit den Westmächten abweichen, sondern vielmehr versuchen würde, die Sowjetunion zu veranlassen, die DDR einseitig aufzugeben. Man wolle mit entsprechenden Drohungen klarmachen, daß die »Spaltung Deutschlands« Explosionen auslöse, beispielsweise wie am 17. Juni 1953.
In allen Fragen der Entspannung bestand das Ziel Adenauers darin, mit größter »Vorsicht zu taktieren«, das hieß, keine Zugeständnisse zu machen. Des weiteren konnte vorausinformiert werden, der stärkste Beweggrund Adenauers, die Reise anzutreten, sei, die Entlassung der in der Sowjetunion verbliebenen Kriegsgefangenen zu erwirken. Der Aufnahme diplomatischer Beziehungen zur Sowjetunion stand man ablehnend gegenüber, weil man Angst hatte, den »Alleinvertretungsanspruch« aufgeben zu müssen. Es war dann das Verdienst der sowjetischen Regierung, dennoch Schritte der Normalisierung zwischen der Bundesrepublik Deutschland und der Sowjetunion eingeleitet zu haben.
Am 8. September 1955 traf Adenauer mit seiner Delegation auf dem Flughafen Wnukowo ein. Er war von der Stadt, wie er eingestand, sehr beeindruckt. Man hatte ihn mit seiner Begleitung im Hotel »Sowjetskaja« untergebracht. Schon Tage vorher waren die meisten Mitglieder der bundesdeutschen Delegation mit einem Sonderzug nach Moskau gekommen. Dieser Sonderzug diente während der Moskauer Verhandlungen – übrigens auf Empfehlung Gehlens – als Arbeitsort der Adenauer-Delegation. Journalisten nannten ihn nicht zu Unrecht »Botschaft im Ghetto«. In einem Wagen hatten OG-Spezialisten Fernschreibgeräte und Telefonanlagen montiert, ein weiterer Wagen war als Konferenzraum für

besonders wichtige interne Besprechungen »abhörsicher« gemacht worden.

Die sowjetische Grundsatzerklärung rückte den Vorschlag, diplomatische Beziehungen aufzunehmen, in den Mittelpunkt. Gleichzeitig machte sie jedoch auf die ersten Hindernisse aufmerksam, die durch das Inkrafttreten der Pariser Verträge entstanden waren. Es wurde offen gesagt, daß die Bundesrepublik Deutschland damit in militärische Gruppierungen eingetreten sei und die Remilitarisierung Westdeutschlands forciert werde. Außerdem hob die Sowjetregierung hervor, sie habe stets anerkannt, daß die Lösung der Frage der Wiedervereinigung Deutschlands vor allem Sache der Deutschen selbst sei. Dabei sei es unerläßlich, den entstandenen Verhältnissen, daß nämlich zwei deutsche Staaten existierten, Rechnung zu tragen. Die Lösung dieser wichtigen Aufgabe müsse den einschlägigen internationalen Abkommen, der Sicherung des Friedens und der Sicherheit in Europa entsprechen. Die Weichen waren also gestellt. Allein die CDU/CSU-Regierung hat, wie schon zuvor, die gegebenen Chancen nicht genutzt.

Daran ändert auch die Tatsache nichts, daß bei diesen Verhandlungen die Normalisierung der Beziehungen zwischen beiden Ländern herauskam. Es wäre für die westdeutsche Delegation weitaus mehr zu erreichen gewesen. Aber Bundeskanzler Konrad Adenauer verband die allgemeinen Ziele der Normalisierungsverhandlungen des Jahres 1955 mit zwei Bedingungen, von denen nur die erste erfüllbar war:

- der »Befreiung von Kriegsgefangenen« und
- dem Alleinvertretungsanspruch bei den Verhandlungen über die Wiedervereinigung Deutschlands.

Was die Organisation Gehlen betraf, so hatte sie sich mit der Vorbereitung der Adenauer-Delegation auf Moskau weiter ins Blickfeld gerückt; schließlich hatte Gehlen die gesamte Delegation mit »Wissen« ausgestattet. Er hatte damit die große Chance genutzt, sich und seinen Apparat am Vorabend der Legalisierung entscheidend aufzuwerten. Es entbehrt nicht einer gewissen Ironie, daß Gehlen seine Aufwertung entscheidend Moskau zu verdanken hatte.

Es war schließlich der große und ständig wachsende internationale Einfluß der Sowjetunion – basierend auf entsprechender wirtschaftlicher Stärke –, der Adenauer gewissermaßen dazu zwang, nach Moskau zu reisen und so Gehlen diese Chance zu bieten.

Die verbliebenen Kriegsgefangenen wurden zügig nach Deutschland entlassen. Darunter waren verurteilte wie auch amnestierte Kriegsverbrecher. Mit der Masse der entlassenen Kriegsgefangenen verfuhr Gehlen bei »Verhören« sehr konsequent. Es wurde ein regelrechter »Kriegsgefangenen-Befragungsdienst« aufgebaut und organisiert.

Dieses Unternehmen lief völlig isoliert von der Zentrale, und ich habe deshalb nur einen indirekten Einblick bekommen. Es wurde praktisch jeder Entlassene unter dem Vorwand der »Heimkehrer-Befragung« zur Aufklärung von Kameradenschicksalen (mit schriftlicher und mündlicher Befragung) durch Gehlens Apparat nach Personen der Umgebung, also Kameraden, Lagerfunktionären und sowjetischem Lagerpersonal, Standorten sowie Industrieanlagen ausgehorcht. Jeder entlassene Kriegsgefangene wurde, ohne, daß er es merkte, abgeschöpft, und jeder Name wurde mit den entsprechenden Aussagen gespeichert. Später war es so möglich, über jeden, der aus der sowjetischen Gefangenschaft gekommen war, eine Sonderanfrage zu stellen. Wenn sich also jemand aus dem Personenkreis bewarb – beim Bund oder in Ministerien –, dann ging die Anfrage an eine Kartei, die außerhalb der Zentralkartei des Dienstes geführt wurde. Das Codewort für eine derartige Anfrage hieß »Inspektoranfrage«.

In der schriftlichen Auskunft waren dann alle Fakten und Einschätzungen über den ehemaligen Gefangenen enthalten. Der Bundesnachrichtendienst konnte so in der Regel beantworten, ob die Person ihre nationalistische Gesinnung erhalten hatte, ob sie eventuell der kommunistischen Ideologie erlegen sei und schließlich, ob sie für die angestrebte Verwendung der Gesinnung nach brauchbar war.

Gehlen setzte mit der »Heimkehrer-Befragung« genau die Arbeit fort, die er als Chef »Fremde Heere Ost« begonnen hatte. Damals ließ er aus den sowjetischen Kriegsgefangenen Informationen herausholen, die jede für sich unbedeutend war, die aber alle zusammen ein Mosaikbild ergaben, das dann wertvolle Erkenntnisse vermittelte.

Nach Adenauers Besuch in Moskau war zu erwarten, daß die Sowjetunion bald eine Botschaft und eine Handelsmission in der Bundesrepublik einrichten würde und umgekehrt. Auf diese Situation wurde der Nachrichtendienst vorbereitet. Da gab es Überlegungen, daß für die sowjetischen Vertretungen in der Bundesrepublik sowohl das BfV als auch der BND zuständig sein sollten. Es kam zu einer ersten Übereinkunft und Aufgabenabgrenzung. Keiner wollte dem anderen ein »Alleinvertretungsrecht« einräumen, aber man konnte auch den anderen nicht wegdrängen, also wurde jeder auf seine Art tätig. Man einigte sich, daß das BfV zuständig sein sollte für Bereiche, die mehr auf dem Sicherheitssektor lagen, während der BND mit allen Aufgaben, die mit dem sowjetischen Personal unmittelbar zu tun und nachrichten-, das heißt spionagedienstliche Ziele hatten, befaßt werden sollte. Der BND suchte vor allem nach Werbemöglichkeiten unter dem sowjetischen Personal oder forschte nach Personen, die als Agenten an die sowjetischen Missionen herangeschleust werden konnten.

Die sowjetische Handelsmission wurde damals zunächst auf der rechten Rheinseite in Bad Honnef eingerichtet, während die sowjetische Botschaft auf der linken Rheinseite in Rolandseck residierte. Dadurch wurde eine »Grenzabmachung« zwischen BND und BfV möglich. Auf der linken Rheinseite sollten Observation, Beobachtung und Überprüfungen von Personen, allerdings nur außerhalb der Botschaft, dem BfV zufallen, und rechtsrheinisch – also für die Handelsmission – war der BND zuständig.

In Bad Honnef wurde unter dem Codewort »Kurort« eine BND-Observationsgruppe aufgebaut, die die dort arbeitenden und wohnenden sowjetischen Staatsbürger und das Büro der Handelsmission zu überwachen hatte. Jeder Mitarbeiter und seine Familienmitglieder wurden laufend beobachtet, ihre Lebensgewohnheiten studiert und alles zentral ausgewertet, um so ein Gesamtbild entstehen zu lassen.

Gegenüber dem Büro des Handelsrats war, in einer Privatwohnung getarnt, in einem Blumenkasten ein fernbedientes Fotogerät installiert, das jedes vorfahrende Besucherauto so ablichtete, daß das Kennzeichen abgelesen werden konnte. Wurde ein Kennzeichen zum drittenmal festgestellt, lief eine »Klärungsoperation« an, das heißt, über die Zulassungsstelle wurde der Halter des Kraftfahrzeugs festgestellt, und anschließend wurden er und gegebenenfalls seine Firma einer Überprüfung unterzogen. Auf diese Weise stellte der BND sehr schnell fest, wer geschäftliche Kontakte zur sowjetischen Handelsmission unterhielt. Je nach Interesse des Geheimdienstes wurden diese Besucher entweder offen oder unter einer plausiblen Legende angesprochen und um Auskunft über ihre Geschäfte und ihre Gesprächspartner ersucht. Manche wollten von einer Anwerbung für den BND nichts wissen, andere sagten schnell zu, dem BND zu Diensten zu sein – meist, weil sie für sich und ihr Geschäft Vorteile erhofften. So erhielten manche den Auftrag, die sowjetischen Beamten zu Parties einzuladen, charakterliche Schwachstellen zu erkunden und ähnliches. Eine vorbereitete Telefonabhöranlage wurde allerdings nicht in Betrieb genommen, weil man in einer so kleinen Stadt mit nur einem kleinen Postamt eine Enttarnung befürchtete.

Die geographische Trennung in linksrheinisch und rechtsrheinisch war nicht aufrechtzuerhalten, da sich die lebenden Objekte der BND-/BfV-Arbeit nicht an diese Grenze hielten – etwa, wenn deutsche Besucher der Handelsmission auch auf der anderen Rheinseite die Botschaft aufsuchten. Letztere gehörte, wie erwähnt, ohnehin in den Aufgabenbereich des BND – nur bis zu ihrem Gartenzaun war der Verfassungsschutz zuständig.

Zu diesem verzwickten Grenzproblem kam noch eine weitere Schwierigkeit: Noch gab es Alliierte Hochkommissare – das waren in Personalunion die Botschafter der drei Westmächte –, die in gewissen Dingen die alleinige Hoheit besaßen, so zum Beispiel in Fragen der Telefon- und Briefkontrolle. Bad Honnef mit dem Büro der Handelsmission gehörte zu Nordrhein-Westfalen und lag somit in der britischen Zone; die Telefonüberwachung mußte also vom britischen Hochkommissar angeordnet werden, wenn der BND dies wünschte. Das gleiche galt auch, als die Handelsmission später nach Köln übersiedelte. Gegenüber von Bad Honnef, auf der linken Rheinseite, lagen die sowjetische Botschaft und die Residenz des Botschafters in Rolandseck. Dieser Ort gehörte zum Land Rheinland-Pfalz und damit zur französischen Zone.

Ich will nicht sagen, daß dies besondere Schwierigkeiten bereitete, aber es wäre einfacher gewesen, wenn man in diesen Dingen nur mit einem Gesprächspartner hätte verhandeln müssen. So aber waren die entsprechenden Vertreter der alliierten Geheimdienste dazwischengeschaltet, die stets Unterstützung gewährten und die formalen Maßnahmen, nämlich die Unterschrift des Hochkommissars unter einen Schaltbefehl zwecks Telefonüberwachung, herbeiführten.

Bei der Zuständigkeitsabgrenzung zwischen BND und BfV gab es anfangs Überschneidungen, aber im Laufe der Zeit arbeiteten der

»Arbeitsstab INDIGO« des BfV und der »Arbeitsstab INDEX« in der Zentrale des BND gut zusammen. Abweichend von der sonstigen Regelung, daß Kontakte zum BfV nur durch die BND-Verbindungsstelle Bonn oder den stellvertretenden Leiter der Gegenspionage-Abteilung mit dem BfV-Vizepräsidenten Radke wahrgenommen werden durften, konnten die Leiter der beiden Arbeitsstäbe direkt miteinander verkehren – telefonisch, fernschriftlich oder persönlich. Der Leiter des BfV-Arbeitsstabs INDIGO, Herr W., war vor Jahren selbst Angehöriger der Organisaton Gehlen gewesen. Aus Gefälligkeit stellte man wegen der reibungslosen Zusammenarbeit auf seinen Wunsch seine Schwägerin als Dolmetscherin in der Zentrale in Pullach ein. Ältere Mitarbeiter kennen sie noch wegen ihres wippenden Gangs unter dem Spitznamen »Bachstelze«.

Erster Leiter des Arbeitsstabs INDEX in der Zentrale wurde der Leiter der Militärspionage des BND gegen die Sowjetunion Karl-Otto v. C., genannt »Cäsar«. Als er 1959 als Militärattaché in ein fernöstliches Land geschickt wurde, um von dort aus die Sowjetunion auszuspionieren, wurde mir die Leitung dieses Arbeitsstabs übertragen – meine bisherigen Aufgaben, Steuerung von Gegenspionagefällen gegen sowjetische Stellen und die Aufklärung des sowjetischen Sperrgebietes Berlin-Karlshorst, behielt ich bei.

Die Bildung des Arbeitsstabs INDEX verriet eine Schwäche des BND, die allen Geheimdiensten gemeinsam ist. Unvorhergesehene Ereignisse oder politische Entwicklungen erfordern organisatorische Ad-hoc-Entscheidungen. Als etwa Österreich 1955 seine Neutralität erklärte und die alliierten Truppen und Stäbe abziehen mußten, wurde quasi über Nacht eine Arbeitsbasis zerstört, denn die Einrichtungen der Organisation Gehlen konnten ohne amerikanische Deckung nicht mehr in Österreich verbleiben und mußten zunächst abgezogen werden. Auch die Aufnahme diplomatischer Beziehungen zur Sowjetunion löste Aktivitäten der bundesdeutschen Geheimdienste aus. Personal dafür konnte nur aus dem Kreis der vorhandenen Mitarbeiter kommen. Aber diese hatten ja schon Funktionen und waren ausgelastet. Also bildete man einen Arbeitsstab, in den man einige erfahrene Mitarbeiter delegierte, die ihre sonstige Arbeit beibehielten, aber, assistiert von Hilfspersonal, diese neu entstandenen Aufgaben bewältigen sollten – in der Hoffnung, über kurz oder lang bessere und endgültige Lösungen zu finden. War durch INDEX dem Bundesnachrichtendienst eine

völlig neue Aufgabe zugewachsen, so kamen im Laufe der Zeit noch weitere Probleme auf ihn zu, so daß sowohl in der Zentrale als auch in den unterstellten Dienststellen mehr und mehr neue Gesichter auftauchten.
Einem solchen unkontrollierten Wachstum konnte niemand Einhalt gebieten, denn diese Art von Parthenogenese wäre nur durch ein klares Gesetz, eine straffe Führung beziehungsweise die Aufsicht durch das Bundeskanzleramt einzuschränken gewesen. Beides gab es damals aber nicht. Auch heute fehlt ein Gesetz über den BND – und wie es mit der straffen Führung und Kontrolle durch die Aufsichtsgremien steht, ist bekannt.

Das Firmenschild wird ausgewechselt – die Firma bleibt

Am 1. April 1956 wurde die Organisation Gehlen als BND in den Bundesdienst überführt und der Präsident dem Bundeskanzler unmittelbar unterstellt. Der Präsident des BND stand nicht im Staatssekretärsrang wie der Leiter des Bundespresse- und Informationsamtes, sondern wurde in die Besoldungsgruppe eines Ministerialdirektors eingestuft. Bei der vorletzten Umgliederung im Palais Schaumburg im August 1968 wurde der BND aus organisatorischen Gründen der Abteilung I des Bundeskanzleramtes zugeordnet, zu der auch Inneres, Justiz, Forschung und Verwaltung gehören.
Wie schon erwähnt, hatte sich General a. D. Reinhard Gehlen, vom 1. April 1942 bis zum 9. April 1945 Chef der 12. Abteilung des Generalstabs, der sogenannten Abteilung Fremde Heere Ost, nach der bedingungslosen Kapitulation im Frühjahr 1945 den USA mit den Resten seines Stabes und mit seinen gesamten nachrichtendienstlichen Unterlagen über die UdSSR zur Verfügung gestellt. Noch bevor es Verhandlungen zur Aufnahme diplomatischer Beziehungen zwischen der sowjetischen Regierung und der Regierung der Bundesrepublik Deutschland gegeben hatte, gab es einen Kabinettsbeschluß der Regierung Adenauer vom 21. Juli 1955 – sozusagen als Anerkennung für gelieferte Spionagedossiers über sowjetische Politiker –, daß die von der CIA finanzierte und abhängige Organisation Gehlen als eine dem Bundeskanzleramt angegliederte Dienststelle »Bundesnachrichtendienst (BND)« übernommen werden solle.

Der BND, dessen Etat 1985 222,4 Millionen Mark* beträgt, beschäftigt etwa 7000 hauptamtliche Mitarbeiter, von denen weit mehr als 1000 Beamtenstatus besitzen, während ungefähr 1000 Mitarbeiter Soldaten der Bundeswehr sind. Die meisten der jüngeren Nachwuchs- und der älteren Führungskräfte sind Akademiker, die Generalstabsoffiziere inbegriffen.

Es wurde ein parlamentarisches Kontrollgremium eingesetzt, das aus Mitgliedern aller Bundestagsparteien bestand. Diese »Kontrolle« erschien formal »demokratisch«, sie war jedoch ein Gremium, das mit mehr oder weniger gelungenen Lichtspielen »Demokratie« ohne Einfluß vorflimmerte. Spätere Affären haben ja aufgedeckt, wie wirkungslos dieser Kontrollausschuß war und wie leicht er hintergangen werden konnte. Es sei erinnert an die Abhörpraktiken und die Postkontrolle.

Die »Finanzkontrolle« über den BND obliegt dem Bundesrechnungshof. Auch der Haushaltsausschuß mit einem Unterausschuß ist ermächtigt, alle Ausgaben des BND, das heißt sein Haushaltsgebaren, zu überprüfen. Die Ausgaben für nachrichtendienstliche Operationen zu kontrollieren oblag dem Präsidenten des Bundesrechnungshofs persönlich. Aber was kann eine Einzelperson außer wenigen Stichproben tatsächlich prüfen? Mit einem Wort – eine echte Kontrolle der Ausgaben des BND war nie möglich.

Die Formierung des BND aus der Organisation Gehlen ergab sich, wie schon betont, aus der »neuen Lage«, die 1955 entstand, als die offiziellen Beziehungen zwischen der Bundesrepublik und der UdSSR aufgenommen wurden. Formell gab es also vom 1. April 1956 an keine »Organisation Gehlen« mehr. Praktisch aber bestand sie nach wie vor, sie hatte lediglich eine offizielle Firmierung, ein Etikett mit Bundesadler, erhalten. Von nun an wurde sie BND genannt. Im inneren Dienstbetrieb des nunmehrigen Bundesnachrichtendienstes änderte sich vorerst nichts. Die Struktur und die internen Bezeichnungen der einzelnen Abteilungen, Gruppen und Referate blieben erhalten. Auch die einzelnen Mitarbeiter behielten ihre bisherigen Decknamen bei.

---

* Die genannten 222,4 Millionen Mark als Jahresetat des BND werden noch beachtlich dadurch erhöht, daß es im Etat anderer Behörden versteckte Mittel gibt. So werden beispielsweise die Gehälter für das militärische Personal vom Verteidigungsministerium getragen, was auch für diverses Gerät und für Gebäude gilt, die unter militärischer Abdeckung vom BND genutzt werden.

Der SPD-Bundestagsabgeordnete Hein Kuhn räumte zwar der Bundesregierung in einer Bundestagsdebatte am 20. Juni 1956 die Befugnis zur Einrichtung des BND aufgrund der ihr zustehenden Organisationsgewalt ein, bedauerte jedoch aus seinem politischen Instinkt heraus schon damals, daß die Einrichtung »nicht auf der Grundlage eines ordentlichen Gesetzes erfolgt ist«. Für den BND war aber dieser »Formfehler« bei der Indienstnahme zunächst sehr günstig, kaschierte er doch für die Öffentlichkeit sein Aufgabenfeld. Die Eingriffe im innenpolitischen Bereich waren und blieben für alle Parlamentarier und Demokraten über lange Jahre undurchschaubar.

Angenommen, ein Mitarbeiter der Zentrale wäre von der Legalisierung nicht informiert gewesen, er hätte lange Zeit aus den Umständen der Arbeitsabwicklung nicht bemerken können, daß sich etwas gegenüber früher verändert hatte. Wenn im allgemeinen Sprachgebrauch innerhalb des BND von einer »Legalisierung« gesprochen wurde, dann macht dies nur deutlich, daß die Tätigkeit der Organisation vor diesem Zeitpunkt eben nicht legal, nicht rechtlich abgedeckt war. Allein die bis 1956 so ängstlich abgeschirmte und anfänglich geheimgehaltene Existenz der Organisation Gehlen zeigt, daß ihre Gründer und Protektoren das Licht der Öffentlichkeit und des Weltgewissens – geschärft durch die Nürnberger Kriegsverbrecherprozesse – zu scheuen hatten.

Wer nun etwa geglaubt hatte – viele nationalistische Mitarbeiter im BND hofften so –, daß der BND nach der Übernahme in den Bundesdienst seine engen Bindungen an die amerikanischen Ziehväter brechen könnte, sah sich getäuscht. Zwar schienen die äußeren Zeichen dafür zu sprechen, denn das bisher ständig aufgezogene US-Sternenbanner wurde nicht mehr am Fahnenmast gehißt, statt dessen flatterte dort nun die Bundesdienstflagge, und Schilder mit dem Bundesadler an den Einfahrtstoren zeigten scheinbar neue Regimeverhältnisse an.

Auch zog der amerikanische Verbindungsstab aus dem Pullacher Camp aus und fand in München ein neues Domizil in der MacGraw-Kaserne an der Tegernseer Landstraße. Aber die Verbindungsoffiziere fanden täglich den Weg zu den deutschen Partnern oder trafen sich mit ihnen im CIA-Klub, der »Brücke«, in der Nähe des Camps. Direkte Fernschreib- und Telefonverbindungen ließen die räumlich etwas größere Distanz kaum spüren. Faktisch änderte sich kaum etwas.

Einen der wichtigsten Einblicke in die gespeicherten Unterlagen sicherte sich die CIA durch einen simplen Trick, der nur vor dem Hintergrund des kalten Kriegs verfangen konnte. Die Amerikaner hatten von Anfang an zugesichert, daß im Fall einer kriegerischen Auseinandersetzung die Mitarbeiter der Organisation Gehlen und ihre Familien in die USA in Sicherheit gebracht würden. Von dort aus werde dann die nachrichtendienstliche Arbeit gegen die Sowjets und ihre Verbündeten forgesetzt.
Um aber die Arbeit fortsetzen zu können, benötigt man natürlich Unterlagen und die Karteien. Da diese im Ernstfall nur vernichtet, aber nicht evakuiert werden konnten, mußte man beizeiten vorsorgen. So wurden die Archive und Karteien alle zwei Jahre auf Mikrofilm aufgenommen, diese Unterlagen in die USA gebracht, und auf diese Weise ein immenser Akten- und Wissensbestand amerikanischer Nutzung übergeben.
Es gab kein Personendossier, das die Amerikaner nicht für die »Archivierung« übernahmen. Dennnoch verstand es General Gehlen, eine hauseigene, deutsche Spionage aufzuziehen, die letztlich auch den Versuch unternahm, die amerikanischen und andere Bündnispartner auszuforschen. Noch war es aber nicht soweit, daß diese Partnerspionage dem Diadochenkampf der sechziger Jahre gleichzusetzen wäre.
Die Legalisierung brachte der Organisation zahlreiche Vorteile. Mit ihr wurde die Spionage auf eine erweiterte Grundlage gestellt:

- Es standen mehr Finanzmittel zur Verfügung.
- Man konnte gegenüber Behörden »gleichberechtigt« auftreten.
- Die Heranziehung von hauptamtlichem Personal wurde erleichtert durch das Angebot von gutdotierten Offiziers- und Beamtenplanstellen.
- Es konnten Beamte anderer Behörden und Offiziere der Bundeswehr zum BND versetzt werden.
- Damit war auch die Gewährung einer guten Altersversorgung (Beamten-/Offiziers-Pensionen und erhöhte Renten für Mitarbeiter im Angestelltenstatus) verbunden.
- Gegenüber Polizei und Verfassungsschutzbehörden konnten eine Arbeitsteilung und Kompetenzabgrenzung erfolgen.
- Für die Auslandsarbeit konnten die Möglichkeiten des Auswärtigen Amtes (Nutzung des diplomatischen Kuriergepäcks,

Einbau von BND-Residenten in diplomatischen Missionen der BRD) genutzt werden.

Alles in allem, mit der Legalisierung erhielt der Bundesnachrichtendienst neue Möglichkeiten, seine den Frieden gefährdende Tätigkeit jetzt im offiziellen Rahmen auszuführen.
Es war für den sowjetischen Nachrichtendienst von nicht zu unterschätzender Bedeutung zu wissen, wie die Leiter von Operationen des BND im Alltag die Agenten führten. Bei meinen Treffen mit den sowjetischen Nachrichtendienstoffizieren in Westberlin, Wien, Paris, Brüssel, Bern und anderen Städten Westeuropas spielte diese Frage immer wieder eine vorrangige Rolle. Manchmal ist die Kenntnis des Mechanismus, des Personals, der Handschrift bei der Werbung und Führung der Agenten wichtiger als die Kenntnis eines fotokopierten Dokuments über einen Spionageauftrag. Diese Kenntnis über die Organisation, den Stil der Führung von Agenten eröffnet Möglichkeiten, der subversiven Tätigkeit langfristig zu begegnen. Ich konnte vor und nach der Legalisierung der Organisation meinen Freunden darüber berichten.
Die Zentrale des BND war unübersichtlich gegliedert. Die Ursachen lagen zum einen in der völligen Unkenntnis Gehlens und seiner engen Mitarbeiter über Verwaltung und Geschäftsverteilung und zum anderen im Wachsen des Dienstes, besonders nach der Legalisierung. Gehlen war es nicht gegeben, das Provisorium durch ein neues Konzept zu ersetzen, und so machte der Dienst den Eindruck eines Wochenendhauses, das durch Unterkellerung und Anbauten zu einem Mietshaus für viele Parteien ausgebaut worden war, das nun zwangsläufig im Innern unübersichtlich sein mußte und Zusammengehörendes an verschiedenen Enden beherbergte. Diesen Zustand beendete erst Gehlens Nachfolger Gerhard Wessel.
An der Spitze dieses Dienstes standen der Präsident und der Vizepräsident. Da Gehlen auch in Frühzeiten der Organisation nie mit den an sich notwendigen Vertretern auskommen konnte – General »Märker« recte Horst Alexander von Mellenthin mußte ebenso resignieren wie andere –, wurde die Funktion des Vizepräsidenten auf die Aufgaben eines »Frühstücksdirektors« reduziert, der Gäste begrüßt, Gratulationen ausspricht usw. – also die Spitze repräsentiert, ohne an ihren Entscheidungen teilhaben zu dürfen.

Der Führung des Dienstes – mit einem eigenen kleinen Stab – unterstanden sogenannte »Führungsbereiche«, die in Abteilungen und diese wiederum in Gruppen gegliedert waren. Die Führungsbereiche waren zuständig für:

Operative Aufklärung,
unterteilt in die Bereiche »Militärisch-wirtschaftlich-politische Aufklärung der sozialistischen Länder« und »Gegenspionage und Sicherheit«;
Strategischen Dienst,
also die Aufklärung der nichtsozialistischen Länder einschließlich des »Auslandsverbindungsdienstes«, der die Zusammenarbeit mit den befreundeten ausländischen Nachrichtendiensten zu organisieren hatte;
Fernmeldeaufklärung,
das heißt die Gewährleistung eines Horch- und kryptographischen Dienstes und der eigenen Nachrichtenverbindungen bis hin zur Entwicklung von Agentenfunkgeräten sowie der Bau von Abhöreinrichtungen aller Art;
Gesamtführung,
das heißt die Verwaltung des Dienstes mit Haushalt, Justitiariat, Kurierwesen, Nachrichtendienstlichem Zentralarchiv (NZA);
Gesamtsicherheit,
das heißt Fragen der Sicherheit der Zentrale, Personalabteilung (für hauptamtliches Personal), Tarnfirmen und -behörden;
Auswertung,
das heißt die Auswertung aller einlaufenden Informationen aus geheimen und offenen Quellen für die Gebiete Politik, Militär sowie Wirtschaft/Rüstung.

Außerdem gab es noch Ressorts, die dem Führungsstab direkt unterstellt waren oder ein selbständiges Dasein führten, wie zum Beispiel der Bereich der ND-Technik, der die technische Hilfe und Ausstattung des operativen Teils des BND zu garantieren hatte, etwa durch den Bau von Containern, also Behältnissen mit Geheimfächern, oder die Herstellung von gefälschten Dokumenten aller Art. Es gehörten dazu aber auch die Hausdruckerei, die Fotostelle, der kartographische Dienst, die Buchbinderei und eine Reihe anderer handwerklicher Werkstätten.
Das »Schul- und Ausbildungswesen«, auch die »Psychologische

Kriegführung«, die sich verschämt »Studienstelle« nannte, waren – da außerhalb der Zentrale angesiedelt – ebenso unsichtbar und kaum bekannt wie die Stelle, die sich mit dem Aufbau eines Schweigefunknetzes* befaßte.
Die Abteilungen und Gruppen mit ihren Fachreferaten führten keine ihre Aufgaben beschreibenden Bezeichnungen, sondern erhielten, wie ich bereits geschildert habe, Zahlenpseudonyme zugewiesen, die nach wenigen Jahren gewechselt wurden. Ich zum Beispiel führte bei gleichbleibender Arbeit nacheinander die Referatsbezeichnung 40/F3, 127,7, 606/III, 53/III und zugleich auch neben der letztgenannten Bezeichnung die Zahl 608. Der Auslandsverbindungsdienst hieß mal 700, dann 200, später 234 – alles bei derselben Aufgabe und demselben Personal. Es ist offenkundig, daß dies weniger der Tarnung als vielmehr der allgemeinen Verwirrung diente und unnötig viel Energie für die Entwirrung der Fäden erforderte, wenn es wieder einmal neue Etiketten für dieselben alten Flaschen gegeben hatte.
Bis 1957 wurden die über das gesamte Bundesgebiet verstreuten und der Zentrale direkt unterstellten Ableger der OG beziehungsweise des BND noch als Generalvertretungen (GV) bezeichnet, die durch einen nachgestellten Buchstaben voneinander unterschieden wurden – so GV B, GV L, GV H usw. Nachdem die Organisation Gehlen über Nacht Bundesbehörde geworden war, nannte man diese Büros »Dienststellen«, später auch »Niederlassungen«. Zur Unterscheidung wurden sie mit willkürlich gewählten Zahlenpseudonymen bezeichnet, so 2, 5, 7, 11, 23, 24, 62, 142.
Ab 1959 erhielten diese Einrichtungen im internen Schriftverkehr wiederum eine unverfängliche zivile Bezeichnung. So wurde aus der Dienststelle 12 in München »RPG«, was das Kürzel für »Rohprodukten-Gesellschaft« ist. Sie hatte die DDR-Aufklärung mit politischem Schwerpunkt zu betreiben. Die Dienststelle 11 in Bremen, ehemals GV B, wurde Fa. Ehlert. An ihrem Auftrag »Aufklärung der DDR« und »Aufklärung über See (Marineaufklärung)« änderte sich nichts.
Die Dienststelle 2 – vormals U/M in Bad Reichenhall, später in München – wurde in »Handelskontor« umbenannt, die Aufklä-

---

* Ein völlig intaktes, zu jeder Zeit arbeitsbereites Funknetz, das in Normalzeiten nicht arbeitet, also schweigt, und nur in Krisen- und Kriegszeiten in Aktion tritt.

rung des Südostraumes (Balkan) und der Emigration blieb nach wie vor ihre Hauptaufgabe.
Die Kölner Dienststelle 24 – hervorgegangen aus der Dienststelle 23 (Gebrüder Eggers) in Frankfurt und ehemals GV H in Darmstadt, dann als »Inkasso-Institut« bezeichnet – hatte einen starken Gegenspionageteil, der besonders gegen den Bereich Karlshorst (Zentrum der sowjetischen Sicherheitsorgane in der DDR) und gegen das Ministerium für Staatssicherheit aufzuklären hatte, ähnlich wie die Dienststelle 62 in Augsburg, später »Transfer OHG« genannt, die sich auch noch den Fragen der atomaren Entwicklung widmete. Kleinere Vertretungen, wie die Dienststelle 5 in München und die Dienststelle 7 in Köln, später »Konzertverein« genannt, arbeiteten speziell gegen die VR Polen beziehungsweise die ČSSR.
Die Dienststelle 69, das »Büro Baumeister« in München, ehemals GV C in Stockdorf bei München, hatte mit Nachdruck die Sowjetunion und die Ostemigration aufzuklären.
Meine erste OG-Dienststelle, die Generalvertretung L in Karlsruhe, war wegen verschiedener Vorkommnisse und der Unfähigkeit ihres Chefs personell und aufgabenmäßig reduziert worden. Eigentlich hätte der Chef verdient, entlassen zu werden. Doch Gehlen hielt ihn und gewährte ihm reichliche Pfründe, die er mit einem sogenannten »Auftrag zur Observation auf besondere Weisung« kaschierte. Seitdem führte diese Stelle das Zahlenpseudonym 142.
Alle diese Buchstaben, Zahlen oder Firmenbezeichnungen wurden lediglich im Schriftverkehr und im internen Sprachgebrauch verwandt. Nach außen firmierten diese Stellen als zivile Firmen mit Eintrag im Handelsregister, oder sie bekamen an ihr Büro das Schild einer fiktiven Bundesbehörde oder Dienststelle der Bundeswehr gehängt wie »Abwicklungsstelle ehem. Reichsvermögens«, »Liegenschaftsverwaltung«, »Studienstelle« usw. Erst nach Amtsantritt des Präsidenten Wessel 1968 wurde durch Umorganisation eine logische Gliederung der Zentrale erreicht. Das waren die Abteilungen Beschaffung (I), Technik (II), Auswertung (III), zentrale Aufgaben (IV).
Die Aufgaben und Zielrichtungen des BND wurden in sogenannten vertraulichen Kabinettsbeschlüssen der Bonner Regierung festgelegt. Der Ermessensspielraum war sehr groß. Es gab eine Vielzahl von Rahmenaufträgen, die von der Ministerialbürokratie an

den BND herangetragen wurden, so vom Auswärtigen Amt, vom Bundesministerium der Verteidigung, vom Bundesministerium für gesamtdeutsche Fragen, vom Bundesministerium für wirtschaftliche Zusammenarbeit, vom Bundesministerium des Innern sowie von den Ressorts für Wirtschaft und für Bildung und Wissenschaft. Die Objekte der Spionage im Ausland hat der ehemalige BND-Mitarbeiter Generalmajor a. D. Erich Dethleffsen, BND-Deckname »Degenhardt«, in einem veröffentlichten Zielkatalog zusammengestellt. Dieser besagt:

> »Im Bereich der Außenpolitik: langfristige außenpolitische Planung, taktische Mittel zum Erreichen der Ziele, sich abzeichnende neue Tendenzen, Abschluß von Geheimverträgen, Führungsstrukturen und -stil, für Außenpolitik verantwortliche Personen und ihre Charaktereigenschaften.
> Im Bereich der Militärpolitik: Potential, Planung, Gliederung, Dislozierung, Bewaffnung, Ausbildung, Kampfwert, übernationale Pakte, Normierungen, Waffenverkäufe an Drittländer, Stützpunkte und Versorgungsbasen im Ausland.
> Im Bereich subversiver Tätigkeit: Einmischung in gesellschaftspolitische Vorgänge anderer Länder, psychologische Kampfführung.
> Im wirtschaftlichen Bereich: industrielle Kapazität, Energiequellen, Rohstoffvorkommen, Verkehrslage (Straße, Bahn, Pipeline, Schiff), Landwirtschaft, Handelsbeziehungen, Marktveränderungen, Jahrespläne, wirtschaftliche Zusammenschlüsse, Entwicklungshilfe.
> Im Bereich der Technik: naturwissenschaftlich-technologische Forschung und Entwicklung, insbesondere im nuklearen Bereich, und solche Entwicklungen, die zu einer Veränderung des Kräftegleichgewichtes der Weltmächte führen.
> Im Bereich der Innenpolitik: Verhältnis Regierung/Volk, politische Parteien, Oppostion, Veränderungen der gesellschftlichen Strukturen, psychologische Lage.«[27]

Diese Operationen wurden in ihrer Zielrichtung weder hinsichtlich der eingesetzten Mittel noch geographisch eingeschränkt, das heißt, sie schlossen die Spionage in West und Ost ein. Obwohl natürlich die Spionage in den sozialistischen Staaten umfassend war, arbeitete der BND auch intensiv gegen die eigenen Verbünde-

ten. Dabei ging man differenziert vor: Gegen die USA wurden beispielsweise die politischen, wirtschaftlichen und militärischen Ergebnisse zum »Instrument« politischen Taktierens und in den kleineren Partnerländern zum Ausbau der Vorherrschaft genutzt. Der Auftrag lautete: »Bonn freundlich gesinnten Regierungen zu helfen oder sie durch nachrichtendienstliche Assistenz für die Bonner Politik zu gewinnen und Interessen der Bundesrepublik dort wahrzunehmen, wo die Bonner Regierung offiziell nicht in Erscheinung treten kann.« Wie wir noch sehen werden, wurde die Spionage gegen die Verbündeten mit den Jahren noch verstärkt. Für General Gehlen gab es keine Tabus.
Und mit dem vorhandenen Führungspersonal konnte er auch uneingeschränkt »wirtschaften«. Das bisherige Führungspersonal – soweit es nicht seit 1955 zur Bundeswehr abgewandert war – blieb in den Schlüssel- und Spitzenpositionen oder wurde in diese hineingeschoben. Zwar konnten seit der Legalisierung leichter Mitarbeiter eingestellt werden, aber für leitende Stellungen kamen nur die ergebenen Mitarbeiter Gehlens aus der Kriegs- und Nachkriegszeit in Betracht. Beispielsweise der Vertreter Gehlens bei Fremde Heere Ost, Oberstleutnant i. G. Gerhard Wessel, Jahrgang 1913. Wessel leitete in der Organisation die Auswertungsabteilung und ging 1955 zur Bundeswehr, um zunächst seine Beförderung zum General zu erreichen.
»Mit bestem Gruß und Heil Hitler« ist auch eines der ehemals von Wessel in amtlichen Umlauf gebrachten FHO-Geheimpapiere unterzeichnet, das vom 12. Mai 1944 stammt und vorgibt, eine aktuelle »Beurteilung der Feindpropaganda Osten« zu sein. Was der Oberstleutnant i. G. mit jenem Schriftstück in »Vertretung des Abteilungs-Chefs« an »Beurteilung« verantwortete, erwies sich nicht nur als üble Kaffeesatzleserei und Spekulation, sondern war zugleich ganz im Sinne der Goebbelsschen Durchhalteparolen verfaßt, indem dem Sowjetvolk ein Jahr vor seinem heldenmütigen Sieg über den Hitler-Faschismus jegliche Kampfmoral und jegliches Vertrauen in ein siegreiches Ende des Kriegs abgesprochen wurde. Wörtlich heißt es in dem Papier:

> »Die Bevölkerung der SU soll geistig mit einer Fortsetzung bezw. Verlängerung des Krieges auf unbestimmte Zeit vertraut gemacht werden. Hier dürfte die Sowjet-Propaganda in der nächsten Zeit ihre Hauptaktivität entwickeln, wobei infolge der

Kriegsmüdigkeit die *Beeinflussung des Inlandes* in dieser Richtung zweifellos die schwierigste Aufgabe darstellt. Da die panslavistische Tendenz (Befreiung der ›slavischen Brüder‹) in den Massen der SU z. Zt. kaum Zugkraft besitzen dürfte, wird als stärkeres Reizmittel erstmalig ›die Befreiung der nach Deutschland zwangsverschickten Brüder und Schwestern‹ als Ziel vorgesetzt.«

Mit solchem antisowjetischen, faschistischen »Beurteilungs«vermögen war Wessel nicht nur für höhere Funktionen in der Bundeswehr, im Bonner Verteidigungsministerium und in der NATO prädestiniert, sondern selbstverständlich auch geeignet als Nachfolger Gehlens auf dem Präsidentensessel des BND. Er leitete nach Gehlen den Pullacher Geheimdienst von 1968 bis 1978.

Fast alle Offiziere der Abteilung Fremde Heere Ost, die nach 1945 ins Blickfeld kamen, sind leitende Mitarbeiter des BND geworden: Brigadegeneral a. D. Heinz-Danko Herre alias »Herdahl« war einer, der etwas im Schatten von General Wessel stand, jedoch zum Triumvirat (Gehlen, Wessel, Herre) gehörte. Gehlen hatte sich den jungen Major Herre – damals Erster Generalstabsoffizier des XLII. Armeekorps mit Rußlanderfahrungen – 1942 zum Aufbau seiner Spionageorganisation ausgesucht. Herre, im Jahr 1909 in Lothringen in einer Offiziersfamilie geboren, war so recht nach dem Geschmack Gehlens. Als unnahbar, intelligent und der russischen Sprache mächtig, war er der Typ des Generalstabsoffiziers, den Gehlen schätzte. Er wurde zunächst als Ia in der Abteilung FHO verwendet. 1943 wurde er dann als Generalstabsoffizier beauftragt, die Wlassow-Armee mit aufzubauen. Hier übernahm er die Funktion des Stabschefs und beendete den Krieg als Oberst i. G. Aus seinem minutiös geführten Kriegstagebuch geht hervor, daß er den Krieg gegen die Sowjetunion für gerecht hielt und nur die Naziführer schuld gewesen seien, daß man den Ostfeldzug verloren habe.

Im Herre-Tagebuch, Eintragung vom 18. November 1942, heißt es über ein Gespräch mit Gehlen: »Wir waren uns einig, daß der Rußlandfeldzug gewonnen werden könne, wenn er militärisch und politisch richtig geführt würde, daß es aber unter den obwaltenden Umständen schiefgehen werde. Auf die Frage, was also soll man tun, war uns klar: Es geht nur ohne die Spitze. Über diese Erkenntnis aber waren wir beide so erschrocken, daß wir die

Unterhaltung abbrachen, denn schließlich waren wir beide Offiziere, die unter Eid standen.« Bei diesem intimen Verständnis war es nicht verwunderlich, daß Herre nach 1945 zum Gehlen-Clan gehörte und den Aufbau der Organisation und des BND mitbestimmte.

Im August und September 1945 nahm ihn Gehlen zu westdeutsch-amerikanischen Geheimdienstverhandlungen mit. Ein Verhandlungspartner, Generalmajor George V. Strong, Leiter des Military Intelligence Service, hob Herre als »hervorragenden Kenner antikommunistischer Stimmungen in der Sowjetunion« hervor und bewirkte dadurch, daß die Amerikaner fast allem zustimmten, was ihnen Gehlen über die Neuauflage der Ostspionage vortrug.

In den fünfziger Jahren leitete Herre die Abteilung Auswertung der BND-Zentrale und rückte dann 1958 in den Kreis der Führungsbeauftragten ein, wobei ihm unter anderem die Abteilung Aufklärung gegen die sozialistischen Länder unterstand. Herre soll übrigens 1947 gemeinsam mit dem ehemaligen amerikanischen Verbindungsoffizier Colonel Leabert das Pullacher Hauptquartier ausgesucht haben. Wie dem auch sei, Herre ist in München ein enger Partner der CSU geworden und kann wohl unbesehen der Seilschaft der Unionsparteien im BND zugeordnet werden.

Einer der »Mitbegründer«, aber von Gehlen bald ausgeschalteter Führungskopf der Organisation, war Major Herrmann Baun. Der 1897 in Odessa geborene Baun war seit 1930 Angehöriger des deutschen Geheimdienstes und leitender Mitarbeiter des Amtes Ausland/Abwehr. Er organisierte – wie schon an anderer Stelle geschildert – im Krieg den Spionage- und Diversionseinsatz gegen die Sowjetunion in der Frontaufklärungsleitstelle Walli I. In dieser Eigenschaft war er Partner Gehlens und der Abteilung Fremde Heere Ost geworden. Im Mai 1945 hielt er sich in Rettenberg/Allgäu auf und stellte sich den US-Truppen.

Baun hatte wie General Gehlen 1945 Kontakt zum US-Geheimdienstgeneral Edwin L. Sibert und führte ebenfalls Verhandlungen über den Aufbau einer Spionageorganisation gegen die Sowjetunion. Im März 1946 erteilte ihm Sibert die Genehmigung, die Spionage gegen die Sowjetunion fortzusetzen. In einem Objekt im Taunus, genannt das »Bluehouse«, versuchte er durch Funk, angeblich in der Sowjetunion verbliebene Agentengruppen zu reaktivieren. Dieses Projekt scheiterte aber. Zugleich hatte Washington Gehlens Plan für den Aufbau einer einheitlichen Spionageorganisation (Aufklärung und Auswertung) akzeptiert, und so wurde Baun im August 1946 vor die vollendete Tatsache gestellt, unter Gehlens Leitung die Aufklärungsabteilung zu übernehmen. Verbittert schied Baun später aus der Organisation aus und wurde zum Intimfeind Gehlens.

Andere Generalstäbler fügten sich dem Spionagedünkel General Gehlens leichter und stellten sich voll und ganz der Organisation zur Verfügung. Der Major i. G. Ulrich Bauer alias »Bayerle« gehörte schon vor der Währungsreform 1948 der Zentrale der Organisation Gehlen an und wurde im Zuge der Legalisierung als Oberstleutnant i. G. reaktiviert. Er war Gruppenleiter und Stellvertreter des Abteilungschefs Gegenspionage und somit längere Zeit mein direkter Vorgesetzter. Später wurde er Abwehrbeauftragter beim Siemens-Konzern in München.

Auch der langjährige Referent Gehlens und spätere Präsident des BND, Eberhard Blum alias »Hartwig«, der mich nach meiner Versetzung aus der Generalvertretung beim General eingeführt hatte, kam aus dem Militärstand. Bei Kriegsende hatte es der 26jährige bis zum Rittmeister gebracht. Er besaß im besonderen Maße das Vertrauen des BND-Präsidenten. Um 1960/61 wurde er als Leiter der Personalabteilung der BND-Zentrale eingesetzt und löste den Schwager Gehlens, von Seydlitz-Kurzbach, ab. Als Blum bei Legalisierung der Organisation – wie viele andere – keinen militärischen Rang erhalten konnte, der seiner Position in der Zentrale entsprochen hätte, wurde er als Oberregierungsrat in das Beamtenverhältnis übernommen und bald weiterbefördert.

Als 1973 der Leiter der Abteilung II (Auswertung), Legationsrat a. D. Robert Borchardt, wegen seiner Opposition zur Entspannungspolitik der SPD/FDP-Regierung und der »Reformen« im Dienst vorzeitig pensioniert wurde, kam die Frage auf, wo dieser eigentlich hergekommen sei. Der ehemalige Major und Ritterkreuzträger, mit Wessel durch die gemeinsame Taktikausbildung an der Infanterieschule Dresden verbunden, wurde nach 1945 im Auswärtigen Dienst verwendet und schließlich zur gegebenen Stunde für die Zentrale Pullach vom AA-Staatssekretär Georg Ferdinand Duckwitz freigegeben. Bei seinem spektakulären Ausscheiden 1973 assistierte ihm der Leiter der Abteilung Technik des BND, Heinz Burchardt alias »Krassmann«. Dieser hatte ebenfalls seine Karriere in der Wehrmacht begonnen, zunächst als Panzeroffizier und dann als Offizier im Heerespersonalamt. Als Unterabteilungsleiter im Führungsstab des BMVtg wechselte er 1969 nach Pullach über und quittierte, geprägt von der antikommunistischen Gesinnung der CDU/CSU, gemeinsam mit Robert Borchardt den Dienst.

Walrab von Buttlar stieß auf mir nicht einleuchtendem Wege zur Organisation und wurde anfangs als Gehilfe an der ehemaligen Schule in Weidenkam eingesetzt. Dort mußte er u. a. den Pannenfall Geyer* analysieren. Es war der Beginn seiner Karriere als BND-Zeuge beim Bundesgerichtshof, wenn es um »Verratsfälle« ging. Es gibt wohl kaum einen Untersuchungsausschuß, der sich mit Geheimdienstfragen befaßte, dem von Buttlar fernblieb. Als Leiter der Sicherheitsabteilung (»Pannenbearbeitung«) nahm er eine zentrale Stellung in der Zusammenarbeit mit Bundesgerichtshof und Generalbundesanwalt in allen Angelegenheiten des BND ein.

Bekanntlich spitzte 1973 die CDU/CSU die politische Auseinandersetzung um die Fortsetzung der Entspannungspolitik zu einer politischen Krise zu, um dann durch ein konstruktives Mißtrauensvotum im Bundestag die Regierung Brandt/Scheel zu stürzen. Dieses demagogische parlamentarische »Spielchen« scheiterte, weil Rainer Barzel selbst aus der CDU/CSU Gegenstimmen erhielt. Einer, der gegen Barzel votierte, war der CDU-Bundestagsabgeordnete Steiner. Um aus dieser Niederlage wenigstens politisches Kapital zu schlagen, wurde Steiner von der Illustrierten »Quick« – ein Presseträger der Seilschaft – für die Aussage gekauft, daß er als Doppelagent für den Osten gearbeitet habe und für seine Gegenstimme von einem SPD-Bundestagsabgeordneten bestochen worden sei. Trotz großer Konstruktionen bei der Beweisführung der Seilschaft, die bis zur Berufung eines Untersuchungsausschusses führte, fiel dieses Kartenhaus ein. Die Niederlage Rainer Barzels konnte nicht kaschiert werden. Buttlar gehörte zu jenen Mitarbeitern innerhalb des BND, die über diesen Vorgang am besten informiert waren. Und auch in den folgenden Jahren ließ er politische Erkenntnisse aus seiner BND-Tätigkeit über die SPD/FDP der Seilschaft zukommen. Seit oder wegen der geschilderten Affäre trat von Buttlar bis zu seinem Tod am 12. Oktober 1983 öffentlich nicht mehr hervor.

---

* Ein in die DDR übergelaufener Mitarbeiter der Organisation Gehlen

Ein anderer markanter Kopf des Dienstes war der schon genannte Generalmajor Erich Dethleffsen. Er verstand sich nicht ganz zu Unrecht als der Moltke der Spionage. Seine gedruckten Bekenntnisse sind ziemlich offen, nie schloß er die Spionage des BND gegen die eigenen Verbündeten aus. Die militärische Laufbahn Dethleffsens begann bereits 1923, im Jahr des Putschversuchs Adolf Hitlers in München. Er diente in der Reichswehr unter General von Seeckt, und 1936 war er bereits Generalstabsoffizier. Zuletzt war er Generalmajor im Wehrmachtsführungsstab und diente im Stab der »Dönitz-Regierung«. Nach seiner Entnazifizierung im Lager Neustadt im Kreis Marburg an der Lahn ging er geradewegs zu Reinhard Gehlen. Dethleffsen war in Gehlens Augen ein perfekter Auswerter, der auch den Blick für die »deutschen Interessen« bewahrt hatte.

Einer, der die Spionage als »Weltmission« bezeichnete, war der von mir bereits erwähnte Hans Dingler alias »Dillberg«. Gehlen schickte ihn als Residenten nach Südafrika.

Wenn ich den Gehlen-Clan betrachtete, übersah ich nie die Frauen in der Zentrale. Sie waren im Dienst nicht nur – wie man zu sagen pflegte – die »grauen Mäuse«. Ihr Einfluß war nicht zu unterschätzen. Und ich meine hier nicht nur die Töchter und die Schwiegertöchter des »Doktors« und seiner Stellvertreter, die natürlich alle in irgendeiner Form in den Dienst eingebaut waren.

Die langjährige Sekretärin Gehlens, Hannelore K., wurde nach 1956 als Sachbearbeiterin in den persönlichen Stab des Generals übernommen. Und es ist schon interessant, was sie zu erledigen hatte, so beispielsweise mußte sie Akten und Informationen über die »Rote Kapelle« durcharbeiten. Dies war ein besonderes Steckenpferd Gehlens, um nicht zu sagen, ein Symptom von Verfolgungswahn. Gehlen glaubte, daß die »Rote Kapelle«, die bekannte Anti-Hitler-Widerstandsorganisation des letzten Kriegs, noch immer unerkannt leitende Positionen in der Bundesrepublik innehabe.

Ferner wertete das Fräulein aus dem Vorzimmer des Präsidenten das Tagebuch des Judenmörders Eichmann aus, welches dem BND vom israelischen Geheimdienst zur Verfügung gestellt worden war. Ob dieser Stab auch an der brüchigen Bormann-Legende zu schreiben hatte, ist mir nicht gesagt worden, aber bei der Mentalität Gehlens ist es nicht ausgeschlossen, daß er einen ganzen Stab mit seinen Lieblingslegenden beschäftigte.

Nicht alle Mitarbeiter weiblichen Geschlechts konnten Herkunft und Ahnentafel als Empfehlung oder Qualifikation vorweisen – es waren nur wenige. Aber wenn die Reichsgräfin H. nach der Legalisierung auch als Regierungsoberinspektorin übernommen wurde, so war dies doch keine Position, die ihrem ehemaligen gesellschaftlichen Rang entsprochen hätte. Sie und die Masse ihrer Geschlechtsgenossinnen leisteten eben nur untergeordnete Arbeit – Zuarbeit für die dem stärkeren Geschlecht angehörenden Referenten oder Gruppenleiter. Dabei habe ich viele dieser Damen als tüchtige und pflichtbewußte Mitarbeiterinnen kennengelernt, die auch ohne weiteres ihre Chefs vertreten konnten, wenn diese abwesend waren. Aber wie es in dieser Männergesellschaft nun einmal war: Aufsteigen konnten weibliche Mitarbeiter nur höchst selten, wenn sie eine berufliche Qualifikation von außen her mitbrachten – etwa als Assessorin wie Rosemarie B. Aber das ist ein Thema, das hier nicht näher zu erörtern ist. Jedenfalls haben jene, die den Ehrgeiz der Frauen zu wecken und anzuerkennen verstanden, dies nicht bereut.

Da Gehlen von Politik fasziniert war und glaubte, sie beeinflussen zu können, verlegte er nach der Legalisierung sein Betätigungsfeld vom Bereich der Innen- auf den der Außenpolitik. Er wollte der Bundesregierung auch hier dienstbar sein, und die Außenpolitik hielt er durchaus für den Tummelplatz eines Geheimdienstchefs. Für diese Aufgabe schuf er den »Strategischen Dienst«, den er Generalmajor Wolfgang Langkau alias »Langendorf« oder auch »Holten« anvertraute.

In der Anfangsperiode des legalisierten BND war Langkau, was die operative Seite betrifft, wohl die wichtigste Figur. Er war mit General Gehlen schon aus der militärischen Dienstzeit vor 1945 befreundet. Beide hatten im selben Artillerieregiment gedient, und das hielt General Gehlen für bedeutsamer als eine nachrichtendienstliche Befähigung.

Gehlen, der sich nostalgisch auf gemeinsame Wehrmachtstraditionen berief, lancierte Langkau in eine führende Position. Selbst die ältesten »Abwehrhasen« konnten keine anderen Meriten Langkaus entdecken als die Tatsache, daß er in der Rang- und Dienstaltersliste der Wehrmacht unmittelbar hinter Gehlen rangierte. Ihm Vortrag halten zu müssen bedeutete eine ausgesprochene Qual, die mir einige Male widerfuhr. Ich versuchte, ihm aus dem Weg zu gehen, denn seine Zwischenfragen und Anordnungen bewiesen,

daß er vom »Geschäft« nicht das mindeste verstand und auch nichts mehr dazuzulernen vermochte.
Was verbarg sich hinter der Bezeichnung »Strategischer Dienst«? Unter amerikanischem Patronat war die Spionage der Organisation ausschließlich gegen die sozialistischen Länder und die fortschrittlichen Strömungen und Gruppierungen in der BRD gerichtet gewesen. Eine Aufklärung in den westlichen Ländern durch die Organisation hätte die amerikanischen Interessen verletzt und wurde deshalb vorerst nicht geduldet. Als jedoch die Bundesregierung die Organisation als Bundesnachrichtendienst übernommen hatte, konnte Gehlen, ohne den Amerikanern Einblick gewähren zu müssen, einen Spionageapparat in jenen Ländern der Erde aufziehen, in denen er bisher noch nicht gewirkt hatte. Der Aufbau dieser »Zweige« begann intensiv im Jahr 1956. Er wurde unabhängig von den schon vorhandenen Abteilungen durchgeführt, wenngleich einzelne Personen der Organisation speziell dafür zum »Strategischen Dienst« überwechselten.
Einige Stellen, die sich auf die Beschaffung politischer Informationen spezialisiert hatten oder über Verbindungen zu politischen Persönlichkeiten beziehungsweise zur Presse verfügten – etwa zum Nachrichtenmagazin »Der Spiegel« –, wurden aus ihrer bisherigen Unterstellung herausgelöst und dem »Strategischen Dienst« zugeordnet. Gleichzeitig richtete der BND an allen wichtigen und interessanten Punkten der Welt Residenturen des »Strategischen Dienstes« ein, zum Beispiel im Vorderen Orient, in Afrika, Hongkong.
Der »Strategische Dienst« schuf sich die Aufgaben und die Organisation wie der bisherige Apparat, von dem er völlig losgelöst arbeitete. Es gab dort die üblichen Abteilungen: Verwaltung, Fotostelle, Technische Ausrüstung, Gegenspionage, Auswertung usw. Nur war hier alles darauf abgestimmt, sich mit der Erkundung und Aufklärung der nichtsozialistischen Länder zu befassen, auch der Partner. Eigentlich gab es nun zwei Dienste, die aber kaum zusammenarbeiteten, weil Eifersüchteleien und Kompetenzgerangel nicht ausbleiben konnten. Aber das lag durchaus in der Absicht Gehlens, der seit jeher ein Feind klarer Gliederung und Kompetenzabgrenzung war. Er liebte es, seine Untergebenen mit unüberschaubaren Verhältnissen im eigenen Dienst fertig werden zu lassen – angeblich aus Gründen der Sicherheit. In Wirklichkeit fürchtete er, durch eine klare Aufgabenverteilung zuviel eigene

Macht und Wissen delegieren zu müssen, was auch Konkurrenz für ihn bedeutet hätte.

Hier sei an eine Bemerkung von Thomas Walde, Verfasser des Buches »ND-Report...« und Kenner westdeutscher geheimer Nachrichtendienste, erinnert: »Der Beginn der Geschichte der westdeutschen geheimen Nachrichtendienste beschreibt eine extreme Konkurrenz-Situation, in der Rivalitäten ungehemmt ausbrachen und zu einem heftigen Kampf um den Führungsanspruch sich entwickelten. Die Bezüge sind so vielfältig, daß sie vermutlich gar nicht mehr in ihrer tatsächlichen Zuordnung freigelegt werden können.«[28]

Aber der »Strategische Dienst« konnte nicht halten, was sein Name versprach. Er reagierte zu langsam, seine Informationen erreichten die Bundesregierung später als Presseveröffentlichungen zum selben Thema, und sie waren überdies weniger fundiert als die Berichte gelernter Diplomaten vor Ort. Hinzu kamen der auffällige geheimniskrämerische Führungsstil Langkaus sowie die isolierte Operationsweise des »Strategischen Dienstes«. Sie machten es den Abwehrgruppen der »Freundes- und Partnerdienste« leicht, das doppelte Spiel des BND zu erkennen und häufig ins Leere laufen zu lassen.

Gehlen hatte es in diesem Zusammenhang aber erreicht, daß ihm als Chef des Geheimdienstes, der ab 1956 nun auch gezielter im westlichen Ausland politische Informationen beschaffen konnte, die politischen Berichte der westdeutschen Botschafter zur Kenntnis gegeben wurden, womit seine Position und sein Einblick in ihm bisher verschlossene Bereiche erheblich verbessert wurden.

Die Bedeutung des »Strategischen Dienstes« ist von Gehlen stets überschätzt worden, sein Wert für die Bundesregierung blieb gering. Im Zuge der strafferen Organisation unter Gehlens Nachfolger 1968 wurden die Auslandsspionageaufgaben des »Strategischen Dienstes« wieder auf die klassischen Einrichtungen des alten Apparats verteilt, und schließlich wurde er 1969 ganz aufgelöst.

Es ist allgemein bekannt, daß General Gehlen 1957 versuchte, Langkau zum Vizepräsidenten des BND zu ernennen, was durch den Widerstand vieler Mitarbeiter allerdings verhindert wurde: Als Gehlen dem kursierenden Gerücht von der Kandidatur Langkaus als Vizepräsident nicht widersprach, sollen mehrere BND-Beamte gedroht haben, wenn General Langkau Vize werde, würde man den Dienst verlassen und zur Bundeswehr überwechseln. Das hätte bedeutet, daß der MAD und damit Strauß wichtige Personen für eine hauseigene militärische Aufklärung bekommen hätten. Gehlen lenkte deshalb ein und verzichtete auf die Ernennung von Langkau. Langkau hatte jedoch in seiner Eigenschaft als Leiter des »Strategischen Dienstes« beste Kontakte zur Presse und zu Parteien, vor allem zur CDU/CSU, als deren verlängerter Arm im BND er galt.

Für die Auswertung zuständig war schon damals der leitende Regierungsdirektor Kurt Weiß alias »Winterstein«. Bei Kriegsende Major, hätte er seiner Stellung im BND gemäß bei einer Reaktivierung als Oberst eingestuft werden müssen. Da dies aber nach den Vorschriften der Bundeswehr nicht möglich war, wurde er als leitender Regierungsdirektor in das Beamtenverhältnis übernommen. Aufgrund der frühzeitigen Planung Gehlens, neben der vom US-Geheimdienst sanktionierten Militärspionage auch einen politischen Nachrichtendienst zu betreiben, erhielt Weiß schon in der Mitte der fünfziger Jahre die Aufgabe, innerhalb des damaligen III-Dienstes sein spezielles Referat, das sich mit der Beschaffung und Auswertung politischer Informationen befaßte, weiter auszubauen und Verbindungen zur Presse zu beschaffen. »Winterstein« erfüllte seine Aufgabe außerordentlich geschickt und gewann zunehmend das Vertrauen General Gehlens. »Winterstein« pflegte schon vor der Legalisierung der OG Kontakte zu Politikern mit Zukunft. Nachdem er besonders gute Verbindungen zur FDP, und zwar zu den sogenannten »Jungtürken« und dem späteren Generalsekretär Flach, der ja Journalist gewesen war, hergestellt und alle Möglichkeiten sowie die schon bestehenden Verbindungen des III-Dienstes genutzt hatte, wurde er bald aus dem III-Dienst herausgelöst und sein Referat zur selbständigen Abteilung (Codebezeichnung »133«) aufgewertet, die Gehlen direkt unterstand. Später entwickelte sich daraus der Kern des schon genannten »Strategischen Dienstes«.

»Winterstein« interessierten alle Informationen, die politischen Inhalt oder Wert hatten – ganz besonders Observationsergebnisse über Herbert Wehner, Willy Brandt, Egon Bahr und Annemarie Renger. Es gab seit 1952 keine innenpolitische Aktion des BND, an der »Winterstein« nicht beteiligt wurde. Am 12. November 1962 wurde er zusammen mit Gehlen, Vizepräsident Worgitzky und Wendland von Adenauer zum Bundeskanzleramt zitiert und vom Bundesrichter Kuhn vernommen. Erstmals mußte er zu

seinen innenpolitischen Manövern außerhalb des BND Rechenschaft ablegen.
Adenauer wollte im Zusammenhang mit der »Spiegel«-Affäre selbst Gehlen verhaften lassen. »Winterstein« war an ihr insofern beteiligt gewesen, als er die Fragen des »Spiegel« zu dem die Affäre auslösenden Artikel »Bedingt abwehrbereit« hinsichtlich der Sicherheitsfragen zu prüfen gehabt hatte. Die ganze Angelegenheit war eine von Gehlen angestiftete Aktion gegen die Politik Strauß'. Gehlen, Oberst Adolf Wicht, der die Verbindung zum »Spiegel« zu halten hatte, und »Winterstein« hatten den genannten Artikel begutachtet, der sich in seiner Hauptaussage gegen den Konkurrenten Strauß richtete. Doch Strauß schlug mit seinem von ihm beherrschten MAD offen gegen die »Spiegel«-Redaktion zurück. Es schien ein Fall Gehlen zu werden, was aber durch verschiedene Manöver abgewendet werden konnte. Auch »Winterstein« blieb im BND. Er hat bis zu seiner vorzeitigen Pensionierung die CDU/CSU-Seilschaft im BND gefördert. Nach den Artikeln des »Spiegel« hatte man ihn schon 1970 für einen verkappten CDU-Mann gehalten.
Nach der Ablösung Gehlens unterstützte »Winterstein« das Reformprogramm Wessels zur Straffung des BND. Er half auch bei der »Auslagerung der Inlandsdossiers«, als sich zeitweilig Angst vor der SPD/FDP-Kontrolle im BND breitmachte. Er war dann kurze Zeit Leiter der Abteilung Beschaffung, bis er 1970 die Führung der BND-Schule übernahm.
Zum Führungspersonal gehörte auch Hans Heinrich Worgitzky, der 1907 geboren wurde und Ende 1969 verstarb. Er war ab 1957 Vizepräsident des BND. Auch Worgitzky kam aus der Generalstabselite. Bei Kriegsende war er Oberst i. G. und Ic der Heeresgruppe Mitte gewesen. Schon 1946 stieß er zur OG und arbeitete zunächst als Leiter der Generalvertretung B in Bremen. Wie »Winterstein« unterhielt Worgitzky seit Anfang der fünfziger Jahre Kontakte zum »Spiegel«. 1956 führte er seinen Nachfolger Wicht in diese Kontakte ein. Die Einflußpolitik auf die deutsche Presse im Bundesgebiet lief übrigens von Beginn an erstklassig, manches wurde hier für die Öffentlichkeit präpariert, insbesondere die Verbreitung der These von der Bedrohung aus dem Osten und die Diffamierung der »SBZ«. Vizepräsident Worgitzky stimmte sich hier mit »Winterstein« ab. Es gab besondere Formulare, auf denen die spezifischen Artikel, die sich gegen den Osten richteten,

zensiert beziehungsweise »aufgeschönt« wurden. In dieser Hinsicht galten Worgitzky und »Winterstein« als perfekte Organisatoren.
Worgitzky war im Dienst in den Anfangsjahren der Verfechter einer Technisierung der Spionage. Dies hieß, verstärkt technische Aufklärungsmitteln, die Fernmelde- und elektronische Aufklärung einzusetzen. General Gehlen machte hier nur bedingt mit, und als ihm Worgitzky zu unbequem erschien, erging es ihm wie seinen Vorgängern, etwa wie General Mellenthin (»Märker«), der Mitte der fünfziger Jahre als Vertreter Gehlens eingesetzt war und bald lästig wurde – er verschwand klanglos im Hintergrund. Es war eine im Dienst oft kritisierte Führungs- oder auch menschliche Schwäche Gehlens, daß er nie einen Vertreter akzeptieren wollte. Gehlen schob Worgitzky Randgebiete in der politischen Spionage zu und ließ ihn bei offiziellen Besuchen die Honneurs machen. Aus dieser Tätigkeit erwuchs ihm der Spitzname »Frühstücks- und Grüßonkel«. Als 1965/66 die BND-Pannen im Nahen Osten (Fall Lotz) politische Kreise zogen und die Bundesrepublik gegenüber Israel belastet schien, fristete Worgitzky bis zu seinem Ausscheiden aus Krankheitsgründen ein Randdasein im BND, da er in diese Angelegenheit verwickelt war.
Das Schicksal des zweiten Vizepräsidenten, General Horst Wendland, war noch tragischer. Er kam als erfahrener Oberst i. G. der Organisationsabteilung im Oberkommando des Heeres mit General Gehlen in Berührung. Folgerichtig wurde er nach dem Krieg leitender Mitarbeiter der OG und des BND. Sein organisatorisches Führungstalent war über jeden Zweifel erhaben. Als Führungsbeauftragter für Organisation und Verwaltung hat er mit all seinen Fähigkeiten im Dienst gewirkt. Seine menschliche, Ruhe ausstrahlende Art schuf ihm Sympathien bei allen Mitarbeitern. Nach der Pensionierung Worgitzkys wurde er mit der Wahrnehmung der Geschäfte des Vizepräsidenten beauftragt und hatte wegen seiner Fähigkeiten berechtigte Aussichten, Nachfolger Gehlens zu werden. Aber jedem und auch »Papa Wendt«, so sein Name im Dienst, war klar, daß er nicht Präsident werden würde, denn General Wessel war ja über Jahre als Nachfolger Gehlens aufgebaut worden. Wie dem auch sei, 1968 beging er in seinem Dienstzimmer »Selbstmord«. Noch heute stellt sich für die Öffentlichkeit die Frage, warum.
Weder Wessel noch Gehlen haben darauf eine Antwort gegeben.

Wohl schon deshalb nicht, weil Wendlands Tod in seinem Dienstzimmer in der Zentrale nicht in eine »Tat des Ostens« umzufälschen war. Die offizielle Version lautete denn so: »Erschreckend beobachteten die Freunde, daß Wendland von Woche zu Woche mehr verfiel. Der verschlossene, pflichtbesessene Mann litt zusehends an Depressionen, sein Gedächtnis setzte zeitweilig aus, Müdigkeit und eine seltsame Geistesabwesenheit stellten sich ein.« Das war genauso geschmacklos und abwegig wie seinerzeit die Reaktion der faschistischen Propaganda nach dem Englandflug von Rudolf Heß im Jahr 1941, der dann als geisteskrank erklärt wurde. Gehlens Version könnte aber vielleicht noch glaubhaft erscheinen, wenn es nicht noch andere »Zufälligkeiten« gegeben hätte. Denn Wendlands Tod folgte eine Kette mysteriöser Morde und Selbstmorde:
Drei Stunden nach dem »Selbstmord« in Pullach wurde der Flottillenadmiral Hermann Lüdke aus dem NATO-Hauptquartier mit einem Jagdgewehr in der Eifel erschossen. Am 15. Oktober erhängte sich ein Regierungsdirektor des Bundeswirtschaftsministeriums, und am 18. Oktober fand man die Leiche des Bereitschaftsoffiziers im Führungsstab der Streitkräfte.
Ich kannte Wendland als einen sehr sensiblen Menschen, bemüht, mit seinen Mitarbeitern gut auszukommen. So, wie er sich ihnen gegenüber verhielt, so erwartete er es auch von seinen Vorgesetzten, zumal er von seinen Fähigkeiten und Leistungen überzeugt war. Da dies nicht geschah, mußte er in psychologische Zwänge geraten, weil er, sein Leben lang Soldat, nicht daran dachte, sich gegen Vorgesetzte zu wehren.
Als Wessel Präsident wurde, mag Wendland auf eine Wende gehofft haben. Schnell mußte er einsehen, daß diese nicht eintrat, was seine Enttäuschung um so mehr vergrößerte. Einem Mann seiner Erziehung blieb schließlich kaum ein Ausweg. Inwieweit er als Chef der Operationsabteilung beim OKH Kenntnisse über Gehlen und Wessel hatte, die beiden nicht angenehm waren und insbesondere dem Mythos Gehlens schaden konnten, soll nur als eine mögliche weitere Version angedeutet sein.

Die Inlandsspionage des BND

Die Personalpolitik Gehlens und seine Inlandsspionage in der BRD sind nicht voneinander zu trennen. Cliquenwirtschaft und Konzentration des reaktionären Flügels der Christlich-Demokratischen Union sind nur zwei Seiten einer Medaille. Es ist nicht so, daß erst Horst Ehmke als Chef des Bundeskanzleramts zu Beginn der siebziger Jahre von der Inlandsbespitzelung erfuhr. Die Inlandsdossiers des Generals Gehlen sind schon mit der Gründung der Organisation angelegt worden. Ehmke entdeckte angeblich 54 Dossiers von Politikern aller Bundestagsparteien.
Es handelte sich um folgende Persönlichkeiten:

Professor Wolfgang Abendroth, sozialistischer Politikwissenschaftler,
Victor Agartz, maßgeblicher Wirtschaftstheoretiker des DGB,
Conrad Ahlers, Regierungssprecher und SPD-Bundestagsabgeordneter,
Adolf Arndt, »Kronjurist« der SPD,
Fritz Baier, CDU-Abgeordneter,
Franz Barsig, früher Sprecher des SPD-Vorstandes, später Intendant des Senders Freies Berlin (SFB),
Rainer Barzel, zunächst Oppositionsführer im Bundestag, später Bundestagspräsident,
Helmut Bazille, SPD-Bundestagsabgeordneter und Sprecher der Kriegsopfer,
Arno Behrisch, ehemals SPD-Bundestagsabgeordneter, später in der Deutschen Friedensunion,
Berthold Beitz, früher Generalbevollmächtigter, dann Aufsichtsratsvorsitzender bei Krupp,
Ernst Benda, früher Innenminister (CDU), später Präsident des Bundesverfassungsgerichts,
Willy Brandt, SPD-Vorsitzender, Außenminister, erster Bundeskanzler der sozialliberalen Koalition,
Kurt Bachmann, KPD-Vorsitzender,
Sigismund von Braun, früher Staatssekretär des Auswärtigen Amtes, dann Botschafter in Paris,
Margarethe Buber-Neumann, Publizistin,
Gerd Bucerius, Verleger (»Die Zeit«),
Ludwig Erhard, ehemaliger Bundeskanzler (CDU),

Fritz Erler, SPD-Vorsitzender,
Max Güde, Generalbundesanwalt,
Helmut Grolmann, erster Wehrbeauftragter des Bundestages (SPD),
Eugen Gerstenmaier, Bundestagspräsident (CDU),
Kai-Uwe von Hassel, früher Verteidigungsminister, später Bundestagsvizepräsident (CDU),
Karl Hohmann, Kanzlerberater unter Ludwig Erhard, unmittelbar zuständig für den BND,
Gustav Heinemann (SPD), zunächst Innen-, später Justizminister, dann Bundespräsident (SPD),
Adolf Heusinger, Generalinspekteur der Bundeswehr,
Hans-Edgar Jahn, CDU-Abgeordneter,
Helmut Heye, Wehrbeauftragter,
Kurt Georg Kiesinger, Bundeskanzler (CDU),
Hans Kilb, ehemals persönlicher Referent Konrad Adenauers und später Intendant des Saarländischen Rundfunks,
Ernst Lemmer, Mitbegründer der Ost-CDU, mehrfacher Bundesminister,
Heinrich Lübke, früher Landwirtschaftsminister (CDU), dann Bundespräsident,
Ernst Majonica, CDU-Außenpolitiker,
Erich Mende, ehemals FDP-Vorsitzender und Vizekanzler, später CDU-Abgeordneter,
Theodor Oberländer, ehemaliger Bundesvertriebenenminister (BHE, dann CDU),
Erich Ollenhauer, SPD-Vorsitzender,
Heinrich Ritzel, Haushaltsexperte der SPD,
Philip Rosenthal, SPD-Abgeordneter,
Carlo Schmid, Bundestagsvizepräsident (SPD),
Gerhard Schröder, erst Innen-, dann Außen- und schließlich Verteidigungsminiser (CDU),
Hans-Christoph Seebohm, Bundesverkehrsminister (CDU),
Hans Speidel, Generalinspekteur der Bundeswehr,
Gerhard Stoltenberg, früher Bundeswissenschaftsminister, Regierungschef in Kiel (CDU), heute Bundesfinanzminister,
Franz Josef Strauß, früherer Atom-, Verteidigungs- und Finanzminister, CSU-Vorsitzender, bayerischer Ministerpräsident,
Heinz Trettner, Generalinspekteur der Bundeswehr.
Friedrich-Karl Vialon, Staatssekretär,

Hans-Jochen Vogel, früherer bayerischer SPD-Vorsitzender und Bundesminister, Vorsitzender der SPD-Bundestagsfraktion,
Herbert Wehner, früherer stellvertretender SPD-Vorsitzender und Bundesminister, Vorsitzender der SPD-Bundestagsfraktion,
Herbert Weichmann, Erster Bürgermeister in Hamburg (SPD),
Ludger Westrick, Kanzleramtschef unter Ludwig Erhard,
Günter Wetzel, zunächst Staatssekretär im gesamtdeutschen, dann im Verteidigungsministerium,
Simon Wiesenthal, Leiter des Jüdischen Dokumentationszentrums,
Hans-Jürgen Wischnewski, ehemals Bundesminister und SPD-Bundesgeschäftsführer, dann Staatsminister,
Friedrich Zimmermann, CSU-Abgeordneter, heute Bundesinnenminister,
Siegfried Zoglmann, CSU-Abgeordneter[29]

Das war aber nur die Spitze des Eisbergs. Besonders die Dossiers der sogenannten kleinen Parteifunktionäre, Beamten, Offiziere usw. wurden perspektivisch aufgearbeitet. Sollte einer von diesen etwas im Adenauer-Staat werden, fuhr General Gehlen nach Bonn und hielt bei Globke Vortrag über deren Gesinnung, sexuelle Gelüste, Hobbys und anderes. Bundeskanzler Adenauer und sein Staatssekretär Globke legten bei der Inlandsspionage gleichen Wert auf die Anlage von Personendossiers über Politiker der SPD und FDP wie der CDU/CSU, sie initiierten die Spionage gleichermaßen gegen die SPD-Funktionäre Schumacher, Ollenhauer, den FDP-Vorsitzenden Mende wie gegen die Politiker der CDU/CSU Strauß und Kiesinger.
Adenauer ging es darum, wie später noch zu vermerken sein wird, politische Bewegungen, die Aufschluß darüber bringen konnten, wer wann und wo seiner Politik die Unterstützung versagte, zu registrieren. Er erhielt so auch die Möglichkeit, einzelne Politiker gegeneinander auszuspielen.
Ein Dossier über Gerhard Todenhöfer (Tübingen) mit Meldungen des V-Mannes 7623 vom Dezember 1955 zeigt, wie die Bespitzelung funktionierte:

»Am 17. 12. 1955 hatte V-7623 anläßlich einer Nachhilfestunde wiederum ein Gespräch mit Todenhöfer. Hierbei ergaben sich folgende Behauptungen und Ansichten Todenhöfers: Der Abgeordnete Kiesinger wurde einige Tage nach seinem aus der Presse bekannten Herzanfall auf Veranlassung seiner engsten Freunde Todenhöfer und Fabrikant Adolf-Backnang/Württ. zu einem Herzspezialisten nach Ludwigshafen (Rhein) gebracht... Kiesinger, Martin Adolf und Todenhöfer bildeten nach Aussage Todenhöfers einen engen Freundesbund, ein ›triumvirat‹. Martin Adolf sei der bedeutendste Mann der altangesehenen und einflußreichen württembergischen Fabrikantenfamilie Adolf, zu der auch in Reutlingen die Firma Emil Adolf gehöre. Maßgebende Frankfurter Wirtschaftskreise wenden sich laut Todenhöfer immer stärker gegen die Politik Adenauers. Der Bundeskanzler wolle, so erkenne man dort, nicht ernsthaft die Wiedervereinigung Deutschlands, der man doch alles andere unterordnen müsse. Die Politik der ›freien Marktwirtschaft‹ sei schlimmer als der Kommunismus, denn durch sie werde der Mensch als solcher ruiniert.«[30]

Man kann erstaunt sein, welche wirren politischen Ansichten hier dokumentiert werden. Zu Lebzeiten Adenauers hatte Kurt Georg Kiesinger kaum eine Chance, zum Bundeskanzlerkandidaten gekürt zu werden. Das genannte Inlandsdossier über Todenhöfer wurde – wie viele andere – Adenauer von General Gehlen vorgelegt; beide berieten, wie man gegen die angeblich »widerspenstigen« Politiker vorgehen sollte. In den meisten Fällen wurden sie auf Randpositionen der Bonner Politik abgeschoben oder ganz ausgeschaltet.

Die Akte Gerhard Todenhöfer war schon lange Zeit archiviert, weil der Fall abgeschlossen schien, als man sie wieder entstaubte und nach neuen »Anbahnungen« durchforschte. Ständiger Mangel an Mitarbeitern und Quellen zwang uns dazu. Dies ist wiederum nichts Außergewöhnliches, fast alle Geheimdienste der Welt haben es entsprechend ihres Qualitätsanspruchs nötig, auf ihr »historisches Archiv« nicht nur aus Gründen der Geschichtsschreibung zurückzugreifen. Nicht selten werden Randfiguren plötzlich zu Hauptdarstellern, da sie in Politik oder Wissenschaft Karriere gemacht haben. Kinder bleiben ja nicht ewig Kinder. Die Personen- und anderen Archive der Geheimdienste behalten über Generationen ihren Wert.

Das Dreigestirn Adenauer-Globke-Gehlen entschied außerhalb von Parteiinteressen und parlamentarischem Gehabe, was mit wem, wann und wo zu passieren hatte. Globke störte es nicht, daß er bei seinem ersten Besuch in der Zentrale der Organisation, Anfang der fünfziger Jahre, in der Kartei, die ihm gezeigt wurde, in dem Kasten »G« die Karte fand, die die Organisation über ihn angelegt hatte. Seitdem aber wurden Karteikarten und Personenakten (PAK) unter besonderem Verschluß des Leiters der Kartei gehalten. Später wurde die Verschleierung noch verfeinert und entsprechende Unterlagen im Stab Gehlens, im sogenannten Giftschrank, aufbewahrt.

Und für viele loyale SPD-, FDP-, aber auch CDU/CSU-Politiker sollte diese Art von Bearbeitung tatsächlich Gift sein. Dieser Stil erinnerte mich an den SD-Führer Reinhard Heydrich, der ebenfalls eine solche Sammlung über Politiker, Freunde und Partner anlegte, um sie erpressen zu können. Bei ihm hieß die Sammlung »Munitionskiste«.

Diese Kartei, in der Informationen über Personen, Gruppen, Adressen, Telefonnummern und Kraftfahrzeugkennzeichen gespeichert waren – kurz, alles, was sich nach dem sogenannten phonetischen Alphabet oder nach anderen Systemen ordnen ließ –, barg zum Zeitpunkt der Legalisierung, also 1956/57, ein ungeheures Wissen, das kaum noch zu ordnen war, um schnell darüber verfügen zu können, und es vergrößerte sich rapide. Das lag einmal daran, daß von den Außenstellen mehr und mehr Personenanfragen (PA) an die Zentrale gestellt wurden, zum anderen, daß über jede Person mehrere Karten angefertigt werden mußten: Auch wenn ein Name nur einmal auftauchte, wurde er mehrfach registriert. Zum Beispiel in der sogenannten Suchkartei, die nur die Personal- und Adreßdaten enthielt und auf die Sachkartei oder Aktensammlung verwies. Aus Zweckmäßigkeitsgründen waren die nach Namen geordneten Karteikarten in sogenannte Sachgebietskarteien eingeordnet, unter anderem in folgende:

Allg – Allgemeines
Antifa – Antifa-aktiv in sowjetischer Kriegsgefangenschaft
Ausk – Auskunft
Bund/Beh – Bundesbehörden
DDR/Beh – DDR-Behörden
DDR/Reg – DDR-Regierung
Emi/Bulg – Emigration aus Bulgarien
Firmen
Kgf – Kriegsgefangene, deutsche

Pol/CDU/FDP/SPD – Politik, mit Unterteilung
Pol/Flue – politische Flüchtlinge
Pro Sowj – prosowjetische Personen
Rück – Rückkehrer (aus ehemaligen deutschen Ostgebieten)

Jede Adressenangabe von Einzelpersonen oder Firmen wurde in der sogenannten Ortskartei erfaßt, hier wurden nach Orten, Straßennamen und Hausnummern geordnete Suchkarten angelegt, die zu den Namen der dort lebenden Personen hinführten. Das gleiche galt für Telefonnummern und Kraftfahrzeugkennzeichen, die in eigenen Karteien registriert waren.
In dieser Gesamtkartei wurde jeder Name gespeichert, der in einem Bericht auftauchte oder nach dem zu Auskunftszwecken angefragt worden war, beispielsweise, um diese Person in irgendeiner Weise nachrichtendienstlich zu verwenden – etwa als Tipper, als Quelle, als Deckadresse. Aber auch jede Person, die irgendwie für die Organisation Gehlen beziehungsweise den BND interessant wurde – so als Gegenüber eines Hauses, in dem eine BND-Stelle untergebracht werden sollte, oder wenn sie in einem Haus wohnte, das auch fremde Diplomaten beherbergte –, erhielt die »Ehre«, in die Kartei aufgenommen zu werden.
Bereits 1956 – also gerade zehn Jahre nach dem Kriegsende – dürfte allein die Suchkartei rund 800000 Karten enthalten haben, wobei ein erheblicher Aktenbestand vergangener Jahre noch gar nicht ausgewertet war und erst später bei besserer Personalsituation aufgearbeitet werden sollte. Nachdem die damals per Hand geführten Karteien durch elektronische Datenspeicher abgelöst worden sind, dürfte der Bestand heute unermeßlich sein.
Neben den sogenannten Personalfragen, die sich jeweils auf eine Person bezogen, mußten alle Meldungen und Berichte aus dem Bereich der politischen Aufklärung und Gegenspionage ausgewertet werden. Darüber hinaus wurden aber auch noch Zeitschriften, Presseinformationsdienste, Mitteilungen anderer Dienste – täglich Hunderte – analysiert. Wenn man sich vorstellt, wie viele Personen an einem Parteitag, einem wissenschaftlichen Symposium usw. teilnehmen, die dann in einer Meldung aufgeführt werden, kann man ermessen, mit welcher Geschwindigkeit die Kartei anwuchs. Nicht unerheblich war dabei der aus der Inlandsaufklärung gewonnene Anteil.
Zu diesen Informationsspeichern, die 1956 einen größeren Umfang

besaßen als die entsprechenden Sammlungen des Bundesamtes für Verfassungsschutz, hatten die Verbindungsoffiziere der CIA ungehindert Zugang. Als sie nach der Legalisierung 1956 aus dem Camp Pullach auszogen, drohte diese Quelle zu versiegen. Aber hier wurde dann die schon erwähnte Mikrofilmaktion in Szene gesetzt – die USA bekamen alles frei Haus. Die CIA hat dadurch einen glänzenden Überblick über die V-Männer und die Politiker der Bundestagsparteien. Es ist wohl nicht übertrieben, wenn man zu dem Schluß kommt, daß viele dieser Personen heute für die CIA ein offenes Buch sind. Die angebliche Vernichtung von Inlandsdossiers des BND seit 1970 ist nur eine Farce, denn die entsprechenden Mikrofilme besitzt der große Bruder CIA in den USA. Die CIA kann gegebenenfalls noch heute mit Hintergrundinformationen aushelfen, falls die BND-Leitung tatsächlich symbolisch Inlandsdossiers vernichtet haben sollte und die Seilschaft diese für ihre Politik benötigt.
Was verstand der Dienst unter Inlandsaufklärung? Vielen Mitarbeitern erschien es logisch und rechtens, daß man sich Positionen im Inland suchte, aufklärte und aufbaute. Daß es eine Bespitzelung von Politikern war, die im Prinzip überhaupt nichts mit dem Aufklärungsauftrag zu tun hatte, blieb vielen für lange Zeit verschlossen. Den Aufbau des Inlandsdienstes betrieb Gehlen im BND auf eigene Kappe, selbst die amerikanische Seite wurde dazu nicht gefragt, wenngleich im nachhinein informiert. In der Politik versuchte sich Gehlen nur auf außenpolitischem Gebiet zu äußern. Gespräche mit Adenauer, Strauß, Ollenhauer oder Mende führte Gehlen überwiegend in Bonn. Für diese Zwecke benutzte er auch des öfteren eine Wohnung des Verwandten Walter von Gehlen* am Bonner Hofgarten. Natürlich nahm er zu diesen Gesprächen keine Originalakten mit. Er führte sozusagen Generalstabsgespräche mit Gedächtnisstützen.
Bestimmte Persönlichkeiten empfing Gehlen in Pullach zu Gesprächen, mit Vorliebe an Sonnabenden und Sonntagen, wenn kein Personal anwesend war. Nur der betreffende Referent wurde dazubeordert. Dabei wurden auch verdeckte Tonbandaufzeichnungen gemacht. Unterredungen dieser Art führte Gehlen auch mit Franz Josef Strauß, der damals Verteidigungsminister war. Für die

---

* Walter von Gehlen war ein Verwandter aus einer geadelten Seitenlinie der Familie.

Besucher in Pullach gab es das sogenannte »Stumme Tor«, das nicht vom Wachpersonal, sondern von Mitarbeitern aus dem persönlichen Stab Gehlens geöffnet wurde.
Zur Vorbereitung der Legalisierung suchte Gehlen – bisher im dunkeln lebend, nur durch den selbstgeschaffenen Nimbus bekannt – zunehmend Kontakt zu leitenden Persönlichkeiten des öffentlichen Lebens. Dazu gehörten die Innenminister der Länder und Wirtschaftskapitäne, aber auch die Bundesrichter und Bundesanwälte aus Karlsruhe. Sie fühlten sich meist sehr geehrt, als »absolute Ausnahme« Gehlen von Angesicht kennenlernen oder gar das Allergeheimste, die Zentrale in Pullach, besuchen zu dürfen. So wirkte der selbstgeschaffene Nimbus, und er verdeckte Mängel und Ziele Gehlens, denn er machte auf die in anderen Kategorien denkenden Politiker oder Juristen einen solchen Eindruck wie im kaiserlichen Deutschland das Militär auf den es bewundernden Zivilisten. Für diese Gelegenheiten hatte Gehlen einen Standardvortrag und eine Diareihe parat, die er entsprechend dem Besucherkreis modifizierte. Auch wurden Referenten herangeholt, um aus ihren Fachbereichen – falls der Besucher daran Interesse zu erkennen gab – ad hoc etwas vorzutragen. Dies erweckte natürlich den Eindruck, daß alles perfekt sei und daß die Organisation notfalls zaubern könne, falls Gehlen nur auf das richtige Knöpfchen drücke. Uns machte diese Art, Türken zu bauen, Spaß, schließlich waren wir ja darauf getrimmt, zu täuschen und unbedarften Besuchern etwas vorzumachen.
Oft genug erhielt ich unangekündigt telefonisch Order, ins Hauptquartier zu kommen, um »Doktor-Besuchern« – so hießen die Gäste Gehlens im Jargon der Zentrale – einen Vortrag über das Thema Gegenspionage zu halten. Der persönliche Referent rief mich dann an und sagte: »Kommen Sie doch mal rüber und bringen Sie Ihre Würstchendose mit.« Ich wußte dann schon, was los und gefragt war. Die Würstchendose war – neben anderem Anschauungsmaterial, das ich speziell zur Demonstration hatte anfertigen lassen – ein Container mit Spionagematerial wie falschen Ausweisen, Filmen usw., der unverdächtig mitgeführt werden konnte. Sie hatte das Originalgewicht, das Wasser gluckerte – aber der Deckel konnte abgenommen und ein trockener Hohlraum freigelegt werden. Das beeindruckte natürlich die Spionagelaien, denen diese Vorträge galten.
Die Diareihe enthielt Fotos über die Arbeitsergebnisse Gehlens als

Chef FHO im Krieg. Sie sind mittlerweile durch Presse, Fernsehen und Literatur allgemein bekanntgeworden. Das sollte den Besuchern die generalstabsmäßige Auswertungsarbeit demonstrieren. Als neuere Aufklärungsergebnisse servierte Gehlen dann Informationen aus dem Ostblock, wobei die Schwierigkeiten der Beschaffung besonders herausgestellt wurden. Es folgten die Prognosen zur gegenwärtigen politischen Lage, die düster genug ausfielen. Schließlich berichtete er, mit wie wenig Geld diese Ergebnisse erzielt wurden, so daß der dezente Hinweis, mit mehr Geld sei natürlich noch viel mehr und Besseres zu erlangen, seine Wirkung nicht verfehlte.
Über die Gefahren, die bei dieser Arbeit drohten, informierte dann ein Bild. Es zeigte den Kraftwagen Gehlens und die Windschutzscheibe, die, so sagte der General, bei der Fahrt von Pullach zu seinem Wohnort am Starnberger See von einem auf ihn abgegebenen Schuß durchschlagen worden sei. Für mich war es nur ein Steinschlag gewesen, auch gab es zu dem Loch im Glas kein Projektil, das im Fahrzeug hätte gefunden werden können. Aber die beeindruckten Zuhörer waren ja keine Kriminalisten und glaubten nur zu leicht diese Räubergeschichte. Jedenfalls äußerten sie sich ausnahmslos sehr positiv über Gehlen, seine Organisation, die Legalisierung und über die Aufstellung des Finanzetats. So schuf sich Gehlen seine Einflußagenten, die glaubten, etwas von ihm zu bekommen, während sie vielmehr von Gehlen direkt und indirekt benutzt wurden.
Daß sich Gehlen gerade bei diesen Besuchern auch auf das Gebiet der Innenpolitik und der innenpolitischen Aufklärung begab, war damals nicht unerwünscht. Mancher Besucher und Politiker profitierte davon, denn Gehlen gab durchaus, wenn es ihm und seiner Hausmachtpolitik nutzte, politische und Personalinformationen weiter. Schließlich wollte er gerade durch die Vermittlung der Innenminister der Länder seinen Inlandsverbindungsdienst aufbauen. Es gelang dann auch sehr bald, in jedem Bundesland einen sogenannten »Verbindungsreferenten« als offiziellen Vertreter Gehlens gegenüber der Landesregierung und allen Landesbehörden einzusetzen.
Von der Zentrale aus steuerte die Abteilung mit der Codebezeichnung »135« diesen Inlandsverbindungsdienst. Die Verbindungsreferenten waren zuständig für die Zusammenarbeit und Amtshilfe in dem entsprechenden Bundesland, da die Mitarbeiter der opera-

tiv arbeitenden Außenorganisationen im Regelfall nicht mit den Landesbehörden in Kontakt kommen durften. Über die Verbindungsreferenten wurden routinemäßig Kontakte zu den Behörden der Landesregierung, dem Verfassungsschutz, den Polizeibehörden usw., gepflegt. Es wurden nützliche Informationen ausgetauscht, Zwischenfälle aller Art geregelt oder Hinweise auf Gegenspionagemöglichkeiten gewonnen.

Aber auch makabre Vorfälle waren zu bereinigen. So war einmal ein Agent des BND für eine Operation mit falschen Personalpapieren für eine gewisse Zeit an einem Standort eingesetzt; die echten Papiere führte er nicht bei sich. Auf offener Straße erlitt er einen tödlichen Herzinfarkt und wurde in das gerichtsmedizinische Institut gebracht, wo der natürliche Tod festgestellt und die Leiche zur Bestattung freigegeben wurde. Natürlich war der Verstorbene nun überall unter seinem Decknamen, der dem mitgeführten falschen Ausweis entnommen worden war, registriert. Auch der Bestattungsschein und die Todesurkunde des Standesamtes lauteten auf diesen falschen Namen. Aufgabe des Verbindungsreferenten war es in diesem Fall, die Eintragung in den Registern ändern zu lassen, damit die Beisetzung unter dem richtigen Namen am Heimatort erfolgen konnte und auch die anderen Ämter wie die Rentenversicherung usw. die Papiere auf den wahren Namen ausstellten. Ein öffentliches Register, wie das Sterbebuch des Standesamtes, die Unterlagen eines gerichtsmedizinischen Instituts und anderer Behörden, ändern zu lassen war ein schweres Stück Arbeit für den Verbindungsreferenten. Für diese Funktion wurden bevorzugt alte, honorig wirkende Mitarbeiter, überwiegend Militärs, eingesetzt.

So herzlich und scheinbar offen, wie Gehlen sich gegenüber seinen Besuchern gab, so wenig echt war diese Haltung. In Wirklichkeit war Gehlen von einer Art Spionitis geprägt. Hinter allem, was nicht stramm rechtskonservativ war, witterte er den Feind, selbst bei den Leuten, mit denen er zusammenarbeiten mußte. Überall sah er die »Rote Kapelle«, hinter jedem Fortschritt vermutete er Moskaus Hand. So wurde er – wenn er es nicht schon längst war – Gefangener seines selbstgeschaffenen Wahns, das Abendland vor der geschichtlich unabdingbaren Entwicklung bewahren zu müssen.

Gehlen hat in seinem Verfolgungswahn sicherlich übertrieben. Aber es mag ihm ergangen sein wie jenem Prahlhans, der hundert

Hasen gesehen haben wollte, während es in Wirklichkeit nur geraschelt hatte. Was aber dieses Rascheln betrifft, so waren nach meiner Überzeugung Gehlens Bedenken nicht abwegig. Wie heißt es doch in einem unserer Sprichwörter? »Was dem einen sin Uhl, ist dem anderen sin Nachtigall.«

Die Verflechtungen des BND – wie überhaupt des gesamten Geheimdienstkomplexes der BRD – mit der Industrie, den staatlichen und privaten Forschungs- und Ausbildungseinrichtungen gestaltete sich immer enger und direkter. Unter die Wirtschaftsverbindungen des BND fiel natürlich auch der schon frühzeitig eingeleitete Waffenhandel. Alle Beteuerungen der »Schlichtheit dieses Geschäfts« und der »Einmaligkeit«, wie sie während der Untersuchungen durch die SPD/FDP-Koalition von der BND-Leitung eingebracht wurden, waren und sind nur Verschleierungsversuche: Gezielt wurde das damalige Verbot, Waffen in Spannungsgebiete zu verkaufen, gebrochen. Die Aktivität des Bundesnachrichtendienstes wurde so umfangreich, intensiv und profitabel, daß viele Politiker gemeinsam mit den Geheimdienstlern ihr eigenes Süppchen dabei kochten. Selbst Gehlen gingen solche Manipulationen in die eigene Tasche zu weit. Er installierte deshalb 1960 eine Gruppe zur »Aufdeckung des Waffenschmuggels«. Was hier an »unsauberen« Finanzmanipulationen hochkam, hätte schon damals, wäre es zu einer Untersuchung durch das Parlament gekommen, die Grundfesten der CDU/CSU-Regierung getroffen. Doch auch den »Saubermännern« des BND schien, daß die entdeckten Feuer zu heiß waren, und sie begnügten sich mit den nötigen Begradigungen und Korrekturen im Untergrund. Die dafür ausgewählte Speditionsfirma Schenker & Co. betrieb ihren Waffenhandel im Auftrag des BND in alle Spannungsgebiete fast ungestört weiter.

Die frühzeitigen wirtschafts-, technik- und wissenschaftsorientierten Verbindungen des BND spiegelten sich auch in einem sogenannten Mitteilungsblatt »Vereinigter Wirtschaftsdienst (VWD)« wider, herausgegeben von Dr. Friedrich Wilhelm Voss. Nachdem ich das Blatt wiederholt zufällig gelesen hatte, verblüffte mich der Kenntnisreichtum des Herausgebers geradezu. Meine Recherchen bei »Winterstein« ergaben, daß es sich um den V-Mann »Viersen« handelte, der mit dem Blatt einflußreiche Wirtschaftskreise im Auftrag des BND informierte. Beschaffung von Informationen aus der Wirtschaft und Reklame für »Wirtschaftsartikel« vom und für

den BND waren so fast perfekt gesichert. Zugleich stellte der BND den Konzernen erfahrene Offiziere zur Verfügung, so beispielsweise einen gewissen Ryll alias »Randow«, der im Krupp-Konzern Leiter der Sicherheitsabteilung wurde. Bei der Vermittlung gegenseitiger Personal- und Auftragswünsche schaltete sich häufig das Bundesamt für gewerbliche Wirtschaft ein, das dabei vielfältige Regierungsansprüche geltend machte.
Für die Arbeit mit Wissenschaftlern und Studenten war in der Zentrale des Bundesnachrichtendienstes ein gewisser Dr. Mommert verantwortlich. Er leitete den Sektor »Basis West/Hochschularbeit« und entwarf dafür die Richtlinien. Über seinen Tisch liefen alle Studenten und Wissenschaftler betreffenden Hinweise, die im gesamten BND anfielen. Er hatte das Recht, mehr oder weniger mitzuentscheiden, ob Personen an den Universitäten geworben oder deren Personalakten dem BfV oder MAD überlassen wurden. Seit 1959/60 lieferte der »Sektor Hochschularbeit« das Gros der neu angeworbenen Spione.
Vor Ort befaßten sich spezielle Niederlassungen des Bundesnachrichtendienstes mit der Bearbeitung der Hochschulen, so etwa:

Büro Baumeister – Hochschule Wilhelmshaven
Gebr. Eggers – Technische Hochschule Karlsruhe, Universität Hamburg, Universität Göttingen
Inkasso-Institut/Köln – Universität Frankfurt a. M., Universität Heidelberg und Dolmetscher-Institut, Wirtschaftshochschule Mannheim
RPG/München – Technische Hochschule München, Technische Hochschule Stuttgart, Universität Saar
Transfer OHG/Augsburg – Technische Hochschule Aachen, Technische Hochschule Darmstadt, Universität München

Hauptziel der geheimdienstlichen Hochschularbeit war die Anwerbung von Personen aus dem »Hochschulsektor West« als

- Kontaktanbahner im In- und Ausland zu Personen aus dem »Hochschulsektor Ost«,
- Reise-Quellen,
- Quellen auf Zeit im Inland,
- hauptamtliche Nachwuchskräfte.

Die Abwerbungen umfaßten Studenten, studentische Praktikanten, Jungwissenschaftler (Assistenten, Lektoren) sowie Dozenten und Professoren. Über die Anwerbung von hauptamtlichen Nachwuchskräften ist in der BRD viel geschrieben und geredet worden, besonders als die BND-Mitarbeiter offen und unverfroren an den Hochschulen und Universitäten ihre Werbesprüche klopften. Zu den entsprechenden Protesten hieß es bereits 1959 in einem Bericht des BND: »In einem Fall wissen wir, daß ein Professor in einer Senatssitzung glatt zu verstehen gegeben hat, daß Ostblockstudenten von den Nachrichtendiensten angegangen wurden. Der Professor soll auch einen Einzelfall von einer anderen Hochschule mit der Arbeit eines befreundeten Dienstes in Zusammenhang gebracht haben. Wir müssen also auch mit Schwierigkeiten psychologischer Art auf unserer Seite rechnen.«[31] Andererseits wird über die Allgemeinen Studentenausschüsse (ASTA) an den bundesdeutschen und Westberliner Universitäten und Hochschulen in einem BND-Vortrag aus demselben Jahr festgestellt: »...haben wir gute Erfahrungen gemacht mit ASTA-Funktionären, vor allem mit denen, die sich mit der Betreuung ausländischer Studenten befaßten, mit der Vergabe von Stipendienplätzen, Wohnheimplätzen, die Kontakte haben zu hochschuleigenen Einrichtungen, wie etwa dem Auslandskomitee, der Pressestelle und die Zugang zu Professoren und Institutsdirektoren haben.«[32]
Der Konzentration der Spionage an den Hochschulen diente auch die spezielle Reservierung von Hochschulplätzen für V-Männer und hauptamtliche BND-Mitarbeiter. So gab es ab 1959/60 an den bundesdeutschen und Westberliner Hochschulen und Universitäten keinen Bereich mehr, in den sich der Pullacher Dienst nicht eingenistet hatte. Im ganz besonderen Maße traf dies für die Rechtswissenschaften zu. Nachdrücklicher Wert wurde auf eine Fronde von akademischen Einflußagenten gelegt, die sich in verschiedenen Schattierungen als »rot« zu gebärden hatte, um derart als »Leimfänger« in Richtung Osten zu wirken. Es ist deshalb mehr als eine Schutzbehauptung des BND, wenn seine Verantwortlichen hinsichtlich der terroristischen Ausschreitungen in den siebziger Jahren erklärten, man habe über keine V-Männer in akademischen Kreisen verfügt, um die Regierung und die zuständigen Staatsschutzorgane rechtzeitig warnen zu können. Unschwer ist zu erkennen, daß es dem BND wie dem Zauberlehrling erging: Die Geister, die er rief, waren in vielen Fällen nicht mehr

steuerbar. Doch wie immer bei folgenschweren Fehlleistungen konnte sich die Pullacher Führung auch in dieser innenpolitischen Krise hinter »Geheimhaltungsnotwendigkeiten« verkriechen. So sprach man hinsichtlich der Bearbeitung der Universitäten nur von »Amtshilfe«, wenngleich man heute weiß, was sich alles dahinter an Spionage verstecken kann und darf. Der BND war und ist an den Universitäten der BRD tätig und verfolgt die von ihm selbst gegebene Formel: »Personen aus dem Hochschulbereich West als ... Quellen im Lande auf Zeit zu werben und zu steuern.«

So, wie Gehlen die Verbindung zu einflußreichen Einzelpersonen oder Gruppen pflegte, so wichtig schien ihm auch die Bearbeitung der Presse. Bis etwa Ende 1954 – als die Organisation noch völlig im dunkeln lebte und kaum jemand etwas von ihr wußte – gab es in der Abteilung 40 (Gegenspionage) eine Gruppe »Pol«, das heißt Politik, wie schon an anderer Stelle ausgeführt. Ein Referat dieser Gruppe befaßte sich mit der Presse, dort wurden Zeitungen ausgewertet und Schlüsse gezogen, wie die Journalisten einzuschätzen seien, auch im Hinblick auf ihre Verwendbarkeit durch den Geheimdienst. Geleitet wurde die Politik-Arbeit von Weiß alias »Winterstein«.

Gehlen hatte ein Gespür, wie wichtig eine gute Verbindung zur Presse und ihr Wohlwollen sein würde, schon allein deshalb, um von den wahren Absichten der Organisation und des BND ablenken zu können. Die »Spiegel«-Affäre des Jahres 1962 steht dem keineswegs entgegen, sie beweist nur die enge Verbindung des BND zur Presse, denn der BND hatte doch die inkriminierten und den Skandal auslösenden Artikel abgesegnet. Diese Verbindungen waren offiziell und illegal zugleich. Übrigens hat ja General Gehlen selbst in seinen Memoiren hervorgehoben, wie intim seine Verbindungen zum Nachrichtenmagazin »Der Spiegel« waren.

Es gab kaum ein größeres Blatt, kaum ein Magazin oder eine Wochenzeitung, die nicht in Partnerschaft mit der BND-Zentrale stand. Schon im Ersten Weltkrieg befaßte sich der Spionagedienst des deutschen Generalstabs mit der Zensur der deutschen Presse. Später, in der Nachkriegszeit, analysierte der damalige Chef des militärischen Nachrichtendienstes, Oberst Nicolai, die Verbindungen zur Presse. Walter Nicolai kam, ausgehend von der revolutionären Nachkriegskrise in Deutschland, zu dem Schluß, daß es der Konspiration nicht dienlich sei, die Presse geheimdienstlich zu unterwandern.

Gehlen, der Geheimdiensthistoriker Buchheit und vor allem »Winterstein« haben diese Lehren sehr kritisch bewertet und gingen nach eingehender Beratung dann den Weg des Einschleusens in alle möglichen Redaktionen. »Winterstein« versuchte dabei, insbesondere einflußreiche Positionen in den führenden Redaktionen zu erringen. Das ist auch in vielen Publikationsorganen gelungen. Heute ist dies ein offenes Geheimnis.
Die BND-Führung hatte immer klare Zielvorstellungen, wie sie Journalisten gefügig machen konnte. Vor allem spekuliert sie mit deren Informationsbedürfnis. Ich möchte den Journalisten der BRD nichts Unrechtes nachsagen, aber sie sind eine Hauptreserve des BND. Namen aus dieser Branche werde ich nicht nennen, vielleicht haben noch manche, die sich in den fünfziger und sechziger Jahren »werben« ließen, inzwischen dem BND abgeschworen. Sie sollten jedoch bedenken, daß trotz der Beteuerungen der BND-Oberen kein erwiesener Dienst vergessen wird und daß es Mut erfordert, sich den Fängen der bundesdeutschen Spionage zu entziehen.

Der geheime Krieg gegen den Sozialismus

Seit Formierung der Organisation Gehlen lautete deren Hauptauftrag: Ausforschung und Störung des gegnerischen Potentials.
Als Gegner verstand man vorrangig die Sowjetunion und die mit ihr verbündeten Staaten, aber auch jene Staaten, die als blockfrei eingeschätzt oder zur Dritten Welt gerechnet wurden. Diesem Hauptauftrag hatte auch »mein« Referat zu dienen, das sich mit der »Gegenspionage Sowjetunion« befaßte. Ausgehend vom entscheidenden Anteil der UdSSR am Kampf für den Frieden, stand die Bearbeitung der Sowjetunion durch die OG und den BND naturgemäß im Zentrum der Aktionen, weshalb ich bei meiner Tätigkeit wesentliche Erkenntnisse über die gesamte Pullacher Spionage und Subversion gewann. Eine solche Erkenntnis war, daß mit der Umtaufe der OG zum BND die geheimdienstliche Aktivität gegen die Sowjetunion und ihre Verbündeten sowohl quantitativ als auch qualitativ erheblich zunahm.
Unter Potential wurden in den ersten Jahren »nur« militärische Kapazitäten verstanden. Neben der Rüstungswirtschaft kamen aber bald das Transportwesen, dann die Wirtschaft insgesamt und

auch das Hochschul- und Bildungswesen hinzu, bis es schließlich kaum noch einen Lebensbereich in den sogenannten Zielländern gab, der nicht »aufklärungswürdig« gewesen wäre. Eine umfangreiche Zusammenfassung enthielt die besonderen Spionageanforderungen für den Raum der DDR. Man hatte ihr die Bezeichnung »Abhandlung 620« gegeben.
Drei Jahre nach der Legalisierung der OG wurde eine Neufassung der Spionageanforderungen für alle Zielländer herausgegeben. In dieser Aufstellung sind in der Reihenfolge ihrer Bedeutung für den BND aufgeführt:

1. DDR
2. UdSSR
3. Polen
4. ČSSR
5. Ungarn
6. Rumänien
7. Bulgarien
8. Albanien
9. Jugoslawien
10. China
11. VR Korea, Vietnam, Mongolische VR

Für die Spionage in die DDR hinein gab es vor allem Aufträge, die sich auf die Versorgung der Wirtschaft mit Produktionsmitteln, auf volkswirtschaftliche Gesamtrechnungen, Währung und Wirtschaftspolitik bezogen. Im Bereich des Gesundheitswesens wurden insbesondere die Seuchenbekämpfung und der Strahlen- und Katastrophenschutz ausspioniert.
Um das richtige Kettenglied für die Abwerbung von Arbeitskräften zu erkennen, wurden Kaderpläne der DDR studiert, insbesondere aus jenen Bereichen, in denen ohnehin ein Arbeitskräftemangel vorhanden war. Anhand von Fernsprechverzeichnissen wurden dann »Anlaufpunkte« für Operationen des Bundesnachrichtendienstes geschaffen. Im Kapitel über das »Juno«-Programm ist dazu schon alles gesagt.
Der Länderauftrag gegen die UdSSR besagte dreierlei:

1. verstärkte militärische Spionage, um zu Details für die NATO- und Bundeswehr-Planung zu kommen;

2. Belege für die führende Rolle der UdSSR in der sozialistischen Wirtschaftsintegration, insbesondere im RGW und seinen Organen;
3. Ausforschung der Wirtschaftsbeziehungen zwischen der VR China und der UdSSR.

Obwohl offiziell an der Bedrohungsthese aus dem Osten festgehalten wurde, belegten dies die Erkenntnisse des Bundesnachrichtendienstes keinesfalls. Vielmehr hatte man registriert, daß seit 1955 einzelne Werke von der Produktion konventioneller Waffen auf die Herstellung ziviler Güter umgestellt wurden. So wußten die BND-Auswerter von freigewordenen Kapazitäten in Tula und Wgatskije Poljany, die für die Nähmaschinen- und die Motorrollerfabrikation genutzt wurden. Ehemalige Werke für Infanteriemunition in Troizk und Lugansk stellten Werkzeugmaschinen her, das Munitionswerk in Pawlograd landwirtschaftliche Maschinen, das Sprengstoff- und Munitionswerk in Tschapajewsk Grundstoffe für die Kunststoffindustrie und Kunstdünger. Schließlich gab es kein Werk der sowjetischen Verteidigungsindustrie, das nicht zumindest anteilig zur Produktion für den Bevölkerungsbedarf übergegangen war.
Die BND-Führung hatte das nicht nur in den Parteiprogrammen der KPdSU gelesen, sondern durch ihre Agenten »überprüfen« lassen. Nachdem auch die Agenten nichts Besseres zu berichten wußten als die Umstellung der sowjetischen Verteidigungsindustrie auf eine angemessene Zivilproduktion, hätte man normalerweise zu neuen Schlüssen in der bundesdeutschen Außenpolitik gelangen müssen. Nichts dergleichen geschah.
Nachdem also deutlich war, daß sich die Sowjetunion mit aller Kraft der Realisierung ihres Friedensprogramms widmete, begann der BND mit dem Versuch der totalen Wirtschaftsspionage, von den Energieressourcen, der Elektrizitätserzeugung, dem Kohleabbau, der Schwarz- und Buntmetallurgie, der Petrolchemie bis hin zum Maschinenbau. Diese umfassende Wirtschaftsspionage konzentrierte sich auf Forschungs- und Leitinstitute, Fachministerien und RGW-Einrichtungen.
Das Ausspionieren des Verhältnisses zwischen der UdSSR und der VR China war schon frühzeitig darauf gerichtet, Differenzen zu schüren und – wie es Gehlen bezeichnete – ein »Kraftfeld« zugunsten des Imperialismus innerhalb des sozialistischen Lagers zu

schaffen. Der BND orientierte sich dabei auf die maoistische Politik mit ihren Großmacht- und Territorialansprüchen. Später sollte Gehlen der Bundesregierung vorwerfen, daß »versäumt wurde, aus diesen chinesischen Absichten und Vorstellungen vor dem Abschluß der Ostverträge Nutzen zu ziehen«. Dafür haben dann die CDU/CSU-Politiker Franz Josef Strauß, Werner Marx und Alfred Dregger auf der Grundlage der Informationen und Ansichten des BND versucht, ihre Chinabesuche in den siebziger Jahren für die Belastung der Entspannungspolitik auszunutzen.

Der Länderauftrag gegen die VR Polen widmete sich ebenfalls Grundfragen der Wirtschaftsspionage. Zutiefst revanchistisch waren die »schwerpunktmäßigen Ausforschungen« der sogenannten Ostgebiete. Für die BND-Mitarbeiter galt (und gilt), daß die Oder-Neiße-Grenze nicht anerkannt wird und die Westgebiete der Volksrepublik Polen nur unter polnischer Verwaltung stehen. Es wurde vor allem nach politischen Ansatzpunkten in diesen Gebieten gesucht, nach deutschsprechenden Gruppen, die – wie gehabt – zu gegebener Stunde als fünfte Kolonne wirken sollten. Einbezogen wurden hier auch die in der Bundesrepublik organisierten Landsmannschaften und Vertriebenenverbände.

Dem Spionageauftrag gegen die ČSSR wäre im Grunde genommen nichts hinzuzufügen gewesen, denn das sozialistische Dreieck UdSSR-ČSSR-VR Polen wurde sowohl von der ökonomischen als auch von der militärischen Bedeutung her mit Interesse betrachtet. Auffallend intensiv und argwöhnisch beobachtete der BND allerdings die wirtschaftliche Kooperation und den Handel der ČSSR mit Ungarn und Österreich. Die BND-Agenten wurden angehalten, die damaligen tschechoslowakisch-ungarischen Pläne zum Bau von vier Wasserkraftwerken an der Donau auszuforschen. Gleichlaufend gab es BND-Aktivitäten zur Störung der Absicht, mit Österreich ein gemeinsames Donaukraftwerk zu bauen. Der BND-Hauptverantwortliche für die Wirtschaftsspionage, dessen Name mir entfallen ist, ließ alle Agenten im Osteinsatz wissen, daß mit »Energie gegen die Pläne ČSSR-Österreich und den Anschluß an das Verbundnetz ČSSR-Ungarn-Polen-SBZ zu arbeiten« sei.

Daß den BND im Jahr 1959 Umfang und Tempo der Überwindung der aus der Konterrevolution von 1956 in der VR Ungarn erwachsenen wirtschaftlichen Rückschläge interessierten, braucht nicht sonderlich hervorgehoben zu werden. Noch immer gab man sich der Illusion hin, daß wenigstens die ungarische Mitarbeit im RGW erschwert werden könnte. Um so enttäuschter wurde die Intensivierung der sowjetisch-ungarischen Handelsbeziehungen nach 1956 zur Kenntnis genommen.

Noch abwegiger erschienen die Spekulationen, die über die rumänische Politik angestellt wurden. Immer wieder wurden anhand von politischen und wirtschaftlichen Agentenberichten »neue« Ideen ausgeklügelt, wie die SR Rumänien zum »französischen« Alleingang im sozialistischen Lager finden könnte. Natürlich störte dabei die materielle Unterstützung sehr, welche die UdSSR Rumänien gewährte. Ständig fragte man das Agentennetz, wie die 1957 von der Sowjetunion gegebenen Industriegüterkredite in Höhe von 270 Millionen Rubel und die kreditierten Getreidelieferungen in Höhe von 140 Millionen Rubel zurückgezahlt würden. Entgegenwirken wollte man auch der Handelspolitik Rumäniens gegenüber den Entwicklungsländern, in die es Ausrüstungen für die Erdölförderungen exportierte.

Zum Länderauftrag gegen Bulgarien erklärte BND-Vizepräsident Worgitzky in einer Lagebesprechung unter anderem: »Bulgarien ist der erste europäische Satellit mit vollendetem Abschluß des Übergangsstadiums vom Kapitalismus zum Sozialismus. Sie haben... zu klären, wie das ›perfekte‹ sozialistische Wirtschaftsmodell im Vergleich zu den anderen Satellitenstaaten funktioniert. Ist denn Bulgarien in der Lage, die Ostblockpartner mit Buntmetallen, Gemüse und Obstkonserven zu beliefern?«[34]

In der VR Albanien interessierte sich der BND neben der Ausforschung der politischen Entwicklung für die dortigen Bodenschätze, für Eisen-, Nickel-, Kupfer-, Chromerze und Erdöl, vor allem aber dafür, in welchem Maße sich deren geologische Erforschung, die auch von den anderen sozialistischen Staaten getragen wurde, stören lassen könnte.

Eine außerordentliche Spionagetätigkeit wurde gegen die FVR beziehungsweise SFR Jugoslawien betrieben. Hier sah man eine günstige Chance der antikommunistischen Zersetzung, einen Tummelplatz für die eigenen Agenten.

Meine Operationen

Operationen, die ich im Bundesnachrichtendienst ausführte, dienten der Gegenspionage und waren ziemlich kompliziert, jedenfalls für mich. Man bedenke: Ich baute mein Netz mit Doppelagenten im sozialistischen Lager, in der Sowjetunion und der DDR, auf und tat dies auch noch mit Wissen der sowjetischen Aufklärung. Was ich auch im operativen Feld der Gegenspionage tat, es mußte »dreimal befunden« werden. Schnell konnte ein nicht wiedergutzumachender Fehler begangen werden. Ohne Beratung, insbesondere mit meinem Freund »Alfred«, lief nichts. In den Beratungen mit ihm ging es darum, wie wir die BND-Agenten wirken lassen und desinformieren konnten. Meine Erkenntnisse schöpfte ich aus dem gesamten BND, dem Personal und den Plänen, die ich hinter den Pullacher Toren in Erfahrung bringen konnte.

BND-Operationen zu paralysieren – und da waren wir uns einig – hieß, den heißen Krieg zu verhindern. Schon damals gingen wir als Humanisten und Sozialisten davon aus, daß ein Krieg keinen Sinn hat. Zudem, was Sinn hat, braucht keinen Krieg. Der Sozialismus – als reales Modell in Gestalt der Sowjetunion – hatte und hat einen zutiefst menschlichen Sinn. Von diesem Standpunkt leitete ich das moralische Recht ab, mein Doppelspiel zu betreiben.

Der Bundesnachrichtendienst dagegen hat sich voll als Instrument des kalten Kriegs profiliert. Was die schon erwähnten Rahmenaufträge der Spionage des Dienstes besagen, ist dies: Ist der Krieg einmal da, dann werden die Leute schon einen »Sinn« in ihn hineinlegen. So war es ja wohl auch aus westlicher Sicht in den Aggressionen gegen die Befreiungsbewegungen in Korea und Vietnam. Ein zukünftiger Krieg in Mitteleuropa, darüber gab es bei mir keinen Zweifel, würde den dritten Weltkrieg auslösen und von der westlichen Welt heuchlerisch als Krieg der Verteidigung der »Freiheit« geführt werden. Es galt, diese Demagogie frühzeitig zu entlarven und damit vorbeugend die Pläne der Revanche und Aggression bloßzulegen.

In seinem Buch »Zeichen der Zeit« hat General Gehlen sich kaum verdeckt zum Kriegemachen bekannt. Er schrieb: »Wenn der Westen will, wenn die Bundesrepublik Deutschland will, dann können die Todesmaschinen an der innerdeutschen Grenze entfernt, dann kann die Mauer, dieses scheußliche Symbol des kalten Krieges, geschleift werden ...«[35] »Grenzsymbole« der sozialistischen Sicherung schleifen, so einfach ist das. Es soll hier daran erinnert werden, wie der Zweite Weltkrieg provoziert und ausgelöst wurde. Hitler hat die »Grenzsymbole« der Nachbarn überrollen lassen, mit fast denselben demagogischen Parolen.

Die Aktionen des Dienstes haben mich in jeder Phase meiner Tätigkeit in diesem Apparat immer wieder aufs neue belehrt: Es werden wieder annexionistische »Potenzen« auf ökonomischem, politischem sowie militärischem Bereich im Osten errichtet, die am Tag X genutzt werden sollen. Der Dienst setzte diese auch für die Züchtung von Nationalismus und Antikommunismus ein. »Strategische Sicherheit«, »wirtschaftliche Sicherheit«, »Raum und Arbeit für alle Deutschen« waren die neuen Schlagworte. Lebensraum, das Motto des alten Reiches, war noch nicht populär, wenngleich der dahinterstehende Gedanke geblieben war.

In der Spionageabwehr und Gegenspionage tätig, blieb mir nichts erspart. Ich lernte die Neuauflage der antikommunistischen Praxis der Unterwanderung, der psychologischen Kriegführung anhand der Doppelspiele als Zeitgenosse der unsichtbaren Front umfassend kennen.

1959/60 hatte sich die BND-Struktur trotz der teilweise wirren administrativen Praktiken Gehlens gefestigt. Was blieb, war die praktische Frage, wie sicher an die geheimen Planungen des Dienstes heranzukommen war.

Ich richtete meine Aufklärungsarbeit nach den gegebenen Referatsstrukturen aus und schuf mir durch intensive Kontaktpflege außerhalb des Bereiches Gegenspionage meine Querverbindungen. Freilich gab es auch für mich Minuten, in denen mir buchstäblich die Knie wackelten. Einmal mußte ich schneller als vorgesehen eine Sendung für den KGB fertigmachen. So nutzte ich die Zeit meines Sonntagsdienstes (Mitarbeiter vom Dienst nannte man dies) und fotografierte fleißig Dokumente. Am Wochenende waren ohnehin nur die Diensthabenden in der Zentrale, so daß ich hoffen durfte, ungestört arbeiten zu können. Plötzlich jedoch klingelte es an der Außentür meiner Bürobaracke. Was sollte ich tun? Die Situation in meinem Arbeitszimmer war eindeutig. Mit einem Griff flogen Fotostativ und Kleinstkamera in das Seitenfach meines Schreibtisches, im Weggehen verlöschte ich die Schreibtischlampe, in die ich eine stärkere Glühlampe eingeschraubt hatte. Im Nu war ich an der Tür, öffnete und trat resolut hinaus. Vor mir stand der diensthabende Führungsbeauftragte. »Guten Tag, Herr Friesen.

Mein Dienst ist jetzt beendet. Ich wollte mich nur verabschieden und ihnen noch ein schönes Wochenende wünschen und fragen, ob es noch neue Informationen gibt?« Ich erklärte, daß es zur Berlinsituation – es war wieder einmal eine Krise – nichts Neues gebe, so daß einem ruhigen Wochenende nichts entgegenstehe. Nach dem Weggang meines diensthabenden Chefs mußte ich erst eine Pause einlegen, um mich von der unerwarteten Störung bei meiner Fotoarbeit zu erholen.
Solche gefährliche Arbeit erledigte ich – wie ich bereits erwähnte – immer während der regulären Dienstzeit. Meistens am Vormittag, wenn die meisten das zweite Frühstück genossen, bereitete ich meine Informationen für den Versand nach Moskau auf. Aber das Wichtigste war doch mein enges Verhältnis zu allen Bereichen. Das Gespräch am Rande des Dienstes half mir ebenfalls, Zusammenhänge, Rivalitäten und die Pläne der einzelnen Spionageabteilungen zu erkennen.
Da war die Zentralabteilung 125 (Auswertung und Lage), die unter der Leitung von »Herdahl« stand. Von hier kamen meistens die Zusammenfassungen nachrichtendienstlicher Erkenntnisse sowie Studien und Berichte. Diesen »allgemeinen Einrichtungen« arbeiteten die Hauptreferate zu. Die Gruppe Ost war in drei Ostblockreferate gegliedert, die sich mit Grundsatzfragen, Bevölkerung, Landwirtschaft usw. befaßten. Eine fast gleiche Anzahl Referate arbeitete allein gegen die Sowjetunion (Wirtschaftspolitik/Rüstung). Referate für die »Asiatischen Ostblockstaaten« und die »Europäischen Satellitenstaaten« ergänzten diesen Komplex. Auch die Gruppe »Entwicklungsländer (West)« war nicht gerade klein geraten. Das Ziel des BND, in allen Weltbereichen präsent zu sein, wurde hier schon durch die Struktur dokumentiert. Dabei ging es in diesem Bereich um den Griff nach Rohstoffen, die Expansion des Exports, einschließlich der Waffengeschäfte.
Die Referate von 125 W-Rü/B 1 bis 7 spionierten im Nahen und Mittleren Osten, im Fernen Osten und Japan unter der Leitung von Zierenberg, in Afrika und Süd- und Mittelamerika unter Dr. Rüdiger und in den USA und Kanada unter Dr. Gresse.
Aber auch von anderer Seite kamen ohne besonderes Zutun Erkenntnisse auf mich zu. Vom »Auslandsverbindungsdienst« erfuhr ich Details über die ausländischen Geheimdienste, mit denen der BND zusammenarbeitete, wo welches Material ausgetauscht oder was für Hilfe gewährt wurde. Aus dem offenen Material, wie

Zeitungen, Zeitschriften, Informationsdiensten der Presse oder aus dem sogenannten »grauen Bereich«, also nicht offen publiziertem, aber nicht geheimem Material, konnte ich wichtige Erkenntnisse gewinnen, insbesondere, um politische Schwerpunkte oder künftige Entwicklungen einschätzen zu können.
Die von mir geleiteten Operationen organisierte ich in der Abteilung Gegenspionage, die zuletzt das Zahlenpseudonym 104 trug (vorher 40, dann 122 – wie schon an anderer Stelle ausgeführt). Diese Abteilung bestand aus mehreren Gruppen.
Die Gruppe 53 – Sowjetunion – unter Leitung von Oberst Ulrich Bauer – im BND führte er den Decknamen Bayerle – war folgendermaßen gegliedert und besetzt:

53/I	Ref. SU-ND (MA »Dr. Herder«)
53/Ia	Ref. SU-ND (MA »Molzen«)
53/Ib	Ref. SU-ND (MA »Fronhoff«)
53/II	Ref. ND-Gesamtlage (MA »Bischoff«)
53/III	Ref. Operationen SU-ND einschließlich Arbeit gegen die sowjetischen Missionen in der BRD (MA »Friesen«)
53/IIIa	Ref. Operationen SU-ND (MA »Hermann«)
53/IV	unbesetztes Referat
53/V	Ref. Index (MA »Schlieff«)
53/VI	Ref. Einzeloperationen (MA »Dr. Alberti«)
53/VII	Ref. Spielmaterial (wahrgenommen durch MA »Dr. Schreiter«)

Dieser Spitzengruppe folgten die Gruppen 409 – Satelliten, 605 – Gruppe SBZ, 708 – Gruppe übrige Welt und 306 – Gruppe Zentrale Einrichtungen. Wie man sieht, war mein Referat 53/III »formschön« in der Gegenspionage eingerichtet und bot beste Chancen, vieles zu dokumentieren.
Unter Operationen des geheimen Nachrichtendienstes verstehe ich natürlich auch die von mir persönlich im weitesten Sinne praktizierten geheimdienstlichen Methoden.
Es war harter nachrichtendienstlicher Alltag mit seinen vielen Klippen und Kanten. Nur wer das durchlebt hat, weiß um die innere Überzeugung, die man dafür aufbringen muß. Die andere Seite hat mich aus ihrem Verständnis – wie viele andere Aufklärer, die in geheimdienstlichen Zentren wirkten – zum Verräter gestem-

pelt. Im Urteil über mich vom Juli 1963 hieß es bei der Strafzumessung: »Seine Schuld wiegt schon angesichts des außerordentlich großen Umfangs seiner langjährigen Verratstätigkeit und der hohen Bedeutung des von ihm gelieferten Materials überschwer. Auch seine persönliche Gefährlichkeit war groß, vor allem wegen seiner wichtigen dienstlichen Stellung, seiner hohen Intelligenz und seiner Gewissenlosigkeit.«[36]
Sollen sie, denn ihr Vaterland war nicht das unsere. Ich habe nur dahingehend einen Einwand – der politische Gegner, der seine Arbeit aus innerer Überzeugung tut, müßte eigentlich wissen, daß Verrat aus rein egoistischen Motiven nicht die Kraft gibt, so lange durchzuhalten – bei mir waren es immerhin gut zehn Jahre. Und schließlich wußten dies die Insider nach Bekanntwerden meines »Doppelspiels« selbst. Der offiziösen Verräterversion konnten denkende Menschen, die mein Engagement schätzten, nicht folgen. Selbst in der Haft spürte ich ihre Solidarität.
Der Begriff »Verrat« ist immer mit dem Odium des Verabscheuungswürdigen behaftet. Dieses Odium sollte sich nun auch mit meinem Namen verbinden. Aber ich habe nichts verraten – im Gegenteil, ich bin meinen schwer errungenen neuen Einsichten treu geblieben, nämlich, mein ganzes Wissen und Können einzusetzen, meine alten Verbindungen zu nutzen, um der Sowjetunion in ihrem schweren Kampf zu helfen, einen dritten, atomaren Weltkrieg zu verhindern. Und wenn ich auch heute noch von gewissen Massenmedien zum Verräter gestempelt werde, dann aus Ärger darüber, weil mir gerade dies gelungen ist, weil ich meinen Beitrag zur Sicherung des Friedens an der Trennlinie der beiden großen Gesellschaftssysteme leisten konnte. Sie werden es mir nie verzeihen, daß einer der »Ihren«, noch dazu aus der Elite, der SS, die Kraft gefunden hatte, mit der Sowjetunion zusammenzuarbeiten. Auf ihre Vergebung lege ich auch nicht den geringsten Wert. Aber mit solcherart Journalismus entlarven die Verfasser selbst ihre politische Gesinnung. Sie entlarven sich zugleich als unseriös. Denn wenn sie ihre Arbeit auf der Grundlage echter politischer Überzeugung betreiben würden, hätten sie dem Gegner – also mir – gleiches zubilligen müssen. Da sie das aber nicht tun, sind nur zwei Schlußfolgerungen möglich: Erstens verleumden sie mich aus Böswilligkeit und zweitens, weil sie selbst in ihrer Arbeit lediglich ein gewinnbringendes Geschäft sehen und eben nicht den Einsatz für politische Ideale, wie sie es uns glauben machen möchten.

Ich drang in die Gegenspionage systematisch und aus Überzeugung ein. Als ich in die Organisation Gehlen, den späteren BND, eintrat, war ich schon längst sowjetischer Kundschafter und führte nur meinen Auftrag aus – also, was war da Verrat?
Die spezifischen Methoden der Gegenspionage im BND waren wie in allen Nachrichtendiensten darauf ausgerichtet, Doppelagenten zu erkennen oder solche zu werben, das heißt, Agenten »umzudrehen«, diese dann mit Spielmaterial auszustatten, um den Gegner zu desinformieren, abzulenken und zu beschäftigen. Scheinnetze, Spielmaterial, Doppelagenten waren die zweckdienlichsten Mittel der Gegenspionage, auch der des BND.
Was könnte man unter einer Operation der Gegenspionage aber verstehen, wird der uneingeweihte Leser fragen. Gegenspionage im herkömmlichen Sinn ist eine offensive Handlung, ihre Strategie ist der Angriff mit dem Ziel, feindliche Aktionen zu erkennen und durch planmäßige Gegenmaßnahmen die Absichten des Gegners zunichte zu machen. Eine erfolgreiche Erfüllung dieser Aufgaben macht nicht nur den oft bedeutenden Aufwand der anderen Seite unwirksam, sie soll darüber hinaus den Weg ebnen zum klassischen Ziel der Desinformation, nämlich den Gegener durch Falschmeldungen über die politische oder militärische Lage zu gefährlichen Fehlhandlungen zu verleiten. Damit dies erreicht wird, kann es notwendig werden, in das gegnerische Spionagenetz einzudringen, um die von ihm angewandten Methoden geschickt auszunutzen und ihn durch Täuschung zu Maßnahmen zu veranlassen, die nicht in seinem Interesse liegen. Durch meine Tätigkeit in der Gegenspionage des BND konnte ich dessen Absichten für die sowjetische Aufklärung durchschaubar machen. Wir erkannten die Gefahren offensiver Aktionen des BND frühzeitig, und damit war aus meiner Sicht eine offensive Abwehr gegeben.
In den Jahren meiner Zugehörigkeit zum BND lief eine Vielzahl von Operationen unter meiner direkten Beteiligung oder gar Anleitung. Eine der wohl bedeutendsten war der Einbau von Abhörtechnik in die sowjetische Handelsvertretung in Köln, ferner gab es diverse Versuche von Agentenwerbungen im sowjetischen Personalbereich, auch von Reisenden aus der DDR und anderen sozialistischen Staaten.
Besonders konnte ich aber über die Scheinaktionen des BND berichten. Ich kannte alle seine Doppelspiele. Die sowjetische Seite knobelte dann nach Erhalt der Informationen, inwieweit wir –

ohne unsere eigenen Genossen zu gefährden – »mitspielen« konnten. Natürlich durfte vor allem nicht ich in Verdacht geraten, aber das war nicht immer so schwer, denn Spielmaterial mußte ich ohnehin als BND-Mitarbeiter benutzen. Es kam darauf an, es doppelt zu bearbeiten und die Agenten am »Leben« zu erhalten. Ein erkannter Doppelagent ist im Grunde genommen nur noch eine geringe Gefahr. Und falsche Nachrichten haben auch ihren Wert, wenn man aus ihnen erkennt, wovon sie ablenken oder was sie vertuschen sollen.

Im Fall »Panoptikum« zum Beispiel konnte eine groß angelegte Täuschungsoperation des BND, die erhebliche Kräfte des KGB binden sollte, paralysiert werden. Dieser Fall wurde in verschiedenen Publikationen unvollständig und unrichtig dargestellt. Da ich die Operation gesteuert habe, kann ich zuverlässig Auskunft darüber geben, wie es wirklich war.

Die Quelle im Fall »Panoptikum« war Friedrich Panzinger, ehemals Leiter der Sonderkommission »Rote Kapelle« im Geheimen Staatspolizeiamt. Die so benannte sowjetische Spionage- und Widerstandsgruppe ist in der Nachkriegsliteratur so umfassend beschrieben worden, daß ich ihr Wirken als allgemein bekannt voraussetzen kann. Zu ihr gehörten unter anderen die Patrioten Harro Schulze-Boysen aus dem Reichsluftfahrtsministerium und Arvid Harnack aus dem Reichswirtschaftsministerium, die vom Volksgerichtshof unter Roland Freisler zum Tode verurteilt wurden.

Panzinger war als Regierungsdirektor und SS-Standartenführer Chef des Reichskriminalpolizeiamtes geworden, nachdem dessen Chef, Arthur Nebe, wegen seiner Beteiligung am Attentat auf Hitler geflüchtet und von Panzinger gejagt und auch gefunden worden war. Panzinger geriet nach 1945 in sowjetische Kriegsgefangenschaft und wurde als Kriegsverbrecher verurteilt. 1955 wurde er mit den letzten Kriegsgefangenen aus der Sowjetunion als nicht amnestierter Kriegsverbrecher in die Bundesrepublik entlassen. Vorher hatte das KGB mit ihm Verbindung aufgenommen in der Meinung, daß ein Mann wie Panzinger in der Bundesrepublik bald Unterstützung wegen seines Nachkriegsschicksals erfahren würde, was für die Sowjets in jedem Fall interessant sein dürfte. Panzinger ging auf das Angebot ein, über seinen weiteren Werdegang in der Bundesrepublik zu berichten.

Er kam auch schnell mit dem BND in Kontakt, mein Kollege Reile

steuerte die Verbindung als Irreführungsverbindung. Damit hatte es folgende Bewandtnis: Beim BND kalkulierte man aus eigener Erfahrung, daß den in Berlin-Karlshorst tätigen KGB-Stellen nur eine begrenzte Personal- und Arbeitskapazität zur Verfügung stehe. Da dort mit Sicherheit Panzinger aufgrund seiner Vergangenheit als unsicher betrachtet werde, sei mit dessen Überwachung in der BRD zu rechnen. Wenn man nun Panzinger mit einem enttarnten V-Mann-Führer kopple, der also dem KGB aufgrund früherer Tätigkeit schon bekannt sei, könne man damit rechnen, daß der sowjetische Geheimdienst diesen V-Mann-Führer observiere, um dessen sonstige Verbindungen und Agenten aufzuklären. Damit werde ein Teil der für die Aufklärung des BND zur Verfügung stehenden Kapazität der Karlshorster KGB-Stelle gebunden. Wenn man etwa diesen V-Mann-Führer in einem Bürohaus mit großem Publikumsverkehr unterbringe oder offen in Cafés gehen und dort mit ihm Unbekannten am Tisch Zufallsbegegnungen zustande bringen lasse, würden von den Beobachtern des V-Mann-Führers dann diese Unbekannten aufgeklärt werden. Denn bis es sich herausstelle, daß diese Personen nachrichtendienstlich uninteressant seien, dürfte viel Wasser die Isar hinuntergeflossen sein, und die sonstige BND-Arbeit auf diesem Sektor habe mit weniger sowjetischer Aktivität zu rechnen.
Als weiteres Ziel war vorgesehen, den V-Mann-Führer »Burckhardt« schließlich vom KGB anwerben zu lassen. Das KGB müsse doch froh sein, einen hauptamtlichen Mitarbeiter des BND umdrehen zu können. Für den BND bestehe dann eine echte Gegenspionageverbindung, die zu gegebenem Zeitpunkt jederzeit abgebrochen werden könne. Aber bis dahin könne man sicher einiges über das KGB, Mitarbeiter, Telefonnummern, Kraftfahrzeugkennzeichen, Treffpunkte, Arbeitsmethoden, Auftragsschwerpunkte usw., erfahren. Um es bildlich auszudrücken: Man wollte dem Wachhund einen Knochen hinwerfen, um ihn von seiner Wächteraufgabe abzulenken und um selbst ungehindert anderen Dingen nachgehen zu können.
Zu diesem Zweck schuf »Rischke« ein sogenanntes Scheinnetz mit einigen fiktiven Firmen. Eine, die »Beton AG«, gab dann dieser Aktion auch den Namen »Betonnetz«. Diese fiktiven Firmen mit Stempeln und Büros sollten von dem V-Mann-Führer »Burckhardt« angelaufen, und Panzinger sollte scheinbar unabsichtlich diverse Firmenkorrespondenz gezeigt werden, damit dieser bei

seiner Berichterstattung an die Sowjets überzeugend darüber berichten und die Grundlage für eine Anwerbung »Burckhardts« schaffen konnte. Da Panzinger sich schon am Anfang der Verbindung zum BND klar über seine Aufträge des KGB ausgelassen hatte, war er der Prototyp des Doppelagenten, dem auch gestattet wurde, die seiner Meinung nach die Sowjets interessierenden Dinge – wie Stimmung in den Heimkehrerverbänden, Institute, die sich mit Ostforschung befaßten usw. – aufzuklären und bei seinen Treffs in Ostberlin zu berichten. Als mein Kollege Reile eine alte Verbindung aus Kriegstagen zu dem ehemaligen Fremdenlegionär C. aktivieren und diesen in Nordafrika einsetzen konnte, mußte seine sonstige Tätigkeit eingeschränkt werden, und ich bekam auch noch die Steuerung des Scheinnetzes übertragen – ich sollte also die Stellen, die mich selbst führten und steuerten, auf einer anderen Linie täuschen und irreführen, ihre Arbeitskapazität zugunsten des BND binden.
Als ich mit meinen sowjetischen Genossen über diese schizophrene Situation sprach, gaben sie zu, Panzinger von Anfang an nicht getraut zu haben. Aber, so meinten sie, man könne doch mal einen Stein ins Wasser werfen, um zu sehen, wie und an welchen unsichtbaren Hindernissen sich die Wellen brechen. Auf den Trick mit den zahllosen Kontakten des »Burckhardt«, die ihnen zur Überprüfung offeriert worden waren, seien sie ohnehin nicht hereingefallen. Aber als es dann soweit war, daß in diesem Spiel der V-Mann-Führer Panzingers, der BND-Mann »Burckhardt«, vom KGB angeworben werden sollte und es zu ersten Treffs im Ausland mit ihm kam – das sah das Regiebuch des BND vor, um das Spiel interessant zu gestalten –, hatte ich offizielle Gründe für Reisen in andere Länder, wo ich mich dann, neben meiner Arbeit für den BND, mit meinen Partnern treffen konnte.
Da Panzinger wegen seiner Gestapotätigkeit noch von der bundesdeutschen Justiz belangt werden sollte, erging – ich glaube Anfang 1961 – Haftbefehl gegen ihn. Er war darauf vorbereitet und brachte sich bei seiner Verhaftung mit Zyankali um. Damit war der Fall »Panoptikum« beendet.
Es war selbstverständlich, daß ich meine sowjetische Führungsstelle unterrichtete, wenn Maßnahmen der Nachrichtendienste oder der Justiz die Sicherheit ihrer Leute gefährdeten. So sollte ein in Hamburg lebender Sowjetbürger, Kirpitschew, unmittelbar vor seiner Rückreise in die Sowjetunion verhaftet werden, weil er der

verbotenen Nachrichtenbeschaffung verdächtigt wurde. Ich konnte meine Freunde wenige Tage vor der geplanten Aktion treffen und mit ihnen absprechen, wie Kirpitschew am besten in Sicherheit gebracht werden könne. Da die Aufenthaltszeit von Kirpitschew in der Bundesrepublik ablief, war es plausibel, daß er die sowjetische Handelsmission in Köln und abends noch die sowjetische Botschaft in Mehlem bei Bad Godesberg aufsuchte. Von dort aus reiste er aber nicht nach Hamburg zurück, wo das Verhaftungskommando des Bundeskriminalamtes schon im nassen Novemberwetter vor seiner Haustür wartete, um zuzugreifen. Kirpitschew war von Mehlem aus sofort nach Frankfurt am Main gefahren, in ein Flugzeug nach Berlin-Tempelhof gestiegen und von dort durch die offene Grenze nach Ostberlin gelangt.
Mein Pech war, daß die Beamten des Bundeskriminalamtes sich während des nächtelangen Wartens im kalten und nassen November 1960 stark erkälteten. Es waren dieselben, die mich nach meiner Verhaftung zu vernehmen hatten. Diese auf mein Konto gehende Grippe wollten sie mir nicht verzeihen.
Im Fall des sowjetischen Aufklärers Valentin Alexandrowitsch P., eines Doppelagenten, der sich 1959 in Köln eingelebt hatte und mit dem Aufbau eines Netzes zur Erkundung der Stützpunkte für Raketen und Kernwaffen in der BRD begonnen hatte, war dies anders. Ich erfuhr nur den bevorstehenden Verhaftungstermin, und den auch noch zu spät. Der Zentrale konnte meine Warnung nicht mehr dienlich sein. Da zergrübelt man sich den Kopf, kommt auf die waghalsigsten Ideen: selbst hinrennen, anrufen! Doch man muß einen kühlen Kopf behalten. Sicherlich, jeder Aufklärer ist auf solche Situationen vorbereitet. Er hat solche Situationen mit der Zentrale besprochen. Aber im Ernstfall muß man selbst entscheiden, das Risiko genau kalkulieren. Es ist eine nervliche Belastung, aus der man aber auch gestählt hervorgehen muß. Mit wenn und aber kann man nicht weiter tätig sein. Heute – auch im nachhinein – kann ich sagen, daß man nur so dem Kleinmut, der einen manchmal befällt, entrinnt.
Die Gegenspionage nimmt in allen Geheimdiensten eine besondere Stellung ein, jedenfalls sagt man es so. Das mag stimmen, denn es geht darum, den Gegner zu hindern, die eigenen Pläne zu erfahren, indem man sich darum bemüht, dessen Mitarbeiter zu erkennen. Meine Aufgabe bestand nun gerade darin, zu erkennen, welche Positionen die westliche Gegenspionage von den sowjetischen

Plänen aufgeklärt hatte. Es war sozusagen die dritte Dimension. Abschirmung vor fremder Infiltration in Form eines Geheimdienstkampfes ist zweifellos eine schwere Aufgabe. Akteure der Gegenspionage wissen im allgemeinen allein schon für den täglichen Bedarf mehr über gegnerische Aktionen sowie über ihren eigenen Dienst als sonst jemand. Diese Kenntnisse umfassen auch die Beziehungen zu anderen Geheimdiensten, obwohl solche offiziell nur begrenzt – wie beispielsweise zwischen dem BND und der CIA – unterhalten werden.

Besonders kam es auf die Kunst an, den Gegner zu täuschen. Ich mußte gute Informationen aus dem Osten einbringen, damit kein Verdacht geschöpft wurde. Diese Informationen mußten sich im Einklang mit der allgemeinen Situation im Osten befinden.

Voraussetzung einer von mir gesteuerten Operation im BND war die »Aufklärung« von Karlshorst. Nachdem die Auswertung sich schon Monate mit diesem Problem befaßt und auch Zielpunkte für die Operateure gesetzt hatte, aber dann nicht vorwärts kam, wurde entschieden, daß sich ein erfahrener Operateur gezielt mit diesem Objekt befassen sollte. Auf Weisung meines Chefs wurde die Operation »Diagramm«, so der Deckname für die Aktion gegen Karlshorst, samt Personal mir unmittelbar unterstellt.

Damit war gleichzeitig eine Zentralisierung der Gegenspionage gegen die Sowjetunion eingeleitet worden. Meine Querschnittsarbeit, die anfangs von mehr oder weniger interessanten Fällen in Ungarn, der ČSSR und der »SBZ« gelebt hatte, klang aus. Spezialisierung war gefragt. Meinen Freunden und mir war diese Entwicklung nicht unlieb. In Westberlin setzte ich einen Mitarbeiter der Zentrale ein, der sowohl die Verbindung zum Westberliner Hauptquartier der CIA hielt, als auch V-Männer führte. Dieser Stil war bis dato ein Novum und wurde von meinem Chef sehr begrüßt.

Die Ergebnisse der Operation »Diagramm« sollten ziemlich umfangreich werden. In fünf buchdicken Bänden faßten wir Quartiere (Skizzen), Telefonnummern und Personaldaten, Katasterpläne bis zu den Trampelpfaden der Grundstücke zusammen. Diese Bände sind dann allen Bereichen des BND als eine Art Handbuch zugegangen. Der Generalbundesanwalt, die Landeskriminalämter, das BfV benutzten diese Bände für ihre Vergleichsarbeit. Sie konnten es auch unbeschadet benutzen, da die sowjetische Seite keinesfalls so kleinkariert war, aus diesem Bereich Spielmaterial zu übergeben. Natürlich wurde in der Operation »Diagramm« nicht nur BND-Material verarbeitet, sondern auch alle Erkenntnisse der CIA waren eingefügt. Die sowjetische Seite war damit gleichfalls informiert, in welchem Maße CIA und BND über die Basis der sowjetischen Aufklärung in Berlin Bescheid wußten.

Diese Arbeit wurde bis 1959 natürlich laufend ergänzt. Die Operation »Diagramm«, die vom BND geführt wurde, zwang nun die CIA – selbst die Zentrale in Washington –, gewünschte Daten und Informationen über das KGB in Mitteleuropa in Pullach – beim Referat Gegenspionage/Sowjetunion – abzurufen. So hatte sich schon in kürzester Zeit die Weitsicht der sowjetischen Aufklärung ausgezahlt. Wir erfuhren so, was die CIA-Residenturen in Madrid oder Rom über das KGB in Berlin-Karlshorst interessierte. Oft war unschwer zu erkennen, in welche Richtung die Aktionen der CIA gingen. Natürlich habe ich den Wert der Operation »Diagramm« nie überschätzt, wenngleich die Anlage dieses Auftrags breit gefächert war.

Es war im wesentlichen eine Außenbeobachtung, die zur Quellenwerbung genutzt werden konnte, wenn man wollte. In Besprechungen drangen die Amerikaner immer wieder darauf, daß auf der Basis dieser »Diagramm«-Erkenntnisse Quellen geworben werden sollten. Dennoch blieb die Ausnutzung dieser Erkenntnisbasis – nicht ohne meine »Steuerung« – weit hinter den Möglichkeiten zurück. Die CIA war der Auffassung, daß man mindestens dreißig Quellen benötige, um Karlshorst unter Kontrolle zu haben. Sie selbst, die CIA-Offiziere, gestanden allerdings ein, nur über zehn Quellen zu verfügen, die sich aber auch nur in den Bereichen des deutschen Bedienungspersonals bewegten. Andererseits erfüllte ich jedoch mit der Ausfüllung von »Diagramm« einen sehnlichen Wunsch der Pullacher Zentrale, über Straßen, Gebäude und Lebensgewohnheiten in Karlshorst Auskunft erteilen zu können. So konnte sich das Referat Sowjetunion profilieren, ohne auffallend in den Mittelpunkt zu rücken. Es heißt: Wer beim Feind arbeitet, darf nicht aus der Reihe tanzen. Keine zu großen Erfolge, aber auch nicht zu wenig Erfolg. Ich glaube, die Operation »Diagramm« hat mir diese Arbeitsgrundlage im BND geboten.

Allerdings gab es oft genug absurde Situationen. Wenn mir Berichte oder zusammenfassende Auswertungsergebnisse vorgelegt wurden, konnte ich – der Karlshorst bestens kannte – natürlich in vielen Fällen auf Anhieb erkennen, was falsch oder richtig war oder vom Auswerter falsch interpretiert wurde. Auch konnte ich

schnell erkennen, welche Quelle nicht exakt meldete, darauf bauend, daß es so genau wohl nicht nachgeprüft werden konnte.
Nur durfte ich von meinem »Über-Wissen« keinen Gebrauch machen und mußte die Dinge sich so darstellen lassen, wie sie nun einmal liefen. Da BND und CIA ohnehin ein völlig entstelltes Bild über Karlshorst und die Lebensumstände dort besaßen, spielte es letztlich überhaupt keine Rolle, was bei dieser Art Aufklärung herauskam. Das Angebot meiner Partner, diese Arbeit noch effektiver zu machen, indem sie mir durch den BND zu werbende Zielpersonen zur Verfügung stellten, lehnte ich aus naheliegenden Gründen ab. Es hätte meine verworrene Situation nur noch komplizierter gemacht. Das wäre doppelte Gegenspionage gewesen – wer hätte diese Steuerung noch neben vielen anderen Aufgaben besorgen können? Entgegen den in der einschlägigen Literatur aufgestellten Behauptungen habe ich mir nie von meiner sowjetischen Führungsstelle »Material« zur Verfügung stellen lassen. Und schon gar nicht wurden mir Protokolle aus dem ZK der SED oder aus dem Kreml überlassen, wie Journalisten behauptet haben.
Eine wesentliche Hilfe für die Arbeit gegen Karlshorst gewährten die sogenannten »Befragungsstellen – BEFRA«. Gemeinsam mit den befreundeten Diensten – Verfassungsschutz, britischen, französischen und amerikanischen Nachrichtendiensten ziviler und militärischer Prägung – hatte der BND in den Landeshauptstädten der BRD diese Befragungsstellen der »Hauptstelle für das Befragungswesen« unter Mithilfe der Landesbehörden eingerichtet. In ihnen waren Angehörige der genannten Dienste tätig. Diese Stellen erhielten weisungsgemäß von den Meldebehörden die Zuzugsmeldungen von sämtlichen Personen, die im entsprechenden Bundesland als Umsiedler oder Flüchtlinge aus dem Ostblock zureisten. Auch die Erfassungen und die Resultate der ersten Befragungen aus den Notaufnahmelagern gingen über die BND-Zentrale diesen Stellen zur weiteren ausführlichen Vernehmung zu. Interessante und geeignete Personen wurden sehr freundlich zu einer Befragung gebeten, wobei man anklingen ließ, daß sie für die Aufnahme in der Bundesrepublik auch eine Gegenleistung zu erbringen hätten.
Die interessierten Fachreferate der BND-Zentrale gaben Aufklärungswünsche bekannt, die dann erfüllt wurden. Für meinen Auftrag »Diagramm«, die Aufklärung des sogenannten Sperr- und Wohngebietes Karlshorst, verlangte ich also die Befragung aller Personen, die aus dem Stadtteil Karlshorst – dort arbeitend oder

wohnend – in die BRD gekommen waren. Daneben gab es noch spezielle Wünsche, so nach Personal der Kommunalen Wohnungsverwaltung Karlshorst II, des Sonderbaustabs Wünsdorf usw. – alles Stellen, die mit dem Sperr- und Wohngebiet Karlshorst zu tun hatten.
Den Befragten standen umfangreiche Dokumentationen wie Stadt- und Detailpläne, Namens- und Telefonverzeichnisse, Fotos usw. zur Verfügung. So wurden also Leute aus Karlshorst befragt, wie der Verlauf der Einzäunung ist, wie die sichtbaren Funkantennen aussehen, wo Ein- und Ausfahrten liegen, was für Fahrzeuge passieren, ob Russen Kontakt zu Deutschen haben...
Die Annahmekraft einer chemischen Reinigung wurde beispielsweise einmal den ganzen Tag lang befragt, welche Russinnen Kleider zur Reinigung bringen, oder ein Zahnarzt wurde verhört, der einen Sowjetbürger notversorgt hatte.
Diese Befragungen erbrachten für sich gesehen magere Erkenntnisse, aber es reihten sich Mosaiksteine aneinander. Besonders wichtig waren Tips auf Personen, die man ansprechen und als Quellen gewinnen konnte. So kam es zu einer sehr ertragreichen Verbindung zu einem in der Wohnungsverwaltung arbeitenden Ehepaar, das dem BND über Namen und Eigenheiten der russischen Mieter berichtete, das deutsche Hilfspersonal – Heizer, Mechaniker usw. – nannte und für viele Detailerkenntnisse sorgte.
Selbstverständlich verstopfte der KGB diese Quellen nicht – wie auch in anderen Fällen. Ich hatte mit ihm ein Abkommen getroffen. Mir wurde zugesagt, in keinem Fall Personen auszuschalten, die nur durch mich den sowjetischen Behörden bekanntgeworden waren. Und sollten irgendwelche Maßnahmen ergriffen werden, war eine Konsultation mit mir zwingend vorgeschrieben, das heißt, es wurde erörtert, ob etwa eine Versetzung oder Herauslösung einer BND-Quelle, weil aus Sicherheitsgründen für den sowjetischen Nachrichtendienst erforderlich, geräuschlos und ohne Konsequenzen für mich erfolgen könne.
Ich konnte mich davon überzeugen, daß sich meine sowjetischen Freunde stets an dieses Abkommen gehalten haben. Auch später, ja bis heute, leben BND-Quellen hier im Ostbereich, die man durch mich seit Jahrzehnten kennt und die unbehelligt bleiben. Die Gegenspionage denkt eben anders als die Abwehr im engeren Sinn, denn für einen verhafteten Agenten wird bald ein neuer nachwachsen, den man nicht kennt und der unkontrolliert arbeitet. Ein

Agent, der unter Kontrolle ist, kann kaum Schaden anrichten, läßt aber seinen Auftraggeber im Glauben, es sei alles in Ordnung, das Aufklärungsziel sei gedeckt. Wenn dann aber im Ernst-, also im Kriegsfall mit einem Schlag alle bekannten Agenten festgesetzt werden, dann ist der gegnerische Dienst blind und wird es auch bleiben. So erging es jedenfalls der deutschen Militärspionage im Ersten Weltkrieg in England. Dieser Schlag sorgte bis 1918, dem Kriegsende, für die Blindheit der Abwehr auf der Insel.
Der alte artilleristische Grundsatz »Deckung geht vor Wirkung« gilt auch im Nachrichtendienst. Er galt auch für mich, und man kann sagen, durch mich allein ist niemand zu Schaden gekommen. Das vorerwähnte Ehepaar aus der Karlshorster Wohnungsverwaltung lebt heute in der BRD – die sowjetische Seite ließ sie im Spätsommer 1961 unbehelligt in die BRD gehen, obwohl rechtzeitig bekannt war, daß sie flüchten würden. Sicherlich, etwas anderes wäre auch nicht sinnvoll gewesen. Es war viel wichtiger, daß ich eine kontrollierte Fühlungnahme mit dem BND hatte und immer den Versuch unternehmen konnte, das Doppelagentennetz auszunutzen. In den meisten Fällen einigte ich mich jedoch mit meinem Führungsoffizier »Alfred«, auf Spiele zu verzichten. Ich will nicht bestreiten, daß dies viel Selbstbeherrschung von beiden Seiten und vor allem ein Denken auf lange Sicht erforderte.
Ein anderes wichtiges Ergebnis meiner Arbeit war die Aufklärung des Verhaltens der imperialistischen Geheimdienste in Westberlin, der Zuspitzung der Krise im Herzen der DDR Ende der fünfziger Jahre. Die Pläne des BND widerspiegelten die Aktivität zur Verhinderung jeglicher Ansätze einer Entspannungspolitik, wie sie damals durch bevorstehende Verhandlungen zwischen den Spitzen der UdSSR und den USA in Aussicht gestellt wurden. Unter dem Stichwort »Kubus« wurden geheimdienstliche Maßnahmen zur Störung der politischen und wirtschaftlichen Entwicklung der DDR konzipiert: Zuspitzung der psychologischen Kriegführung, Abwerbung von Arbeitskräften (»Ausblutung«) und Aufbau neuer Agentennetze für den Tag X. Zur Operation »Kubus« hieß es im August 1959 in einer Anweisung der BND-Zentrale an alle Dienststellen:

»Trotz scheinbarer Auflockerung im Zusammenhang mit den angekündigten Besuchsreisen von Chruschtschow und Eisenhower bleibt die Lagebeurteilung unverändert. Hauptziele: ...

De-jure-Anerkennung der DDR und Verhinderung der Atombewaffnung der BRD. Gipfeltreffen (etwa Ende 1959) und evtl. folgende Außenministerkonferenz werden vermutlich ohne greifbare Ergebnisse bleiben. Anschließend ist mit Neubelebung der Berlin-Krise und evtl. Veränderung der Lage zu rechnen.«[37]

Der Abschluß der »Kubus«-Vorbereitung, das heißt der Vorbereitung der BND-Arbeit auf eine Spannungszeit, war bis zum 1. April 1960 geplant. Das betraf die Auflösung der bisherigen Berliner Residentur des BND, die die Pullacher Zentrale vor Ort zu vertreten hatte, zugunsten einer neuen »Kubus-Außenstelle Berlin«, die fiktiv in die Stäbe der US-Armee eingegliedert werden sollte. Ziel war die Aktivierung der Spionage und Zersetzung in der DDR. Es erfolgte eine Vielzahl von Umbesetzungen und Komplettierungen des Spionagepersonals in Westberlin entsprechend der Struktur der »Kubus-Außenstelle Berlin«, auch, um den Einsatz von Verbindungsreferenten und deren Kontakte zu den Amerikanern selbst unter schwierigsten Lagebedingungen zu sichern. Besonders der Tarnung wurde Aufmerksamkeit geschenkt; ein entsprechendes Dokument lautete:

»MA Dr. Schuhl, z. Z. bei 487. Entscheidung von 363 (Gehlen; Anm. d. Verf.) steht noch aus. Vorgesehen: Von jetzt bis Ende November (1959) Vertiefung der Grundausbildung durch 731 (muß noch abgesprochen werden) und dreiwöchige Ausbildung bei 105, dann Einweisung durch LTV an dritten Ort, Kommandierung nach Berlin zum Kennenlernen des zukünftigen Einsatzraumes und der US-Dienststelle. Anschließend Rückkehr in die BRD bis kurz vor ›Kubus‹-Einsatz: Fiktive Einstellung bei US-Dienststelle.«[38]

Damit war die alte Außenstelle Berlin aufgelöst. An ihre Stelle trat eine neue, die eine absolut amerikanische Tarnung haben sollte. Am 4. September 1959 nahm ich an einer entsprechenden Beratung mit den Amerikanern teil. Wir legten fest:

»1. ... Einbau von MA Borg als Karlshorst-Bearbeiter in US-Dienststelle so, daß Übernahme ZBB-Aufgabe bei ›Kubus‹ möglich ... Einbau und Unterbringung des ›Kubus‹-Personals in US-Dienststelle und -Wohnung ...

2. Vorbereitung der Detektei auf Besuch von 764/W im Oktober.«[39]

Man rechnete also damit, daß in der erwarteten Krise, die mehr als kalter Krieg sein würde, die BND-Arbeit nur noch unter US-militärischer Abdeckung erfolgen könnte und bisher genutzte Büros nicht mehr bestehen würden. Es wurden neue Tarnfirmen und Büros geschaffen, etwa eine Drogerie gekauft, deren Fotolabor für ND-Zwecke zur Verfügung stehen sollte, ein Detektivbüro sollte Meldekopf (wo diverse Agenten anlaufen konnten) werden usw.

Der kalte Krieg lief auf Hochtouren, auf den heißen wurde zugesteuert. Die »Kubus«-Planungen waren ein Detail, das der sowjetischen Seite diesen Aufschluß brachte. Alle politischen Aktionen des sozialistischen Lagers sind aus dieser Sicht zu sehen und eben nicht nur Propaganda gewesen, wie es Bonn nur allzugern der Öffentlichkeit weismachen wollte. Schon am 4. Oktober 1960 wurden seitens der DDR proklamatische Erklärungen zur Entspannung der Lage gegeben. In diesem Zusammenhang wurden die Provokationen an der Grenze der DDR zur BRD und der Mißbrauch Westberlins zur Revanchehetze und Diversionstätigkeit gegen die DDR und die anderen sozialischen Staaten aufgedeckt. Auch die Beratung der kommunistischen und Arbeiterparteien im Novemer 1960 in Moskau ging von der realen Lage der damaligen Zeit aus und bezeichnete die Beseitigung der Reste des Zweiten Weltkriegs und die Beendigung des kalten Kriegs als vordringlichste Aufgabe in Deutschland. Doch alle Angebote für Entspannung wurden von den westeuropäischen Regierungen als »romantische Vorstellungen« abgetan, auch die sowjetischen Vorschläge an die XV. Tagung der UNO-Vollversammlung, die eine allgemeine, vollständige und kontrollierte Abrüstung beinhalteten.

Die Konfrontation, so mußte ich in der Geheimdienstzentrale anhand der »Kubus«-Operation erkennen, sollte nicht abgebaut, sondern verstärkt werden. Wer diese Zeit mit wachem Auge erlebt hat, wird verstehen, daß die Geheimdienstpläne Westdeutschlands aufgedeckt werden mußten.

Jetzt ging ich manches Risiko ein, das nicht immer zu kalkulieren war. Bis zum 13. August 1961, als die Grenze zwischen Ost und West geschlossen wurde, gönnte ich mir kaum Zeit, viel für meine Tarnung zu tun. Treff folgte auf Treff, Sendungen von Informatio-

nen in schneller Folge, alles war der Entscheidungsfindung der Sowjetunion untergeordnet. Ich mußte davon ausgehen, daß ich in diesen zwei Jahren der feindlichen Abwehr Ansatzpunkte zur Bearbeitung bot. Meine Verhaftung sollte dies bestätigen.
Doch was soll es, es kam an diesem Schnittpunkt der Auseinandersetzung darauf an, sich nicht zu schonen, alles zu tun, um die gegnerischen Absichten früh genug aufzudecken. Dies widerspricht natürlich nicht den konspirativen Prinzipien eines Aufklärers, die ich auch in Ausnahmesituationen immer beachtet habe. Zehn Jahre im feindlichen Zentrum belegen dies wohl.
Wenn man in der Zentrale eines feindlichen Geheimdienstes tätig wird, kommt es darauf an, mit Spielmaterial sparsam und überlegt umzugehen. Nur im entscheidenden politischen oder operativen Moment sollte man es anwenden und einbringen. Erfolge dürfen auch nicht konstruiert werden, das heißt, man darf keine Informationen in der feindlichen Zentrale vorlegen, die nicht über tatsächlich vorhandene Quellen gelaufen sind. Aber immer sollte man die eigene Basis bei Anwendung solcher Materialien genau prüfen. In meinen sowjetischen Führungsoffizieren hatte ich geduldige Partner, die mit mir Notwendigkeit und Risiko vertrauensvoll kalkulierten. Es verging kein Treff, wo dieses delikate Problem nicht besprochen worden wäre. Dies geschah mindestens zweimal im Jahr. In der Regel nutzte ich Dienstreisen für den Bundesnachrichtendienst, um mich mit den sowjetischen Partnern zu treffen. Eingehend erörtert wurden außerdem Einzelheiten über die Methoden, wie die Informationen für die Sowjetunion hergestellt und übermittelt werden konnten. Die sogenannten »toten Briefkästen« benutzte ich nicht, sie waren zu sehr der Natur und der Gefahr einer zufälligen Entdeckung ausgesetzt. Der direkte Kontakt zwischen den Partnern bleibt, selbst wenn er nur für Momente zustande kommt, der beste und zuverlässigste.
Über meine Spiele im BND setzte ich regelmäßig meine Partner in Kenntnis. Es waren schon eine stattliche Anzahl. 1958 hatte ich in 34 Fällen BND-Agenten oder Doppelagenten mit Spielmaterial zu beliefern oder dieses zu genehmigen. Acht Personen (Doppelagenten aus dem Fabelreich: »Igel«, »Osterhase« u. a.) wurden mit militärischen Angaben versehen, die anderen mit wirtschaftlichen und politischen Informationen. Sie alle setzten ihr Spielmaterial bei der sowjetischen Aufklärung und bei den Sicherheitsorganen der DDR ab.

Viele andere Erkenntnisse erbrachte ich durch die Lauschoperationen, die der BND gegen sowjetische Einrichtungen mit Genehmigung der Alliierten durchführte. Damals gab es nämlich das G-10-Gesetz noch nicht, so daß – wie ich schon vorher erwähnte – die Alliierten Hochkommissare aufgrund des Besatzungsrechtes die Schaltbefehle für die Bundespost unterzeichnen mußten. Etwa dreißig Leitungen sowjetischer Einrichtungen in der BRD ließ ich in BND-eigene Abhörstellen schalten. Von den Wanzen-Operationen kann ich heute nicht einmal eine annähernde Schätzung geben, so viele waren es.
Die Telefonüberwachung der sowjetischen Botschaft in Rolandseck lief unter der Bezeichnung »Kartaune«. Als am 28. März 1961 eine tschechoslowakische Verkehrsmaschine vom Typ IL 18 beim Flug nach Paris in Forchheim/BRD abstürzte, wurde sofort die Abhöraktion gegen die sowjetische Vertretung verstärkt. Der BND hatte erfahren, daß sich in der Maschine auch sowjetische Staatsbürger und Kurierpost befanden, man wollte alle Bewegungen der sowjetischen Diplomaten in der BRD unter Kontrolle haben, um in »Ruhe« die politischen Papiere und die technischen Geräte der Maschine untersuchen und analysieren zu können. Es wurden wie üblich alle Telefonate aufgezeichnet und der BND-Gruppe, die die Aktion leitete, zur sofortigen Auswertung übergeben. Im Abhörbericht des BND war dann unter anderem zu lesen:

> »Die Beobachtungsgruppe Rolandseck unter Führung des Konsuls Chotulew traf am 29. 3. nachmittags gegen 17.00 Uhr an der Unfallstelle ein und hat dann während der Zeit, die sie sich dort in Forchheim (Hotel ›Kaiserhof‹) aufhielt, ständig in enger telefonischer Verbindung mit Rolandseck gestanden ... Hierbei zeigte sich deutlich, daß sowjetischerseits ein ganz besonderes Interesse für die Sicherstellung des im Flugzeug befindlichen sowjetischen Kuriergepäcks (8 Sack im Gewicht von 330 kg) bestanden hat, ferner wurde die Feststellung des Verbleibs von zwei bestimmten Kästchen als äußerst vordringlich angesehen.«

In der Zeit, als der BND dank der Lauschoperationen erfuhr, wann und wie sich die sowjetischen Diplomaten von Bonn aus zum Unfallort begaben, wurden die Postsäcke gefilzt und ein Motor der IL 18 in die Zentrale des BND geschafft. Natürlich ist dies der sowjetischen Seite nicht entgangen. Während die sowjetische Diplomatenpost nur mit Verzögerung ihren Empfänger erreichte, wurde zu dem in die BND-Zentrale geschafften Motor erklärt, er sei im Gefolge des tragischen Unglücks nicht auffindbar. Die ganze Aktion wurde für »Streng geheim!« erklärt. Der BND setzte sich über alle Proteste hinweg. Da die sowjetischen Diplomaten über die Abhöraktion informiert waren, äußerten sie ihren berechtigten Unmut auch am Telefon. Diese Proteste ließen an Eindeutigkeit nichts zu wünschen übrig. Im »Kartaune«-Bericht stand dazu:

> »Erwähnenswert scheint auch der Protest Smirnows bei Staatssekretär Carstens am 29. 3. abends wegen des Zurückhaltens der geborgenen diplomatischen Post... Am 2. 4. äußerte Smirnow im Zusammenhang mit dem fortgeschafften Motor, er wäre der Meinung, daß auch diplomatische Post weggebracht worden wäre, da angenommen werden könnte, wenn schon einiges fortgeschafft worden wäre – wofür ja Hinweise vorlägen –, dann würde man auch noch mehr fortgenommen haben...«[40]

Für die sowjetische Seite war durch die Kenntnis des Abhörprotokolls nunmehr bewiesen, inwieweit sich der BND über alle Gepflogenheiten des Völkerrechts hinwegsetzte und daß man sich auf diese Praktiken einzustellen hatte. Smirnow erklärte dann auch gegenüber Zeitungskorrespondenten, daß die Untersuchungen nicht normal durchgeführt worden seien. Im »Kartaune«-Bericht war zu lesen:

> »Es wäre eine große Verletzung der internationalen Regeln, wenn von der Unglücksstelle ein Motor, Ersatzteile, Post und Fracht fortgeschafft worden wären. Man habe mehr Interesse für die Dokumente als für die Toten gehabt. Diese Verstöße sollten gemeinsam mit den Tschechen protokollarisch festgehalten werden.«[41]

Verhaftet im Antikommunismus, tat die breite Öffentlichkeit natürlich den Protest der Sowjets als indiskutabel ab. Mit meiner bescheidenen Faktenauswahl von dieser BND-Operation möchte ich aber dem Leser Anstöße geben, darüber nachzudenken, wo die Infamie liegt. Ein Dienst, der sich immer und immer wieder auf das Grundgesetz beruft, hatte nie Skrupel, es in jeder für ihn

geeigneten Situation zu verletzen. Mit einem Satz: staatlich geduldete Leichenfledderei, ganz in großdeutscher Tradition.
Die wichtigste Seite meiner ständigen Kundschaftertätigkeit blieb – eben neben der Aufklärung von Einzeloperationen – die Einsicht in die Kartei, Personaldossiers, in die vielfältigen Notizen, die, zum Mosaik zusammengesetzt, den Börsenbericht der geheimdienstlichen Absichten des Bundesnachrichtendienstes und seines Chefs ergaben.

»Befreundete« Dienste

Wozu die Sowjetunion und die anderen sozialistischen Länder ihren Geheimdienst benötigen, habe ich bereits prinzipiell im Vorwort beantwortet – und das ganze Buch ist ein Beleg dafür. Sie brauchen ihn zum Schutz ihrer Gesellschaftsordnung. Die Sowjetunion hat noch nie versucht und wird es auch nicht versuchen, kapitalistischen Ländern mit Gewalt den Sozialismus aufzuzwingen. Sozialismus bedeutet Frieden. Man kann nicht Frieden bringen durch Krieg.
Der Imperialismus hat sich bis heute nicht mit der Existenz des Sozialismus abgefunden. Deshalb versucht er alles, um ihn zu beseitigen. Das aber bedeutet Krieg. Ihn mitzuverhindern ist Aufgabe des sowjetischen Nachrichtendienstes.
So, wie die sozialistischen Länder freundschaftlich auf allen Gebieten zusammenarbeiten, so arbeiten auch ihre Nachrichtendienste zusammen. Deshalb ist es lächerlich, wenn man im Westen behauptet, die Sowjetunion spioniere auch ihre eigenen Verbündeten aus. Wozu?
Kapitalistische Länder hingegen sind sich trotz aller Partnerschaft und Zusammenarbeit letztendlich immer selbst der nächste. Das hat ökonomische Ursachen. Die Ökonomie setzt Zwänge, denen sich keiner entziehen kann. Jegliche Absicht politischer Zusammenarbeit stößt zwangsläufig auf die Grenzen der Konkurrenz, des Strebens nach Höchstprofit. Die protektionistischen Maßnahmen der USA gegenüber Japan und Westeuropa, der künstlich überhöhte Dollarkurs auf den internationalen Währungsmärkten, die hohen Zinssätze auf Kredite in den USA sind dafür überzeugende Beispiele. Ebenso die Tatsache, daß Westeuropa den Handelskrieg der USA gegen die Sowjetunion nicht mitmacht. Ich

nenne nur die Stichworte Getreide- und Röhrenembargo und COCOM-Listen.*

Der Zwang, selbst den meisten Profit zu erzielen, und der Konkurrenzkampf bringen Mißtrauen hervor. Der Drang, dem anderen zuvorzukommen, um als erster auf dem Markt zu sein und damit die Preise bestimmen zu können, wird zum Lebensprinzip. Deshalb herrscht zwischen den kapitalistischen Ländern zwar eine prinzipielle Interessenübereinstimmung bezüglich der Bekämpfung des Kommunismus – obwohl sogar hier schon Differenzen zu verzeichnen sind –, aber es gibt auch Interessengegensätze untereinander, die von der Ökonomie in alle Bereiche der Gesellschaft – bis in die Geheimdienste – ausstrahlen. Darum ist es ganz normal – und ich werde das noch nachweisen –, daß sich kapitalistische Länder gegenseitig bespitzeln.

Nach meinem Eintritt in die Organisation, schon in der Außenstelle Karlsruhe, war ich sehr schnell und unmittelbar mit der Zusammenarbeit mit sogenannten »befreundeten Diensten« konfrontiert, hier dem amerikanischen, dem englischen und dem französischen Geheimdienst.

Zu Beginn meiner Operationen als V-Mann-Führer waren es, resultierend aus dem Ergebnis des Zweiten Weltkriegs, vor allem die amerikanischen Nachrichtenoffiziere, die »Ton und Takt« angaben. Doch auch der englische und der französische Geheimdienst flankierten zunehmend die Ausrichtung der Organisation Gehlen. Es ist nicht sonderlich umstritten, welcher Einfluß in den Anfangsjahren im Gehlen-Dienst überwog. Ohne das Patronat des CIC und später der CIA hätte der Rumpf der FHO nie über den Zweiten Weltkrieg hinübergerettet werden können. Mit meinem Moskauer »Alfred« habe ich diese Situation immer wieder analysiert.

Die Amerikaner bedienten sich nach Eröffnung des kalten Kriegs gegen die Sowjetunion ohne nennenswerte Skrupel des Generals Gehlen. Als sie 1957 bei ihrem offiziellen Auszug aus dem Camp als gemeinsamen Treffpunkt das Klubhaus »Die Brücke« einrichteten, sollte – wohl, um sich einen gewissen Einfluß zu sichern – dieses Haus sämtlichen Mitarbeitern offenstehen. Es war sozusa-

---

* COCOM = Koordinierungskomitee für Ost-West-Handelspolitik; legt Listen für angeblich »strategisch bedeutsame« Waren fest, die von NATO-Staaten nicht in die sozialistischen Staaten exportiert werden dürfen.

gen das »Pullacher Amerika-Haus« mit kulturellen Veranstaltungen bis zur Möglichkeit, Sprachstudien zu betreiben.
»Die Brücke« aber hat eine makabre Vorgeschichte. Es handelt sich um einen großen Besitz am Isar-Hochufer in der Nähe der Station Prinz-Ludwigshöhe der inzwischen stillgelegten Isartalbahn nach Höllriegelskreuth. Auf diesem Grundstück mit einer luxuriösen Villa und Nebengebäuden inmitten eines herrlichen Parks hatte die amerikanische Militärverwaltung ihr »Mortuary« (Militärleichenschauhaus) eingerichtet. Alle im südlichen Befehlsbereich ums Leben gekommenen Soldaten wurden hier obduziert, einbalsamiert und in den vorgeschriebenen Zinksarg für die Rückfahrt in die USA eingelötet. Eine Kapelle ermöglichte religiöse Feiern in Gegenwart von Angehörigen. Es war durchaus stilvoll und gepflegt gestaltet.
Als im Zuge des Abbaus der Besatzungsvorrechte auch dieses Haus dem Besitzer zurückgegeben werden sollte, weigerte der sich wegen der vorangegangenen Verwendung, das Haus wieder in Eigennutzung zu übernehmen. Die US-Behörden zeigten Entgegenkommen. Sie behielten es für ihre Zwecke und richteten es als Begegnungsstätte für die Mitarbeiter der BND-Zentrale und des CIA-Verbindungsstabs München ein, der mittlerweile Unterkunft in der Mc-Craw-Kaserne an der Tegernseer Landstraße gefunden hatte. Spionageoffiziere sind nicht so zimperlich wie andere Menschen. »Die Brücke« wurde also zum Klubhaus umgestaltet. Es gab einen Judo-Übungsraum, Foto- und Sprachlabors, kleine Besprechungsräume, wo sich die leitenden Mitarbeiter der BND-Zentrale mit ihrer »opposite number«, ihrem ständigen CIA-Verbindungsoffizier, ungestört treffen konnten. Es gab einen Filmsaal mit täglich wechselndem Programm usw. Ab 17 Uhr, also nach Büroschluß, war die Bar, an der man kostenlos trinken konnte, geöffnet, die Küche sorgte für das leibliche Wohlbefinden.
Die Amerikaner wollten mit dieser Begegnungsstätte wettmachen, daß nach ihrem Auszug aus dem Camp Nikolaus zwangsläufig die Kontakt- und Begegnungsmöglichkeiten verringert wurden – daher der Name »Die Brücke«.
Doch Gehlen durchkreuzte dieses amerikanische Engagement bald durch die Anordnung, daß nur ein nach dienstlichen Notwendigkeiten festgelegter Personenkreis leitender Mitarbeiter ungehinderten Zugang zur »Brücke« haben durfte. Damit war auch jenen untergeordneten Kräften der Zugang zum Fotolabor unterbunden,

die mangels eigener Dunkelkammer gern ihre Fotos selbst vergrößert hätten. Zugelassen wurden nur diejenigen Referenten, die aus operativen Gründen auch im Dienst Besuch der CIA-Verbindungsoffiziere haben durften. Nach meiner Erinnerung waren etwa dreißig Mitarbeiter ständig Gäste der »Brücke« und berechtigt, den Schlüssel für das automatische Tor zu besitzen. Man fuhr mit dem Auto in die Einfahrt und stand dann nach etwa zehn Metern vor einem geschlossenen Stahltor. Vom Fahrersitz aus konnte man mit Hilfe des erwähnten Schlüssels das Tor öffnen – es rollte zur Seite und blieb etwa sechs bis acht Sekunden geöffnet, Zeit genug, um durchzufahren. Dann schloß es sich automatisch. Am Parkplatz hinter dem Haus wurde man vom Hausmeister begrüßt, der alle seine Gäste von Angesicht und mit Decknamen kannte. Neue Gäste mußten von einem Kollegen eingeführt und von dem entsprechenden CIA-Offizier gegenüber dem Hausmeister legitimiert werden für spätere Besuche, insbesondere für die Zeit nach 17 Uhr zum Barbesuch ohne dienstlichen Anlaß.
Aber bald ließ der Reiz der außerdienstlichen »free drinks« nach 17 Uhr und des Kinobesuchs nach. Gehlen ordnete an, daß alle privaten und dienstlichen Kontakte einschließlich »Brücke«-Besuche zu notieren und monatlich zu melden seien. Ich verabredete mich aber nach wie vor mit meinen amerikanischen Gesprächspartnern, besonders an den Tagen, an denen die Kantine der Zentrale laut Speiseplan ein Essen anbot, das nicht nach meinem Geschmack war. Dann bevorzugte ich ein amerikanisches Steak mit mushrooms, strawberry icecream and coffee with cream in der »Brücke«.
Auch die von den Amerikanern veranstalteten Feste, etwa zu Silvester oder Fasching, durften auf Weisung Gehlens nur von einem ausgewählten Personenkreis – allerdings mit Ehefrauen – besucht werden. Es wurde immer deutlicher, daß die intensiven dienstlichen und privaten Begegnungen zwischen den CIA-Offizieren und den Mitarbeitern aller Ebenen der Zentrale eingeschränkt werden sollten. Nachdem »Die Brücke« nicht so offen war, daß sie eine »Brücke« für alle Mitarbeiter wurde, luden die CIA-Offiziere zu Parties in ihren Wohnungen ein, wo es so ungezwungen zuging wie früher, als derartige Parties noch im »Compound« – also der amerikanischen Zentrale – stattfanden. Die Amerikaner erfuhren noch immer alles, was sie wissen wollten.

Natürlich gab es für die Mitarbeiter viele weitere Verbote in allen Lebensbereichen, man kann und braucht sie wohl auch nicht alle aufzuzählen. In jedem Fall ging es um die Einschränkung des Bewegungsspielraums und des politischen Meinungsaustauschs. Zweifellos war dies nur eine äußere Erscheinung des politischen Willens des Klüngels, um

1. die Spionage in ihrer Hauptrichtung gegen den Osten in allen Bereichen – ohne Widerspruch und Skrupel – vorantreiben zu können;
2. die Eigenständigkeit der deutschen Spionage auch gegen den Willen der westeuropäischen Partner zu profilieren – bis zur Spionage im eigenen Bündnis und gegen die Amerikaner;
3. die Inlandsspionage gegen alle demokratisch, liberal und sozialdemokratisch gesinnten Kräfte in der Bundesrepublik auch gegen den Willen der Regierung und der Bundestagsparteien durchsetzen zu können.

Im Grunde genommen war die Abhängigkeit der OG von den Amerikanern nur der historisch konkrete Ausdruck für das janusköpfige Wesen, das allen Formen der Beziehungen und der Zusammenarbeit imperialistischer Institutionen und ihren Vereinbarungen eigen ist: Man befindet sich auf einer gemeinsamen antikommunistischen Basis, um sich zugleich im Interessenkampf zwischen nationalen oder internationalen imperialistischen Gruppierungen gegenseitig auszubooten – immer gemäß dem in der kapitalistischen Gesellschaft vorherrschenden Selektionsgesetz des Stärkeren und der damit verbundenen Moral.
Unter diesen Bedingungen entwickelte sich eine Partnerschaft, die eben nicht in der verkündeten Freundschaft mündete, sondern in einem gegenseitigen Mißtrauen. Jedenfalls waren und sind Zielstellung und Auftrag der BND-Spionage in den USA die Nuklearpolitik sowie die geschäftlichen Verbindungen der Vereinigten Staaten in Lateinamerika und Afrika. Alle diplomatischen und politischen Kontakte der USA zum Osten, insbesondere zur Sowjetunion, wurden im BND aufmerksam registriert.
Die widersprüchliche Partnerschaft zwischen BND und CIA wurde von den Rechtskonservativen sowohl für die eigenen Interessen genutzt als auch verteidigt.
Es kann kein Zweifel darüber bestehen, daß man in Pullach jene,

die von der CIA abhängig geworden waren, aufmerksam beobachtete. Was blieb aber nun von dem amerikanischen Geheimdiensteinfluß übrig, wenn der BND in der Bundesrepublik alles kontrollierte? Ich meine, daß der BND gerade die entscheidenden amerikanischen Agenten in der BRD nicht erkannte, denn die CIA arbeitete nun auch in Europa mit Scheinnetzen und Scheinkonzeptionen. So wuchs das Mißtrauen auf beiden Seiten. Immer öfter kam bei der CIA, also bei den in Frankfurt am Main sitzenden amerikanischen ND-Leuten, die Frage auf: Was macht der BND mit den Partnerinformationen? Jagen sie wieder Großmachtträumen nach? Denn Springers Presse verkündete nicht nur einmal in Balkenüberschriften: »Deutschland Nr. 1 in Europa«.

Daß derlei Überlegungen im amerikanischen Dienst nicht ohne Folgen blieben, zeigten die später immer wieder aufgedeckten Abhörpraktiken der Amerikaner. Quer durch Westdeutschland wurde abgehört, die Post kontrolliert und ein zuverlässiges Agentennetz – unabhängig von den deutschen Geheimdienststellen – geschaffen. In den fünfziger und sechziger Jahren holte sich die CIA die weitreichendsten Informationen über die politischen Aktivitäten der Parteien, der Bundesregierung und Bundesministerien durch solche Operationen. Auch die britischen und französischen »Partner« übten diese Praxis. Selbst Bundeskanzler Adenauer mußte sich beklagen, daß er in seinem Amt von den Briten abgehört wurde.

Formal nach Besatzungsrecht waren die Amerikaner dazu befugt. Der BND spürte das oft sehr empfindlich und versuchte, den amerikanischen Netzen auf die Spur zu kommen. Ende der fünfziger Jahre ließ Gehlen eine Liste anfertigen, um alle bekanntgewordenen Personen, die zur CIA aktive Verbindungen hatten, zu erfassen. Die Leitung des BND packte das heilige Entsetzen ob des Umfangs der Liste. Allein im Land Bayern, so zeigte das BND-Papier, hatte die CIA 565 hauptamtliche Agenten. Die Agenten der CIA saßen in jeder Stadt, in allen Ämtern, von der Polizei bis zum Bürgermeister, ja, selbst bayerische Dorfpolizisten arbeiteten für die Amerikaner. Selbst meine sowjetischen Freunde waren ob dieser Ausmaße nicht wenig überrascht.

Was nun die CIA in der BRD betraf, so führte sie sowohl Operationen innerhalb der BRD als auch von deren Boden aus gegen den Osten und die eigenen Verbündeten. Dem BND und auch mir persönlich wurden wiederholt entsprechende Direktiven

für den Einsatz und die Ausnutzung der Deutschen, die sich für die CIA verpflichtet hatten, bekannt. Die CIA-Agenten, in den Positionen eines Dorfpolizisten, Zollbeamten, Grenzbeamten usw., hatten zwar ihren speziellen, aber dennoch begrenzten Wert. Dennoch ist kaum anzunehmen, daß die CIA von diesem Typ Agenten ablassen wird. Die letzte Direktive der CIA dieser Art, die ich in meinem BND-Arbeitszimmer gelesen habe, war vom April 1961. Sie war auf verschlungenen Wegen von einem Außenmitarbeiter beschafft und auf dem normalen Meldeweg an mich gelangt – nicht wegen des Inhalts, sondern weil die Art und Weise, wie ein CIA-Angehöriger mit dienstlichen Unterlagen in seiner nächtlichen Freizeit umging, ein Sicherheitsfall zu werden schien. Abgesehen von dieser Möglichkeit, verschaffte das Dokument unerwartete Einblicke in Aufträge, die die in der BRD operierenden CIA-Stellen ihren Agenten als General- oder Probeauftrag zu geben hatten.
Damals hatten diese Agenten Übersichten über das betreffende Bundesland, in dem sie tätig waren, oder über Westberlin zu erarbeiten, das heißt, genaue Notizen über das Territorium, Industriezweige, Landwirtschaft, Transportwesen, ja selbst über die Bundeswehr, Polizei und den BGS anzufertigen. Aber vor allem kam es den amerikanischen Führungsoffizieren auf Insiderberichte aus den Bundestagsparteien CDU/CSU, SPD und FDP an. Dies ging bis zur Beschaffung von Mitgliedskarteien.
Die Ausforschung der Redaktions- und Chefbüros der Presse, von Funk und Fernsehen war ein weiteres Feld. Zweifellos wollte man die allgemeine Haltung der bundesdeutschen Journalisten kennenlernen, wissen, ob sie die amerikanische Politik in Europa unterstützten oder dieser entgegenwirkten. Überhaupt mußten alle Orte notiert werden, an denen Veranstaltungen propagandistischer Art stattfanden oder stattfinden konnten. Dies interessierte vor allem die Offiziere für psychologische Kriegführung. Die intensive Steuerung der Agenten auf die Ausführung subversiver Handlungen im entsprechenden Bundesland war ebenfalls festgeschrieben. Dazu gehörte die Einschleusung von CIA-Agenten in alle linken und rechten Organisationen. Wer nicht von den CIA-Agenten eingeschleust werden konnte, mußte sich selbst Quellen zur Charakterisierung der Mitglieder solcher Organisationen beschaffen.
Geht man davon aus, daß die Agenten in den fünfziger und sechziger Jahren diese Direktiven befolgten, kann man sagen, daß

die CIA die wichtigsten bundesdeutschen Organisationen und Institutionen unterwandert hatte, daß die amerikanische Geheimdienstbasis alle antiamerikanischen Aktionen im besten »politisch konservierten« Zustand überlebt hat.
Aus diesem Reservoir und aus Werbungen in den sozialistischen Ländern rekrutierte die CIA auch ihre Agentenfunker. Überhaupt wurde das Netz zum Abhören und Funken seitens der CIA vom Boden der BRD aus sehr weit gefächert. 1959 lief ein Teil des Programms unter der Bezeichnung »Operation Seatrail«, wahrgenommen von der 513th Military Intelligence Group mit Hauptquartier Camp King in Oberursel. In diesem Rahmen wurden Agentenfunker aus den Ländern des sozialistischen Lagers, vor allem der DDR, auf westdeutschem Boden ausgebildet. Die Auswahl der Funker im sozialistischen Lager erfolgte nach dem Prinzip, weitgehend zu garantieren, daß die Person auch im Kriegsfall am bisherigen Wohnsitz und Arbeitsort verblieb. Die deutschsprachigen Funker wurden mit Funkgeräten und entsprechendem Codematerial ausgerüstet, um bei konterrevolutionären und Kriegshandlungen die wichtigsten Informationen übermitteln zu können.
Die Amerikaner beschäftigte vor allem die Frage, für wie viele Agenten ein Agentenführer verantwortlich sein kann. Trotz großer Erfahrungen konnten sie dies schwer kalkulieren. Wenn man die zu erwartenden Verluste im Ernstfall und die amerikanische Regel, keine Agentenketten zu bilden und zu nutzen, in Betracht zog, war und blieb der »Agentenhunger« groß. Über meinen amerikanischen Verbindungsoffizier erfuhr ich, daß der amerikanische Geheimdienst festgelegt hatte, in der Regel einen Agentenfunker mit nur einem Agenten zu koppeln. Für die Spionageabwehr der östlichen Seite war diese Kenntnis sehr bedeutsam, erleichterte sie es doch, den Umfang des amerikanischen Netzes zu erkennen. Auch Funker des BND wurden dem amerikanischen Geheimdienst angeschlossen. Ausbildung und Einweisung waren perfekt. Theoretisch und praktisch wurden fast alle in der Spionage vorkommenden Situationen simuliert.
Der BND arbeitete nicht nur mit den Geheimdiensten der drei westlichen Siegermächte – CIA, SIS und SDECE – eng zusammen. Der sogenannte »Auslandsverbindungsdienst« unter Oberst Georg Buntrock (Deckname »Bohlen«) organisierte die Arbeitskontakte zu allen fremden Geheimdiensten. Da diese Art des Zusammen-

wirkens aus politischen Gründen besonders geheimhaltungsbedürftig war, wurde der Auslandsverbindungsdienst als Fleurop-Dienst bezeichnet, weil jeder fremde Partner hinter einem Blumennamen verborgen blieb. Mitunter bezeichnet man ihn auch nur mit dem Anfangsbuchstaben seiner blumigen Tarnung. So war beispielsweise der Fleurop-Partner H. (oder Hortensie) der amerikanische Partner CIA.

In einem Bericht über die Zusammenarbeit auf dem Gebiet der Gegenspionage im Jahr 1960 wurde festgestellt: »Die weitaus engste und umfangreichste Zusammenarbeit erfolgte im Berichtsjahr wieder mit Fleurop H. Der Materialaustausch war rege. Besondere Anerkennung verdiente der reibungslos vollzogene Einbau eines Mitarbeiters von 507 (Abteilung Gegenspionage) in den Fleurop-H-Stab zur Aufklärung von Karlshorst.«[42] Und zu den Abhöraktionen hieß es: »Auch in der Durchführung technischer Operationen ergab sich ein erfreulicher Einklang.«[43]

Damit waren sogenannte »joint operations« gemeint, bei denen von mir gesteuerte Außenmitarbeiter zusammen mit CIA-Agenten Lauschoperationen durchführten, also Wanzen einbauten. Darunter fiel auch, daß meine US-Verbindungsoffiziere die beim BND ausgewerteten Tonbänder der Telefonüberwachung der sowjetischen Botschaft und Handelsmission im Original zur Nachauswertung erhielten. Eine weitere »joint operation« war der Einbau von Wanzen in das Büro der chinesischen Presseagentur Hsin-Hua in Bad Godesberg. Hier drängten die Amerikaner darauf, mit ihnen gemeinsam mittels der Lauschtechnik zu erkunden, was in diesem Büro vor sich ging und ob man es vielleicht mit einem Vorkommando zu tun habe, das später diplomatische Aufgaben lösen solle, oder ob es sich nicht doch vielleicht um eine Spionagedependance der chinesischen Residentur in der Schweiz handle. Mit hinzugezogen wurden niederländische und britische ND-Kollegen, denn die Abhörleitungen mußten durch die Häuser oder Wohnungen akkreditierter Diplomaten dieser Länder verlegt werden.

Etwas widersprüchlich sah es in der Zusammenarbeit mit dem französischen Partner Fleurop N. (auch Narzisse genannt) aus. Dazu mußte man in dem sogenannten Bericht formulieren: »Das zweifellos bei Fleurop N. vorhanden gewesene Mißtrauen, begründet auf angeblich mangelnde Zusammenarbeit in der Algerienfrage, konnte durch einen Besuch des zuständigen Fleurop-N.-

Vertreters beim BND weitgehend ausgeräumt werden. Fleurop N. wurde überzeugt, daß 507 zur Mitarbeit auch in der Algerienfrage im Rahmen seines Auftrages und der politischen und gesetzlichen Möglichkeiten bereit sei.«[44]

Es wäre verfehlt, aus dem skizzierten Gegeneinander der NATO-Geheimdienste etwa den Schluß zu ziehen, sie könnten sich auf solche Weise eines Tages selbst aufreiben. Wie erläutert, gingen die damaligen »Unstimmigkeiten« hauptsächlich von der CIA aus, die nicht zuletzt mit den enormen »separaten« Agentennetzen in der BRD und Westberlin dort und schlechthin in Westeuropa ihre NATO-geheimdienstliche Führungsrolle durchsetzte. Objektiv hatte deshalb das Gegeneinander vielfach den Charakter einer flexiblen Arbeitsteilung, die trotz aller Querelen unter den nationalen Geheimdienstchefs und ihren politischen und militärischen Lobbys zur Forcierung des kalten Kriegs beitrug. Zugleich konnten sich in jener Zeit die Geheimdienste der BRD im einzelnen wie als Gesamtsystem formieren und profilieren, in Fort- und aktueller Umsetzung der konspirativen faschistischen Praktiken und Pläne sozusagen die Gestalt eines unsichtbaren Bundessicherheitshauptamtes annehmen, dessen Agentenbetrieb inzwischen quantitativ und qualitativ kaum noch den westeuropäischen Spionagenetzen der CIA nachstehen dürfte.

Ein wichtiger Faktor beim antikommunistischen Vorgehen war die Nutzung der Ostemigranten in Gestalt des NTS – der antikommunistischen Organisation der russischen Emigranten – in der BRD. Der BND war bis zu seiner Legalisierung auf diesem Gebiet mehr Zaungast. Vor allem der englische Geheimdienst durchforstete das Reservoir der Emigranten und Konterrevolutionäre.

Die Zusammenarbeit zwischen den englischen und bundesdeutschen Geheimdiensten regelte sich entsprechend den Abmachungen der Westallierten mit den Länderregierungen und der Bundesregierung. Der englische Geheimdienst verstand es von Anfang an, sich auch einen gewissen Einfluß auf die Organisation Gehlen zu sichern. Der SIS erhielt mehrfach von der Organisation dennoch nur solche Informationen, die die Amerikaner freigegeben hatten. Darüber hinaus wirkten jedoch jene Organisationsaußenstellen, die in der ehemaligen britischen Besatzungszone angesiedelt waren, innerhalb des abgesteckten Rahmens mit den Engländern zusammen. Die Engländer wiederum, die nicht wie die Amerikaner über einen Gehlen-Apparat in der BRD verfügten (von einer

gewissen Einsicht in die Arbeit des Bundesamtes für Verfassungsschutz in Köln abgesehen), bauten intensiv ihr eigenes Netz auf, wobei sie eng mit der Polizei und dem Verfassungsschutz zusammenarbeiteten. Wie schon erwähnt, schien Otto John, der erste Präsident des BfV, ihr Mann zu sein. Wenngleich es in diesem speziellen Fall ein schlechter Griff gewesen war, hatte der SIS dennoch die meisten BfV-Positionen mit seinen V-Männern und Agenten in der Hand.
Der englische Geheimdienst hatte getreu der profilierten antikommunistischen Doktrin Churchills seinen ganzen Apparat auf die Spionage gegen den Osten, insbesondere gegen die Sowjetunion und die DDR, ausgerichtet. Während der SIS alle möglichen Informationen aus der Organisation und über den Osten erhielt, revanchierte er sich bis 1957 nicht entsprechend. Er lieferte dem BND bis dahin nur weniger bedeutende Informationen.
Etwa ein Jahr nach der Legalisierung der Organisation – also 1957 – begannen schwierige Verhandlungen der Engländer mit den bundesdeutschen Geheimdiensten. Den Auftakt gab der Deutschlandbesuch von Außenminister P. H. Dean. Damit hatte auch ich eine größere Chance, in die Aufklärungsschwerpunkte der Engländer Einblick zu gewinnen. Der britische Dienst hatte 1956/57 153 Offiziere und 114 Angestellte sowie 408 Deutsche für die spezielle ND-Arbeit in der BRD eingesetzt. Er gab etwa 506000 Pfund Sterling für die Vernehmung von Ostflüchtlingen, die Briefzensur und die Telefonüberwachung aus. Diese Mittel erbrachten nach englischen Aussagen rund siebzig Prozent der Informationen über die UdSSR, die DDR sowie die Volksdemokratien vom Boden der BRD aus.
Verhandlungsthema mit dem englischen Geheimdienst war unter anderem auch, zu prüfen, welche Aufträge englischerseits an die bundesdeutschen Partner übergeben werden konnten. In einem Gedächtnisprotokoll darüber wurden vier Probleme behandelt und weitestgehend geklärt: Vor allem ging es um die Gewährleistung der Sicherheit, das hieß, die Engländer verlangten, daß alle Fälle von Spionage, Sabotage und Wühltätigkeit, die die Interessen der NATO berührten, ihnen unverzüglich mitgeteilt würden. Nur unter dieser Voraussetzung war Dean überhaupt befugt, den bundesdeutschen Diensten die Verantwortung für die Bearbeitung der Spionagefälle im ganzen zu übertragen. Des weiteren wurde gesichert, daß die Engländer dauerhaft an den Untersuchungen teil-

nehmen konnten, wenn es notwendig erschien, die Regierung Ihrer Majestät zu informieren. Auch die totale Übernahme von Personaldokumentationen von Ostreisenden in die BRD durch die Engländer blieb gewährleistet. Die Vereinbarung, die Dean aushandelte, kam mir wohl nicht zu Unrecht wie ein Stück englischer Besatzungspolitik vor.

Die »Ausforschung« der Deutschen anhand der angelegten Kartei des englischen Sicherheitsdienstes wurde im wesentlichen auf der Grundlage der zwischen den Bundesbehörden, den britischen Streitkräften in Westdeutschland und den Immigrantenbehörden des Commonwealth geschlossenen Vereinbarungen geregelt. Das hieß unter anderem, daß der Bund diese Aktionen bezahlte, während die englische Seite geheimdienstliche Überprüfungen durch bundeseigene Behörden gratis veranlassen konnte.

1957 wurde auch die Koordinierung zwischen dem SIS und dem Bundesnachrichtendienst korrigiert. Nach den Gesprächen darüber gab die englische Seite auch hausinterne Charakteristiken über das BND-Personal an ihre Führung. In einer solchen Mitteilung hieß es zum Beispiel:

> »Im Verlaufe der letzten 18 Monate hatte der deutsche Nachrichtendienst einen aktuellen Mangel an Personal, der durch seine Legalisierung und das außerordentlich schnelle Anwachsen des Arbeitsumfanges hervorgerufen wurde. Dieser Dienst hat seine Bearbeitungsobjekte und übergibt uns viele Informationen. Sein Hauptaugenmerk liegt auf der Bearbeitung von Ostdeutschland. Die Dokumente, die wir von diesem Dienst erhalten, belegen aber, daß die ersten Kopien an die Amerikaner übermittelt werden. Dennoch erhalten wir ständig Informationen über den östlichen Kriegsschauplatz. Unter diesem wachsenden Strom sind Informationen politischen Charakters sowie wertvolle Informationen für das Vereinigte Aufklärungsbüro und Angaben über die Beobachtungsergebnisse hinsichtlich der sowjetischen Seestreitkräfte und Fotografien von Schiffen.«[45]

Auf Wunsch der Engländer eröffnete der BND in Hamburg ein Büro, das den englischen Geheimdienst täglich über den Schiffsverkehr auf dem Kieler Kanal informierte. »Dies«, so der SIS, »gestattete uns, die Arbeit, gerichtet auf die Sammlung derartiger

Informationen, in Hamburg einzustellen. Unser Dienst spart daher operative Mitarbeiter und Sekretäre ein.«[46]

Ein anderer, nicht unbedeutender Fakt des kalten Kriegs war – wie schon angedeutet – die Formierung, Finanzierung und der Einsatz von Ostemigrantenorganisationen gegen die sozialistischen Staaten. Ein Einsatz, der sich gleichzeitig auf dem Gebiet des Terrors und der Ideologie vollzog. Aus meiner heutigen Sicht kann ich diese Methoden nur mit den Aktionen der Terroristen in den siebziger Jahre vergleichen. Bediente man sich in den fünfziger Jahren bei Gewalttaten vor allem osteuropäischer Ausländer, so waren es in den siebziger Jahren eigene, »nationale« Kräfte. Es waren nunmehr die Söhne und Töchter der Oberschicht der Bourgeoisie. In beiden Fällen malten die Angstmacher der imperialistischen Geheimdienste die Gefahr der Revolution und des Kriegs – die natürlich aus dem Osten kam – an die Wand. Seit der Gründung der Organisation Gehlen bestand eine Abgrenzung zwischen der CIA oder dem CIC und der OG im Hinblick auf die Steuerung der Ostemigrantenorganisationen: Possev, NTS, ukrainische Organisation unter Bandera usw.

Der Aufbau dieser fünften Kolonne lag allein in den Händen der Amerikaner, es gab keine selbständige Zuständigkeit des BND. Sicherlich wollte man die Machtfülle Gehlens in der BRD nicht total auswuchern lassen. Die Finanzierung der Emigrantenorganisationen und die Kontakte zu ihnen oblagen lange Zeit allein den amerikanischen Stellen. Dort, wo der BND auf unterer Ebene Kontakte zu Emigranten oder deren Organisationen herstellte, mußten die Amerikaner unverzüglich über die Verbindungsoffiziere informiert werden. Konnte der BND auf unterer Ebene Informationen erlangen, zogen die Amerikaner diese an sich.

Operationen mit diesen Emigrantenorganisationen, so, um Agenten in ihre ehemaligen Heimatländer zu entsenden, waren allein der CIA vorbehalten. Die CIA organisierte in den Emigrantenorganisationen »konspirative Zellen« und bildete sie an Waffen usw. aus, damit sie für Terrorakte sowohl in den ehemaligen Heimatländern als auch vom Boden der BRD aus gegen Vertreter der sozialistischen Länder vorbereitet waren. Es mußte kommen, wie es gedacht war: Einschleusungen von bewaffneten Banden in sozialistische Länder, Anschläge gegen ihre diplomatischen Vertretungen, alles diente dem Angstmachen, der Verschärfung des kalten Kriegs.

Auch die Lynchjustiz nahm in den Emigrantenorganisationen zu. Jeder Emigrant, der an dem Sinn der Gewaltakte zweifelte, der sich lösen wollte, wurde liquidiert. Daß man diese Art von Säuberungen, die übrigens, wie sich jetzt zeigt, allen Terrororganisationen eigen ist, dem Osten in die Schuhe schob, bedarf keiner Erläuterung.
Der BND wurde gelegentlich zur Pannenbearbeitung in den Emigrantenorganisationen herangezogen – insbesondere bei »Schleusungspannen«, wenn Agenten per Flugzeug eingesetzt werden sollten. Diese Pannen wurden dem BND mitgeteilt. Es erfüllte dann die Sachbearbeiter im BND mit einer gewissen Schadenfreude, denn sie erkannten schnell, daß die Mehrzahl der Fallschirmoperationen von vornherein zum Scheitern verurteilt waren, weil die sowjetischen Sicherheitsorgane, mit erprobten Mitarbeitern aus dem Krieg besetzt, die Agenten unmittelbar nach der Landung festnahmen. Viele Gehlen-Mitarbeiter hatten diese Erfahrungen schon bei FHO hinter sich gebracht. Mancher Mitarbeiter lehnte auch Angebote ab, auf diesem Feld direkt unter anglo-amerikanischem Befehl zu arbeiten. So beispielsweise der Oberstleutnant Adolf Wicht, der als bester Rußlandkenner Gehlens auch von den Engländern in dieser Richtung Angebote bekommen hatte.
Ein britischer Vernehmungsoffizier, Captain Pistorius, hatte ihm schon in der Gefangenschaft entsprechende Angebote gemacht. Pistorius schlug ihm vor: »Wollen Sie nicht Ihre Kenntnisse über die Sowjetarmee uns zur Verfügung stellen? Damit würden Sie dem Westen helfen, wenn es zum Kampf gegen Rußland kommen sollte.« Es sprach für den Oberstleutnant, daß er ablehnte. Später ging er allerdings zu Gehlen.
Die »Spiegel«-Redakteure Heinz Höhne und Hermann Zolling haben für eine solche Haltung eine Erklärung, die meiner Meinung nach sehr treffend ist: »Trotz der manchmal besseren materiellen Angebote der Konkurrenz hatten Gehlens Werber größere Erfolge, weil sie es verstanden, an die nationalkonservativen Instinkte und den Korpsgeist der ehemaligen Offiziere zu appellieren. Vor allem wußten sie den unversöhnlichen Antikommunismus der Ehemaligen anzusprechen, jenes emotionale Konglomerat, in dem sich der totalitäre Antibolschewismus der vergangenen NS-Ära mit dem niederdrückenden Erlebnis sowjetischer Militärerfolge und Ausschreitungen russischer Soldaten unentwirrbar vermengte.«

In Emigrantensachen habe ich einmal eine Verbindung, einen Fall der Gegenspionage, übernommen. Dies aber nur deshalb, weil sich die betreffende Kontaktperson weigerte, mit der CIA zusammenzuarbeiten. Ich warb ihn scheinbar für den BND, tatsächlich aber für die CIA an, und es erfolgte eine Scheinführung dieses Doppelagenten durch den BND. Ich hatte mich dabei streng an die Order der CIA zu halten. Dies war eine politisch sehr delikate Sache, deren Auswirkungen bis in die Gegenwart reichen, weshalb ich nicht weiter darüber berichten möchte.
Auch der erste Vorgang, den ich in der Pullacher Zentrale zu bearbeiten hatte, bestand in einer solchen Hilfeleistung, wobei der OG gewissermaßen als zur CIA gehörender Geheimdienst paradoxerweise noch relativ selbständige Entscheidungs- und Handlungsbefugnisse in Sachen Emigrantenagenten zustanden, mehr als nach der Legalisierung.
Zudem bekam ich als »Neuer« auch hier den abgegriffensten Vorgang auf den Tisch – den Vorgang mit der Deckbezeichnung »Kim«. Es handelte sich dabei um einen Agenten, der in Österreich ein breites Informationsnetz gegen den Osten aufgebaut hatte und in alle politischen Bereiche und Strömungen bei den sowjetischen und anglo-amerikanischen Besatzungsmächten, Emigranten aus der SU, Bulgarien, Rumänien und österreichischen Behörden eingedrungen war.
Alle Informationen, die »Kim« anschleppte, waren auf dem schnellsten Wege den CIA-Kontrolleuren der OG zu übermitteln. »Anschleppen« traf hier fast im wahrsten Sinne des Wortes zu, da man »Kim« zu jeder Tages- und Nachtzeit x-beliebige Spionagematerialien abverlangen konnte, sei es nun über das südeuropäische Emigrantenmilieu in Österreich oder gar über den »Sowjet-ND«, die Geheimdienste Ungarns, Bulgariens, Rumäniens usw. Daß »Kim« ein Nachrichtenschwindler war, der die Grenzen des Glaubhaften längst meilenweit überschritten hatte, mußte selbst ein Blinder sehen, ganz zu schweigen von der naheliegenden Vermutung, daß es sich bei ihm um einen Mehrfachagenten handelte. Doch aufgeben wollten ihn die Amerikaner nicht, weil seine »brisanten (sprich: erfundenen) Informationen«, wie mir der verantwortliche CIA-Offizier treuherzig versicherte, »oft viel Aufsehen in Washington« erregten. In der Organisation sah da niemand mehr durch, welchen Herren er tatsächlich diente. »Roderich« und »Rischke« erläuterten mir, wie ich administrativ, organisatorisch

und nachrichtendienstlich die »Kim«-Akte zu analysieren hätte, dies vor allem mit dem Ziel, zu operativen Schlüssen zu kommen, um den Vorgang richtig steuern und führen zu können. Immerhin waren die verschiedensten Emigrantengruppen aus allen Balkanländern zu erkennen, ihre Ziele und Ressentiments zu verstehen und Hunderte von Namen, oftmals nur phonetisch erfaßt, für die Karteiauswertung aufzubereiten. Diese Sisyphusarbeit ergab zwar keine volle Klarheit über die Verstricktheit von »Kim« im österreichischen Spionagedschungel, doch brachte die Analyse des Vorgangs mir selbst unschätzbares Wissen über den Arbeitsstil und die Zielstellung der Spionage der Organisation in Drittländern.

»Kim«, ein Medizinstudent aus Bulgarien, war ein Agent, der in Österreich vor allem Ungarn und Emigranten des Balkans ausspähte. Er wurde von der Dienststelle U/M in Bad Reichenhall gesteuert. Der Leiter war der ehemalige SS-Hauptsturmführer des Amtes VI, Mannel alias »Meier«.

Da »Kim« wahllos aus allen Bereichen Informationen an uns weitergab, geriet er schnell in den Verdacht, ein Nachrichtenhändler und Doppelagent zu sein. Auch englische Nachrichtendienstler waren in diesen Fall verstrickt. So kam ich in die überraschende, doch günstige Situation, sofort auch andere Bereiche der Organisation, auch die zuständigen amerikanischen Offiziere, kennenzulernen.

In Sachen »Kim« hielt ich dann Anfang 1954 Vortrag im I-Bereich bei Selmayr alias »Seewald«, dem verantwortlichen »Sichter« (der eingehenden Meldungen) des Bereichs Balkan. Später wurde Selmayr erster Chef des Militärischen Abschirmdienstes der Bundeswehr. Bei dieser Besprechung ging es um die »Abklemmung« von Quellen anderer Organisationsbereiche, die »Kim« unberechtigterweise kannte, beziehungsweise die ihn kannten. Dieses Problem führte wiederholt zu Unstimmigkeiten zwischen den einzelnen Bereichen der Organisation. Mein Lagevortrag zum »Kim«-Netz wurde akzeptiert und bot auch genug Schlüsse, um das Netz zu säubern. Der plötzliche Tod von »Kim« als Folge einer nichtbehandelten Lungenerkrankung kam uns jedoch zuvor, und ich konnte die ganze Sache mit mehr oder weniger Erfolg zu den Akten legen.

Die angeführten Beispiele von Hilfeleistungen zeigen zugleich, daß es bereits dadurch für die anderen NATO-Geheimdienste einige Möglichkeiten gab, das CIA-Monopol zu unterlaufen und hinter dem Rücken der Amerikaner ins geheimdienstlich verlockende Milieu der Emigranten und ihrer Organisationen einzubrechen. Mit der damit verwobenen Ostforschung entzog man sich erst recht jeder Kontrolle. Die Entwicklung, die sich so um die Mitte der fünfziger Jahre abzeichnete, schob die von allen Seiten und Ebenen her geheimdienstlich durchdrungenen Emigrantenorganisationen geradezu an die vorderste NATO-Front. So ist es denn auch nicht verwunderlich, daß etwa der BND – bekannter- und eingestandenerweise – inzwischen eine »offizielle« Emigrantenabteilung in seiner Zentrale eingerichtet hat.

Die Engländer hatten im Jahr 1956 ihre NTS-Verbindungen weitgend an die CIA übergeben. Es existierte eine entsprechende Vereinbarung zwischen dem SIS und der CIA, über die die Engländer ihre Residenturen in der Türkei, in Schweden, in den USA und in Frankfurt am Main informierte: Auf der am 28. und 29. Februar 1956 in London stattgefundenen Tagung der CIA und des SIS gab letzterer eine Erklärung ab, in der die Gründe für den Wunsch, die Unterstützung für den NTS einzustellen, angeführt wurden. Die Mitarbeiter des SIS waren danach im NTS auf Beschaffung von Informationen über die UdSSR ausgerichtet, wobei die psychologische Kriegführung mit Hilfe des NTS – im Gegensatz zur CIA – nur als Mittel zur Erreichung dieses Ziels betrachtet wurde. Bei der Einschätzung der Ergebnisse, die bei der siebenjährigen Zusammenarbeit mit dem NTS erreicht wurden, gelangte der SIS zu der Erkenntnis, daß die Zahl der vom NTS gesammelten Informationen nicht die finanziellen Ausgaben rechtfertigten. Der SIS glaubte auch nicht, daß die Zusammenarbeit mit dem NTS ergiebiger würde. »Der SIS«, so der Direktor, »zieht sich von diesen Operationen nicht aus politischen Erwägungen, sondern aus Sicherheitserwägungen zurück.«[47] Nach den Erfahrungen des SIS lohnten sich die illegalen Operationen des NTS nicht, und auch die normalen Flüchtlinge aus der UdSSR seien nicht besonders wichtig. SIS-Offiziere, die ich zu dieser Entscheidung befragte, teilten mir mit, ihr Wissen sei aufgrund der Zusammenarbeit mit dem BND so gut, daß nach Meinung ihres Direktors eigene Operationen mit dem NTS wenig einbringen würden.

Die CIA übernahm in dieser Zeit alles und legte 1956 detaillierte Richtlinien für die subversive Arbeit mit dem NTS fest. Das waren:

1. illegale Operationen (Gewaltakte in Westeuropa),
2. Ausnutzung der Überläufer,
3. Gewaltakte in der UdSSR,
4. Werbung von sowjetischen Bürgern außerhalb der Sowjetunion.

Die leitenden NTS-Führer Radschenko und Rudin (Radschenko war Mitarbeiter des NTS-Zentrums in Frankfurt am Main und arbeitete auf dem Gebiet der Spionage; Rudin – gleichfalls auf diesem Gebiet tätig – war in den USA geschult worden) wurden über die sogenannten objektiven Gründe informiert, weshalb der englische Geheimdienst sie abgehängt hatte. Die Abmachung zwischen dem SIS und der CIA war zynisch und perfekt zugleich. Als ich sie las, konnte ich mich des Eindrucks nicht erwehren, daß der SIS seine Agenten nicht nur aus finanziellen Erwägungen der CIA übergab. Die Forderungen der CIA waren eindeutig, es ging um eine Abgrenzung dieses Spionagefeldes gegenüber dem SIS wie im Fall des BND, also um den Machtanspruch des amerikanischen Geheimdienstes.

Der SIS mußte sich damit abfinden, daß die CIA in Westberlin allein mit dem NTS operierte. Geheimschrift und Funk des NTS wurden auf die Modalitäten der CIA umgestellt. Der SIS hatte jeden neu entstandenen Kontakt zum NTS sofort der CIA mitzuteilen. Und der SIS stellte seine konspirativen Wohnungen und auch Dokumente für NTS-Agenten noch lange Zeit zur Verfügung.

Komplizierter war schon die Übergabe jener Agenten des NTS, die in der Sowjetunion oder in neutralen und NATO-Ländern tätig waren. Dazu hieß es in der Mitteilung:

> »Wenn die Verbindungsleute des SIS dem SIS Fragen zum NTS stellen sollten, so ist SIS verpflichtet, keinerlei Erklärungen zu geben, die den Einsatz von NTS-Elementen durch die CIA in dem betreffenden Land schaden könnten. Die CIA ist verpflichtet, den Verbindungsleuten in Frankreich, der Schweiz und in Italien nichts davon zu sagen, daß der SIS früher in jenen Ländern gemeinsam mit dem NTS arbeitete.
>
> Der SIS teilt der Organisation Gehlen mit, daß er nicht länger mit dem NTS zusammenarbeitet, daß er es jedoch auf diese Weise und unter solchen Umständen mitteilt, damit die weitere

Zusammenarbeit zwischen NTS und CIA in Deutschland keinen Schaden erleidet« usf.

Damit war die politische Konzentration der NTS-Spionage unter der CIA vollzogen und gleichzeitig der SIS zu Hilfsarbeiten auf diesem Feld verpflichtet. Darüber hinaus fiel mit dem 30. Juni 1956 das operative Eigentum des SIS, das der NTS benutzt hatte, in den Besitz des NTS. Man kann sagen, daß die Zusammenfassung des NTS unter CIA-Flagge zu einer neuen Etappe des ideologischen und subversiven Angriffs gegen die Sowjetunion und die anderen sozialistischen Staaten führte: Der harte Kern der NTS-Führer und Mitarbeiter wurde auf weitere Verbrechen – bis hin zum Mord und bewaffneten Kampf gegen ihre Mutterländer – vorbereitet. Intellektuelle und etwas zu »weiche Typen« wurden an der ideologischen Front postiert, das hieß Aufbau als Einflußagenten oder, wie man heute sagt, Dissidenten und V-Männer, Journalisten, Rundfunksprecher der Sender des kalten Kriegs Radio Liberty und Radio Free Europe.
Betrachtet man diese Profilierung der fünften Kolonne durch die CIA in Gestalt der Emigrantenorganisationen und die Duldung der subversiven Sender Radio Liberty und Radio Free Europe, so muß man tatsächlich zu der vom Ex-Präsidenten des Bundesverfassungsschutzes, Günter Nollau, gestellten Frage kommen: »Wie sicher ist die Bundesrepublik?«, und zwar vor verbündeten Diensten.
Es ist mir nicht bekannt, daß dieser verdeckte Kampf der USA gegen den Osten nach den Ostverträgen seitens der Bundesregierung untersagt wurde. Nach wie vor sind die Emigrantenorganisationen Osteuropas Werkzeuge der CIA und der anderen NATO-Geheimdienste. Die Bedrohungsthese, gern und innig von den Rechtskonservativen herumposaunt, hat auch die Aufgabe, diese Überbleibsel des kalten Kriegs zu rechtfertigen. Eine Säule dabei ist die rechtskonservative und neofaschistische Presse, die sich von der CIA versorgen läßt. Die Springer-Blätter beziehen von ihr immer wieder geeignete Schlagzeilen.
Diese Kriegspropaganda in der Bundesrepublik gegen den Osten wird rapide eskaliert, und zwar von jenen, die die Fronde der subversiven Tätigkeit gegen die sozialistischen Länder immer neu beleben. Antikommunismus und das Geschäft mit der Angst sind zwei Seiten einer Medaille.

Geheimdienstlicher Neokolonialismus

Anhand des Beispiels Algerien sei zumindest kurz die Haltung des BND zu den Staaten der nationalen Befreiungsbewegungen, den sogenannten Entwicklungsländern, gestreift. Dafür hatte die Pullacher Führung im Mai 1961 eine Gesamtkonzeption unter dem Titel »Aspekte der Entwicklungshilfe« ausgearbeitet. Das umfangreiche Dokument war nicht nur nach Inhalt und Stil so abgefaßt, als handle es sich um ein Richtlinienpapier des Bundeskanzlers, sondern es wurde auch in dieser Weise wirksam. Auf und neben dem Dienstweg gingen von Pullach aus Exemplare an Regierungs- und Parlamentspolitiker in Bonn, Hauptaktionäre und Konzernmanager der Unternehmerverbände, Militärs des Führungsstabes der Bundeswehr, an BND-Vertraute in wissenschaftlichen Forschungseinrichtungen sowie den großen Verlags- und Pressehäusern. Dank solcher Adressaten machte Gehlen – offiziell als funktionshöchster geheimdienstlicher Entscheidungshelfer in außenpolitischen Belangen der Bundesregierung angestellt – wieder einmal regierungsamtliche Politik.
In der Konsequenz wurde mit diesem BND-Papier »eine Art globaler Marshall-Plan« gefordert, der »den Entwicklungsländern sozusagen ›werbewirksam‹ einen Weg in die Zukunft an der Seite des Westens weisen« sollte. Dazu hieß es dann im Text:

> »Ferner sollte darauf hingewirkt werden, daß Maßnahmen westlicher Staaten, die Ansatzpunkte für den Vorwurf des ›Neokolonialismus‹ bieten, entweder unterbleiben oder in einer Form durchgeführt werden, bei der diese Ansatzpunkte nicht in Erscheinung treten. Da es sich bei der Struktur der westlichen Welt nicht vermeiden läßt, daß ihre Mitglieder auch eigene, nationale Interessen verfolgen, wäre eine ständige, gegenseitige Unterrichtung in aller Offenheit erforderlich, insbesondere auch dann, wenn ein Land es aus bestimmten Gründen für angebracht hält, tatsächlich eine Politik der Aufrechterhaltung oder Schaffung von Abhängigkeitsverhältnissen zu betreiben.«

Den verschleierten und »in aller Offenheit« abgekarteten Neokolonialismus wünschte man »zu einem guten Teil« mit »Mittelstandspolitik« durchzusetzen, »möglichst im Einvernehmen mit den einheimischen Regierungen oder auch an diesen vorbei«:

> »In der Gesellschaft der Entwicklungsländer braucht der Westen vor allem Schichten, die als wirkliche Partner anzusprechen sind. Das werden auf die Dauer nicht nur Regierungen und ihre Funktionäre sein können. Zwar liegt z. Zt. noch die wirtschaftliche, unternehmerische Initiative fast ausschließlich bei der Bürokratie, aber selbst in den Wirtschaftsplänen verschiedener Entwicklungsländer wird das Fehlen unternehmerischer Betätigung auf dem ›privaten Sektor‹ bedauert. Leider ist die gesunde, tragfähige Mittelschicht, die sich dieser Aufgabe annehmen könnte, so gut wie nicht vorhanden. Sie fehlt auch insofern, als zuverlässige Träger für eine Partnerschaft mit dem Westen innerhalb der einheimischen Gesellschaft vonnöten sind.«

Bei der Empfehlung, »unbeschadet der unumgänglichen Zusammenarbeit mit den Regierungen der Entwicklungsländer« solche »Träger für eine Partnerschaft mit dem Westen« bevorzugt durch »die Arbeit ›am Mann‹« zu gewinnen, mangelte es nicht an agentenhafter Deutlichkeit:

> »Es genügt nicht, daß junge Leute aus den Entwicklungsländern auf westlichen Hochschulen ausgebildet werden, die dann nach Hause zurückkehren und in Amtsstuben ein ruhiges Dasein führen oder die Reihen der ›unversorgten‹ Intelligenz bereichern. Sie sollten vielmehr als entscheidender Faktor in die Entwicklungspläne eingebaut und evtl. auch in die Lage versetzt werden, private Klein- und Mittelbetriebe aufzubauen, die mit einem überschaubaren Arbeiterstamm den Bedarf ihrer Heimat an Konsumgütern decken helfen.«

Allerdings sei es »leichter ausgesprochen als verwirklicht«, daß »der Westen alles vermeiden möge, was in irgendeiner Weise an das Bestehen von Abhängigkeitsverhältnissen erinnern könnte«. Doch nur so ließe sich »den Regierungen wie den Völkern der Entwicklungsländer« vorgaukeln, »in den egoistischen Kolonialherren von gestern den selbstlosen Partner von heute zu sehen«, der »Eindruck« verwischen, »daß der ›Neokolonialismus‹ in neuem Gewande auftritt und ein neuer Trick zur Aufrechterhaltung oder Schaffung wirtschaftlicher Abhängigkeitsverhältnisse im Gange ist«.

Für den Westen dürfte sich das »Optimum der innerstaatlichen

Entwicklung« in jenen Ländern abzeichnen, »wenn sich zwischen Regime und Masse eine möglichst breite, staatstragende Mittelschicht herausbildet«. Diese »widerstandsfähige Mittelschicht mit echten eigenen Interessen« würde »sowohl der Ausuferung der oligarchischen Kräfte wie auch der Radikalisierung der Massen entgegentreten« und damit verhindern, daß die »Entwicklungsländer ... zum ›sozialistischen Aufbau‹ übergehen«. Bei weiterer Unterschätzung der von westlicher Seite notwendigen »Mittelstandspolitik« drohe die »gegenläufige Entwicklung zwischen Industrie- und Entwicklungsländern ... eine Klassenkampflage nach der Parole zu schaffen: ›Die Reichen werden immer reicher, die Armen immer ärmer.‹« Um so nachdrücklicher sei dieses zu beachten:

> »Innenpolitisch zeigen die Entwicklungsländer wenig Neigung für demokratische Prozeduren. Selbst dort, wo demokratische Verfassungen in Kraft sind, sind sie bis heute durchweg Fassade geblieben. Die Verfassungswirklichkeit tendiert eindeutig zur Oligarchie, wobei die Herrschaft des Familienclans an Unabhängigkeitsparteien, die nach Erreichung ihres Zieles immer volksfremder werden, oder andere Gruppen (z. B. Offiziere) fallen kann.
>
> Das Verständnis und die Bewunderung für Macht in jeder Form, z. B. auch in Gestalt spektakulärer technischer Leistungen, ist fast allen Völkern Asiens und Afrikas eigen, und der Drang des sozial Beweglichen, der Macht nahe zu sein und von ihr zu profitieren, ist bei den Anwärtern auf Amtspfründe aus den Reihen der modernen Intelligenz nicht geringer als bei ihren Vorgängern im alten Orient oder im kaiserlichen China. Nur ist ihre Zahl heute größer, und die Wahrscheinlichkeit, daß manche (und nicht die schlechtesten) nicht zum Zuge kommen und sich statt dessen zu Führern unzufriedener, arbeitender Massen entwickeln, wird um so größer, je langsamer der wirtschaftliche Ausbau und die Industrialisierung in diesen Ländern vorankommen. Man wird daher damit rechnen müssen, daß soziale Revolutionen in den Entwicklungsländern nach Erreichung eines gewissen Industrialisierungsniveaus bevorstehen können.«

Deshalb dürfte man sich gerade in der BRD nicht davon abhalten lassen, »bei der Kreditvergabe« einen »Beitrag zur Schaffung einer

Mittelschicht in den Entwicklungsländern« zu leisten, auch »wenn eine gesamtwestliche Konzeption der Partnerschaft nicht zustande kommen sollte«. Überlegenswert scheine, ob man nicht die Kreditierungen der Bundesregierung »... in die Hände einer Entwicklungsgesellschaft legt, die ihrerseits in den Entwicklungsländern mit korrespondierenden Gesellschaften ausschließlich einheimischer Zusammensetzung arbeitet. Dem zu fördernden Privatmann würde dabei lediglich die von seinen Landsleuten geführte einheimische Gesellschaft gegenübertreten. Die zur Verfügung gestellten Bundesmittel würden auf diese Weise entfiskalisiert, und es würde vermieden werden, daß die beabsichtigte Stärkung des privaten Sektors in den Entwicklungsländern auf dem Umweg über die Regierungen vor sich geht.«
Für »die westliche Privatwirtschaft« sei so von vornherein gesichert, daß »die notwendigen wirtschaftlichen Voraussetzungen für weitere Kredite in diesen Ländern geschaffen werden«. Darüber hinaus »würde zur besseren Koordinierung der Maßnahmen auf dem Gebiet der Entwicklungshilfe die Einsetzung eines ›Bundesbeauftragten für Entwicklungshilfe‹ zu erwägen sein«. Bezogen auf sein Wirken kämen Aspekte folgender Art in Frage:

»– Die wissenschaftliche Erforschung der Sprache, Geschichte, Kultur, Rechtsordnungen, Volkswirtschaften usw. der Entwicklungsländer sollte ganz erheblich intensiviert werden, um den Völkern zu zeigen, daß wir ihrem Wesen und ihrer Eigenart ehrliches Interesse entgegenbringen und uns um Verständnis bemühen.
– Um die Nachteile zu vermeiden, die bei der Ausbildung junger Menschen aus den Entwicklungsländern an westlichen Schulen und Universitäten aufzutreten pflegen, wäre zu erwägen, in verstärktem Maße Ausbildungszentren in den Entwicklungsländern selbst, u. a. etwa eine ›Deutsche Universität in Afrika‹, nach dem Muster der ›American University‹ in Beirut, mit zunächst deutschen Lehrkörpern zu schaffen. Die Lehrpläne sollten sich nicht nur auf technisch-naturwissenschaftlichen Stoff beschränken, sondern auch Wirtschafts- und Sozialwissenschaft, Geschichte und Landeskunde, Pädagogik, Jura usw. umfassen. Für Stipendien in den westlichen Ländern selbst sollte nur eine relativ kleine Zahl besonders ausgewählter Studierender in Betracht gezogen werden, die eine gewisse Ge-

währ dafür bieten, daß sie durch ihren mehrjährigen Aufenthalt in USA oder Europa ihrem Heimatland nicht zu stark entfremdet werden.«

Ungeachtet aller Einzelheiten müsse sich der Westen über eines vollauf bewußt sein:

»Eine erfolgreiche Wirtschaftspolitik in der Entwicklungshilfe bedeutet für die westlichen Industrienationen auf lange Sicht Investitionen für die Zukunft
- durch Bildung kaufkräftiger Märkte,
- durch Stabilisierung der politischen, sozialen und wirtschaftlichen Verhältnisse in den Entwicklungsländern,
- durch Überwindung einer teilweisen wirtschaftlichen Saturiertheit der westlichen Industriestaaten. In der Beteiligung des Westens am wirtschaftlichen Auf- und Ausbau der Entwicklungsländer liegen für die westlichen Industriestaaten die großen Chancen einer langfristigen und intensiven wirtschaftlichen Expansion. Unter diesem Aspekt sollte daher der Westen den Ausbau der Schwer- und Investitionsgüterindustrie forcieren, um den auf ihn in den Entwicklungsländern zukommenden Aufgaben gerecht werden zu können, was auch den teilweise notwendigen Umbau seiner Industriestruktur erleichtern würde ...«

Was damit zusammenfassend als »erfolgreiche Wirtschaftspolitik« deklariert wird, nennt jeder Sachkundige, der sich mit solchen ökonomischen und politischen Fragen auf wissenschaftlicher Grundlage befaßt, klipp und klar Neokolonialismus! Folgerichtig würde er aus dem bisher Dargelegten schließen, daß man sich in der damaligen BND-Konzeption auch unverblümt zu jenem »Aspekt« bekannte, der letztlich für alle imperialistische Herrschafts- und Machtpolitik entscheidend bleibt – die auf Hochrüstung und Krieg hinauslaufende Triebkraft Maximalprofit mit ihrer seit 1917 zu verzeichnenden antisowjetischen und antikommunistischen Aggressionsrichtung.
Demgemäß äußerten sich Pullachs Neokolonialisten über den »Ostblock«, um den Adressaten ihrer Analyse zu versichern, daß von dieser Seite nicht nur »die Neutralitätspolitik der meisten Entwicklungsländer« unterstützt, sondern auch deren absehbare

»Zugehörigkeit zum Ostblock« nicht erwogen werde. Bestehe doch »nach sowjetischer Auffassung« in den jungen Nationalstaaten erst einmal »die Notwendigkeit der Errichtung der Herrschaft der Arbeiterklasse und der Inangriffnahme des sogenannten ›sozialistischen Aufbaus‹«. Dank »der kommunistischen Doktrin« sei für die Bewältigung dieser »Notwendigkeit« ein »weiter, historischen Gesetzmäßigkeiten folgender Weg« erforderlich. Ergo:

> »Der Anschluß an die ›westliche Welt‹ ist für die Entwicklungsländer dagegen viel einfacher. Hier genügt ein bloßes Verteidigungsbündnis nach dem Muster der NATO, SENTO und SEATO. Die Aufgabe der Blockfreiheit durch die neutralen Entwicklungsländer könnte daher gegenwärtig nur in dem Sinne erfolgen, daß sie sich westlichen Verteidigungsbündnissen anschließen.«

In der Konsequenz sei das Ganze also nur eine Frage der – vom BND empfohlenen – Betrachtungsweise, bei der sich die »westliche Welt« eben befleißigen müsse, »Blockfreiheit« (gleich: Neutralität, Nichtpaktgebundenheit) zu ihren Gunsten auszulegen: »›Noncommitment‹ (im Original: ›Non-comitment‹; Anm. d. Verf.) heißt für einen in seiner Gesellschaftsstruktur nicht-kommunistischen Staat demnach nur Nichtzugehörigkeit zu einem westlichen Bündnissystem.«

Wer die Politik der BRD während der Jahrzehnte danach im Nahen Osten, in Afrika, Südostasien und Lateinamerika verfolgt hat, wird ohne Schwierigkeiten jene »Aspekte« wiederfinden, die der BND einst vorgegeben hat.

Mir lag daran, an einem konkreten Beispiel einmal ausführlicher zu demonstrieren, wie die geheimdienstlich aufbereiteten Informationen aussehen, mit denen der imperialistische Herrschaftsapparat in der BRD seine Entscheidungen trifft. Dabei dürften bereits die bisherigen Zitate aus den »Aspekten der Entwicklungshilfe« diese eigenartige Diktion veranschaulicht haben, in der sich ideologische, politische, moralische Borniertheit und Verkommenheit mit einem Objektivismus mischen, der vom Ansatz her durch den – wenn man so will: historisch-gesetzmäßigen – Zwang zur sachbezogenen Analyse bestimmt wird.

Zunächst fiel da den Verfassern der BND-Konzeption auf, daß der »Osten... nicht-westlich orientierten Ländern... den Ehrentitel

›Nationaldemokratie‹ (verleiht)«, um in »der chiliastischen Vision des Marxismus-Leninismus« dortzulande sozusagen »den Gärungsprozeß in der Bevölkerung« zu schüren. Aber damit der östlichen Abgefeimtheit nicht genug:

> »Der Ostblock konzentriert sich in seiner Wirtschaftspolitik und Entwicklungshilfe in den Entwicklungsländern vorwiegend auf solche Gebiete und Objekte, die – ohne Rücksicht auf die gesamtwirtschaftliche Lage des betreffenden Landes – den größten politischen Profit je investierten Rubel versprechen. Um sich seinerseits nicht dem Vorwurf des ›Neokolonialismus‹ auszusetzen und die Glaubwürdigkeit seiner Propagandathesen bei den Entwicklungsländern nicht zu verlieren, hält sich der Ostblock in seiner Wirtschaftspolitik gegenüber den Entwicklungsländern an folgende Prinzipien:
> *an das Prinzip des bilanzierten Warenaustausches.* Dadurch vermeiden die Ostblockstaaten eine zunehmende Verschuldung der Entwicklungsländer. Demgegenüber geraten die Entwicklungsländer durch ihre negative Handels- und Zahlungsbilanz gegenüber den westlichen Industriestaaten in ständig wachsende finanzielle Abhängigkeit;
> *an das Prinzip der Gewährung von Krediten mit niedrigem Zinsfuß* (2 bis 2,5 %) *und langer Laufzeit* (12 Jahre), so daß die Entwicklungsländer die Möglichkeit haben, während der Kreditfrist die im Kreditvertrag vorgesehenen Produktionsstätten aufzubauen und in Betrieb zu nehmen und mit ihrer Hilfe eine Akkumulation durchzuführen, die den Umfang der gewährten Kredite bis zum Rückzahlungstermin oft übersteigt;
> *an das Prinzip, die Rückzahlung der Kredite durch die Entwicklungsländer* auch in *lokaler Währung oder in Form von Warenlieferungen* anzunehmen;
> *an das Prinzip,* bei ihrer Kreditgewährung *in keinem Fall den Anspruch auf Eigentumsrechte* an den neu errichteten Produktionsstätten oder auf *Beteiligung an Kapital, an Gewinn,* an der Verwaltung dieser Objekte zu erheben, so daß die Ostblockkredite die Kapitalakkumulation in den Entwicklungsländern beschleunigen hilft, während z. B. der Transfer der von den USA im Ausland erzielten Profite und Dividenden den Nettokapitalexport häufig übersteigt;
> *an das Prinzip, tüchtige Fachleute in den Entwicklungsländern*

für Fabrikanlagen und zum Anlernen einheimischer Arbeitskräfte *zu senden*, die auftragsgemäß in ihrem Gastland *keine direkte kommunistische Propaganda* betreiben dürfen, um nicht deshalb ausgewiesen zu werden und dadurch die weitere Einflußnahme des Ostens zu erschweren.
Außerdem gewähren die Ostblockstaaten großzügig wissenschaftlich-technische Hilfe, durch die die heranwachsende Jugend in den Entwicklungsländern neben der Ausbildung in Wirtschaft und Technik zugleich die weltanschauliche und politische Schulung erhält, durch die sie befähigt werden soll, in ihrem Heimatland nach Abtreten der gegenwärtigen politischen Führung aus der Schicht der nationalen Bourgeoisie die sozialistische Revolution durchzuführen. Die Entwicklungshilfe des Westens wird vom Ostblock – nach dem Prinzip der ›List der Idee‹ – als unfreiwillige Hilfe für die Beförderung der sozialistischen Revolution betrachtet, soweit sie zur Industrialisierung der Entwicklungsländer beiträgt und damit auch das Proletariat mit schaffen hilft, mit dem die sozialistische Revolution realisiert werden kann.«

Als die Konzeption 1961 auch in die Hände westlicher »Freundes- und Partnerdienste« gelangte, gab es wegen der »deutschen Großmannssucht« manchen bösen Eklat nicht nur auf geheimdienstlicher Ebene. »Weil wir Deutschen denken können«, begründete mir gegenüber ein »Aspekte«-Verfasser die Ärgernisse. Meinem Einwand, daß die Gründe wohl eher aus der Selbstentlarvung der Verfasser als »kommunistische Agenten« herrührten, schenkte er natürlich keinen Glauben. Immerhin konnte ich ihm aber erklären, daß der Begriff »Non-commitment« nicht nur im Sinne von »ungebunden, neutral« zu verstehen sei. Schließlich habe »commitment«, das im Englischen »Verpflichtung, Bindung« bedeute, im Amerikanischen noch eine zusätzliche, sehr spezielle Bedeutung, nämlich »Börsengeschäft«. Auf die Entwicklungsländer bezogen, könnte man deshalb in freier Übersetzung sagen, mit ihnen ließen sich »keine Börsengeschäfte« machen. Aber diesen Aspekt hätten die Entwicklungshilfeexperten des BND wohl auch noch als günstigen Ansatz für die Mitgliedschaft in westlichen »Verteidigungsbündnissen« bewertet. Wenn das nicht der blanke »kommunistische« Hohn ist, was dann?[48]

Verhaftung, Vernehmung, Haftzeit

Im Oktober 1961 fühlte ich mich unwohl – körperlich und psychisch müde, abgespannt und nervös. Ich entschloß mich, einen Urlaubsrest zu nehmen und mich in meinem Haus an der Tiroler Grenze bei Gartenarbeit und Wanderungen zu erholen. Zuvor hatte ich noch eine Lieferung von 15 Minoxfilmen zusammengestellt, da bald nach meiner Rückkehr ein Materialübergabetreff geplant war.

Am Freitag, dem 3. November 1961, wurde ich telefonisch verständigt, daß in einer laufenden Gegenspionageoperation eine Panne passiert sei und das Bundeskanzleramt um einen Bericht ersucht habe. Die von uns gesteuerte und in Ostberlin lebende Quelle – ein für uns dubioser Mann, der sich selbst für Spionagezwecke angeboten hatte – war angeblich verhaftet worden, und seine in Westberlin lebende Mutter habe sich an das Bundeskanzleramt gewandt. Wir mißtrauten dieser Quelle auf das äußerste, vor allem die Auswerter konnten für seine Meldungen keine Bestätigungen erbringen – unerläßlich für eine Bewertung –, und überdies meldete er aus so vielen Bereichen, daß zwangsläufig der Verdacht auftreten mußte, er sei ein Irreführungsagent der anderen Seite oder ein Nachrichtenschwindler. Dieser Fall hatte die Tarnbezeichnung »Banane«.

Über ihn hatte ich natürlich mit meinen sowjetischen Partnern gesprochen und die klare Auskunft erhalten, daß er keinen Auftrag erhalten habe und zu ihm keinerlei Beziehung bestehe. Weiter wurde zugesagt, daß gegen ihn exekutiv nichts unternommen werde, es sei denn, er stelle sich selbst ein Bein und zwinge die DDR-Behörden zum Zugriff. Es gibt ja dumme Zufälle, der eine wird ertappt, wie er geheimes Material in die Aktentasche einpackt, dem anderen löst der Alkohol bei einer Betriebsfeier die Zunge, und er fängt an zu prahlen, was für ein Supermann er sei. Nun, ich war sicher, daß so etwas geschehen sein mußte, denn in keinem Fall hätten meine sowjetischen Partner ihre Zusage gebrochen, nichts gegen Personen zu unternehmen, die sie durch mich kennengelernt hatten.

In diesem Fall veranlaßte ich telefonisch noch von meinem Urlaubsort aus die notwendigen Maßnahmen und bestellte den VM-Führer für Montag, den 6. November, nach Pullach, um mit ihm in der Konferenzbaracke die Angelegenheit zu erörtern. Diese

Konferenzbaracke lag an der Nordgrenze des eingezäunten Sperrgebiets und konnte von außen, das heißt von einer öffentlichen Straße her, erreicht werden. Der zweite Eingang war vom Sperrgebiet her für die Mitarbeiter der Zentrale zu erreichen. So konnten Besucher, die natürlich Angehörige der Außenorganisation sein mußten, am Sitz der Zentrale mit leitenden Mitarbeitern konferieren. Das Sperrgebiet aber durften sie keinesfalls betreten.
Während ich mich noch auf die Besprechung mit dem VM-Führer vorbereitete und eingegangene Post sichtete, erreichte mich ein Anruf, daß ich etwa gegen 10 Uhr zu einem Vortrag bei dem Führungsbeauftragten Gehlens, dem früheren General »Langendorf« recte Langkau, erscheinen solle; man werde mich telefonisch abrufen. Als ich nun in das Hauptquartier gerufen wurde, in dem außer Gehlen die Führungsbeauftragten »Langendorf« und »Wendt« recte Wendland ihren Sitz hatten, entnahm ich meinen Akten eine Bildmappe mit Fotos von dem Telefonüberwachungsquartier in Köln, der technischen Operation »Frundsberg«. Ich wollte bei dieser Gelegenheit auch Wendland aufsuchen und zeigen, wie ich die Überwachung der Fernsprechanschlüsse und Telexleitung der sowjetischen Handelsmission organisiert hatte. Zuvor hatte ich diesbezügliche Gespräche mit ihm geführt. Er war federführend für die Vorbereitung der gesetzlichen Grundlage für ein Telefonüberwachungsgesetz, das die alliierten Vorbehaltsrechte ablösen sollte, was dann erst nach erregten Bundestagsdebatten im Jahr 1968 erfolgte. Mir lag daran, in diese Angelegenheit eingeschaltet zu werden.
Eventuell hätte sogar erreicht werden können, daß die Überleitung der alliierten Abhörangelegenheiten in deutsche Hand mir übertragen worden wäre. Aber ich wäre in jedem Fall stets auf dem laufenden gewesen, da ich ja schon eine eigene deutsche Abhörstelle eingerichtet hatte und führte und dazu die notwendigen Kontakte zur britischen Botschaft, dem Postministerium und den Oberpostdirektionen in Koblenz und Köln wie auch den zuständigen Fernmeldeämtern hatte.
Etwa gegen 11 Uhr wurde ich gebeten, zu Langendorf zu kommen. Ich setzte mich also in meinen Wagen und fuhr zum Hauptquartier. Während ich meinen Mantel ablegte, meldete mich der Wachposten in der Halle telefonisch im Vorzimmer an, so daß mir beim Klingeln an der entsprechenden Tür im ersten Obergeschoß wie üblich sofort geöffnet wurde. Die Vorzimmerdame bat mich,

Platz zu nehmen, sie werde mich anmelden. Als sie zurückkam, sagte sie, Langendorf werde mich sofort empfangen, er müsse lediglich noch ein Telefongespräch zu Ende führen. Offenbar hatte sie Langendorf ein Zeichen gegeben, daß ich eingetroffen sei und die vorbereitete Verhaftung erfolgen könne. Während ich wartete, gab die Sekretärin mir diskret zu verstehen, daß mir Langendorf die St.-Georgs-Medaille für meine zehnjährige Dienstzeit überreichen werde.

Nach wenigen Minuten kam Langendorf in das Vorzimmer, begrüßte mich, ließ sich von der Sekretärin die verpackte St.-Georgs-Medaille mit der Verleihungsurkunde aushändigen und bat mich in sein Zimmer, wo wir auf der Polstergarnitur – also weniger offiziell als am Schreibtisch – Platz nahmen. Er kam sofort auf den Fall »Banane« zu sprechen, ließ sich die ganze Angelegenheit vortragen und stellte auch Rückfragen. Diese waren so wenig intelligent und wurden so oft wiederholt, daß ich ungeduldig wurde und auf den zuständigen Gruppenleiter Auswertung verwies, der eigentlich sein zuständiger Gesprächspartner sei, wenn es darum gehe, eine zusammenfassende Wertung zu geben.

Nach ziemlich genau dreißig Minuten klopfte es, und Walrab von Buttlar, Deckname »Bernhard«, zuständig für die Sicherheit der Zentrale, betrat mit drei Zivilisten das Zimmer und erklärte sofort, auf mich zeigend: »Das ist Herr Felfe«, packte den zögernden Langendorf am Arm und zog ihn aus dem Zimmer. Währenddessen hatte der Anführer der drei einen Ausweis vorgezeigt, sich als »Kriminalpolizei« vorgestellt und mich mit der Frage, ob ich eine Schußwaffe bei mir führe, abgetastet. Ich müsse mitkommen. Er forderte noch meine Kraftfahrzeugschlüssel, dann gingen wir zu viert in die Garderobe, wo ich meinen Mantel in Ruhe anziehen konnte. Dem Wachposten fielen fast die Augen aus dem Kopf, denn was sich dort vor seinen Augen abspielte, war so ungewöhnlich – hausfremde Besucher, von »Bernhard« mitgebracht, holten mich ab –, daß es sein Begriffsvermögen überstieg.

Vor dem Hauptquartier stand ein Volkswagen. Wir fuhren durch das »stumme Tor« direkt zum Polizeipräsidium in München. Mir wurden keinerlei Fragen beantwortet. Man wisse selbst nichts – ich würde noch alles erfahren. Unterwegs gelang es mir noch, einige Notizzettel mit Deckadressen und Telefonnummern zu zerreiben und damit zu vernichten. Jedoch konnte ich den von mir vom Negativ angefertigten Abzug des beim letzten Treff in Wien erhaltenen Auftrags meiner Brieftasche nicht entnehmen. Zwar waren die schon erledigten Anfragen etc. abgeschnitten – übrig blieben jedoch noch genügend Punkte, die meine nachrichtendienstliche Arbeit gegen den BND bewiesen. Aber dieser Beweis war gar nicht mehr notwendig, wie sich später herausstellte.

In der Polizeihaftanstalt im Polizeipräsidium wurde ich durchsucht. Mir wurde der gesamte Tascheninhalt bis auf ein Taschentuch abgenommen und erklärt, alles weitere werde sich finden. Meine Bildmappe wie meine Ausweispapiere wurden in einem Umschlag versiegelt – für den Ermittlungsrichter des Bundesgerichtshofs (BGH). Wenn mir auch noch immer keine Erklärung für meine Festnahme gegeben wurde, so war mir doch klar, daß meine Tätigkeit als sowjetischer Agent im Bundesnachrichtendienst ihr Ende gefunden hatte.

Bei den ersten Vernehmungen gab ich auf Vorhalt zu, Kundschafter zu sein – was hätte ich wohl sonst sagen sollen? Von nun an konnte es nur eine Haltung geben: mich zu meinem Einsatz zu bekennen, aber dem Gegner – verkörpert durch den Ermittlungs- und Untersuchungsrichter des Bundesgerichtshofs, Dr. Fritz von Engelbrechten – so wenige Erkenntnisse wie möglich zu verschaffen.

Nach der ersten Vernehmung in München wurde der richterliche Haftbefehl erlassen. Zur Verschleierung meiner Verhaftung wurde ich schnellstens in ein kleines Gefängnis nach Linz am Rhein und nach wenigen Tagen in die Untersuchungshaftanstalt Koblenz als »Herr Namenlos« verlegt und so registriert.

Aber es gibt Zufälle, die niemand vorhersehen kann. Da man mich besonders abschirmte, wurde die Neugier der Gefangenen geweckt, die als Kalfaktoren Bewegungsfreiheit hatten. Einer von ihnen, der dem Kammerverwalter zu helfen hatte, erklärte seinem Wachtmeister: »Hören Sie, der Herr Namenlos, den wir nicht treffen dürfen, ist doch Herr Felfe aus München. Ich habe ihn in München gesehen. Er wohnt in dem Haus, in dem der Dr. Auerbach gewohnt hat und aus dem nach dessen Freitod die Familie ausgezogen ist. Ich bin dort mehrfach gewesen und habe ihn gesehen.« Das sagte dieser Gefangene, obwohl niemand außer dem Anstaltsleiter meinen Namen kannte und obwohl über meine Verhaftung noch keine Notiz in der Zeitung erschienen war. Die Presse erfuhr davon erst vier Wochen später.

Allerdings war durch diese Maßnahme meiner sowjetischen Führungsstelle keineswegs Sand in die Augen gestreut worden. Sie hatte sofort erfahren, daß ich und Hans C. verhaftet worden waren. Schließlich blieb ja das verabredete »Lebenszeichen« aus, sei es eine unverfängliche Postkarte an eine bestimmte Adresse oder ein regelmäßig zu erneuerndes Zeichen an einem verabredeten Ort, so daß die Klärung und eventuelle Sicherungsmaßnahmen anlaufen konnten.

Meine Vernehmungen wurden von zwei Beamten der Sicherungsgruppe des Bundeskriminalamtes durchgeführt und dauerten sechs Monate. Sie kamen täglich von Bonn nach Koblenz. In dieser Zeit erarbeitete der BND ein Diarium, das er dem Ermittlungsrichter in die Hand geben wollte, und das dauerte seine Zeit. So waren vom BND alle Akten und sonstigen Unterlagen, die je über meinen Schreibtisch gegangen waren und die ich abgezeichnet hatte, zusammengesucht worden. Sie sollen drei große Büros gefüllt und fünf Personen beschäftigt haben, die in einen, sich über Jahre erstreckenden Kalender eintragen mußten, was ich Tag für Tag getan hatte: Dienstreisen, Korrespondenz, Telefonate, Rücksprachen, Dienstbesprechungen, Treffs mit Mitarbeitern des BND oder der CIA. Reise- und Treffkostenrechnungen wurden ebenso ausgewertet wie dienstliche Protokolle, Kalenderaufzeichnungen und Urlaubsdaten.

Nach Abschluß der polizeilichen Vernehmung traf eine US-Kommission ein, die aus zwei Amerikanern und einem mir unbekannten BND-Angehörigen bestand. Der Wortführer der Amerikaner nannte sich Bonnhardt und schien im Frankfurter Hauptquartier der CIA tätig oder tätig gewesen zu sein. Er war mir unbekannt. Der andere Amerikaner war Mr. Petty, der mich und meine BND-Kollegen auf einer Reise durch die USA bis Washington begleitet und betreut hatte. Der Deutsche, der sich Beetz nannte, war nur zur Begleitung und aus Souveränitätsgründen gegenüber den Gefängnisbehörden anwesend. Von der Sache verstand er absolut nichts, und wenn er sich – höchst selten – in das Gespräch einschaltete, war zu erkennen, daß er herzlich wenig Ahnung von Nachrichtendiensten und ihrer Administration hatte. So wollte ihm überhaupt nicht eingehen, daß ich bei der Menge von Papier, welches täglich über meinen Schreibtisch zur allgemeinen Information lief, nur einen Teil lesen konnte, während viele Dinge von mir unbearbeitet weitergegeben wurden.

Mr. Bonnhardt erklärte sehr feierlich, daß sie mich mit Zustimmung der deutschen Regierung zu einigen sie, die Amerikaner, interessierenden Dingen befragen wollten, wobei er mir fest zusichern könne, daß das, was ich jetzt aussage, in keinem Fall gegen mich im Prozeß verwendet werde, selbst wenn es sich um völlig andere Angaben – entgegen meinen bisherigen Einlassungen – oder um neue Dinge handle. Ich erwiderte, daß ich das nicht glauben könne, da ein Vertreter des BND anwesend sei und die Interessen der deutschen Justiz und des BND wahrnehme, daß ich aber durchaus bereit sei, mich mit ihnen zu unterhalten. Petty erklärte, daß ich unbesorgt sein könne. Niemand habe einen besonderen Haß gegen mich oder wolle mir etwas Schlimmes zufügen. Die Sache müsse zwar ihren Gang gehen, aber man sei mir nicht übel gesonnen.

Nach diesen halb salbungsvollen, halb ironischen Worten war ich hinreichend gewarnt. Mr. Bonnhardt ging nun systematisch anhand von umfangreichen handgeschriebenen Notizen vor. Er fragte, welche von den mir bekannten Treffquartieren, Telefonnummern, CIA-Mitarbeitern und gemeinsam bearbeiteten Fällen ich dem KGB preisgegeben hätte und was daraufhin erfolgt sei. Was ich im einzelnen darauf antwortete, weiß ich heute nicht mehr. Ich blieb jedoch auf meiner bisher eingeschlagenen Linie, versuchte zu bagatellisieren und erklärte den Amerikanern ebenso wie der deutschen Polizei zuvor, daß es erschreckend sei, wie wenig sie vom KGB, seiner Arbeit und seinen Führungsmethoden wüßten. Im übrigen habe man sich herzlich wenig für die Amerikaner interessiert, weil das eben nicht zu der Zuständigkeit meiner Führungsstelle gehört habe oder weil man da vielleicht ohnehin im Bilde gewesen sei.

Besonders ging Bonnhardt auf meine dreiwöchige Amerikareise ein. Er erkundigte sich, was man darüber von mir habe wissen wollen. Als ich erklärte, daß »Alfred« von dieser Reise keineswegs beglückt gewesen sei und mich zu einer ähnlichen Reise nach Moskau eingeladen habe, hakte Bonnhardt sofort ein. Er vermutete, daß in unserer Reisegruppe eine zweite sowjetische Quelle gewesen sei. Ich erklärte, über unseren Aufenthalt in Washington und die Vorträge bei der CIA habe man keine besonderen Fragen gestellt und sei zu meiner großen Verwunderung sogar desinteressiert gewesen. Offenbar sei »Alfred« nicht für die CIA zuständig und habe auch keinen Anlaß gehabt, für seinen mit solchen Dingen befaßten Kollegen Aufklärung zu betreiben.

Bonnhardt war für die Unterhaltung mit mir eine wenig geeignete Persönlichkeit. Er versuchte, mich zu überzeugen, und ereiferte sich dabei. Er konnte seine Wut nicht verstecken, so daß die Atmosphäre stets gespannt war. Nach einer Woche gab er wütend auf. Er verlor seine Selbstbeherrschung und schrie: »Es hat keinen Zweck, mit Ihnen weiterzusprechen, wenn Sie uns so anlügen.« Ich bot ihm an, falls er Wert auf ein Gespräch lege, es nach meiner Verurteilung zu führen, vor dem Prozeß hielte ich derartige Unterhaltungen für völlig überflüssig, da sie weder dem Prozeß dienten, noch mir helfen könnten.

Er hat sich dann nie wieder sehen lassen. Vielleicht war ihm aufgegangen, daß er mir in seiner Unbeherrschtheit mehr verraten hatte, als er hätte sagen dürfen.

Nach dem Abzug der Amerikaner wurde ich nach Karlsruhe gebracht, um vom Ermittlungsrichter des Bundesgerichtshofs, dem besagten Oberlandesgerichtsrat Dr. Fritz von Engelbrechten, nun ausführlich anhand der Polizeiprotokolle und der vom BND übergebenen Dokumentation richterlich vernommen zu werden.

Dr. von Engelbrechten, ein eitler, aus Dresden stammender Glatzkopf, ehemaliger Kriegsgerichtsrat beim Feldgericht der 12. Flak-Division und des Höheren Flieger-Ausbildungs-Kommandeurs 4 in Dresden, vernahm mich in der Folgezeit über ein Jahr lang sehr höflich und konziliant und versuchte, die vorangegangenen Polizeiprotokolle zu stilistischen Meisterwerken umzuformulieren. Seine freundliche Maske ließ er aber nach einem Jahr abrupt fallen, als herauskam, daß ich aus meiner Zelle – trotz hermetischer Abschließung und strenger Kontrolle – mit meiner sowjetischen Führungsstelle korrespondiert und von ihr auch schriftliche Nachrichten sowie Geld empfangen hatte. Diese Blamage konnte er, der sich so gern als der älteste und erfahrenste Untersuchungsrichter des Bundesgerichtshofs apostrophierte, nicht verwinden, schien doch damit sein Wunsch, vom Oberlandesgerichtsrat zum Bundesrichter erhoben zu werden, unerfüllbar geworden zu sein. Er ist dann später aus dem BGH ausgeschieden und zum Bundespatentgericht in München übergewechselt.

Er bemühte sich, die letzten zehn Jahre meines bisherigen Lebens Tag für Tag zu rekonstruieren, wobei ihm die vom BND übergebene Dokumentation half. Mit seiner richterlichen Unabhängigkeit war es allerdings nicht weit her. So hatte der unabhängige und nur dem Gesetz unterworfene Ermittlungsrichter die bei meiner Fest-

nahme mitgeführte Fotomappe über die Operation »Frundsberg«, also die Telefonabhöranlage gegen die sowjetische Handelsmission, auf den Tisch gelegt bekommen. Nachdem ich sie ihm erläutert hatte, wurde darüber kein Protokoll aufgenommen, die Mappe nicht in der Asservatenliste aufgeführt, sondern dem BND übergeben. Eigentlich hätte der sich so korrekt gebende Richter ein Ermittlungsverfahren einleiten müssen, denn Telefonabhören war deutschen Stellen – also dem BND – damals nach deutschem Recht verboten und stellte überdies eine Verletzung des Grundgesetzes, Artikel 10, dar. (Mittlerweile ist dieses Problem durch ein Bundesgesetz vom 13. August 1968 geregelt worden. Erst seitdem ist der BND berechtigt, den Fernschreib- und Fernmeldeverkehr auf Tonträger aufzunehmen beziehungsweise mitzulesen oder mitzuhören. Was er vordem getan hatte, war illegal.)
Daß der Untersuchungsrichter hier beide Augen schloß und untätig blieb, verriet seine Parteilichkeit. Sie zeigte sich auch bei anderer Gelegenheit: Als während der Voruntersuchung das Bundeskanzleramt verlangte, daß mein Beamtenverhältnis aufgehoben werde und ich Dienstbezüge in Höhe eines fünfstelligen Betrages zurückzahlen solle, beauftragte ich meinen Rechtsanwalt, die mir dagegen zustehenden rechtlichen Möglichkeiten, also Klage beim Bundesverwaltungsgericht in Berlin, auszuschöpfen. Fassungslos blickte mich von Engelbrechten an und meinte, ich könne doch unmöglich verlangen, zu einem Verhandlungstermin nach Berlin gebracht zu werden, und der zuständige Senat sei außerdem auch nicht befugt, »Geheimsachen« wie die meinige zu verhandeln. Ich erklärte ihm kurz und bündig, offensichtlich wolle man mich nun auf allen Ebenen und nicht nur vor dem BGH »schlachten«. Wenn dies schon mein Untergang sei, dann wolle ich aber auch ein Begräbnis erster Klasse mit Musik und Pauke, dann wolle ich erklären, daß ich außer meiner Kundschaftertätigkeit durchaus erfolgreiche Arbeit für den Bundesnachrichtendienst geleistet hätte – wie die verfassungswidrige Durchführung der Telefonüberwachung der sowjetischen Botschaft in Rolandseck und der sowjetischen Handelsmission in Köln oder die Anbringung zahlreicher Wanzen in den Wohnungen sowjetischer Diplomaten. Oder die Tatsache, daß ich für Gehlen die von ihm informativ genutzte Sekretärin Globkes finanziell abgefunden und ihrem Lebensgefährten auf Kosten des BND eine Scheinbeschäftigung verschafft hätte, daß ich im Auftrag Gehlens in Bad Godesberg eine »Frem-

denpension« einrichten sollte (die Bezeichnung Massagesalon wandte man damals nur für physiotherapeutische Einrichtungen an) usw.

Dr. von Engelbrechten brach das Gespräch sofort ab – ich sah ihn erst nach einigen Tagen, am 13. November 1962, wieder. Er erklärte mir, er habe nach dem letzten Gespräch sofort Gehlen angerufen (wer hatte damals schon den direkten Zugang?) und einen sofortigen Besuch in Pullach zwecks Rücksprache mit ihm angemeldet. Er habe ihm am 12. November 1962 die Situation und meine Klageabsicht vor dem Bundesverwaltungsgericht dargestellt. Daraufhin habe er, Oberlandesgerichtsrat und Untersuchungsrichter des Bundesgerichtshofs, Dr. von Engelbrechten, die Vollmacht erhalten, mir verbindlich zu erklären: Wenn ich von meinem Klagerecht keinen Gebrauch mache und den mir zugegangenen Bescheid rechtskräftig werden lasse, werde der BND den ihm zufallenden Schuldtitel nicht gegen mich vollstrecken.

Anschließend wiederholte von Engelbrechten diese Erklärung auch am Telefon gegenüber meinem Rechtsanwalt, der mir dies sofort schriftlich fixierte, so daß die mündlichen Zusagen, sozusagen in Schriftform gekleidet, vorlagen.

Ein anderer Vorfall zeigte mir die Empfindlichkeit des Ermittlungs- und Untersuchungsrichters von Engelbrechten, die mich zur Wachsamkeit mahnte. Er hatte gegen mich die Vermögensbeschlagnahme verhängt, was sich natürlich gegen meine Familie, weniger gegen mich, auswirkte. Mein Rechtsanwalt erhob Einspruch und erwirkte eine Grundsatzentscheidung des Bundesgerichtshofs, wonach diese in der Strafprozeßordnung aus historischen Gründen enthaltene Bestimmung mit dem gültigen Verfassungsrecht nicht in Einklang stehe und somit die Vermögensbeschlagnahme aufzuheben sei.

Dr. von Engelbrechten war mindestens eine Woche sichtbar beleidigt, daß eine von ihm seit Jahren geübte Praxis, die Vermögensbeschlagnahme von Untersuchungsgefangenen in politischen Verfahren, aufgehoben und als nicht rechtens erklärt worden war. Er ließ es mich deutlich spüren, daß ich ihm zu viele Schwierigkeiten machte. Immerhin war diese Grundsatzentscheidung von der Fachpresse aufgegriffen und diskutiert worden.

Als ich ihm eines Tages vorhielt, daß einige meiner ihm gegenüber gemachten Aussagen mich in einem Punkt entlasten konnten, erklärte er: »Das nehme ich nicht auf, ich will Ihrem Verteidiger

Gelegenheit geben, auch noch etwas für Sie zu tun.« Gleiches gilt auch für die Anklagebehörde, die schlicht übersah, daß die Strafprozeßordnung ihr vorschrieb, auch entlastendes Material zu suchen. In meinem Fall dachte sie nicht daran; es scheint gängige Praxis zu sein.

Mein Prozeß begann nach einigen Verschiebungen am 8. Juli 1963 und dauerte – meist unter Ausschluß der Öffentlichkeit – zwei Wochen. Für die Verhandlung wurde ich auf Anordnung des berichterstattenden Richters, Bundesrichter Dr. Albert Schumacher, dem der Ruf anhing, ein »scharfer Hund« zu sein, entsprechend vorbereitet. Er verfügte – zwei Wochen vor dem Beginn des Prozesses –, mich nachts stündlich zu kontrollieren, und begründete diese Anordnung damit, daß zu befürchten sei, ich könnte mich durch Selbstmord dem Prozeß entziehen. Er hatte mich bis dahin noch nicht gesehen, traf somit seine Entscheidung ohne persönlichen Eindruck, wohl wissend, daß ein fest entschlossener Selbstmordkandidat durch Kontrollen in einstündigen Abständen an seinem Vorhaben nicht gehindert, wohl aber durch die psychische Belastung eher darin bestärkt werden kann. Die Kontrollen waren auch so laut, daß eine Nachtruhe nicht möglich war. Wer pro Nacht neunmal geweckt wird, ist nach zwei Wochen physisch am Ende – so betrat ich den Verhandlungssaal.

So feierlich, wie die fünf Bundesrichter des 3. Strafsenats in ihren roten Roben und Baretten hereinstolziert kamen, so lächerlich wirkte dieser mittelalterliche Mummenschanz auf mich. Sie, die Ankläger und Protokollführer, bewegten sich für mich auf dieser Bühne wie ein Elferrat bei einer Karnevalssitzung im Rheinland – nur mit dem Unterschied, daß sie sich selbst ernst nahmen und glaubten, die höchste Stufe juristischer Zivilisation erklommen zu haben. Dabei war das alles Theater, denn das Urteil stand ja schon längst fest. Erklärungen von mir wurde nur so weit Raum gegeben, wie es genehm war, dann wurde mir das Wort entzogen. Ich merkte, wie der Vorsitzende immer gespannt aufmerkte, ob nicht ein Wort zuviel gesagt würde, was einen Skandal hätte bewirken können. Der berichterstattende Bundesrichter Schumacher versuchte immer wieder, eine unangemessene Schärfe in die Verhandlung zu bringen, so daß er mehrfach vom Vorsitzenden gebremst werden mußte. So wollte er aus mir einen höheren Nazifunktionär machen, weil ich mit fünfzehn Jahren in der Hierarchie der Hitlerjugend Scharführer gewesen war, also den zweitniedrigsten

Dienstgrad erreicht hatte. Ausgerechnet dieser ehemalige Naziparteigenosse (Mitgliedsnummer 3 961 459) und SA-Mann, der für sich politischen Irrtum und Mitläuferschaft geltend gemacht haben mag, um Bundesrichter werden zu können, meinte, mir meine Vergangenheit vorhalten zu müssen.

Das Urteil wurde nach zwei Wochen gesprochen: 14 Jahre und Nichtanrechnung von einem Jahr Untersuchungshaft, macht zusammen 15 Jahre – die Höchststrafe. Daß ich diese Strafe nicht voll verbüßen würde, davon war ich fest überzeugt; ich stellte mich auf die Hälfte ein.

Ich kam in die Strafanstalt nach Straubing in Niederbayern, wo ich knapp sechs Jahre verbleiben sollte. Dort wurde ich sofort im sogenannten Rapportzimmer dem damaligen Anstaltsvorstand Dr. Wagner vorgeführt, der offensichtlich schon Anweisung für meine Behandlung hatte, denn er brüllte mich sofort an: Er werde mich fertigmachen, er werde mir das Kreuz brechen und mich auf Eis legen, bis ich schwarz sei usw.

Als ich mich im Gespräch mit dem Arzt und dem evangelischen Anstaltspfarrer darüber beklagte, beruhigten diese mich. Ich solle das nicht so tragisch nehmen, denn Dr. Wagner sei ein todkranker Mann, er leide an Magenkrebs. Aber für mich war es auch kein Trost, daß er zu seinen Beamten ähnlich grob und bösartig war, denn seine Untergebenen hielten sich durchaus an die Verhaltensmaßregeln ihres Chefs und erschwerten mir das Leben, wo sie nur konnten. Als Dr. Wagner während meiner Haftzeit starb, atmete ich auf. Aber sehr viel leichter wurde mein Dasein nicht, denn offenbar kümmerten sich die Bundesanwaltschaft und der BND nachhaltig um mein »Ergehen«. Ich weiß, daß Beauftragte des BND mehrfach die Anstaltsleitung aufsuchten, und konnte den Verdacht nicht loswerden, daß man unter den Gefangenen Provokateure suchte.

Der Terror mir gegenüber war psychischer Natur, aber dennoch schmerzhaft: Beispielsweise wurde es mir verweigert, Sonderbriefe zu schreiben und mit meinen Angehörigen zu korrespondieren. Briefe meiner Mutter wurden angehalten, und Erleichterungen, die die Anstaltsleitung anderen Gefangenen, oft üblen Kriminellen, zubilligte, wurden mir nicht gewährt. Allerdings gab es auch Bedienstete, die mir halfen oder mich informierten, wenn BND-Leute die Gefängnisverwaltung besucht hatten oder wenn über mich in der Beamtenkonferenz gesprochen worden war.

In ärztlicher Hinsicht wurde ich im Rahmen des dort Möglichen gut betreut. Die Ärzte, besonders der Neurologe Dr. Hans Schildmayer, und das Pflegepersonal haben mir keinen Grund gegeben, mich irgendwie zu beschweren – im Gegenteil. Die Ärzte waren eben zu intelligent, um einem politischen Gefangenen Schwierigkeiten zu machen, wie das andere Bedienstete aus Subalternität oft taten, indem sie Anordnungen von sich aus noch um einen Grad verschärften.

Hilfreich war mir gegenüber stets der evangelische Anstaltspfarrer, Kirchenrat Conrad Merkt. Er hatte in Stalingrad ein Bein verloren und die Schrecken des Kriegs noch gut in Erinnerung, was genug Gesprächsstoff bot. Er hatte einige Jahre zuvor den, wegen seiner kampflosen Übergabe der Stadt als »Retter von Greifswald« bezeichneten, Oberst a. D. Rudolf Petershagen betreut, der auch in Straubing inhaftiert gewesen war. Dieser war bei einer Reise nach München in die Fänge der bayerischen Justiz geraten, als er auf dem politischen Parkett Friedensaktionen unternehmen wollte.

Weil Petershagen den Kirchenrat Merkt in seinem Buch[50] als Friedensfreund bezeichnet hatte, bekam dieser dienstliche Schwierigkeiten, wie er mir verriet. Jetzt können ihm meine Ausführungen nicht mehr schaden: Er ist am 17. November 1974 gestorben – allseits geachtet und geliebt wegen seiner Menschlichkeit, die er in einer unmenschlichen Umgebung bewahrte. Diese, von mir als unmenschlich bezeichneten Verhältnisse in einer Haftanstalt will ich anhand einiger Beispiele beschreiben. Das Leben in einer Haftanstalt, unter dem Druck des bevorstehenden Prozesses und der moralischen und wirtschaftlichen Folgen für die Familienangehörigen, ist schwer beschreibbar, weil sich der Mensch in dieser Zeit in einem psychischen Ausnahmezustand befindet. Das gilt auch für die Zeit nach der Verurteilung, für die Monotonie des Daseins, den psychologischen Terror gegen den politischen Deliquenten und seine Situation insgesamt.

In dieser Hinsicht blieb mir kaum etwas erspart. Allerdings gibt es doch Unterschiede zwischen dem Status eines Untersuchungs- und dem eines (rechtskräftig verurteilten) Strafgefangenen. Über dieses Thema ist in den vergangenen Jahren in der bundesdeutschen Öffentlichkeit viel diskutiert und geschrieben worden. Oft habe ich dabei gedacht, warum man denn überwiegend nur die hört, die auf der Vorderseite der Gitter stehen. Betroffene werden bei diesen Diskussionen nicht oder kaum akzeptiert.

Ein Untersuchungsgefangener steht hinsichtlich des Briefverkehrs mit der Außenwelt besser da als ein Strafgefangener, der nur mit einem festgelegten Personenkreis korrespondieren darf und nur alle zwei Wochen ein kleines Zettelchen dafür erhält. Als Untersuchungsgefangener darf man sich, falls man das Geld hat, selbst verpflegen, wie es beispielsweise der Verleger des »Spiegel«, Rudolf Augstein, tat, als er wegen der sogenannten »Spiegel«-Affäre in Karlsruhe-Durlach in der kleinen Haftanstalt in der Marstallstraße 18, wenige Zellen neben mir, einsaß. Die Wachtmeister waren nicht begeistert, daß sie für ihn früh, mittags und abends aus einem nahen Restaurant die Mahlzeiten abholen und ihm auf einem Tablett servieren mußten.
Wenn man plötzlich in einem zwei mal vier Meter großen Raum eingesperrt wird, von der Außenwelt völlig isoliert und auch seiner Bewegungsfreiheit beraubt ist, täglich dreißig Minuten auf dem Gefängnishof im Kreis herumlaufen darf, erschlägt einen die Unwirklichkeit dieser Verhältnisse.
Mir ist heute klar, daß es bei künftigen Reformen nicht hingenommen werden darf, daß Gefangene trotz auf dem Papier stehender Rechte praktisch recht- und hilflos der Willkür unqualifizierter Menschen ausgesetzt sind. Hat jemand je den Versuch gemacht festzustellen, wie viele Anzeigen oder Dienstaufsichtsbeschwerden erstattet und wie viele davon von den Gerichten oder Aufsichtsbehörden abgeschmettert worden sind? Ich glaube, die Skandale in den Hamburger und Mannheimer Strafanstalten, in denen Gefangene zu Tode kamen, zeigten das Problem deutlich. Das war nur die Spitze eines Eisbergs. Und zumindest anfänglich versuchte die Justiz, alles zu vertuschen.
Mir wurde beispielsweise während meiner Strafhaft nicht erlaubt, eine illustrierte geographische Zeitschrift zu abonnieren. Als ich deshalb beim Oberlandesgericht mein Grundrecht auf Informationsfreiheit – für jeden Deutschen im Grundgesetz, Artikel 5, garantiert – einklagte, erging ein abweisender Beschluß, obwohl damals kein Gesetz dieses Grundrecht für Gefangene außer Kraft gesetzt hatte. So weit so falsch und schlecht.
Für meine Klage wegen der Verweigerung des Zeitungsbezugs wurden mir Verfahrenskosten auferlegt. Sie zu zahlen war ich auch bereit. Aber nun trat die Willkür des Strafvollzugs zutage, denn ich durfte diese Kosten nicht etwa aus meinem privaten Guthaben begleichen, sondern sie wurden vom sogenannten Hausgeld abge-

bucht. Dazu ist zu erklären, daß arbeitende Strafgefangene täglich fünfzig Pfennig verdienten, im Monat also etwa zwölf bis dreizehn Mark. Für besonders gute Sollerfüllung und ähnliches gab es vielleicht eine Mark Prämie im Monat. Die eine Hälfte dieser sogenannten »Arbeitsbelohnung« wurde als sogenannte Rücklage für die Entlassung angespart, die andere Hälfte war das Hausgeld. Nur von diesem Hausgeld konnten Porto und der monatliche Einkauf (bis zu höchstens zehn Mark) bezahlt werden. Wer nicht über genügend Hausgeld verfügte, konnte auch nichts einkaufen – Tabak etwa oder zusätzliche Lebensmittel. Wer viele Gerichts- oder Beschwerdebriefe schrieb, konnte weniger einkaufen. Und wer wie ich Gerichtskosten vom Hausgeld zu zahlen hatte, war zusätzlich mit Entzug der Einkaufsmöglichkeit bedacht worden, weil das kärgliche Guthaben durch die Gerichtsgebühren völlig aufgezehrt wurde.
Wer weiß schon, daß die Arbeitskraft der Gefangenen wie zu Zeiten, als es Sklaven gab, ausgebeutet wurde – von der Justiz, das heißt von ihren Bediensteten? In den Werkstätten der Strafanstalten – Druckereien, Buchbindereien, Schlossereien, Wäschereien, Tischlereien, Webereien, Flechtereien, Landwirtschafts- und gärtnerische Betriebe – wurden zu Sondertarifen Privataufträge für Justizangehörige ausgeführt. Zur Ausbildung des Rechtsgefühls der kriminellen Gefangenen trug dies natürlich nicht bei. Wußte man doch auch, daß es für diese Gefangenenarbeiten drei Tarife gab: Den höchsten Preis hatten Behörden zu entrichten, die etwas bestellten – etwa Möbel, Bucheinbände, Teppiche –, den mittleren Tarif zahlten Gefangene, die sich beispielsweise selbst ein Buch einbinden wollten. Das wenigste mußten Anstaltsbedienstete aufbringen, die sich Zimmereinrichtungen, Teppiche, Korbwaren, Bucheinbände usw. leisteten. So ließ sich ein Anstaltslehrer einen Wandteppich von rund hundert mal dreißig Zentimetern nach Vorlage einer Postkarte knüpfen. Der Gefangene, ein fleißiger Arbeiter, mußte von dieser kleinen Postkarte erst einen Knüpfplan herstellen – eine langwierige Arbeit. Dann arbeitete er über ein Vierteljahr, fünf Tage in der Woche, acht Stunden täglich, bis der Auftrag erfüllt war. Aber als der Werkstattschreiber die Rechnung für Zeit und Material – mehr wurde nicht berücksichtigt – erstellen wollte, mußte er sie auf Weisung seines Werkführers dreimal ändern, weil man doch nicht den echten Preis berechnen könne. Und als dann immer noch 125 Mark herauskamen, wurde dem

Schreiber gesagt: »Mehr als 95 Mark darf das Ding nicht kosten, sehen Sie zu, wie Sie das hinkriegen, schließlich sind Sie ja wegen Betruges eingesperrt, da werden Sie wohl wissen, wie Sie das auszurechnen haben.« Fürwahr ein guter Beitrag zur Resozialisierung!

Mittlerweile soll sich einiges geändert haben. Aber die beste Dienstanweisung taugt nichts, wenn sie von einem schlechten Chef angewandt wird.

Am Sonnabend, dem 18. Januar 1969, erhielt ich in der Strafanstalt Besuch. Ich befand mich gerade in der Buchbinderei und nahm am Freizeitkurs über Buchbinden teil. Gegen 9.30 Uhr erfolgte ein Anruf, der einen Besucher ankündigte. Gleich darauf kam ein Beamter, um mich abzuholen. Auf meine Frage, wer mich sprechen wolle, wußte er keine Antwort, er solle mich nur ins Verwaltungsgebäude bringen. Auf dem Gang wurden wir im Erdgeschoß des Verwaltungsgebäudes von dem diensthabenden Beamten der Hausverwaltung erwartet, der ebenfalls keine Ahnung davon hatte, um was es ging. Als ich das Rapportzimmer betrat, blieben die Beamten zurück, so daß ich mit dem Besucher allein war. Er erhob sich vom Stuhl, ging mir einige Schritte entgegen und begrüßte mich mit den Worten: »Guten Tag, Herr Felfe, ich bringe die Wende Ihres Schicksals. Bitte, nehmen Sie Platz.«

Meine erste Vermutung war, daß es sich vielleicht um einen Rechtsanwalt handeln könnte. Aber dieser Eindruck verflog sofort, als er weitersprach und erklärte, daß ich nun die Möglichkeit erhielte, wieder zu Ehre, Ansehen, wirtschaftlicher Unabhängigkeit und einer Altersversorgung zu gelangen. Er komme im Auftrag einer »mächtigen und einflußreichen Gruppe«, um mir ein Angebot zu machen, das mir alle Wünsche und Sehnsüchte erfüllen und mich völlig unabhängig und selbständig machen könne. Er sei beauftragt, mir das Angebot zu unterbreiten – falls ich bereit sei, nach meiner Entlassung weder in der Bundesrepublik zu bleiben, noch in den Ostblock zu reisen, sondern im neutralen Ausland zu leben –, meine Memoiren über meine gesamte ND-Tätigkeit, also rund 25 Jahre meines Lebens, zu schreiben. Die einzige Bedingung sei, daß ich im neutralen Ausland meine Wohnung nähme, wo ich jederzeit Besuch meiner Familie erhalten könne, ich dürfte sie auch in der Bundesrepublik besuchen, nur solle ich dort nicht ansässig werden.

Es sei wohl nicht zu umgehen, daß in diesem Fall die Sowjets mit

mir Verbindung aufnähmen und mit mir sprechen würden, aber entscheidend sei, daß ich nicht und niemals in den Ostblock reiste. Man biete mir ein Honorar von einer halben Million Mark, das auf einer beliebigen, von mir zu benennenden Bank im neutralen Ausland hinterlegt und dann freigegeben würde, wenn ich mein Manuskript abliefern würde. Der Zeitraum, in dem ich es fertigstellen wolle, könne von mir bestimmt werden. In der Zwischenzeit könne ich dieses Kapital nutzbringend anlegen, etwa in Investmentpapieren oder Wohnungseigentum; mein Eigentums- und Verfügungsrecht würde lediglich bis zur Manuskriptablieferung suspendiert, die Zinsen könne ich jedoch jährlich in Empfang nehmen.
Als ich den Besucher unterbrach und fragte, wer er denn sei und in wessen Auftrag er komme, erklärte er, daß ich sicher sein könne, daß er mich mit Zustimmung der zuständigen Behörden aufsuche, denn sonst würde er wohl nicht allein mit mir verhandeln dürfen. Seine Auftraggeber könne er noch nicht nennen, deren Namen würde ich noch erfahren, wenn er – meine Zustimmung und Bereitschaft vorausgesetzt – in der kommenden Woche wiederkomme, um mit mir einen Vertrag zu unterzeichnen. Ich solle doch bedenken, daß das angebotene Honorar ausreiche, um mir bei einer normalen Verzinsung von sechs Prozent eine Altersrente zu sichern, die höher sei als eine Beamtenpension, wie ich sie normalerweise beziehen würde.
Er wurde dann polemisch und erklärte etwa: Was wollen Sie denn im Osten, Sie gehören dort nicht hin, das ist doch kein Leben für Sie. Selbst die Frau von Philby ist enttäuscht aus Moskau in den Westen zurückgekehrt, weil sie dort, in dieser Öde und Sterilität, nicht leben konnte, und Ihnen wird es nicht besser ergehen. Ja, Sie würden vielleicht noch ganz andere Schwierigkeiten haben, denn wir wissen doch von Ihnen, daß Sie aus Ihrem Herzen keine Mördergrube machen und sagen, was Sie denken. Sie haben ja selbst gegenüber Gehlen und Ihren Vorgesetzten immer Ihre Ansicht vertreten, selbst, wenn Ihre Chefs anderer Meinung waren. Das können Sie bei den Sowjets nicht, jetzt schon gar nicht, wo Sie von ihnen abhängig wären.
Ich antwortete, daß ich noch nie Angst gehabt hätte, meine Meinung frei zu äußern, und es sei nicht anzunehmen, daß ich anders geworden sei, denn der gegen mich ausgeübte Terror in der Strafhaft hätte nicht dazu beigetragen, mich zu ändern – im

Gegenteil, dann hätte man mich zerbrechen oder umbringen müssen. Im übrigen sei ich der Meinung, daß den Sowjets ein Mensch, der seine Meinung frei äußere und sich nicht servil anpasse, lieber sei als ein Speichellecker und Jasager. Das sei meine eigene Erfahrung, und ich fände mich darin durch den früheren Botschafter der Bundesrepublik in Moskau, Hans Kroll, nur bestätigt, dessen Memoiren höchst lesenswert seien. Daraufhin wechselte der Besucher die Tonart und das Thema. Er fragte, wie ich mir denn meine berufliche Tätigkeit vorstellen würde, wenn ich in die DDR oder die Sowjetunion ginge.

Ich antwortete ironisch: »Eine berufliche Möglichkeit für mich zu finden wird nicht allzu schwer sein, denn ich gehöre nach einhelligem Urteil des Gerichts und des BND zur Intelligenzspitze.«

In einem Verlag, einer großen wissenschaftlichen Bibliothek oder einem Archiv einen adäquaten Arbeitsplatz zu finden hätte ich keine Angst. Auch im Bereich der Wirtschaft sähe ich durchaus Verwendungsmöglichkeiten. Daß eine ND-Verwendung nicht in Frage komme, sei wohl klar. Höchstens würde man mich als eine Art Berater bei diesen oder jenen Fragen, die Bundesrepublik betreffend, verwenden können. Mehr sei jedoch in dieser Hinsicht nicht zu erwarten, denn sieben Jahre Unterbrechung seien eine zu lange Zeit.

Außerdem gelte auch bei den Sowjets das ungeschriebene ND-Gesetz, daß ein enttarnter Kundschafter nicht mehr verwendet werden dürfe. Ganz besonders dann nicht, wenn er in gegnerischer Hand gewesen sei, und sieben Jahre sei die längste Zeit, die je ein Agent in der Bundesrepublik eingesperrt gewesen sei. Ich sei ja der »dienstälteste« politische Gefangene der BRD.

Eine nachrichtendienstliche Verwendung scheide also völlig aus, abgesehen davon, daß ich unter keinen Umständen dazu bereit wäre. Immerhin sei ich in einem Alter, wo man mehr Ruhe und Sicherheit benötige, und die siebeneinhalb Jahre Haft seien doch nicht völlig spurlos an mir vorübergegangen.

Darauf der Besucher: »Ja, ja – über sieben Jahre ist genug des Dankes durch Ihre Freunde, und mehr werden Sie kaum erhalten, wenn Sie hinübergehen.«

Auf meine Frage, wie man sich denn die Realisierung dieses Angebots denke, da ich ja von allen Unterlagen und Gedächtnisstützen entblößt sei, erfuhr ich, daß man mir natürlich behilflich sein würde, in alle notwendigen Unterlagen und Archive Einsicht

zu nehmen – auch in die Prozeßakten, sämtliche verfügbare Unterlagen, meine Aussagen in der Kriegsgefangenschaft, alle zeitgeschichtlichen Sammlungen einschließlich des amerikanischen Document Center, Zeitungsarchive usw.
Ich erklärte dem noch immer unbekannten Besucher, daß ich sein Angebot sehr interessant fände, vor allem die Klausel, im neutralen Ausland leben zu müssen, denn es sei schon immer ein Wunschtraum von mir gewesen, irgendwo in Österreich einen alten Bauernhof zu erwerben und zu meinem Lebensmittelpunkt zu machen. Aber was man sich denn von meinen Memoiren verspreche? Ob man vielleicht erwarte, daß ich die Tür hinter mir mit einem Knall zuschlüge und meinen Auftraggebern die Schlagzeile lieferte: »Sowjetischer Meisterspion bricht mit Moskau«, oder ob man vielleicht meine Entlassung von meiner Zusage abhängig mache, dieses Angebot anzunehmen, oder ob man die Absicht habe, mich im alten Gewerbe einzusetzen? Da müsse ich ihn enttäuschen. Ich ließe mich keinesfalls zu einem Eklat gebrauchen und hätte ebensowenig ein Interesse, irgendwie und irgendwo wieder nachrichtendienstlich tätig zu werden. Wenn ich auch vielleicht eines Tages meine Erlebnisse für eine Veröffentlichung niederschreiben würde – gleich, ob für seine Auftraggeber oder andere –, so hätte ich doch nicht die Absicht, mich von irgend jemandem mißbrauchen zu lassen. Lieber würde ich auf meine sofortige Entlassung verzichten, denn ich hätte den toten Punkt überwunden, und irgendwann müsse man mich doch entlassen. Spätestens in zwei Jahren hätte ich zwei Drittel meiner Strafe verbüßt, und man würde sich schwertun, wenn man mir dann die bedingte Entlassung nach Paragraph 26 des Strafgesetzbuches verweigern wolle. Außerdem sei dann dafür keine politische Instanz mehr notwendig, sondern allein das Gericht, das keinerlei Weisungen unterliege und nur aufgrund der gesetzlichen Situation entscheide. Und da könne nicht behauptet werden, daß ich noch eine Gefahr sei oder rückfällig werden könne – was allein Verweigerungsgründe seien. Also könne mich eigentlich nichts mehr schrecken. Es wäre vielleicht etwas anderes gewesen, wenn er bald nach meiner Verurteilung zu mir gekommen und Angebote gemacht hätte, dann wäre seine Situation besser gewesen. So aber sei ich nicht mehr zu erschrecken.
Nein, nein, so mein Besucher, man wolle mich keineswegs unter Druck setzen und wolle auch gar nicht, daß ich die Tür hinter mir

zuschlüge, aber man meine es gut mit mir. Dümmer konnte er wirklich nicht argumentieren. Schließlich erklärte er großzügig, man sei auch bereit, mir zu einer Namensänderung zu verhelfen. Darauf erklärte ich spontan, daß sei das beste Angebot in dieser Unterhaltung gewesen, denn hieße ich Müller oder Lehmann, dann könne es mir gleich sein. Aber bei meinem seltenen Namen sei ich schon daran interessiert, nach meiner Entlassung in Ruhe leben zu können.

Auf allgemeine Floskeln, daß er froh sei, mich aufgeschlossen vorgefunden zu haben und ihm seine Aufgabe erleichtert zu haben usw., erklärte ich ihm, daß er doch noch keine Zusage von mir habe, ausgenommen die Bereitschaft, ihn anzuhören, was er im einzelnen anzubieten habe. Denn heute habe er ja noch keine Einzelheiten genannt, sondern nur ein allgemeines Angebot gemacht. Er sagte, er werde in der kommenden Woche, also in wenigen Tagen, erneut erscheinen, um mit mir den Vertragsentwurf zu besprechen, den ich unterzeichnen solle. Ich würde dann auch erfahren, welcher Verlag mir dieses Angebot mache, heute könne er nichts dazu sagen.

Als ich ihn fragte, wie ich ihn denn anreden könne, wand er sich. Ich sprach sofort weiter, daß im nachrichtendienstlichen Bereich Namen ohnehin Schall und Rauch seien, daß es allen Beteiligten klar sei, daß angegebene Namen keine Bedeutung hätten, daß es aber angenehmer sei, wenn man jemanden persönlich ansprechen könne, und sei es auch nur mit einem falschen Namen.

Darauf der Besucher: »Nennen Sie mich Bayer.« Daß er damit seine nachrichtendienstliche Herkunft zugegeben hatte, ging ihm bei der Schnelligkeit der Unterhaltung in diesem Moment bestimmt nicht auf.

Bayer erklärte dann noch zum Schluß der Unterredung, er habe veranlaßt, daß ich bis zum Vertragsabschluß, also bis die Unterhaltungen mit ihm vorüber seien, isoliert werden würde, damit ich mit niemandem sprechen könne. Und es sei selbstverständlich, daß ich über dieses Thema unbedingtes Stillschweigen bewahren müsse, sonst würde man dieses Angebot nicht aufrechterhalten. Gegen die mir nun wieder drohende Einzelhaft opponierte ich schärfstens und erklärte, daß sie am ehesten geeignet sei, Aufsehen zu erregen. Ich sei allenfalls bereit, mich für ein paar Tage ins Lazarett zu legen, da sei ich auch allein, und es falle nicht auf. Er wolle nun nichts mehr ändern, meinte Bayer dagegen, aber es sei ja nur für

ein paar Tage, und er würde mir dann Lesestoff, Zeitungen usw. mitbringen.
Anschließend an die Unterredung mit Bayer wurde ich sofort in Einzelhaft gebracht, das heißt völlige Isolierung, Einzelhofgang usw. Am nächsten Tag, Sonntag, dem 19. Januar 1969, wurde ich mittags zum Anstaltsvorstand, Regierungsdirektor Dr. Wilhelm Stärk, gebracht. Er wollte mir lediglich eröffnen, daß er auf Wunsch der Bundesanwaltschaft nach dem Gespräch mit »Herrn Dr. Bayer« die Einzelhaft angeordnet habe. Falls ich an dem heute, Sonntag, in der Kirche stattfindenden Konzert – erstmals mit Gesangs- und Klaviersolisten – teilnehmen wolle, müsse ich von den anderen getrennt sitzen und besonders bewacht werden. Ich verzichtete. Dr. Stärk meinte noch, daß »Dr. Bayer« ja wohl am Mittwoch oder Donnerstag wiederkommen werde.
Ich machte den Vorschlag, mich doch nicht im Absonderungsflügel zu belassen, sondern besser ins Spital zu verlegen. Man könne die bisherige ambulante Behandlung meiner Ischiasbeschwerden stationär fortsetzen, denn meine Verbringung auf die Absonderungsabteilung errege doch nur unnötiges Aufsehen. Dr. Stärk ging sofort darauf ein und sagte, er werde Entsprechendes veranlassen, damit ich am nächsten Tag ins Lazarett verlegt würde.
Als ich vom Verwaltungsbau ins Zellenhaus zurückkam, wurde ich zur Zentrale gerufen, wo mir der diensthabende Beamte mitteilte, der Vorstand lasse mir sagen, er habe bereits mit dem leitenden Arzt telefoniert, und ich möge mich am nächsten Tag regulär krank melden. Dann erfolgte meine Aufnahme ins Spital. Dort wartete ich auf den Besuch des »Dr. Bayer«. Am Donnerstag, dem 23. Januar, ließ mir Dr. Stärk ausrichten: »Der Herr, der Sie kürzlich besucht hat, wird morgen, am Freitag, kommen.«
Aber auch an diesem Tag erfolgte nichts. Dagegen wurde am Sonnabend, dem 25. Januar, also genau eine Woche nach der Unterredung mit »Dr. Bayer«, der diensthabende Sanitätsbeamte im Spital vom stellvertretenden Anstaltsleiter angerufen und unterrichtet, daß meine Isolierung ab sofort aufgehoben sei. Ich wurde dann am Montag, dem 27., ins Zellengebäude zurückverlegt und nahm meine Arbeit wieder auf. Am Nachmittag kam Dr. Stärk auf seinem Routine-Betriebsdurchgang auch in die Buchbinderei. Er fragte, wie ich meine Isolierung überstanden hätte, worauf ich erwiderte, ich verstünde nun überhaupt nichts mehr, denn die Absonderung sei ja völlig überflüssig gewesen.

Dr. Stärk erklärte mir ziemlich überzeugend, daß auch er nichts wisse, weder über mein Gespräch mit »Dr. Bayer« noch über den Grund seines Ausbleibens. Er sei lediglich telefonisch angewiesen worden – von wem, sagte er nicht, aber es konnte nur die Bundesanwaltschaft gewesen sein, die ja auch die Absonderung verlangt hatte. Er könne mir mangels Wissens keine Erklärung geben. Sollte er aber noch etwas erfahren, dann werde er mich ins Bild setzen.
In der Isolierungshaft hatte ich Zeit gehabt, mir meine Gedanken über »Dr. Bayer« zu machen. Klar war, daß er die Besuchserlaubnis von der für mich zuständigen Bundesanwaltschaft erhalten haben mußte, die auch die Anordnung traf, daß das Gespräch unter vier Augen erfolgen dürfe und ich anschließend in völlige Isolierung zu nehmen sei. Ebenso klar war mir, daß das der BND bewirkt haben mußte. Aber wer stand nun hinter »Dr. Bayer«?
Wie ich schon seit Weihnachten 1968 aus Andeutungen meines Berliner Rechtsanwalts wußte, war im Februar 1969 mit meiner Begnadigung und Haftentlassung zu rechnen. Offenbar wollte man vorher noch den Versuch machen, mich zum Bruch mit den Sowjets zu bringen, um das propagandistisch ausschlachten zu können.
Der BND hatte den Weg des »Dr. Bayer« zu mir geöffnet. Aber ich konnte mir nicht vorstellen, daß er eine halbe Million für ein paar Schlagzeilen herausrücken würde und auch nicht dafür, mich mundtot zu machen. Denn daß meine Memoiren auf diesem Wege nie veröffentlicht werden würden, war sicher. Ich kam nach allem Abwägen zu der Überzeugung, daß meine ehemaligen Kollegen von der CIA dahinterstecken mußten, um das vor der richterlichen Vernehmung abgebrochene Gespräch fortzusetzen. Diverse Versuche von amerikanischer Seite, nach meiner Haftentlassung über mich Informationen einzuziehen und mit mir in Verbindung zu kommen, haben mich in dieser Annahme bestärkt.
Erst am Donnerstag, dem 13. Februar, sah ich den Anstaltsvorstand wieder, als er wieder einmal die Buchbinderei besuchte. Er fragte mich nach meinem Befinden. Auf meine Frage, ob er von »Dr. Bayer« etwas gehört habe, erklärte er leicht lächelnd: »Darüber verweigere ich die Aussage« und entfernte sich.
Am Abend desselben Tages wurde ich um 17.15 Uhr bei Arbeitsschluß zu Dr. Stärk geführt. Die bisherigen Ereignisse waren so ungewöhnlich, daß es für mich schon feste Gewißheit war, daß

eine entscheidende Wende eingetreten sein mußte. Dr. Stärk begrüßte mich in seinem Arbeitszimmer, indem er mir die Hand entgegenstreckte und sagte: »Meinen herzlichen Glückwunsch – bitte, nehmen Sie Platz.« Er eröffnete mir, daß ich sofort für einen Abtransport eingekleidet werden würde. Ich würde am nächsten Morgen zur Grenze gebracht. Er solle mir von dem zuständigen Herrn des Bundesjustizministeriums bestellen, daß ich am nächsten Abend frei sein würde, falls »Ihre Freunde ihr Wort halten«. Im übrigen habe er bereits am Morgen, als ich ihn gesprochen hätte, über meine bevorstehende Entlassung Bescheid gewußt. Auf »Dr. Bayer« sind wir dann in unserem Gespräch nicht mehr gekommen. Dr. Stärk wußte über ihn mit Sicherheit nichts Wesentliches.

Am Freitag, dem 14. Februar 1969, wurde ich von zwei Beamten der Sicherungsgruppe des Bundeskriminalamtes abgeholt und zur Grenze gebracht. Beide kannte ich nicht, sie nannten auch keine Namen. Sie waren sehr freundlich. Mir wurden Grüße und gute Wünsche von meinem Vernehmer Weber ausgerichtet. Um 18.50 Uhr erreichten wir pünktlich die Grenzstelle Herleshausen. Nach einer kurzen Zeit des Wartens in einem Nebenraum erschien ein Herr, der mir den Gnadenerweis eröffnete: »Sie sind ab sofort durch den Gnadenerweis des Herrn Bundespräsidenten bedingt auf fünf Jahre entlassen. Sie wissen, daß Sie in dieser Zeit nicht straffällig werden dürfen, da sonst der erlassene Strafrest vollstreckt würde. Ihnen steht es als Bundesbürger frei, Ihren Aufenthalt und Wohnsitz nach Ihrer Entscheidung zu wählen. Im Falle einer Ausreise steht einer Wiedereinreise oder Niederlassung in der Bundesrepublik nichts im Wege – guten Abend.«

Nach einer kurzen Begrüßung durch Rechtsanwalt Wolfgang Vogel und Rechtsanwalt Jürgen Stange, den damaligen Westberliner Vertrauensanwalt der Bundesregierung, trat ich dann frei die Reise über die Staatsgrenze an.

Die Grenze hatte kurz zuvor in umgekehrter Richtung ein Omnibus passiert. In ihm saßen 21 Personen, sämtlich Agenten westlicher Geheimdienste. 18 waren in der DDR gefaßt und verurteilt worden. Drei bundesdeutsche Studenten waren am Vortag mit einem Sonderflugzeug aus Moskau gebracht worden, wo sie wegen Spionage für den amerikanischen Geheimdienst verurteilt worden waren. Meine Freunde hatten ihr Wort eingelöst, daß ich von ihnen nie im Stich gelassen würde.

Überrascht war ich, daß die Tatsache meiner Begnadigung so rasch offiziell der Presse mitgeteilt wurde. Vermutlich war man der Meinung, daß sich eine derartige Aktion ohnehin nicht oder nur kurze Zeit verheimlichen lasse, so daß ein entsprechender Versuch keinen Sinn habe. Offensichtlich waren in Bonn die entsprechenden Texte für die Bekanntgabe schon vorhanden und der Presse nach dem Eingang der telefonischen Nachricht, daß alles glattgegangen sei, übergeben worden.
Von vornherein war eine Zusammenarbeit mit der Presse in dieser Angelegenheit beabsichtigt. Dies geht aus der Tatsache hervor, daß im »Spiegel«, Nr. 9, vom 24. Februar 1969, Seite 3 und 74ff., und im »stern«, Nr. 9, vom 25. Februar 1969, Seite 30ff., Fotos enthalten sind, die bei meinem Grenzübertritt am 14. Februar abends aufgenommen worden waren. Offenkundig waren die Fotoreporter von offizieller Seite unterrichtet worden, daß ich in Herleshausen die Grenze überschreiten werde. Von den anderen ausgetauschten Agenten war kein Bild in der Presse – also galt das Interesse nur mir.
Die beiden verschiedenen Aufnahmen sind von zwei weit auseinanderliegenden Standorten gemacht worden. Es müssen also mindestens zwei Fotoreporter anwesend gewesen sein, denn mein Aufenthalt im Freien dauerte höchstens zwanzig bis dreißig Sekunden, so daß ein entsprechender Stellungswechsel eines Fotografen nicht möglich gewesen wäre. Ich vermute, daß mit diesem Entgegenkommen offizieller Stellen die Presse motiviert werden sollte, die mitübergebenen Informationen polemisch zu verwerten.
Wenn ich mir heute, nach so vielen Jahren, die Artikel der BRD-Presseerzeugnisse über meinen Austausch und über mich selbst betrachte, dann kann ich es – und so habe ich das von Anfang an gesehen – nur mit Bismarck halten, daß man richtig gehandelt hat, wenn einen die Feinde schmähen.
Nun gut, könnte man einwenden, das war damals, heute herrscht ein anderes politisches Klima – weit gefehlt. Noch heute werden die damals konstruierten Lügen in den Redaktionsstuben aus den Archiven hervorgeholt und nach Bedarf verwendet. Und wie auf anderen Gebieten ist die antikommunistische, besonders die antisowjetische Zielrichtung nicht zu übersehen. Es geht den Schreiberlingen nicht darum, zwischen mich und meine sowjetischen Partner einen Keil zu treiben. So dumm sind sie nicht. Aber es geht darum, die Lüge von der sowjetischen Bedrohung immer wieder in

das Bewußtsein der Bundesbürger zu heben. Und dazu eignet sich der »gefährliche Sowjetspion« Felfe noch immer.
Um zu verdeutlichen, wie durch falsche Presseinformationen die Wahrheit verfälscht wird, möchte ich zum Schluß noch einiges klarstellen, was ich an anderer Stelle schon gesagt habe.
Es ist, wie bereits erwähnt, zum Beispiel völlig frei erfunden, daß mir »zur Weitergabe an den westdeutschen Geheimdienst« Protokolle aus geheimen Sitzungen der DDR-Regierung und dazu abfällige Urteile von bürgerlichen DDR-Ministern über ihre SED-Kollegen und gegen den SED-Chef Walter Ulbricht gerichtete Stimmungsberichte aus dem SED-Zentralkomitee zugespielt wurden, wie es in einem »Spiegel«-Artikel hieß. Damit sollte offensichtlich versucht werden, Mißtrauen innerhalb der Regierung der DDR und gegenüber der Zusammenarbeit mit der Sowjetunion zu erzeugen. Ebenso falsch und erfunden ist die häufig zitierte Behauptung, daß mir »Alfred« ein komplettes Netz von Moskauer Konspiranten, darunter einen sowjetischen Oberst – alles nach dem Plan der Zentrale –, geliefert habe, um diese den westdeutschen Behörden auszuliefern.
Daß ich mich in das mir »fernliegende Referat ›Fernost‹ einschleichen« konnte, ist mir nicht bekannt, auch nicht, daß es zu meiner Zeit einen BND-Mann in Bangkok gegeben hätte. Ich bezweifle, daß es heute einen dort gibt. Aber vielleicht soll durch diese Behauptung der Eindruck erweckt werden, der BND unterhalte ein weltumspannendes Residentennetz (Bluff und Angabe waren ja schon immer die Arbeitsbasis der Organisation Gehlen).
Nicht selten wird in Veröffentlichungen erwähnt, Gehlen habe sich immer besonders gefreut, seinen Besuchern den von mir beschafften Lageplan des sowjetischen Nachrichtendienstes in Karlshorst zu präsentieren, gewissermaßen als Paradestück des BND. Das meiste davon ist der journalistischen Phantasie entsprungen. Es ist vielmehr so, wie ich auch in der Hauptverhandlung erklärte, daß die vom BND betriebene Aufklärungsarbeit gegen Karlshorst vom sowjetischen Nachrichtendienst nicht sehr ernst genommen wurde und ihn kaum interessierte – ausgehend von der Ansicht, daß das, was jedermann sehen oder erfahren könne, kein besonders schutzbedürftiges Geheimnis sei. Lediglich, wenn jemand Zugang zum Inhalt der in Karlshorst stehenden Panzerschränke fände, war der KGB interessiert. Zur Stärkung meiner Position im BND hatten meine Führungsoffiziere, wie bereits erwähnt, angeboten, mir

eine von ihnen gesteuerte Quelle zuzuführen, die Zugang zu den Tresoren habe, was ich jedoch aus naheliegenden Gründen ablehnte.

Endlich und endgültig zu Hause

Als ich von »Alfred« in der Nacht des 14. Februar 1969 bei Schnee und Eis auf russische Weise an der Grenze empfangen wurde, gab es eine herzliche und innige Begrüßung. Er umarmte mich und sagte: »Jetzt bist du endlich und endgültig zu Hause. Ruhe dich aus. Wir helfen dir, damit du dich hier in der DDR wirklich wie zu Hause fühlst.«

Nur wer einigermaßen nachfühlen kann, wie lange ich brauchte, um endlich nach Hause zu gelangen, wie ruckartig jede Faser meiner Nerven gespannt war seit jenem Moment, da ich von meinem Austausch erfuhr, wie sich die Spannung bis zum Höhepunkt steigerte, als es nur noch Minuten bis zur Freiheit waren – nur wer das nachfühlen kann, der wird in etwa eine Vorstellung davon haben, was in mir vorging.

Auch »Alfred« war das offensichtlich klar. Deshalb ließ er mich mit meinen Gefühlen allein, stellte keine Fragen – in dieser Situation der beste Freundesdienst, den er mir erweisen konnte. Ja, »Alfred« war mir ein guter Freund geworden. Ich habe darüber hinaus viele sowjetische Führungsoffiziere sowie ihre Vorgesetzten kennengelernt und besuche sie noch heute, wenn ich in der Sowjetunion weile.

In bleibender Erinnerung ist mir auch General Korotkow. Mit ihm hatte ich bei unseren Zusammenkünften in Berlin oder Wien ausgedehnte Dispute über die innenpolitische Situation der Bundesrepublik. Sein wienerisch gefärbtes ausgezeichnetes Deutsch und seine elegante Erscheinung machten ihn mir sofort sympathisch. Er kannte sich ganz genau in den verschiedenen politischen Strömungen der Bundesrepublik aus. Mehr als einmal hatten wir uns in den Haaren, als er seine Besorgnis über die Entstehung und Ausbreitung rechtsradikaler Gruppierungen in der Bundesrepublik äußerte. Ich war damals nicht seiner Meinung. Es tut mir leid, daß ich ihm heute nicht mehr sagen kann, wie recht er hatte, denn er starb vor einigen Jahren. In Erinnerung an die »Rote Kapelle«, an der er seinen Anteil während des Kriegs gehabt hatte, bezeichnete ich ihn in all den Jahren unserer Zusammenarbeit als »Direktor«.

Aber zurück zu jener Februarnacht 1969: Wenn ich meinen damaligen Zustand schildern sollte, so wüßte ich kein rechtes Wort dafür, es war ein Schwebezustand zwischen Spannung und Entspannung. Die Spannung war noch nicht endgültig gewichen, aber sie war am Abklingen – ich hatte es ja geschafft, war endlich frei. Vor mir stand die Frage: Was wird sein? Wie wird mein weiteres Leben verlaufen? Ich war über fünfzig. Würde ich mich überhaupt in eine mir völlig fremde soziale Umgebung eingewöhnen können? Die Worte »Sozialismus«, »sozialistisches Land« kannte ich nur theoretisch. Und als was würde ich arbeiten, wie würde ich meinen Freunden am meisten nützen können? Fragen, die neue Spannung erzeugten. Ich schloß die Augen und überdachte noch einmal meinen Weg. Elternhaus, Schule, Kriegszeit, Lazarett, Studium, Schweiz-Referat, Niederlande, Gefangenschaft, Entlassung, Studium in Bonn, die Organisation Gehlen und der BND, der Prozeß, die Haftzeit.

Ich will nicht verhehlen, daß diese Situation, die mir fast zehn Jahre aufgezwungen wurde, ein besonderes Vertrauensverhältnis zu meinen Auftraggebern abverlangte. Das persönliche Verhältnis und das gemeinsame politische Programm, welches mich mit den sowjetischen Nachrichtendienstoffizieren verband, halfen mir, auch über außerordentliche Schwierigkeiten und psychische Belastungen hinwegzukommen.

»Wir sind angekommen, wir sind da«, mein Begleiter holte mich in die Gegenwart zurück. Für mich begann ein völlig neues Leben. Es ging nicht nur darum, daß ich endlich frei war. Ich kam auch in eine neue Welt, an die ich mich erst gewöhnen mußte. Das ging natürlich nicht ohne Probleme vonstatten. Aber meine alten und viele neue Freunde taten, was sie konnten, damit ich mich im Alltag zurechtfand. Mir war jedoch klar, daß das Einleben am besten gelingen würde, wenn ich eine Arbeit fand, die mich voll ausfüllte. Ich wollte nicht das Leben eines Frührentners führen, sondern nun in Ruhe das nachholen, was mir vorher versagt geblieben war. Zum Beispiel hatte ich mich vor dem Krieg besonders mit dem Problem der Jugendkriminalität befaßt und hätte gern darüber promoviert.

Nun, dreißig Jahre später, gab es für mich ein anderes Thema. Ich promovierte am 19. Januar 1972 mit dem Thema »Über die Kontinuität der Politik des deutschen Imperialismus« zum Doktor der Rechtswissenschaften. Zuvor hatte ich schon die Facultas docendi erworben und wurde Hochschullehrer an meiner alten Universität, der heutigen Humboldt-Universität zu Berlin, Sektion Kriminalistik. Ich habe mich bemüht, den Studenten mit meinem Wissen und mit meinen Erfahrungen zu helfen, sich ein klares Bild der Verhältnisse im Kapitalismus zu erarbeiten.

Viele Studenten, die auch bei mir Vorlesungen hörten, mit denen ich in Seminaren diskutierte, arbeiten heute in verantwortlichen Funktionen zum Schutz unserer Republik. Ich bin heute stolz auf sie, wie sie es damals auf ihren Professor waren, denn ich hatte ihnen nicht verschwiegen, wie mein Leben verlaufen war, wenn ich mich ihnen vorstellte. Stolz zu sein auf seine Schüler, die im Leben ihren Mann stehen – was will ein Lehrer mehr?

Heute bin ich nicht mehr unmittelbar in der Lehre tätig, sondern arbeite an wissenschaftlichen Publikationen mit und betreue junge Wissenschaftler, die über Staats-, Verfassungs- und Verwaltungsrecht arbeiten.

Als vor einigen Jahren in unserer Hauptstadt Unter den Linden, nahe dem Haupteingang zur Humboldt-Universität, das Reiterstandbild Friedrichs II. wieder an seinem angestammten Platz aufgestellt wurde, war mir manchmal so, als beträte nicht der Professor Felfe, sondern der Jurastudent Felfe die ehrwürdige Alma mater.

Mit Sicherheit würde mein Leben anders verlaufen, könnte ich es noch einmal von vorn beginnen. Ob ich dann für die Sowjetunion, also für den Frieden und damit auch für unser Volk, ähnliche Dienste leisten würde? Gewiß nicht in der geschilderten Form. Doch das ist wohl nicht entscheidend. Entscheidend ist, daß ich dann woanders – womöglich von vornherein als Hochschullehrer –, aber auf der richtigen Seite arbeiten würde.

Ich bin stolz darauf, an einer entscheidenden Front meinen bescheidenen Beitrag zur Entschleierung des Geheimnisses über die Entstehung des Kriegs geleistet zu haben und dazu, daß wir mit Optimismus und Siegeszuversicht in eine Zukunft des Friedens blicken können. Deshalb sind die schweren Jahre der Tätigkeit als Agent der Sowjetunion meine besten Jahre gewesen.

Anmerkungen

Spionage für den Krieg

1 Zentrales Staatsarchiv Potsdam (ZStA), Film Nr. 11250, Aufnahme Nr. 7020254; zitiert nach: OKW-Merkblatt für Abwehr von Spionage, Sabotage und Zersetzung in der Wehrmacht
2 Scheer-Bartsch, Das Polizeiverwaltungsgesetz, Berlin 1941
3 Walter Schellenberg, Memoiren, Köln, S. 228
4 Vergleiche auch: Jürgen Thorwald, Der Fall Pastorius, Stuttgart 1953
5 Zentrales Staatsarchiv Postdam (ZStA), Aufnahme Nr. 282 153 f.
6 Vergleiche auch: Eugen Kogon, Der SS-Staat, Frankfurt a. M. 1947, S. 176
7 Zentrales Staatsarchiv Postdam (ZStA), Film Nr. 1177, Aufnahme Nr. 5031–5036
8 Allen W. Dulles, Operation Sunrise, Düsseldorf o. J., S. 215
9 Fall Barbarossa. Dokumente zur Vorbereitung der faschistischen Wehrmacht auf die Aggression gegen die Sowjetunion (1940/41), ausgewählt und eingeleitet von Erhard Moritz, Berlin 1970, S. 321 ff.
10 Verbrecherische Ziele – verbrecherische Mittel. Dokumente der Okkupationspolitik des faschistischen Deutschlands auf dem Territorium der UdSSR (1941–1944), Moskau o. J., S. 153
11 Befehl des Volkskommissars für Verteidigung, Nr. 55, Moskau, 23. Februar 1942, in: J. W. Stalin, Über den Großen Vaterländischen Krieg der Sowjetunion, Verlag der sowjetischen Militärverwaltung in Deutschland, Berlin 1945, S. 35
12 Vergleiche auch: H. Giskes, Spione überspielen Spione, Hamburg 1959

Aufklärung für den Frieden

1 Zitiert nach: Rheinisch-Wesfälische Nachrichten v. 16. Juli 1955
2 Zitiert nach: Frankfurter Allgemeine Zeitung v. 8. Dezember 1952
3 Vergleiche: Neue Zeitung (München) v. 17. März 1952; Deutsche Volkszeitung (Düsseldorf) v. 27. März 1954
4 Adenauer im RIAS am 8. September 1953
5 Nürnberger Nachrichten v. 3. August 1953
6 Industriekurier v. 26. Mai 1956
7 Der Spiegel, Nr. 16/1971, S. 137
8 Reinhard Gehlen, Der Dienst. Erinnerungen 1942–1971, Mainz und Wiesbaden 1971, S. 149 ff.; vergleiche auch: Gerhard Wessel, BND – der geheime Auslandsnachrichtendienst der Bundesrepublik Deutschland, in: Beiträge zur Konfliktforschung, Nr. 2/1985, S. 5 ff.
9 Bundesarchiv Koblenz, Bestand R 62/7, zitiert nach: Heinz Beberach, Meldungen aus dem Reich, Neuwied–Berlin 1965
10 Oscar Reile, Geheime Ostfront, München o. J. (1963), S. 182
11 Privatarchiv Heinz Felfe
12 Ebenda
13 Ebenda
14 Ebenda
15 Zitiert nach: RIAS und SFB im Spionagedschungel Westberlin, herausgegeben vom Verband der Deutschen Journalisten, Berlin 1962, S. 4

16 Moskau ruft Heinz Felfe. Der Meisterspion des Kreml im Bonner Geheimdienst, Mainz 1970
17 Geschichte der deutschen Arbeiterbewegung, Bd. 7, Berlin 1966, Dokument Nr. 26, S. 376
18 Pullach intern. General Gehlen und die Geschichte des Bundesnachrichtendienstes, Hamburg 1971, S. 298. In diesem Buch werden 16 Verwandte Gehlens genannt, die mit hohen BND-Posten belohnt wurden.
19 Frank P. Heigl/Jürgen Saupe, Operation Eva. Die Affäre Langemann, Hamburg 1982
20 Privatarchiv Heinz Felfe
21 Ebenda
22 Ebenda
23 Bulletin des Presse- und Informationsamtes der Bundesregierung (Bonn), Nr. 167/1954, S. 1478
24 Die militärische Bedeutung atomarer Waffen, Vortrag des Obersten i. G. a. D. von Bonin, gehalten am 20. Juni 1955 in München vor der Arbeitsgemeinschaft sozialdemokratischer Akademiker, S. 1 f.
25 Ebenda, S. 7
26 Privatarchiv Heinz Felfe (Bericht v. 13. September 1956)
27 Außenpolitik (Freiburg i. B.), Nr. 11/1969, S. 656 f.
28 Thomas Walde, ND-Report. Die Rolle der geheimen Nachrichtendienste im Regierungssystem der Bundesrepublik Deutschland, München 1971, S. 226
29 Vergleiche auch: Süddeutsche Zeitung v. 10. Oktober 1974
30 Privatarchiv Heinz Felfe
31 Ebenda
32 Ebenda
33 Ebenda
34 Ebenda
35 Reinhard Gehlen, Zeichen der Zeit. Gedanken und Analysen zur weltpolitischen Entwicklung, Mainz 1973
36 Privatarchiv Heinz Felfe
37 Ebenda
38 Ebenda
39 Ebenda
40 Ebenda
41 Ebenda
42 Ebenda
43 Ebenda
44 Ebenda
45 Ebenda
46 Ebenda
47 Ebenda
48 Ebenda
49 Alle Zitate dieses Kapitels: Ebenda
50 Rudolf Petershagen, Gewissen in Aufruhr, Berlin 1971

Anhang

Editorische Vorbemerkung
Die Dokumente Nr. 1 und Nr. 2 entstammen der Zeit vor 1945, als der Autor im Reichssicherheitshauptamt tätig war. Die Dokumente Nr. 3 bis Nr. 14 illustrieren die Arbeit der Organisation Gehlen und des Bundesnachrichtendienstes. Sie sollen beispielhaft zeigen, wie die OG und der BND gearbeitet haben bei der Nachrichtenbeschaffung im Ausland (Dokumente Nr. 3 und 4), der Gegenspionage (Dokumente Nr. 5 und 6), der rechtswidrigen Nachrichtenbeschaffung im Inland (Dokumente Nr. 7 bis 13) sowie bei der Mitarbeiterwerbung (Dokument Nr. 14).
Aus Gründen des Persönlichkeitsschutzes wurden die aufgeführten Namen abgekürzt, soweit sie nicht von historischem oder politischem Interesse sind, und es wurde auf die Wiedergabe zahlreicher Daten verzichtet.
Die vom Autor beschafften Dokumente wurden unverändert übernommen, einschließlich aller darin enthaltenen Fehler.

Offiziersdienstgrade der SS im Vergleich zu denen der faschistischen Wehrmacht

SS-Untersturmführer	Leutnant
SS-Obersturmführer	Oberleutnant
SS-Hauptsturmführer	Hauptmann
SS-Sturmbannführer	Major
SS-Obersturmbannführer	Oberstleutnant
SS-Standartenführer	Oberst
SS-Oberführer	Oberst
SS-Brigadeführer	Generalmajor
SS-Gruppenführer	Generalleutnant
SS-Obergruppenführer	General
SS-Oberstgruppenführer	Generaloberst

Dokument 1

Abschrift

VI B 3 B.Nr.: 106/43.g.Rs. | Berlin, den 30. April 1943

Geheime Reichssache | Eine Ausfertigung
1. Ausfertigung

An
VI D
im Hause

Betr.: Dulles, Sonderbeauftragter Roosevelts in der Schweiz.
Bezug: Besprechung zwischen Herrn Dr. Schüddekopf und SS-Hauptsturmführer Ahrens
Anlg.: –1–.

Anliegend wird der Bericht des VM 144/7957 über seine Begegnung mit dem Sonderbeauftragten Roosevelts in der Schweiz, Dulles, abschriftlich zur Kenntnis gegeben.
Es wird gebeten, den Auszug über Dulles aus dem Nachschlagwerk »Who's Who« an VI B 3 zu geben.

Die Ermittlungen über Dulles werden von VI B 3 weitergeführt.

Im Auftrage:

gez. Ahrens
SS-Hauptsturmführer Po.-

Anlage 1

Es gelang mir, mit dem Wirth-Kreis einen weitaus engeren Kontakt zu finden. Insbesondere war ich des öfteren mit Graf Codin zusammen, um dessen Personalien und eventuell beim Amt liegende Vorgänge ich bitte.

Der ehemalige Reichskanzler Dr. Wirth berichtete mir, dass er mit dem Sonderbeauftragten des Präsidenten Roosevelt mehrere Besprechungen gehabt hätte und er hätte ihm von mir erzählt. Der Sonderbeauftragte Dulles würde mich zur nächsten Besprechung dazu bitten, wenn ich mich bereit erklären würde, mit denjenigen Widerstandskreisen in Deutschland Verbindung aufzunehmen, die das Vertrauen, wie beispielsweise des Wirth-Kreises besitzen würden.

Nach meiner Bereiterklärung kamen wir zusammen und Mr. Dullest bat mich zunächst um einen allgemeinen Situationsbericht.

Im Verlauf des Zusammenseins teilte mir Dullest mit, dass durch den Hl. Vater derzeit eine Aktion im Gange sei, die Bombardierungen von Kulturstätten sowohl durch die Achse als durch die Alliierten einzustellen. In Washington bestünden gegen diesen Plan des Papstes starke Widerstände vor allem bei den Militärs und auch in London scheine ihm der Widerstand unüberwindlich. Er sei in dieser Richtung lediglich informatorisch tätig, hätte aber, dies wolle er mir ausdrücklich mitteilen, die Möglichkeit, beim Präsidenten seine eigene Meinung mit besonderem Gewicht in dieser wie in anderen Sachen vorzutragen. Auf seine Veranlassung sei auch Monsignore Spellmann zum Hl. Vater gekommen. Das Ergebnis dieser Verhandlungen stünde noch aus. In diesem Zusammenhang sollten auch die Lebensmittellieferungen nach Griechenland und an andere besetzte Gebiete Europas behandelt werden.

Im weiteren Verlauf dieses Abends besprach Mr. Dullest eingehend die seiner Ansicht nach unterschätzten Ambitionen Stalins und belächelte die Garantien, die England dem neu zu errichtenden Polen und der dann neu errichteten Tschechoslowakei fest zugesagt hätte. U.a. meinte er, dass selbstverständlich der nächste Weltkrieg zwischen den beiden mächtigsten Staaten der USA und der Sowjet-Union zu befürchten sei. Deshalb interessiere es ihn besonders, wie weit durch den Zusammenbruch Deutschlands ein deutscher Rätestaat in Aussicht sei, und lange versuchte sich Mr. Dullest zu informieren über die nihilistischen und anarchistischen Möglichkeiten im deutschen Bürgertum und vor allem in der deutschen Arbeiterschaft. Auf meine Hinweise, die Dr. Wirth lebhaft unterstützte, dass man oft in Washington infolge Unkenntnis der komplizierten deutschen Verhältnisse die innerdeutschen Probleme etwas naiv anfasse, meinte Dr. Dullest mit Betonung, dass dies sein Auftrag sei, bei der zukünftigen Gestaltung Deutsch-

lands die Fehler, die 1918 von Washington aus gemacht worden sein, möglichst zu verhindern. Er frug mich, ob der Staatssekretär von Weissacker ein unbedingter Gefolgsmann Ribbentrops sei, er besässe Informationen, die dem widersprächen. Er frug mich nach General Beck und betonte, dass der Wirth-Kreis ihm versichere, Generaloberst Balder sei einer der schärfsten Opponenten der Diktatur von Hitler.
Ciano's Tätigkeit beim Papst wurde ebenfalls gestreift und ich meine, den Ausführungen Mr. Dullest's entnehmen zu können, dass Ciano dieselbe Sonderfriedenspolitik beim Vatikan verfolge, die italienische Diplomaten am Verhandlungstisch in der Schweiz mit der amerikanischen und englischen Gesandtschaft verfolgen. (Genaues war hier nicht zu eruieren; meine Zurückhaltung war hier bedingt durch eine Inaktivität, die ich bei meinen Zielen hier an den Tag legen musste).
Mr. Dullest frug mich über meine Beziehungen zur Deutschen Gesandtschaft. Er meinte dabei, dass man einen Druck auf die Schweizerischen Außenminister und überhaupt auf den Bundesrat ausüben müsse, der dahin gehe, dass Deutschland Leute wie Bibra mit der Zeit zurückrufen müsse. Er sprach auch während dieser Gesprächspassage davon, dass dies doch möglich sei wenn derjenige Teil des Bundesrates, der unbedingt alliiertenfreundlich sei, seinen Einfluss in dieser Richtung aufbiete, sei es auch auf Kosten einer schwierigen wirtschaftlichen Lage der Schweiz, die selbstverständlich dadurch entstehen könne.
Er interessierte sich lebhaft dafür, ob die Erwähnungen in den deutschen Wehrmachtsberichten, die von einer ständigen Bombardierung von Krankenhäusern und Kirchen sprächen, dahin zielten, beispielsweise verantwortliche Männer in den englischen Kirchen auf den Plan zu rufen.
Mr. D. meinte, dass Süddeutschland vom amerikanischen Standpunkt aus nach der Niederlage Deutschlands eine weit bessere Behandlung erfahren würde als Preußen und die berühmte Mainlinie müsse auch geistig eine Grenze darstellen. Er erwähnte, dass er immer wieder in seinen Berichten nach Washington dahin wirke, dass man in Deutschland nach der Niederlage den Bürgerkrieg so rasch wie möglich durch Luftlandetruppen der Alliierten verhindern müsse; denn so könne er sich vorstellen, dass eine politische Radikalisierung vor allem in den Städten vermieden werden könne.

Interessant scheint mir zu sein, dass Dullest die Ansicht vertrat, der Benzin- und Schmierölmangel sei sehr gross bei der deutschen Wehrmacht und auch das Hereinbringen hochqualifizierter Rohstoffe unter Wasser würde immer schwieriger durch die allmählich mit ausserordentlich raffinierten Mitteln arbeitende U-Boot-Bekämpfung.

Goebbels letzte Rede bezeichnete Dullest als ein Meisterwerk; er hätte selten eine Rede mit soviel rationalem Vergnügen gelesen.

Dullest vertrat mehrfach die Ansicht, dass der Verschleiss an Widerstandskraft nervlicher und seelischer Substanz nunmehr monatlich rapid zunehme; dessen Auswirkungen seien nicht hoch genug einzuschätzen für die Niederlage Deutschlands.

Mehrfach erwähnte er den Namen eines Widerstandskreises in Deutschland, mit dem er offenbar dieselben Verhandlungen führt wie er mit dem Wirth-Kreis dies tut. Er berichtete auch, daß er mit Otto Braun mehrfach Unterredungen geführt habe.

Später berichtete er auch, dass man seine Tätigkeit bei manchen Herren der Amerikanischen Gesandtschaft durchaus nicht schätze und das Proteste deshalb nach Washington gekabelt worden seien.

Bei der Erwähnung des vertragslosen Zustandes zwischen Deutschland und der Schweiz derzeit meinte er, dass es möglich sei, dass die gesamte Schweiz auf die schwarze Liste käme. Man erwäge dies in Washington; er selbst vertrete den Standpunkt, aus einer viel genaueren Kontrolle der Lieferungen nach Deutschland von der Schweiz aus, er wäre dagegen, hier radikale Durchführungen anzuordnen. Er kritisiere dabei die Vehemenz, die das Amerikanische Konsulat in Zürich an den Tag lege; denn oft bringe es seriöse Schweizer Geschäftsleute auf die Liste lediglich auf Denunziationen hin.

Mr. D. vertrat den Standpunkt, dass in diesem Jahre immer mehr der Machtbereich Hitlers im Hauptquartier zurückgedrängt werde und die Generalität selbständig den Krieg führen werde. Dies sei seines Erachtens der psychologisch wichtige Moment, wo Möglichkeiten zu Verhandlungen vorhanden seien. Den Beschluss von Casablanca, jede Verhandlung abzulehnen, und nun eine bedingungslose Übergabe zu erwarten, sei u. B. als Druckmittel sicher wertvoll, aber er sei jederzeit bereit, in Washington darauf hinzuwirken, mit einer wirklich ernst zu nehmenden Opposition in Deutschland Verhandlungen aufzunehmen; denn allein ein Verhan-

deln gäbe evtl. dieser Opposition einen solchen Auftrieb und veranlasse so weitgehende Wirkungen, dass die Folgen unübersehbar seien.
Dr. Wirth sprach über die Zukunft Österreichs mit Mr. D. Mr. D. sagte, er habe erneut bejaht, dass vorläufig Österreich mit Luftangriffen verschont werden solle. Seinen Informationen nach wachse die Opposition ausserordentlich in Österreich und gerade die Kirche (die Katholische) gewinne täglich an Einfluss. Die Kriegsmüdigkeit und Auflehnung gegen das Dritte Reich seien ausserordentlich.
Er erwähnte, dass er sich nach Ankara begeben wollte; denn seines Erachtens müsse die Türkei sich den Alliierten anschliessen.
Dr. Wirth gegenüber äusserte er sich, das angenehme an seiner Tätigkeit sei, dass er den ganzen Auftrag des Präsidenten auf eigene Kosten erledige und im Grunde von niemand abhängig sei. Seines Erachtens wäre dies eine ideale Lösung für diplomatische Dienste an wesentlichen Stellen.
Er bat mich – da er nicht wisse, wann er die Schweiz verlasse – möglichst bald wieder zu kommen und ihm die Zusicherungen und Auskünfte aller jener Persönlichkeiten in Deutschland zu vermitteln, von denen der Wirth-Kreis und auch ich des Glaubens seien, dass sie bei der zukünftigen Neugestaltung Deutschlands eine Rolle spielen müssten, und zwar eine Rolle auch, die sich mit den Interessen Amerikas und Englands deckt.

Dokument 2

Abschrift von Abschrift.

Anl. zu Abw. 4218/12.36 III z.g.
vom 23.12.36.

Grundsätze für die Zusammenarbeit zwischen der Geheimen Staatspolizei und den Abwehrdienststellen der Wehrmacht vom 21.12.1936.

1.) Der Geheime Meldedienst, d.h. die Erkundung militärischer Gegenstände und Tatsachen, ist Aufgabe der Abwehrdienststellen der Wehrmacht.

Die Geheime Staatspolizei übergibt Mitteilungen dieser Art, die an sie gelangen, unverzüglich der zuständigen Abwehrdienststelle der Wehrmacht.
Die Dienststellen der Geheimen Staatspolizei leisten den Abwehrdienststellen der Wehrmacht im Rahmen ihrer dienstlichen Möglichkeiten jede gewünschte Hilfe für den Geheimen Meldedienst.

2.) Die Gegenspionage, d. h. die Erkundung der militärischen Spionagedienste fremder Staaten, ist Aufgabe der Abwehrdienststellen der Wehrmacht.
Die Geheime Staatspolizei übergibt Mitteilungen dieser Art, die an sie gelangen, unverzüglich den zuständigen Abwehrdienststellen der Wehrmacht.
Die Dienststellen der Geheimen Staatspolizei leisten den Abwehrdienststellen der Wehrmacht im Rahmen ihrer dienstlichen Möglichkeiten jede gewünschte Hilfe für die Gegenspionage.

3.) Die Abwehrpolizei, d. h. die Erforschung strafbarer Handlungen gem. § 163 StPO. und die hierfür erforderliche Fahndung, ist Aufgabe der Geheimen Staatspolizei.
Die Abwehrdienststellen der Wehrmacht übergeben Feststellungen, die auf das Vorliegen strafbarer Handlungen schließen lassen, unverzüglich den zuständigen Dienststellen der Geheimen Staatspolizei.
Die Abwehrdienststellen der Wehrmacht erteilen den Dienststellen der Geheimen Staatspolizei alle zum Zwecke der Fahndung und der Erforschung strafbarer Handlungen gewünschten Auskünfte.

4.) Die Dienststellen der Geheimen Staatspolizei unterrichten die zuständigen Abwehrdienststellen der Wehrmacht laufend über ihre Feststellungen, um die Verwertung dieser Feststellungen über den Geheimen Meldedienst und für die Gegenspionage zu ermöglichen.

5.) Die Abwehrdienststellen der Wehrmacht unterrichten die zuständigen Dienststellen der Geheimen Staatspolizei laufend über ihre Feststellungen, um die Verwertung dieser Feststellungen für die Fahndung und für die Erforschung strafbarer Handlungen zu ermöglichen.

6.) In der Behandlung des einzelnen Falles gehen die Interessen des geheimen Meldedienstes und der Gegenspionage der abwehrpolizeilichen Erledigung des Falles vor. Wenn durch die zur vollständigen Erforschung der strafbaren Handlung und zur Abgabe der Verhandlungen an die Staatsanwaltschaft gem. § 163 StPO. erforderlichen Massnahmen der Geheimen Staatspolizei die Gewinnung von Ergebnissen des geheimen Meldedienstes und der Gegenspionage vereitelt würde, so sieht – entgegen der gesetzlichen Verpflichtung aus § 163 StPO. – die sachbearbeitende Dienststelle der Geheimen Staatspolizei auf Wunsch der zuständigen Abwehrdienststelle der Wehrmacht so lange von der Fortführung ihrer Massnahmen ab, bis nach dem Urteil der Abwehrdienststelle der Wehrmacht kein Interesse des geheimen Meldedienstes und der Gegenspionage mehr entgegensteht.

7.) Die Dienststellen der Geheimen Staatspolizei geben während ihres Ermittlungsverfahrens auf Wunsch der zuständigen Abwehrdienststellen der Wehrmacht den Beauftragten dieser Stellen die Möglichkeit, Beschuldigte oder andere Personen, die sich in Haft oder im Gewahrsam der Geheimen Staatspolizei befinden, zur Feststellung von für den Geheimen Meldedienst oder für die Gegenspionage bedeutsamen Tatsachen anzuhören. Vernehmungen sind als polizeiliche Massnahmen gem. § 163 StPO. allein Aufgabe der Geheimen Staatspolizei. Wird ein in Gewahrsam der Justizbehörden befindlicher Beschuldigter von Beauftragten der Abwehrdienststellen der Wehrmacht abgehört, so ist grundsätzlich ein Beauftragter der Geheimen Staatspolizei zuzuziehen, um für die Fahndung und für die Erforschung strafbarer Handlungen bedeutsame Mitteilungen zur Kenntnis zu nehmen.

8.) Die Dienststellen der Geheimen Staatspolizei und die Abwehrstellen der Wehrmacht unterrichten sich gegenseitig laufend über die für polizeiliche Ermittlungen und über die für die Gegenspionage tätigen Vertrauensmänner.
Derselbe Vertrauensmann darf nicht zugleich für polizeiliche

Ermittlungen und für die Gegenspionage beschäftigt werden. Er ist ausschliesslich für die Stelle zu beschäftigen, von der er die ersten Aufträge erhalten hat. Stellt sich seine bessere Eignung für die Aufgaben der anderen Stelle heraus, so ist er endgültig an diese abzugeben.

9.) Beamte und Angestellte der Geheimen Staatspolizei dürfen als Anlauf- oder Vermittlungsstelle usw. des geheimen Meldedienstes und der Gegenspionage nur mit Genehmigung der zuständigen Dienststelle der Geheimen Staatspolizei verwendet werden. Sie handeln insoweit – wenn nicht gem. Ziffer 1 und 2 dieser Grundsätze die Hilfe der zuständigen Dienststelle der Geheimen Staatspolizei erbeten worden ist – ausserhalb ihres staatspolizeilichen Dienstes.

10.) Abwehrdienststellen der Wehrmacht im Sinne dieser Grundsätze sind die Abwehrabteilung des Reichskriegsministeriums und die Abwehrstelle des Generalkommando bezw. Marine-Stations-Kdos.
Dienststellen der Geheimen Staatspolizei im Sinne dieser Grundsätze sind das Geheime Staatspolizeiamt, die Staatspolizeileitstellen und Staatspolizeistellen.

i. V.
Dr. Best. gez. Canaris.

Für die Richtigkeit:
gez. Bamler
Oberstleutnant d.Gen.St.

Beglaubigt:

Angestellte.

Dokument 3

Streng vertraulich

An – 2978 –

Betr.: JUNO-Programm

Die Verschärfung der Lage macht es erforderlich, ernsthaft an die Vorbereitungen für den E-Fall heranzutreten. Nach den vorliegenden Informationen sind die psychologischen Voraussetzungen dafür günstig.
Über die mögliche Entwicklung im Kriege kann heute folgende Hypothese aufgestellt werden:
Auf Grund der Kraftverhältnisse zwischen Ost und West muss in Europa zunächst mit einer Periode des Rückzuges gerechnet werden, der erst nach Heranführung weiterer Kräfte eine Periode der stabilisierten Fronten folgen kann.
Es wird angenommen, dass die Periode des Rückzuges von verhältnismässig kurzer Dauer sein wird. Nachrichtendienstlich wird in dieser Zeitspanne nicht allzuviel zu erhoffen sein.
Hingegen wird sich voraussichtlich die Periode der stabilisierten Fronten über einen längeren Zeitraum hin erstrecken. Diesem Stadium eines zukünftigen Krieges müssen daher die Vorbereitungen in erster Linie gelten.
Für den III/F-Dienst ergeben sich daraus drei klar von einander zu unterscheidende Aufgaben:
a) Vorwarnmassnahmen,
b) Bekämpfung der gegnerischen Nachrichtendienste aller Schattierungen (I-, II- und III-Dienst) im eigenen Hinterland,
c) III F-Aufklärung im Hinterland des Gegners.

Von der oben aufgestellten These einer möglichen Kriegsentwicklung ausgehend, vermag niemand zu sagen, wo sich die Fronten stabilisieren werden. Es ist darum notwendig, im gesamten westdeutschen Gebiet die Vorbereitungen so zu treffen, als würde es eines Tages zum Hinterland des Gegners werden.

Grundsätzlich ist zu sagen, dass neben der Placierung am richtigen Objekt das selbständige Denken und Handeln der V-Leute im Kriegsfall erheblich an Bedeutung gewinnt. Veranlagung und Ausbildung müssen den V-Mann befähigen, seinen gesunden Menschenverstand zu gebrauchen, damit er in seinem Aufklärungsraum alle nachrichtendienstlich wesentlichen Ereignisse erkennen und melden kann. Bei der Auswahl des im Kriegsfalle einzusetzenden Personenkreises sind also insbesondere Persönlichkeitswert (auch ideelle Einstellung!) und die Fähigkeit des selbständigen allseitigen Denkens zu berücksichtigen.
Volle Gültigkeit muß der Grundsatz behalten, dass für jede Quelle, insbesondere in der SBZD, alle Massnahmen getroffen sind, die eine möglichst schnelle Meldungsübermittlung gewährleisten, wenn der Krieg ausbricht, oder der »Eiserne Vorhang« noch dichter wird.
Nur der ND-Führer an der Front wird bei jeder seiner einzelnen Verbindungen individuell entscheiden können, in welcher Reihenfolge er die Verbindungswege mittels Kurieren, G-Tinten, Briefkasten und Deckadresse auf- bzw. umbaut, um auch bei Verschärfung der Lage eine schnelle Meldungsübermittlung sicherzustellen.
Für die Quellen in der SBZD und in Ostberlin muß jetzt bereits

a) ein Briefkasten oder eine Anlaufstelle in Ostberlin festgelegt,
b) eine Kurierverbindung von Ost- nach Westberlin sichergestellt,
c) eine Agentenfunkstelle, die über Briefkasten und Kurier zu erreichen ist, vorbereitet,
d) ein Agentenfunker, der schnellstens zur Ausbildung kommen kann (die funkreife Ausbildung dauert etwa 1 Jahr), namhaft gemacht,
e) der einzelne Ma an den bzw. die Funker klar geschaltet,
f) der Transport eines Agentenfunkgeräts nach der SBZD oder Ostberlin vorbereitet (je länger der Transport hinausgeschoben wird, desto schwieriger dürfte er werden),
g) alle infrage kommenden Quellen genau eingewiesen (klare, exakte Meldung, sofortige Weiterleitung, Sicherstellung der Kurierlinie bei Tag und Nacht)

werden. Hinzukommt natürlich, dass die schnellstmögliche Weiterleitung der Meldung durch eigenen Führungsfunker oder mit einwandfrei funktionierendem Kurierweg sichergestellt ist.

(...)

Im Augenblick steht logischerweise die Vorwarnung im Vordergrund. Jede Quelle in der SBZD ist eine Vorwarnquelle, wenn es gelingt, ihre Meldung rechtzeitig an die Zentrale zu übermitteln. Eine Schematisierung der Vorwarnmassnahmen durch Festlegen und Hervorheben bestimmter Positionen oder Quellen widerspräche dieser Erkenntnis, da nicht vorauszusehen ist, von wo eines Tages das Mosaiksteinchen kommen wird, das letzten Endes bei der Auswertung das entsprechende Bild formt.
Aber auch die III F-Quellen in Westdeutschland können Vorwarnquellen sein. Die KPD, ihr Apparat und ihre Tarnorganisationen sind Kampfeinheiten des Gegners. Ihre richtige Beobachtung lässt eindeutige Schlüsse auf die Absichten des Gegners zu. Die KPD ist aus der Periode der Propaganda in die Periode der Aktionsvorbereitung eingetreten, nach eigenen Worten führt sie ihre Kräfte in die »Bereitstellung«. Mit Sicherheit werden diejenigen zurücktreten, die die Vorbereitungsmassnahmen durchführen, und kurz vor dem Losschlagen ihre Plätze an sowjetische Bürgerkriegsspezialisten abtreten. Diesen Augenblick zu erkennen, ist von grösster Bedeutung für die Vorwarnung.
Vornehmste Aufgabe des III F-Dienstes im Kriege ist das Erkennen der voraussichtlichen Kampfführung des Gegners und seiner politischen und wirtschaftlichen Planungen.
Von Wichtigkeit ist dabei die Überwachung der obersten Regierungs- und Parteiorgane, sowie der in der DDR bestehenden Informationszentren. Erfahrungsgemäss lassen die Direktiven dieser Stellen gerade in totalitär gelenkten Systemen unmittelbare Rückschlüsse auf militär-politische und operative Absichten zu.

(...)

Stichwortartig zusammengefasst, hat der III F-Dienst im Hinblick auf einen möglichen Kreig alles einzusetzen, um
a) rechtzeitig eine Vorwarnung an die Zentrale zu geben,
b) die voraussichtliche Kampfführung des Gegners und seine politischen und wirtschaftlichen Planungen zu erkennen.
c) Beobachtung der Vorbereitungen für einen Kriegsfall seitens der KPD, ihres Apparates, ihrer Hilfs- und Tarnorganisationen.

d) Umgruppierung der KPD-Kräfte, ihre Führung in die Bereitstellung und Vorbereitung der Aktion.
e) Änderungen in der Führung, insbesondere Ablösung westdeutscher Führer durch sowjetische Bürgerkriegsspezialisten.
f) Bereitstellung von Waffen- und Sprengstofflagern durch den Gegner.
g) Legen von Meldewegen, insbesondere von Funkwegen durch den Gegner.
h) Auswahl und Ausbildung von Personen, die vom Gegner in der Verwaltung und in der Exekutive der evtl. Besatzungsgebiete eingesetzt werden sollen.

Alle Vorbereitungen, die mit der Durchführung aktiver Massnahmen für den Fall eines Krieges in Zusammenhang stehen, laufen unter dem Stichwort »JUNO«.

Dokument 4

50 b — 28.11.(...)
Nr. 1511/56 geh.

An 122

Betr.: Folgerungen aus der Ungarn - Ägypten - Krise:
hier Funkwesen SZD.

I. Lage.

1.) Die Krise, die sich aus den bekannten Ereignissen in Polen, Ungarn und Ägypten entwickelt hat, zeigte wieder einmal mit besonderer Deutlichkeit, welche Fülle von Spannungen über der ganzen Welt lastet und zu welch' überraschenden Ausbrüchen sie führen können.
Die Entwicklung in Polen und Ungarn beeinflußte die Lage in der SZD nur in begrenzem Umfange und löste vor allem keine Maßnahmen aus, die entscheidende negative Auswirkungen auf die Aufklärungsarbeit in der Zone gehabt hätten.

2.) Diese Feststellung darf aber nicht darüber hinwegtäuschen, daß eine Abschließung Westberlins, ja sogar schon Beschränkungen im Reiseverkehr, uns so gut wie blind gemacht hätten. Für den verantwortungsbewußten ND-Führer ist diese Erkenntnis unerträglich.
Die Gründe, die uns in eine so untragbare Lage gebracht haben, sind bekannt. Sie sollen heute nicht nochmals erörtert werden.

II. Folgerungen.

1.) Es kommt darauf an, die Verbindung zu all den V-Leuten »krisenfest« zu machen, von denen wir auch oder gerade in Spannungszeiten Meldungen erwarten. In einem gewissen Umfange kann das durch Ausnutzung des Postweges, vor allem in die Bundesrepublik, erreicht werden. Auch das Bereithalten von Blockadebrecher-Kurieren kann nützlich sein. Aber bei einer ernsthaften und länger anhaltenden Krise ist nur der Funk als vollwertiges Verbindungsmittel (sicher und schnell) zu betrachten. Die Schaffung und Erhaltung von Funkverbindungen ist die Voraussetzung zur Übermittlung von Nachrichten und Führungsanweisungen im Fall erschwerter Reise- und Postverbindungen sowie im Fall einer Abschnürung Westberlins (A-Fall), in Spannungszeiten (Vorwarnung) und im Kriege. Die spannungsgeladene Lage zwingt uns dazu, diese Dinge mit allem Nachdruck in Angriff zu nehmen, auch wenn darunter andere Vorhaben leiden. (...)

Dokument 5

VS-Vertraulich

Anfordernde Stelle BfV — Köln, den 27. April (...)

(...)

Freigabeantrag für Spielmaterial

(Es wird gebeten, dieses Formblatt mit etwaigen Anlagen in 3facher Ausfertigung vorzulegen)

(...) »Eschenbach«

1. Art des Spielmaterials:

militärisch
politisch
wirtschaftlich
Gegenspionage
atomarisch
Allgemeines

Es wird gebeten, für jede Sparte ein eigenes Formblatt in obigem Rahmen zu verwenden und die jeweils zutreffende oben zu unterstreichen.

2. Gegnerischer ND: Name des Auftraggebers soweit bekannt
»EUGEN« (Leipzig)

Sowjet-ND
MFS
Mit ND der SZD
Tschechischer ND
Polnischer ND
Ungarischer ND
Rumänischer ND
Bulgarischer ND
Div. ND

Zutreffendes bzw. vermuteten ND unterstreichen.

(...)

4. Wann wurde Auftrag vom Gegner erteilt?
6. März 1959

5. Wie lautet dieser? (in Kurzfassung)
Erkundung militärischer Einrichtungen im Raum Hannover (Bundeswehr und Alliierte) – »was tun sie« (Urlaub, Schlägereien u.a.m.)

6. Bis wann Auftragserledigung vom Gegner gefordert?
25. April 1959

7. a) Was hat sich VM von der unter Ziffer 8 aufgeführten Nachricht selbst beschafft und auf welchem Wege?
   Einsichtnahme in amtliches Fernsprechverzeichnis Hannover
   Ortserkundung am 13. April 1959, 20,00 Uhr,
   Hannover-Wiesenau (Emmich-Kaserne und brit. Kohlenlagerplatz von außen besichtigt – nahegelegene Gaststätte besucht)

   b) Was ist ihm davon von der Führungsstelle gegeben worden und unter welcher Legende soll es der VM an den gegnerischen ND weitergeben?
   1) Belegung Emmich-Kaserne mit »Heeresoffizierschule und Ausbildungseinheit Panzergrenadiere« – durch Gespräch in Gaststätte erfahren.
   2) Zeitungsausschnitte aus »Hannoversche Allgemeine Zeitung« vorgelegt: s. Seite 4

8. Wortlaut der freizugebenden Nachricht, bzw. genaue Beschreibung des Gegenstandes:
   Es wird gebeten, den Wortlaut der freizugebenden Nachricht zweizeilig zu schreiben und die Texte von Beginn bis Ende auf der linken und der rechten Blattseite durchzunummerieren, damit eine etwaige notwendige Änderung gegebenenfalls auch telefonisch durchgegeben werden kann.
   1) Emmich-Kaserne, Hannover-Wiesenau, belegt mit Heeresoffizierschule und Ausbildungseinheit Panzergrenadiere.
      Viele Osterurlauber der Bundeswehr am Wohnort gesehen – kein Hinweis auf Urlaubsbeschränkungen.
   2) Nach Gedächtnis = Wiedergabe der Zeitungsnotiz in der »Hannoversche Allgemeine Zeitung« vom 13.4.59 über Ausschreitungen von US-Soldaten in Bamberg.
      Nach Gedächtnis = Wiedergabe der Zeitungsnotiz in der »Hannoversche Allgemeine Zeitung« vom 23.2.59 zu »Übungen britischer Truppen« mit Zusatz »selbst nichts bemerkt«.
      Nach Gedächtnis = Beschriftung des britischen Lagerplatzes in Hannover-Wiesenau.

Abschrift

»Hannoversche Allgemeine Zeitung« vom 23.2.1959
Springe. In den nächsten Wochen finden – teilweise im Gebiet des Kreises Springe – Übungen britischer Truppenverbände statt, am 23. und 24. Februar führt eine Nachrichteneinheit eines britischen Div.-Hauptquartiers eine Übung durch. Wie mitgeteilt wird, sollen keine Erdarbeiten ausgeführt und auch keine Kettenfahrzeuge zum Einsatz kommen. Vom 9. bis zum 11. März übt zwischen Sidagsen und Coppenbrügge eine britische Stabseinheit, und vom 1. März bis zum 30. Juni wird eine Batterie an jeweils vier Tagen in der Woche mit Übungsmunition schießen. Dabei sollen nur geringfügige Erdarbeiten vorgenommen werden.

»Hannoversche Allgemeine Zeitung« vom 13.4.1959
Bamberg (dpa). Nach Wochen der Ruhe kam es am Wochenende in Bamberg wieder zu Ausschreitungen amerikanischer Soldaten. Ein angetrunkener Soldat drang in die unverschlossene Wohnung eines Gastwirtsehepaars ein, wo er sich an einem zehnjährigen Mädchen vergehen wollte. Als sich das Kind wehrte, schlug er es mit einer Kohlenschaufel und hielt ihm den Mund zu. Auch die im gleichen Zimmer schlafende siebenjährige Schwester versuchte der Soldat zu mißbrauchen. Andere Soldaten zertrümmerten in Gaststätten Lampen und Einrichtungsgegenstände.

Dokument 6

267 30.6.1961
Br.B.Nr.: 1540/61

An 716/919

Betr.: Anfragen des sowjetischen Roten Kreuzes nach dem Verbleib sowjetischer Staatsangehöriger

Beim AZR gehen laufend Suchanträge des sowjetischen Roten Kreuzes, die über das Deutsche Rote Kreuz geleitet werden, ein. Es handelt sich um Nachforschungen über den Verbleib sowjeti-

scher Staatsangehöriger, die während des Krieges im Bereich des Bundesgebietes gewohnt hatten. Bei der Beantwortung dieser Anfragen werden dem Roten Kreuz mit Einverständnis des Gesuchten die Anschriften im Bundesgebiet mitgeteilt.
Es wird um Mitteilung gebeten, ob an diesen Erkenntnissen Interesse besteht.

716 5.7.61
919 a Nr. /61

267 nachr.: 53/I

Betr.: Anfragen des sowjetischen Roten Kreuzes
Bezug: 267 Nr. 1540 v. 30.6.61

1. 919 ist an den Personen, die das sowjetische Rote Kreuz in der BRD sucht, stark interessiert.
   Da es sich nach dem Bezugsschreiben um »laufende Suchanträge« handelt, wird 267 gebeten, keine Einzelmeldung hierzu abzusetzen, sondern in monatlichen Aufstellungen geschlossen die Namen und Anschriften der Personen durchzugeben, denen das Interesse des sowjetischen Roten Kreuzes gilt.
   919 ist aber auch an den Personen interessiert, die ihr Einverständnis zur Weitergabe ihres jetzigen Aufenthaltes an das sowjetische Rote Kreuz verweigern. Diese Personen bitte auf einer gesonderten Liste ebenfalls monatlich einmal an 919 übersenden.
2. Das Bezugsschreiben dürfte auch für 53 von Interesse sein. 919 hat eine Fotokopie des Bezugsschreibens 53 zur Verfügung gestellt. Vor Anlaufen der unter Ziffer 1) von 919 erbetenen Aktion bitte Wünsche von 53 abwarten. Möglicherweise lassen sich diese mit den hiesigen koordinieren.

(...)

Dokument 7

Streng vertraulich

Abschrift!

(...) Bonn, 29.4.

Information

In der Unterredung, die der Bundeskanzler am 27.4. mit dem Bundespräsidenten hatte, kam es zwischen den beiden Gesprächspartnern zu erheblichen Spannungen. Professor HEUSS zeigte sich dem Kanzler gegenüber sehr ungehalten und brachte zum Ausdruck, dass seines Erachtens die Ursachen der innenpolitischen Schwierigkeiten in erster Linie bei Herrn Dr. ADENAUER in bezug auf seine Persönlichkeit liegen würden. Als HEUSS sich entschieden weigerte, die Verträge zu dem jetzigen Zeitpunkt zu unterzeichnen, bestritt der Kanzler dem Bundespräsidenten das Recht, die Ratifizierung der Verträge zu blockieren. Diese Feststellung von Seiten des Kanzlers forderte die heftige Reaktion des Bundespräsidenten heraus, die ihren Abschluss in einer kühlen Verabschiedung des Kanzlers – ohne Händedruck – fand.
Der Bundespräsident hat diesen Vorfall Herrn OLLENHAUER, den er ebenfalls am gleichen Tage zu einer Aussprache empfing, mitgeteilt. Der Bundespräsident sprach Herrn OLLENHAUER gegenüber recht offen seine Ansichten aus, die in der Feststellung gipfelten, dass seines Erachtens eine politische Entspannung an der Person Dr. ADENAUERS scheitern werde. HEUSS eruierte bei dem Oppositionsführer sehr ausgebiebig die Möglichkeit einer grossen Koalition unter eventueller Kanzlerschaft des Ministerpräsidenten ERHARD oder ARNOLD. OLLENHAUER zeigte sich diesen Erwägungen gegenüber sehr aufgeschlossen und liess wissen, dass die SPD im Falle aussenpolitischer Zugeständnisse durchaus bereit sein würde, in eine grosse Koalition einzusteigen, aber unter Ausschaltung der Person Dr. ADENAUERs.
In der gestrigen Unterredung, die ADENAUER mit OLLENHAUER hatte, überraschte der Kanzler seinen Oppositionsführer

mit einem konkreten Koalitionsangebot. Demnach ist der Kanzler bereit, die FDP und DP fallen zu lassen. Der Kanzler argumentierte – so der Gewährsmann – mit der geschichtlichen Verantwortung und bot der SPD im Falle einer Koalition folgende Ministerien an unter der Voraussetzung, dass er (ADENAUER) Regierungschef bleibe: Innenministerium – Justizministerium – Finanzministerium – Ministerium für gesamtdt. Fragen – und das Arbeitsministerium. Für die CDU beansprucht der Kanzler: den Kanzlerposten – das Aussenministerium (das er zugunsten HALLSTEINs abtreten will) – Wirtschaftsministerium – Ernährungsministerium – Postministerium – Wiederaufbau- und das Vertriebenenministerium.

Dr. ADENAUER schlug ferner eine Regierungsbeteiligung des Zentrums vor, dem er das Verkehrsministerium zur Verfügung stellen würde.

Marshall-Plan-Ministerium und Bundesratministerium sollen eingespart werden.

Bei Besetzung des zukünftigen Verteidigungsministeriums schlug der Kanzler weitestgehende Berücksichtigung beider Standpunkte vor und räumte ein, falls der Verteidigungsminister durch die CDU gestellt werden sollte, der Posten des Staatssekretärs der SPD zur Verfügung gestellt würde bzw. umgekehrt.

Um Stimmenausgleich bei Errichtung eines Verteidigungsministeriums zu schaffen, würde ein Aussenhandelsministerium zusätzlich etabliert werden.

Herr OLLENHAUER lehnte trotz dieser weitgehenden Zugeständnisse eine Beteiligung der SPD unter der Kanzlerschaft Dr. ADENAUERs als undiskutabel ab. Der Kanzler bat nachdrücklich um Vertraulichkeit der Besprechung.

Nach Ansicht OLLENHAUERs wolle der Kanzler durch Hinzuziehung des Zentrums eine Sicherung einbauen, um im Falle kirchenpolitischer Fragen über eine absolut sichere Mehrheit im Kabinett zu verfügen.

Dieser sensationelle Vorschlag des Kanzlers dürfte nicht zuletzt auf eine Empfehlung der US-Hochkommission zurückgehen. Der Kanzler hatte in den späten Abendstunden des 27.4. eine Unterredung mit einem hohen Beamten der amerikanischen Hohen Kommission. (Samuel Reber/stellv. Hochkommissar)

Information ist zuverlässig. Gewährsmann gehört zu engster Umgebung Ollenhauers.

Dokument 8

An –L– Mldg.-Nr. 699

Betr.: S., Walther, Hauptmann a.D.
Bezug: Letzte Abhandlung 5340 v. 19.3.53.
Zeit: 19.3.53.
Quelle: 2697.
Feststellungsart: Unterredung 2978 mit Quelle.

(...)

A. Personen: Walther S.

B. Vorgang:
(...)
Das Ergebnis der politischen Unterhaltung kann wie folgt zusammengefasst werden: Bei der augenblicklichen innenpolitischen Lage hat kaum eine politische Partei Aussicht auf einen durchschlagenden Erfolg. Es kann also nur im Rahmen der derzeitig vorhandenen politischen Parteien wirksam an der Gestaltung der politischen Zukunft unseres Volkes mitgearbeitet werden. Mit einer langsamen Wandlung der Führungsapparate darf gerechnet werden. Damit würde sich auch eine Verschiebung der Schwerpunkte in den Parteiprogrammen anbahnen. Die Erfolgsaussichten für Middelhauves Bestrebungen auf Schaffung einer großen nationalen Oppositionspartei werden nicht allzu günstig beurteilt. Die Widerstände innerhalb der FDP (Bundesparteileitung und süddeutsche Landesgruppen) und der Selbsterhaltungswille der anderen nationalen Parteien und Gruppen dürften es zu einer wirklich aktionsfähigen Fusion nicht kommen lassen. Es wird aber trotzdem eine Unterredung zwischen Middelhauve und S. für zweckmässig gehalten, um die Frage einer Mitarbeit im Rahmen der FDP zu klären. Ausserdem soll ein Kontakt zum Deutschen Industrie-Institut in Köln hergestellt werden, um die Frage einer informativen Mitarbeit zu erörtern. (...)

Dokument 9

606 25. Juli (...)

Aktenvermerk

Betr.: L.

1.) Am 24.7. rief Dr. KÖNIG an und bat um eine Rücksprache i.Sa. L. und Frau R.* Aus seinen am Telefon gemachten Andeutungen war nicht klug zu werden; so wurde infolgedessen eine persönliche Zusammenkunft für den 25.7., 15.30 Uhr im Waldhaus vereinbart.

2.) Bei der Rücksprache mit Dr. KÖNIG am 25.7. ergab sich folgendes:
Auf Grund der Vorhaltungen, die der Frau R. durch den Sicherheitsbeauftragten der SPD gemacht wurden, habe diese den Wunsch geäussert, mit einem massgeblichen Beauftragten des BND zusammenzukommen. Diesen Wunsch hat Dr. KÖNIG Herrn WAGNER vorgetragen, dieser vermutlich dem Präsidenten, worauf letzterer entschieden hat, dass diese Zusammenkunft durch Herrn WINTERSTEIN unter Führung eines anderen Namens, in diesem Falle »WOLTERS«, wahrgenommen werden solle. Nach den Schilderungen des Dr. KÖNIG scheint Herr WINTERSTEIN bei dieser Unterredung mangels eingehender Kenntnis der Materie etwas ins Schwimmen gekommen zu sein. Frau R. hat offenbar ziemlich konkrete Fragen gestellt, auf die WINTERSTEIN nicht zu antworten wusste.

3.) Dr. KÖNIG wollte nun von 606 wissen, welche Anwürfe gegen L. vorgelegen hätten, insbesondere auch den Zeitpunkt. Ich habe dann unter Assistenz von Frl. T. Dr. KÖNIG mitgeteilt, dass eine Angehörige des BWiM angegeben hat, in der Zeit 1955/56 von L. ein Angebot von monatlich DM 2000.–– und Ankauf eines Volkswagens erhalten habe. Aus

* Bei Frau R. handelt es sich um die SPD-Politikerin Annemarie Renger; Anm. d. Verf.

Ende Nov. 57 liegt eine Meldung vor, wonach L. einer Ehefrau eines Angehörigen des BWiM ein Eheversprechen gegeben habe.

4.) Aus den Ausführungen des Dr. KÖNIG ging einwandfrei hervor, dass L. aus München abgereist und in Jugoslawien aufhältlich ist. Dort halten ihn 2 Dinge fest:
   a) ein Schwager des L. sitzt in Jugoslawien in Haft und wird in etwa 1 Jahr zur Entlassung kommen;
   b) eine in Ausbildung befindliche Tochter beendet diese Ausbildung in Kürze.

5.) Frau R., die offenbar sehr starke Bindungen persönlicher Art zu L. hat, ist erneut zu ihm nach Jugoslawien gefahren.

Dokument 10

UV Rhein-Ruhr 16. September (...)

2630

Meldung Nr. 243

An L.

Betr.: General a.D. WENK.
Bezug: Ohne.
Zeit: 1951/1952.
Quelle: 2630/CASA.
Feststellungsart: Eigenes Wissen von 2630/CASA.

A. Personen:

1) WENK, General a.D. (Befreiungsarmee Berlin)
   – bekannt –
2) Frl. J., Ellen
   geb. 11. August (...)
   Angestellte
   Ledig
   Staatsangehörigkeit: DR.
   (...)

bis 15. September (...) Sekretärin (...). Kein Mitglied der KP. Abiturientin. Beste Schülerin des Jahrganges. Journalistische Volontärin (...) bis 1951.
Vater Mitglied der SPD. (Beruf Werkmeister, bis 1945 Mitglied der NSDAP und SA-Scharführer).

B. Vorgang:

General a. D. WENK war 1951 inkognito bei der bekannten Offizierstagung in Uelzen anwesend. Karl D. und Oblt. a. D. SCH. erklärten in der internen Besprechung vor der Tagung: »WENK macht mit; er kann sich aber nicht exponieren!«. Im Zusammenhang mit der Leitung des »Führungsrings ehem. Soldaten« tauchte der Name WENK später immer wieder auf.
Durch die Initiative von WENK nahm nach seiner Rückkehr (von Argentinien) nach Westdeutschland der ehem. Inspekteur der Deutschen Luftwaffe, Generalmajor a.D. GALLAND, etwa Mai/Juni 1952 an einer Veranstaltung des Aeroklubs in Wanne-Eickel teil. Helmut H. (bekannt) interessierte sich damals außerordentlich für GALLAND und dessen Tätigkeit in Westdeutschland. H. ließ GALLAND auf Schritt und Tritt beschatten.
Die bisherige Sekretärin von H., Frl. Ellen J., ist die Freundin von WENK. Sie wohnte mit WENK in den vergangenen Monaten mehrmals im Hotel »Fürstenhof« in Düsseldorf, am Hbf. Frl. J. hat ihren Arbeitsplatz bei H. (...) aufgegeben, um eine neue Position als Mitarbeiterin bei der holländischen Redaktion der internationalen Frauenzeitschrift (...) anzutreten.

C. Stellungnahme:

Die Position von WENK und J. können diesseits so ohne Weiteres nicht geklärt werden. Die Tatsache, daß General a.D. WENK kurz vor dem Zusammenbruch im Jahre 1945 entgegen dem Führerbefehl, sich nicht um die vorrückenden Amerikaner zu kümmern und Berlin von den Sowjets zu entsetzen, zwei vollmotorisierte Divisionen gegen die Amerikaner einsetzte und dadurch die Kampfkraft seiner Armee gegen die Sowjets wesentlich schwächte, kann untergeordneter Bedeutung sein und braucht nicht auf schon damals bestehende Verbindungen zum Osten schließen zu lassen. Seine Teilnahme an der Offizierstagung in Uelzen usw. war vielleicht rein zufällig. Es ist auch nicht ausgeschlossen, daß WENK für einen westlichen ND tätig war oder noch ist (?).

Bezüglich Frl. J. ist erwähnenswert, daß sie als Tochter eines SPD-Mitgliedes und Volontärin eines SPD-Organs von dessen Verleger K., der auch den (...) druckt, dem (...) (dessen Verlagsleiter S.) bei dessen Gründung als Mitarbeiterin offeriert wurde. K. ist politisch undurchsichtig, gilt bei der KP einerseits als Rückversicherer, erhält jedoch andererseits das gesamte Papier zum Druck von (...) kostenlos zur Verfügung gestellt. Frl. J. ist keine Kommunistin. Es ist nicht ausgeschlossen, daß Frl. J. im Auftrage der SPD von K. zwecks Klärung in den (...) eingeschleust worden ist und nun nach Auftragserledigung ihre Position wechselt (?).

D. Maßnahmen:
Keine.

Dokument 11

S. (F) Erika	BONN BUND
ca. 170 cm gross, schlank, dkl.blond, längl. Gesicht, dkl.br. Augen, eleg. gepflegte Erscheinung, maskuliner Typ	Sekret. i. Bundeskanzleramt b. Min. Dir. G. Nach Versetzung d. G. zum BVM wurde Erika S. Sekretärin des Sicherheitsreferenten (ORR B.) im Bundeskanzleramt.

(...)

Erika S.
Um diesen Fall zu erörtern, bedarf es einer Einleitung. Die Tendenz des amerikanischen Nachrichtendienstes, für den ich arbeitete, war zweifellos gut. Denn sie richtete sich darauf, die Kontinuität und Stabilität der Bundesrepublik zu sichern und die Organe der Bundesregierung vor Unterwanderung durch östlich infiltrierte Leute zu verhindern, oder, wo eine Unterwanderung bereits eingetreten war, eine solche auszumerzen. In Verfolg dieser Tendenz ist es häufiger vorgekommen, dass durch meine und die Arbeit meiner Mitarbeiter unzuverlässige Leute erkannt wurden. Wie die Amerikaner diese Ergebnisse im einzelnen verwerteten, ist

den Mitarbeitern nicht mitgeteilt worden. Man erfuhr lediglich später mal, dass hier und dort einige Personalwechsel eingetreten waren. Im Falle Erika S. wurde uns im Laufe der Verhandlungen bekannt, dass sie auf sexuellem Gebiet leicht ansprechbar war. Dabei soll das nicht heissen, dass Erika S. jedem Mann zugänglich war, sondern der Mann musste schon gewisse Voraussetzungen mitbringen. Dabei weiss ich positiv, dass sie sich nach einem Mann, möglichst mit akademischen Grad sehnte, den sie heiraten könnte. Unter Ausnutzung dieser Schwäche hat meine Dienststelle einen Mitarbeiter (sogar einen gut verheirateten) auf Erika S. angesetzt, der widerwillig die nähere Bekanntschaft mit Erika S. suchen musste. Dieser Mitarbeiter hat mir häufiger erzählt, dass es ihn anekele, und er sich Mut antrinken müsse, um die Durchführung seines Auftrages, mit Erika S. näher zusammenzukommen, zu ermöglichen. Mir ist auch bekannt, dass dieser Mitarbeiter sich häufig bei unserem Auftraggeber über diese Art Einsatz beschwert hat. Nach meiner Kenntnis hat dieser Mitarbeiter seit mindestens 1 Jahr diese Beziehungen zu Erika S. abgebrochen. Um sich auf anständige Weise zu lösen, hat er ihr versprochen, ihr einen vernünftigen Mann zu besorgen. Ich bitte, mir in diesem Zusammenhang die Nennung des Mitarbeiters zu erlassen, denn dieser Mitarbeiter führt eine glückliche Ehe und hat tatsächlich die sexuellen Beziehungen zu Erika S. widerwillig und einem dienstlichen Befehl folgend unterhalten. (...)
Wenn ich gefragt werde, welche Aufträge Erika S. im Bundeskanzleramt durchzuführen hatte, so kann ich aus eigener Wissenschaft das nicht sagen. Ich weiss aber aus Gesprächen und aus der allgemeinen Zielsetzung meiner Dienststelle, dass es sich um Überprüfungsfälle gehandelt haben muss. Auch personelle Veränderungen haben uns interessiert sowie die laufende Berichterstattung des BfV an das Bundeskanzleramt. Auch gehörte es zu den Zielen meiner Dienststelle, etwas über die Verhandlungen Gehlens und von Lossows mit dem Bundeskanzleramt und Zuwendungen des Bundeskanzleramtes an diese Herren zu erfahren. Wenn ich in meinem Bericht, Ziff. 1) davon gesprochen habe, dass die GM sie als eine alternde Frau mit sexueller Torschlusspanik, unvermögendem Auskommen, geldgierig und käuflich bezeichnet habe, so ist diese Bezeichnung bei rückschauender Betrachtung etwas hart. Als ich damals diesen Bericht schrieb, war ich durchaus von der Richtigkeit meiner Formulierung überzeugt. In meiner Schau von

heute erfährt Erika S. eine mildere Beurteilung. Heute würde ich sie anders beurteilen, und zwar insofern, als sich herausgestellt hat, dass sie in der Tat mehr durch die Liebe eines Mannes als durch Geld ansprechbar ist. (...)

Dokument 12

VS-Vertraulich

(...) 1. Juli (...)

An das
Bundesamt für Verfassungsschutz
Abt. IV – A – 4

Verteiler:
1 × BfV
1 × 506
1 × 507/Reg
2 × E-608

Betr.: INDIGO – hier: Dr. (med.?) K. (...)
Bezug: BfV, IV–A–4–113–P–10427–5/59 vertr. v. 18.6. (...) Absatz 2a)

Über Dr. K. liegen hier nur Auskünfte aus dem Jahre 1953 vor, aus denen sich folgendes ergibt:

> Hat vor kurzem an der Universität MÜNCHEN den Dr.-Grad erlangt; wurde unter bevorzugten Umständen zum Studium und zur Promotion zugelassen; sein Studium an der russischen Universität KASSAN und seine Tätigkeit als Sanitätsfeldscher bei der WLASSOW-Armee wurden angerechnet; erhielt vom Staatssekretariat f.d. Flüchtlingswesen aus einem Fond für heimatlose Ausländer eine Prüfungsbeihilfe von DM 400,—; ist nun bemüht, eine Arztstelle zu erlangen; hat sich 1952 mit der Vernehmung von ehem. Kriegsgefangenen befaßt; für welche Stelle diese Vernehmungen durchgeführt wurden, ist nicht bekannt; sein und seiner Familie Leumund ist gut; führt ein bescheidenes und zurückgezoge-

nes Leben; hat sich auch als Dentist während seiner kurzen Tätigkeit in B. als guter Fachmann gezeigt und hätte sich dort auch durchgesetzt, wenn seine Abtreibungsaffäre nicht dazwischengekommen wäre; er befand sich nur kurze Zeit in Haft; eine Verurteilung soll nach den bisherigen Ermittlungen nicht erfolgt sein; soll sich politisch nicht betätigen, ebenso seine Frau; ist eindeutig antibolschewistisch eingestellt.

(...)

Dokument 13

Wolf Sch.
geb. 6.1.(...) Arnstadt

Familienstand: verh.
Ständige Anschrift: Hamburg 20, (...)
Deckanschrift:
Fernsprecher: (...)
Derzeit. Aufenthalt:
Beruf u. Tätigkeit: Schriftsteller u. Journalist
Kraftfahrzeug-No.:
Beschreibung:
Vor- u. Geburtsname der Ehefrau:
2.) Gretchen, Auguste geb. S. geb.: 27.12.(...)
1.) Ingeborg geb. H. geb.: 22.10.(...)
Verheiratet seit: 18.4.(...)
Kinder:
Eltern:
Zugehörigkeit zu Organisationen usw.:
Angehörige, Freunde:

Personenbeschreibung:

a) Größe:
b) Gestalt:
c) Haare:
d) Gesichtsform:
e) Gesichtsfarbe:
f) Farbe der Augen:
g) Nasenform:
h) Bart:
i) Stimme:
k) Brillenträger:
l) Dialekt:
Fremdsprachen:
m) bes. Merkmale:

Lebenslauf: (von ihm selbst verfaßt und durch eine zuverlässige Quelle nochmals erfaßt, nachdem dieser Lebenslauf aus gleicher Quelle bereits 1951 geliefert worden war.)
Wolf SCH., geb. am 6.1.14 zu Arnstadt (Thür.) als Sohn des Fabrikanten Paul SCH. Schulausbildung in Thüringen und Hamburg. Ab Januar 1931 in der nationalsozialistischen Jugendbewegung (NSSB) tätig, ab 1932 in der SA. Nach dem Abitur journalistische Ausbildung und redaktionelle Tätigkeit in der NS. Jugendpresse, Schriftleitung »Wille und Macht«. 1935/36 Studienreise nach China, Japan, Mandschurei. Freie journalistische Tätigkeit. Von Studienreise mit der Erkenntnis zurückgekommen, daß sich anbahnende deutsche Fernostpolitik (Freundschaft mit Japan, Vernachlässigung Chinas) auf das falsche Pferd setzte. Frühjahr 1936 bis Frühjahr 1937 in Berlin Leiter des Hauptreferats Auslandspresse in der Reichsjugendführung, daneben publizistische Tätigkeit in Ostasienfragen und dauernde Versuche, vor der sich anbahnenden engeren Zusammenarbeit mit Japan zu warnen. Dadurch wurden Auswärtiges Amt und OKW auf SCH. aufmerksam.
Mai 1937 Ausscheiden aus der RJF. 8 Wochen Dienstzeit im E-Bataillon IR 50. Sommer 1937 Veröffentlichung einer Broschüre »Kampfplatz Ostasien« im Verlag Stolber, Berlin, die die Hintergründe des chinesischen-japanischen Konflikts aufzeigte. Nach Ausbruch des Krieges zwischen Japan und China als Kriegsberichterstatter für mehrere deutsche Zeitungen auf die chinesische Seite der Front (darunter »VB.« und »Leipziger Neueste Nachrichten«). Zurückgehen mit der chinesischen Armee von der Küste über Nanking nach Hankau. Frühjahr 1939 Trennung vom »VB!«, weil SCH. dessen Wünsche nach einer in Berlin mehr genehmen, den Tatsachen aber nicht entsprechenden Berichterstat-

tung ablehnte. Ab Juli 1939 als Vertreter des DNB nach Tschungking. 1.9.39 telegraphische Meldung als Kriegsfreiwilliger, Befehl von OKW zum Verbleiben in Tschungking. Januar 1940 mit Flugzeug über Alma Ata nach Berlin zu Besprechungen mit OKW und AA, um letzten Versuch zu unternehmen, die deutsch-chinesischen Beziehungen wieder ins Lot zu bringen. Nach deren Scheitern April 1940 Rückkehr nach Tschungking als Beauftragter des OKW Abtlg. Abwehr I. In dieser Tätigkeit bis Sommer 1941 in Tschungking, dann bis Kriegsende in Shanghai. (Inzwischen 1940 im Verlag Stalling ein neues Buch über die beiden ersten Jahre des chinesischen Rückzuges veröffentlicht: »Reise an der Gelben Front«.)
Nach der japanischen Kapitulation im Herbst 1945 kurz von Chinesischen Lokalbehörden in Shanghai auf Wunsch der Amerikaner interniert, dann auf Befehl der Regierung Tschiangkaischek wieder freigelassen. April 1946 in Shanghai von Amerikanern gekidnapt und ins Gefängnis gesteckt. Sollte im Ehrhardt-Prozess gegen Angehörige der Abwehr, die angeblich nach der deutschen Kapitulation für die Japaner weiter militärische Dienste geleistet haben sollten, als Zeuge für die Amerikaner auftreten, als dies abgelehnt wurde, ist SCH. einfach mit angeklagt worden, mußte aber bereits mitten im Prozess nach der Beweisaufnahme der Anklage freigesprochen werden. Entlassung erfolgte jedoch nicht, vielmehr wurde SCH. im Frühjahr 1947 gegen den Willen der chinesischen Regierung gewaltsam aus dem Gefängnis auf ein amerikanisches Schiff verbracht und nach Lachau in den Bunker des Kriegsverbrecherlagers. Von dort nach einigen Monaten ohne irgendein Verhör entlassen.
Von 1947 bis zur Währungsreform widmete SCH. seine ganze Zeit der Wiederaufnahme des Shanghaier Prozesses, um die zu hohen Strafen verurteilten 21 zu befreien, und führte dazu u.a. Prozesse vor drei Instanzen in den USA. (Schließlich erfolgte die Entlassung aller Verurteilten im Sommer 1950.) Nach der Währungsreform erst Tätigkeit als freier Journalist, dann Veröffentlichung eines neuen Buches (...). Völliges Fernhalten von der aktivern Politik, da SCH. jede Kollaboration mit den Besatzungsmächten ablehnt, bis zur Gründung der Dritten Front im Herbst 1950.
Sie lehnt jede Bindung Deutschlands an einen der beiden Machtblocks ab und strebt auf dem Wege über diese unabhängige deutsche Politik, die der erste Schritt sein soll, ein Europa als Dritte

Macht an, die mit den anderen neutralen Mächten in der Welt – Indien, arabische Staaten, Indonesien, später Japan und China – engste politische und wirtschaftliche Beziehungen unterhalten und so das Gleichgewicht und den Frieden in der Welt garantieren kann. Auch ideell lehnt die D.F. sowohl den Amerikanismus als auch den Bolschewismus ab, die beide aus derselben materialistischen Wurzel stammen.

Im Frühjahr 1951 begründete SCH. den Deutschen Kongress (für aktive Neutralität), mußte jedoch erleben, daß diese Plattform des neutralen Bürgertums zwischen Ost und West rasch und zunehmend in die Hand links extremistischer Elemente geriet, die die Organisation unterwanderten und schließlich eroberten. Auf der Bonner Kongress-Tagung vom Ende September 1951 distanzierte sich SCH. persönlich und für die Dritte Front vom Deutschen Kongress.

Seither journalistische Betätigung und mehrere (gescheiterte) Versuche, politisch wieder aktiv zu werden, so z. B. durch Bemühungen um die Begründung einer Jungen Partei.

In neuester Zeit hervorgetreten als Leitartikler in Blättern wie »Der Freiheitsbote« (Organ der Nationalen Partei Deutschlands, Marburg a/Lahn, Zeppelinstraße 17a – unter nationalem Vorzeichen betont neutralistisch) und »Die Nation« (Nachfolgerin der STEIDLschen »Deutschen National-Zeitung«).

Hierfür steht umfangreiches Material zur Verfügung, wenn benötigt.

(...)

Dokument 14

Mldg.-No.: 70 19. Mai (...)

Streng Vertraulich

An –L–

Betr.: MA-Vorschlag; hier: Carl S.
Bezug: ohne
Zeit: 18.5.(...)
Quelle: 2665
Anl.: 1 Lebenslauf (nur für die Erstschrift)
1 Verzeichnis ehem. Kameraden
1 Zeitung: Der Fortschritt v. 16.5.52, No. 20 (n.f.d. Erstschr.)

A. Person: S., Carl, geb. 11.4.(...)
wohnh. Trier, (...)
ehem. Kriminalrat, seit 1934 im Abwehrdienst bei Stapo und OKW/Amt Ausland/Abwehr;
z. Zt Versicherungsvertreter.

B. Vorgang:
Auf der Suche nach geeigneten hauptamtlichen MA im hiesigen Bereich, die sowohl über eigene Abwehrerfahrung verfügen, wie auch über eine Reihe von Verbindungen, die nutzbringend verwertet werden könnten, wurde auf den Obengenannten gestossen.
2665 kennt S. persönlich seit gemeinsamen Einsatz 1943 in Rom. Da S. der Gefangenschaft zu entgehen verstanden hatte, gelang es 2665 erst Anfang 1951 den persönlichen Kontakt wieder herzustellen, um noch in Haft befindlichen Kameraden durch erforderliche Erklärungen zu helfen.
2665 beurteilt S. als einen sehr befähigten Abwehrfachmann, der für seine Erfolge im Italieneinsatz mehrfach vom Pol.-Attaché Kappler und dem Höchsten SS- u. Pol.-Führer Italien, SS-O'Gruppenführer WOLFF, vor angetretener Dienststelle belobigt worden ist.

90/–

2665 kennt S. als einen unermüdlichen, fleissigen Arbeiter, der, ohne Rücksicht auf seine eigene Person, das gestellte Ziel immer erfolgreich zu erreichen wusste. Besondere Erfolge erzielte S. bei der Bekämpfung des feindlichen ND in Rom und Oberitalien. S. ist charakterlich einwandfrei; er hat sich stets vor seine Männer gestellt, seine Führungsqualitäten hat er bei der nicht einfachen Menschenführung während des Kriegseinsatzes bewiesen.
Bei einem Besuch am 18.5.52 teilte 2665 S. mit, daß für einen neuen deutschen Abwehrdienst Fachleute gesucht werden. S. zeigte hierfür lebhaftes Interesse und ist nach seinen Äusserungen bereit, sofort in seinem früheren Aufgabenbereich tätig zu werden, da der gegenwärtige Broterwerb (Versicherungsvertreter) trotz guter finanzieller Erfolge ihn innerlich in keiner Weise befriedigt u. er gern wieder hauptamtlich im alten Beruf tätig sein möchte.
Da S. bereits vor dem Kriege im hiesigen Raum tätig war, verfügt er über eine Reihe guter Beziehungen zu Kollegen, die bereits wieder im Amt sind und der hier zu leistenden Arbeit wesentlich nützen könnten. Es handelt sich dabei besonders um Verbindungen zu den Polizeidienststellen im Rhein-Ruhr-Gebiet.

C. Stellungnahme:
2665 setzt sich voll für S. ein und bezeichnet eine Verwendung des S. als einen Gewinn für die Org. Er hat keinen Zweifel, dass er im hiesigen Raum und für die Aufgaben der vorgesetzten GV mit gleichem Erfolg tätig werden würde, wie in Italien.
Für S. kommt nur eine hauptamtliche Verwendung in Frage, wobei er bereit ist, seine Tätigkeit im Rhein-Ruhrgebiet auszuüben (Düsseldorf), wenn ihm eine Einstufung auf T.O.A.-Basis mit dem bisherigen Einkommen von DM 600,– zugesagt wird. (...)